U0901150

CHONGQING SURVEY YEARBOOK

中国统计出版社
China Statistics Press

（京）新登字 041 号

图书在版编目（CIP）数据

重庆调查年鉴．2012：汉英对照 / 国家统计局重庆调查总队编．-- 北京：中国统计出版社，2012.9
ISBN 978-7-5037-6710-4

Ⅰ．①重… Ⅱ．①国… Ⅲ．①统计资料－重庆市－2012－年鉴－汉、英 Ⅳ．①C832.719-54

中国版本图书馆 CIP 数据核字(2012)第 225922 号

重庆调查年鉴－2012

作　　者/ 国家统计局重庆调查总队
责任编辑/ 佘竞雄
责任校对/ 夏政然
封面设计/ 滕　红
出版发行/ 中国统计出版社
通信地址/ 北京市西城区月坛南街 75 号
邮政编码/ 100826
办公地址/ 北京市丰台区西三环南路甲 6 号
邮政编码/ 100073
电　　话/ 邮购(010)63376909　书店(010)68783171
网　　址/ http://csp.stats.gov.cn
印　　刷/ 重庆双百印务有限公司
经　　销/ 新华书店
开　　本/ 880mm×1230mm　1/16
字　　数/ 780 千字
印　　张/ 26
版　　别/ 2012 年 10 月第 1 版
版　　次/ 2012 年 10 月第 1 次印刷
定　　价/ 220.00 元

如有印装差错，由本社发行部调换。

#《重庆调查年鉴2012》

编辑委员会

CHONGQING SURVEY YEARBOOK 2012

EDITORIAL BOARD

编　辑　说　明

一、《重庆调查年鉴》是真实地反映重庆城乡居民生活、消费和生产价格变动、农业生产和农业经济发展、规模以下工业及企业集团和企业景气状况等方面的权威性工具书。《重庆调查年鉴》是《重庆统计年鉴》相关部分内容的深化和补充。

二、《重庆调查年鉴2012》一书分为六章,即:一、综合;二、人民生活;三、物价;四、农业和农村;五、企业集团及景气指数;六、规下工业。为方便读者使用,主要章节末附有《主要统计指标解释》。

三、本年鉴调查数据篇第四章中有关农业方面2006年以后的数据为第二次农业普查衔接数据,读者在使用资料时,如与以往年份有出入,均以本年鉴为准。

四、本年鉴所使用的计量单位,除部分面积单位使用亩或万亩外,其他均为国际统一标准计量单位。

五、本年鉴统计表中,"#" 表示其中的主要项," 空格 " 表示统计指标无数据。

六、在本年鉴的编辑过程中得到了有关单位和部门的大力支持与协助,在此我们深表谢意!由于我们的水平有限,书中难免有欠缺与不当,敬请广大读者批评指正,以促进我们不断提高编辑水平。

EDITOR'S NOTES

I. *Chongqing Survey Yearbook* is an authoritative reference book that reflects truly the urban and rural people's living conditions, price changes of consumer and Producer, agricultural production and development of agricultural economy, industrial enterprises below designated size and enterprise groups, status of business survey indices and other fields. *Chongqing Survey Yearbook is related contents´ deepening and supplementary of Chongqing Statistical Yearbook.*

II. *Chongqing Survey Yearbook 2012* contains six chapters, including 1.Comprehensive Statistics, 2.People's Livelihood, 3.Prices, 4.Agriculture and Rural Areas, 5.Enterprise Groups and Business Survey Indices. 6.Industrial Enterprises below Designated Size. For ease of use, Explanatory Notes on Main Statistical Indicators are provided at the end of main chapters.

III. In Chapter 4, survey data part of the yearbook, Part of the data about agriculture in 2006 and 2007 are Convergence data to the Second Agricultural Census. If readers find differences to previous yearbooks, please take this yearbook as final.

IV. The units of measurement used in this yearbook are international standard measurement units except that unit of area is partly used mu or 10 000 mu.

V. In this yearbook, " # " indicates that the major items of total, "(blank)" indicates that the date not available.

VI. We are particularly grateful to vigorous assistances of various circles during edition. Due to our limited level and hasty time, faults and shortage are unavoidable. Any criticism or suggestion is appreciated in order to improve editing capability.

目 录

CONTENTS

一 综合

Comprehensive Statistics

二 人民生活

People's Livelihood

三 市场物价

Market Price

四 农业农村

Agriculture and Rural Areas

五 企业景气

Enterprise Survey Index

六 规下工业

Industrial Enterprises below Designated size

(一) 综合

Comprehensive Statistics

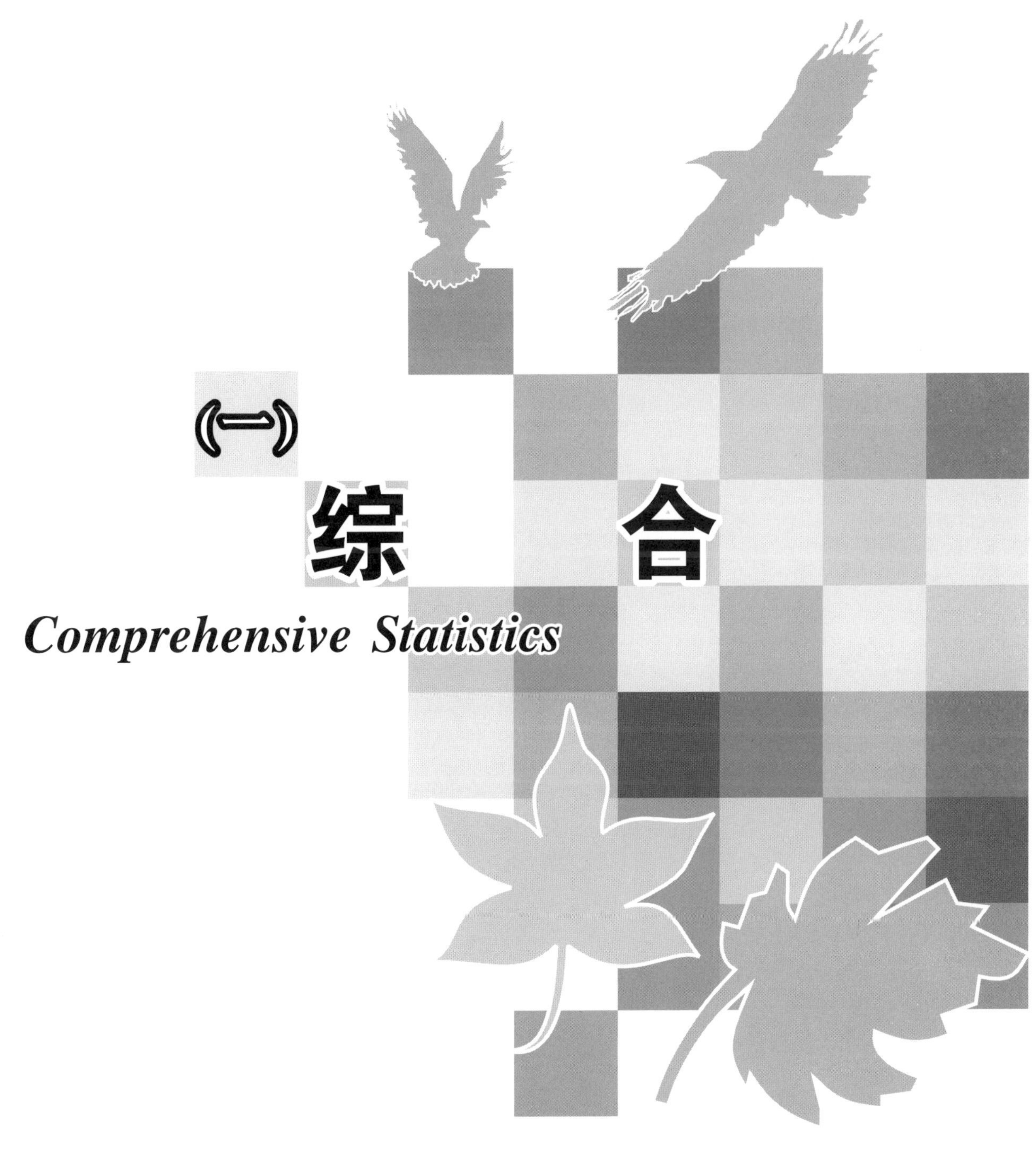

1-1 行政区划（2011 年）
Administrative Divisions (2011)

单位：个 unit

地 区	Region	乡 Townships	镇 Towns	街道办事处 Urban Subdistrict Offices	居委会 Neighborhood Committees	村委会 Village Committees
重庆市	**Chongqing**	**225**	**598**	**189**	**2370**	**8575**
一小时经济圈	**One Hour Economic Sphere**	**22**	**290**	**145**	**1506**	**3707**
渝中区	Yuzhong District			12	76	
大渡口区	Dadukou District		3	5	44	32
江北区	Jiangbei District		3	9	82	48
沙坪坝区	Shapingba District		8	18	124	86
九龙坡区	Jiulongpo District		11	7	98	107
南岸区	Nan´an District		7	7	85	62
北碚区	Beibei District		12	5	58	118
渝北区	Yubei District		11	15	128	218
巴南区	Banan District		14	8	81	198
涪陵区	Fuling District	6	12	8	83	334
长寿区	Changshou District		14	4	27	223
江津区	Jiangjin District		23	5	81	184
合川区	Hechuan District		23	7	60	327
永川区	Yongchuan District		16	7	51	208
南川区	Nanchuan District	16	15	3	58	185
綦江区	Qijiang District		25	5	88	365
大足区	Dazu District		24	3	92	220
潼南县	Tongnan County		20	2	21	281
铜梁县	Tongliang County		25	3	57	269
荣昌县	Rongchang County		15	6	75	92
璧山县	Bishan County		9	6	37	150
渝东北翼	**Northeast of Chongqing**	**111**	**220**	**32**	**670**	**3548**
万州区	Wanzhou District	12	29	11	187	448
梁平县	Liangping County	7	24	2	28	313
城口县	Chengkou County	17	6	2	22	184
丰都县	Fengdu County	7	21	2	53	277
垫江县	Dianjiang County	4	21		57	243
忠县	Zhongxian County	6	22		46	319
开县	Kaixian County	7	26	7	72	437
云阳县	Yunyang County	12	26	4	83	396
奉节县	Fengjie County	11	19		54	332
巫山县	Wushan County	13	11	2	30	307
巫溪县	Wuxi County	15	15	2	38	292
渝东南翼	**Southeast of Chongqing**	**92**	**88**	**12**	**194**	**1320**
黔江区	Qianjiang District	12	12	6	77	141
武隆县	Wulong County	14	12		24	186
石柱县	Shizhu County	15	17		27	214
秀山县	Xiushan County	6	18	3	32	235
酉阳县	Youyang County	23	15		8	270
彭水县	Pengshui County	22	14	3	26	274

1-2 户籍人口与常住人口（1978-2011 年）
Household Registered Population and Resident Population（1978-2011）

单位：万人、%　　10 000 persons, %

年份 Year	户籍总人口 Household Registered Population	农业 Agriculture	非农业 Non-agriculture	常住人口 Resident Population	城镇 Urban	乡村 Rural	城镇化率 Rate of Urban Population
1978	2635.56	2304.66	330.90				
1980	2664.79	2291.51	373.28				
1985	2768.26	2310.89	457.37				
1986	2807.60	2343.23	464.37				
1987	2845.14	2370.06	475.08				
1988	2873.34	2390.36	482.98				
1989	2897.01	2405.25	491.76				
1990	2920.90	2427.92	492.98				
1991	2938.99	2439.61	499.38				
1992	2950.78	2438.94	511.84				
1993	2964.92	2438.27	526.65				
1994	2985.59	2440.41	545.18				
1995	3001.77	2442.33	559.44				
1996	3022.77	2445.65	577.12	2875.30	848.21	2027.09	29.5
1997	3042.92	2448.34	594.58	2873.36	890.74	1982.62	31.0
1998	3059.69	2445.66	614.03	2870.75	935.86	1934.89	32.6
1999	3072.34	2437.18	635.16	2860.37	981.11	1879.26	34.3
2000	3091.09	2430.20	660.89	2848.82	1013.88	1834.94	35.6
2001	3097.91	2408.39	689.52	2829.21	1058.12	1771.09	37.4
2002	3113.83	2392.38	721.45	2814.83	1123.12	1691.71	39.9
2003	3130.10	2376.18	753.92	2803.19	1174.55	1628.64	41.9
2004	3144.23	2358.40	785.83	2793.32	1215.42	1577.90	43.5
2005	3169.16	2351.88	817.28	2798.00	1265.95	1532.05	45.2
2006	3198.87	2353.44	845.43	2808.00	1311.29	1496.71	46.7
2007	3235.32	2358.35	876.97	2816.00	1361.35	1454.65	48.3
2008	3257.05	2349.67	907.38	2839.00	1419.09	1419.91	50.0
2009	3275.61	2326.92	948.69	2859.00	1474.92	1384.08	51.6
2010	3303.45	2196.45	1107.00	2884.62	1529.55	1355.07	53.0
2011	3329.81	2052.17	1277.64	2919.00	1605.96	1313.04	55.0

1-3 各区县户籍人口与常住人口 (2011 年)
Household Registered Population and Resident Population by Region of Chongqing (2011)

单位：万人、%　　10 000 persons, %

地 区	Region	户籍总人口 Household Registered Population	农业人口 Agriculture Population	非农业人口 Non-agriculture Population	常住人口 Resident Population	城镇人口 Urban Population	乡村人口 Rural Population	城镇化率 Rate of Urban Population
重庆市	**Chongqing**	**3329.81**	**2052.17**	**1277.64**	**2919.00**	**1605.96**	**1313.04**	**55.02**
一小时经济圈	**One Hour Economic Sphere**	**1866.72**	**997.32**	**869.40**	**1804.54**	**1195.36**	**609.18**	**66.24**
渝中区	Yuzhong District	56.39		56.39	63.90	63.90		100.00
大渡口区	Dadukou District	24.07	3.26	20.81	31.58	29.98	1.60	94.93
江北区	Jiangbei District	56.06	3.28	52.78	77.66	72.13	5.53	92.88
沙坪坝区	Shapingba District	79.87	12.92	66.95	104.35	95.82	8.53	91.83
九龙坡区	Jiulongpo District	83.74	19.22	64.53	111.63	98.65	12.98	88.37
南岸区	Nan'an District	62.60	7.41	55.19	78.98	72.47	6.51	91.76
北碚区	Beibei District	63.42	28.79	34.64	72.10	54.44	17.66	75.51
渝北区	Yubei District	107.61	44.53	63.08	138.64	104.14	34.50	75.12
巴南区	Ba'nan District	89.06	52.16	36.90	93.47	69.68	23.79	74.55
涪陵区	Fuling District	116.50	68.62	47.88	108.36	62.37	45.99	57.56
长寿区	Changshou District	90.65	61.66	28.99	78.29	43.06	35.23	55.00
江津区	Jiangjin District	150.41	94.85	55.56	124.93	71.67	53.26	57.37
合川区	Hechuan District	155.92	106.44	49.48	131.25	75.51	55.74	57.53
永川区	Yongchuan District	112.88	76.84	36.04	104.44	61.20	43.24	58.60
南川区	Nanchuan District	67.99	50.55	17.44	53.79	26.59	27.20	49.43
綦江区	Qijiang District	121.32	70.54	50.78	107.59	54.25	53.34	50.42
大足区	Dazu District	103.39	70.78	32.62	72.97	33.18	39.79	45.47
潼南县	Tongnan County	94.15	79.09	15.06	64.25	25.83	38.42	40.20
铜梁县	Tongliang County	83.64	64.52	19.12	60.10	25.89	34.21	43.08
荣昌县	Rongchang County	83.53	45.24	38.29	66.69	28.48	38.21	42.71
璧山县	Bishan County	63.51	36.64	26.87	59.57	26.12	33.45	43.85
渝东北翼	**Northeast of Chongqing**	**1095.64**	**797.17**	**298.47**	**832.57**	**321.59**	**510.98**	**38.63**
万州区	Wanzhou District	174.56	97.45	77.11	157.22	89.24	67.98	56.76
梁平县	Liangping County	92.13	73.64	18.49	68.39	24.54	43.85	35.88
城口县	Chengkou County	24.72	18.32	6.40	19.03	5.13	13.90	26.96
丰都县	Fengdu County	84.20	61.99	22.21	63.95	23.11	40.84	36.14
垫江县	Dianjiang County	96.52	75.23	21.29	70.10	25.15	44.95	35.88
忠县	Zhongxian County	100.52	78.11	22.41	74.82	25.84	48.98	34.54
开县	Kaixian County	164.75	116.06	48.68	116.08	43.54	72.54	37.51
云阳县	Yunyang County	134.29	99.89	34.40	91.11	30.78	60.33	33.78
奉节县	Fengjie County	106.26	85.32	20.95	81.93	27.77	54.16	33.89
巫山县	Wushan County	63.77	49.14	14.63	48.99	15.47	33.52	31.58
巫溪县	Wuxi County	53.92	42.01	11.90	40.95	11.02	29.93	26.91
渝东南翼	**Southeast of Chongqing**	**367.45**	**257.68**	**109.77**	**281.89**	**89.01**	**192.88**	**31.58**
黔江区	Qianjiang District	54.13	31.10	23.03	44.63	18.21	26.42	40.80
武隆县	Wulong County	41.32	30.01	11.31	34.85	12.04	22.81	34.55
石柱县	Shizhu County	54.45	38.72	15.74	41.14	13.97	27.17	33.96
秀山县	Xiushan County	65.06	43.47	21.59	49.75	15.74	34.01	31.64
酉阳县	Youyang County	83.94	61.94	22.00	57.46	14.58	42.88	25.37
彭水县	Pengshui County	68.55	52.44	16.10	54.06	14.47	39.59	26.77

1-4 就业人员及就业结构（1985-2011 年）
Number of Employed Persons and Its Composition (1985-2011)

单位：万人　　10 000 persons

年份 Year	就业人员总计 Total Employed Persons	按产业分 By Industry			按城乡分 By Urban and Rural Areas	
		第一产业 Primary Industry	第二产业 Secondary Industry	第三产业 Tertiary Industry	城镇 Urban Areas	乡村 Rural Areas
1985	1432.03	1042.22	223.37	166.44	269.37	1162.66
1986	1469.13	1048.32	241.66	179.15	275.35	1193.78
1987	1507.33	1064.06	258.93	184.34	282.39	1224.94
1988	1512.49	1056.49	262.83	193.17	288.70	1223.79
1989	1540.03	1082.41	263.81	193.81	291.29	1248.74
1990	1569.34	1103.04	263.86	202.44	296.92	1272.42
1991	1620.67	1130.47	275.72	214.48	307.87	1312.80
1992	1662.58	1118.59	277.77	266.22	313.51	1349.07
1993	1658.95	1088.70	287.88	282.37	310.05	1348.90
1994	1729.55	1062.90	301.13	365.52	326.75	1402.80
1995	1709.26	1018.30	310.88	380.08	347.06	1362.20
1996	1719.43	1001.89	320.31	397.23	463.98	1255.45
1997	1715.40	989.07	313.77	412.56	483.74	1231.66
1998	1710.97	979.48	303.18	428.31	505.22	1205.75
1999	1699.06	959.71	296.12	443.23	518.40	1180.66
2000	1661.16	920.92	290.23	450.01	528.97	1132.19
2001	1616.08	870.52	287.31	458.25	539.80	1076.28
2002	1551.77	801.04	285.09	465.64	549.17	1002.60
2003	1499.99	742.90	280.83	476.26	560.28	939.71
2004	1471.34	704.22	280.73	486.39	573.97	897.37
2005	1456.30	678.32	283.08	494.90	589.27	867.03
2006	1454.77	664.35	286.46	503.96	602.99	851.78
2007	1468.87	658.52	294.43	515.92	631.65	837.22
2008	1492.43	652.19	307.66	532.58	665.74	826.69
2009	1513.00	638.08	326.04	548.88	696.82	816.18
2010	1539.95	621.29	351.86	566.80	733.70	806.25
2011	1590.16	604.38	394.80	590.98	795.70	794.46

1-5 地区生产总值及构成（1978-2011 年）
Gross Domestic Product of Chongqing and Its Composition (1978-2011)

单位：亿元、%、元　　100 million yuan, %, yuan

年份 Year	全市生产总值 Gross Domestic Product of Chongqing	按产业分 By Industry			分产业比重 Proportion by Industry			全市人均生产总值 Per Capita GDP
		第一产业 Primary Industry	第二产业 Secondary Industry	第三产业 Tertiary Industry	第一产业 Primary Industry	第二产业 Secondary Industry	第三产业 Tertiary Industry	
1978	71.70	24.81	34.46	12.43	34.6	48.1	17.3	287
1979	80.98	28.79	38.21	13.98	35.6	47.2	17.2	321
1980	90.68	32.57	42.42	15.69	35.9	46.8	17.3	357
1981	97.20	36.32	43.69	17.19	37.4	44.9	17.7	379
1982	108.08	40.62	47.14	20.32	37.6	43.6	18.8	419
1983	120.01	45.44	50.56	24.01	37.9	42.1	20.0	461
1984	141.64	50.66	60.63	30.35	35.8	42.8	21.4	542
1985	164.32	53.73	73.49	37.10	32.7	44.7	22.6	624
1986	184.60	60.06	81.38	43.16	32.5	44.1	23.4	694
1987	206.73	62.69	90.77	53.27	30.3	43.9	25.8	766
1988	261.27	75.00	117.61	68.66	28.7	45.0	26.3	958
1989	303.75	81.99	135.84	85.92	27.0	44.7	28.3	1103
1990	327.75	100.40	135.62	91.73	30.6	41.4	28.0	1181
1991	374.18	109.49	154.00	110.69	29.3	41.2	29.5	1338
1992	461.32	117.28	194.40	149.64	25.4	42.1	32.5	1641
1993	608.53	141.99	272.17	194.37	23.3	44.7	32.0	2156
1994	833.60	196.19	376.75	260.66	23.5	45.2	31.3	2935
1995	1123.06	264.19	492.67	366.20	23.5	43.9	32.6	3931
1996	1315.12	287.56	568.99	458.57	21.9	43.3	34.8	4574
1997	1509.75	307.21	650.40	552.14	20.3	43.1	36.6	5253
1998	1602.38	300.89	675.64	625.85	18.8	42.2	39.0	5579
1999	1663.20	286.16	697.81	679.23	17.2	42.0	40.8	5804
2000	1791.00	284.87	760.03	746.10	15.9	42.4	41.7	6274
2001	1976.86	294.90	841.95	840.01	14.9	42.6	42.5	6963
2002	2232.86	317.87	958.87	956.12	14.2	42.9	42.9	7912
2003	2555.72	339.06	1135.31	1081.35	13.3	44.4	42.3	9098
2004	3034.58	428.05	1376.91	1229.62	14.1	45.4	40.5	10845
2005	3467.72	463.40	1564.00	1440.32	13.4	45.1	41.5	12404
2006	3907.23	386.38	1871.65	1649.20	9.9	47.9	42.2	13939
2007	4676.13	482.39	2368.53	1825.21	10.3	50.7	39.0	16629
2008	5793.66	575.40	3057.78	2160.48	9.9	52.8	37.3	20490
2009	6530.01	606.80	3448.77	2474.44	9.3	52.8	37.9	22920
2010	7925.58	685.38	4359.12	2881.08	8.6	55.0	36.4	27596
2011	10011.13	844.52	5542.80	3623.81	8.4	55.4	36.2	34500

注：本表人均地区生产总值按常住人口计算。
Note:Per capita GDP in this table is calculated by resident population.

1-6 各区县生产总值及构成（2011年）
Gross Domestic Domestic Product and Its Composition by Region of Chongqing (2011)

单位：万元、%、元

100 million yuan, %, yuan

地 区	Region	地区生产总值 Gross Domestic Product	按产业分 By Industry			分产业比重 Proportion by Industry		
			第一产业 Primary Industry	第二产业 Secondary Industry	第三产业 Tertiary Industry	第一产业 Primary Industry	第二产业 Secondary Industry	第三产业 Tertiary Industry
重庆市	**Chongqing**	**10011.37**	**844.52**	**5543.04**	**3623.81**	**8.4**	**55.4**	**36.2**
一小时经济圈	**One Hour Economic Sphere**	**7762.88**	**493.13**	**4375.26**	**2894.49**	**6.4**	**56.4**	**37.3**
渝中区	Yuzhong District	665.29		37.28	628.01	0.0	5.6	94.4
大渡口区	Dadukou District	149.85	1.67	83.55	64.63	1.1	55.8	43.1
江北区	Jiangbei District	516.52	2.48	176.53	337.51	0.5	34.2	65.3
沙坪坝区	Shapingba District	560.25	5.70	320.43	234.12	1.0	57.2	41.8
九龙坡区	Jiulongpo District	690.54	8.49	331.00	351.05	1.2	47.9	50.8
南岸区	Nan'an District	434.16	4.39	275.15	154.62	1.0	63.4	35.6
北碚区	Beibei District	303.01	11.61	201.68	89.72	3.8	66.6	29.6
渝北区	Yubei District	767.86	21.42	482.14	264.30	2.8	62.8	34.4
巴南区	Ba'nan District	395.10	34.01	218.56	142.53	8.6	55.3	36.1
涪陵区	Fuling District	557.34	37.29	346.09	173.96	6.7	62.1	31.2
长寿区	Changshou District	317.69	27.68	192.90	97.11	8.7	60.7	30.6
江津区	Jiangjin District	383.85	55.27	230.86	97.72	14.4	60.1	25.5
合川区	Hechuan District	306.36	46.86	146.50	113.00	15.3	47.8	36.9
永川区	Yongchuan District	380.20	35.92	218.65	125.63	9.4	57.5	33.0
南川区	Nanchuan District	168.85	28.12	83.55	57.18	16.7	49.5	33.9
綦江区	Qijiang District	264.41	36.62	134.45	93.34	13.8	50.8	35.3
大足区	Dazu District	233.87	28.66	136.91	68.30	12.3	58.5	29.2
潼南县	Tongnan County	146.93	33.52	60.88	52.53	22.8	41.4	35.8
铜梁县	Tongliang County	195.64	26.37	110.47	58.80	13.5	56.5	30.1
荣昌县	Rongchang County	207.55	32.19	123.73	51.63	15.5	59.6	24.9
璧山县	Bishan County	208.30	14.87	136.03	57.40	7.1	65.3	27.6
渝东北翼	**Northeast of Chongqing**	**1710.51**	**260.53**	**895.57**	**554.42**	**15.2**	**52.4**	**32.4**
万州区	Wanzhou District	622.59	42.34	351.17	229.08	6.8	56.4	36.8
梁平县	Liangping County	131.46	24.29	64.56	42.61	18.5	49.1	32.4
城口县	Chengkou County	37.16	5.18	22.07	9.91	13.9	59.4	26.7
丰都县	Fengdu County	99.77	20.23	43.54	36.00	20.3	43.6	36.1
垫江县	Dianjiang County	147.48	25.39	74.84	47.25	17.2	50.7	32.0
忠县	Zhongxian County	136.87	25.47	59.29	52.11	18.6	43.3	38.1
开县	Kaixian County	199.78	37.60	90.08	72.10	18.8	45.1	36.1
云阳县	Yunyang County	109.28	28.80	37.19	43.29	26.4	34.0	39.6
奉节县	Fengjie County	128.45	26.16	45.95	56.34	20.4	35.8	43.9
巫山县	Wushan County	63.42	14.18	22.57	26.67	22.4	35.6	42.1
巫溪县	Wuxi County	47.29	10.90	17.18	19.21	23.0	36.3	40.6
渝东南翼	**Southeast of Chongqing**	**537.98**	**90.86**	**272.21**	**174.91**	**16.9**	**50.6**	**32.5**
黔江区	Qianjiang District	129.19	13.78	71.55	43.86	10.7	55.4	33.9
武隆县	Wulong County	86.58	13.46	31.77	41.35	15.5	36.7	47.8
石柱县	Shizhu County	80.15	16.43	34.55	29.17	20.5	43.1	36.4
秀山县	Xiushan County	93.49	13.76	49.84	29.89	14.7	53.3	32.0
酉阳县	Youyang County	76.96	17.38	33.44	26.14	22.6	43.5	34.0
彭水县	Pengshui County	76.49	16.04	30.67	29.78	21.0	40.1	38.9

1-7 财政收入与支出（1996-2011 年）
Financial Revenue and Expenditure (1996-2011)

单位：亿元 100 million yuan

年份 Year	财政收入 Financial Revenue	地方财政收入 Local Financial Revenue	一般预算收入 General Budgetary Revenue	中央两税（四税）收入 Revenue of Two/Four Central Level Taxes	地方财政支出 Local Financial Expenditure	一般预算支出 General Budgetary Expenditure
1996	94.27	54.94	54.94	39.33	79.42	79.42
1997	118.06	74.53	59.31	43.53	115.16	101.01
1998	133.89	85.80	71.13	48.08	135.95	125.76
1999	140.29	89.89	76.73	50.40	162.37	150.24
2000	163.24	104.46	87.24	58.78	202.46	187.64
2001	196.18	126.41	106.12	69.77	255.55	237.55
2002	269.46	157.87	126.07	99.14	345.07	305.86
2003	341.28	206.93	161.56	120.55	391.36	341.58
2004	462.96	302.44	200.62	143.52	485.12	395.72
2005	581.19	394.96	256.81	165.66	625.35	487.35
2006	742.17	529.46	317.72	194.48	820.19	594.25
2007	1057.29	788.56	442.70	249.19	1102.35	768.39
2008	1290.18	963.34	577.57	302.36	1448.56	1016.01
2009	1535.40	1165.71	681.82	340.31	1806.07	1318.09
2010	2506.33	1990.59	1018.29	468.78	2746.79	1769.11
2011	3523.65	2908.91	1488.33	560.78	3959.87	2570.24

注：财政收入 2002 年前为地方财政收入与中央两税（增值税和消费税）之和，2002 年起为地方财政收入、中央四税收入和其他中央收入之和。其中其他中央收入不含关税，自 2003 年起包含车辆购置税(以下各表同)。

Note: Financial revenue before 2002 is the sum of local financial revenue and two central level tax revenue (value-added tax and consumption tax), whereas since 2002 it is the sum of local financial revenue, four central level tax revenue and other central level revenue. Other central level revenue excludes tariff, however, since 2003 vehicle purchasing tax is included (the same applies to the following tables).

1-8 金融机构（含外资）存贷款年末余额（1996-2011年）
Year-end Deposit and Loan Balances of Financial Institutions (Including Foreign-funded) (1996-2011)

单位：万元、%、元　　100 million yuan, %, yuan

年份 Year	本外币存款余额 Total Deposit Balance of RMB and Foreign Currencies	人民币存款余额 Total Deposit Balance of RMB	企业存款 Enterprise Deposit	储蓄存款 Urban and Rural Saving Deposit	本外币贷款余额 Total Loan Balance of RMB and Foreign Currencies	人民币贷款余额 Total Loan Balance of RMB	短期贷款 Short-term Loans	中长期贷款 Medium & Long-term Loans
1996	885.91	846.43	266.42	500.71	968.71	913.93	601.10	219.05
1997	1147.92	1098.67	429.42	580.67	1224.01	1156.13	873.14	248.06
1998	1359.52	1306.04	483.80	724.54	1443.65	1358.61	978.51	299.59
1999	1638.21	1580.80	544.00	909.10	1693.64	1611.68	1093.09	398.22
2000	1982.21	1904.71	645.54	1085.36	1966.40	1881.29	1246.81	470.70
2001	2377.99	2294.05	750.81	1317.17	1969.97	1871.98	1043.84	631.26
2002	2903.42	2821.04	909.43	1595.01	2338.17	2244.72	1191.70	754.57
2003	3512.82	3438.61	1098.15	1896.56	2976.67	2774.81	1378.85	1010.69
2004	4105.09	4039.61	1230.85	2189.73	3309.13	3246.28	1362.75	1346.91
2005	4784.76	4727.72	1337.05	2545.85	3779.28	3719.52	1471.86	1810.83
2006	5587.50	5519.75	1551.98	2949.05	4443.84	4388.28	1510.73	2392.26
2007	6662.36	6576.68	1997.71	3228.15	5197.08	5131.69	1597.12	3220.70
2008	8102.00	8021.95	2377.48	3988.96	6384.03	6320.81	1617.52	4093.50
2009	11084.82	10933.00	3770.43	4908.68	8856.56	8766.06	1499.85	6563.63
2010	13613.97	13454.98	4666.88	5839.66	10999.87	10888.15	1686.11	8705.32
2011	16128.87	15832.81	8254.56	7045.99	13195.16	13001.39	2529.81	9968.14

主要指标解释

行政区划 指国家对行政区域的划分。根据宪法规定,我国的行政区划分如下:(1)全国分为省、自治区、直辖市;(2)省、自治区分为自治州、县、自治县、市;(3)自治州分为县、自治县、市;(4)县、自治县分为乡、民族乡、镇;(5)直辖市和较大的市分为区、县;(6)国家在必要时设立的特别行政区。

可比价格 指计算各种总量指标所采用的扣除了价格变动因素的价格,可进行不同时期总量指标的对比。按可比价格计算总量指标有两种方法:一种是直接用产品产量乘某一年的不变价格计算;另一种是用价格指数进行缩减。

不变价格 指以同类产品某年的平均价格作为固定价格,用于计算各年的产品价值。按不变价格计算的产品价值消除了价格变动因素,不同时期对比可以反映生产的发展速度。新中国成立后,随着工农业产品价格水平的变化,国家统计局先后五次制定了全国统一的工业产品不变价格和农业产品不变价格。从 1952 年到 1957 年使用 1952 年工(农)业产品不变价格,从 1957 年到 1970 年使用 1957 年不变价格,从 1971 年到 1980 年使用 1970 年不变价格,从 1981 年到 1990 年使用 1980 年不变价格,从 1991 年开始使用 1990 年不变价格。

平均增长速度 平均增长速度表明社会经济现象在一个较长的时期内逐期平均增长变化的程度,它不能根据各个环比增长速度直接求得,但与平均发展速度之间存在着一定的数量关系:平均增长速度 = 平均发展速度 - 1。

平均发展速度是一种根据环比发展速度计算的序时平均数,由于各时期对比的基础不同,所以计算平均发展速度不能采用一般的序时平均数的计算方法,计算方法分为水平法和累计法。水平法,又称几何平均法,即将环比发展速度按连乘法用几何平均数公式计算。累计法,也称方程法,根据一段时期内各年发展水平总和与基期水平的关系,列出方程式计算平均发展速度。水平法着重考虑最后一年所达到的发展水平;累计法着重考虑整个时期累计发展水平的总量。

本《年鉴》内所列的平均增长速度,除固定资产投资用"累计法"计算外,其余均用"水平法"计算。从某年到某年平均增长速度的年份,均不包括基期年在内。如建国四十三年以来的平均增长速度是以 1949 年为基期计算的,则写为 1950–1992 年平均增长速度,其余类推。

国内(地区)生产总值(GDP) 是按市场价格计算的一个国家(或地区)所有常住单位在一定时期内生产活动的最终成果。国内(地区)生产总值有三种表现形态,即价值形态、收入形态和产品形态。从价值形态看,它是所有常住单位在一定时期内所生产的全部货物和服务价值超过同期中间投入的全部非固定资产货物和服务价值的差额,即所有常住单位的增加值之和;从收入形态看,它是所有常住单位在一定时期内所创造并分配给常住单位和非常住单位的初次分配收入之和;从产品形态看,它是所有常住单位在一定时期内最终使用的货物和服务价值与货物和服务净出口价值之和。在实际核算中,国内(地区)生产总值的三种表现形态表现为三种计算方法,即生产法、收入法和支出法。三种方法分别从不同的方面反映国内(地区)生产总值及其构成。

三次产业 三产业的划分是世界上较为常用的产业结构分类,但各国的划分不尽一致。我国的三次产业划分是:

第一产业是指农业、林业、畜牧业、渔业和农林牧渔服务业。

第二产业是指采矿业,制造业,电力、煤气及水的生产和供应业,建筑业。

第三产业是指除第一、二产业以外的其他行业。

Explanatory Notes on Main Statistical Indicators

Division of Administrative Areas efers to the division of administrative areas by the state. The relative laws stipulate that 1) the whole country is divided into provinces, autonomous regions and municipalities directly under the Central Government; 2) provinces and autonomous regions are further divided into autonomous prefectures, counties, autonomous counties and cities; 3) autonomous prefectures are divided into counties, autonomous counties and cities; 4) counties and autonomous counties are further divided into townships, ethnic townships and towns; 5) municipalities and large cities are divided into districts and counties; 6) the state shall, when necessary, establish special administrative regions.

Comparable Prices refer to prices that are used to remove the factors of price change in calculating economic aggregates, so as to facilitate comparison of aggregates over time. Two methods are used for calculating economic aggregates at comparable prices: (a) multiplying the output of products by their constant prices of certain year; (b) deflation of data at current prices by relevant price index.

Constant Price refers to the average price of a given product in certain year, which is used for comparison of output value over time. As the output value at constant prices removes the factor of price changes, it reflects the trend of production development over time. Since 1949, with the changes in general price level, the State Statistical Bureau has issued nationally unified constant prices five times: the 1952 constant prices for 1949–1957; the 1957 constant prices for 1957–1971; the 1970 constant prices for 1971–1981; the 1980 constant prices for 1981–1990; and the 1990 constant prices have been used since 1991.

Average Annual Growth Rate shows the average growth rate of social and economic development during a longer period. It can not be directly calculated by chain based growth rate. The relation is:

Average Annual Growth Rate = Average Speed of Development – 1

Average speed of development is the time series average of speed which calculated by chain based. Because the reference bases during the different periods are not same, average speed of development can not be calculated by the general method. Level approach and accumulative approach for calculating average speed of development rate are applied. The "level approach", or the method of calculating the geometric average, is derived by the formula of geometric average of the chain–based speeds of development, or comparing the level of the last year of the interval with that of the beginning year; the other is called the "accumulative approach" or the "algebraic average", "equation" method, which is derived by the summation of the actual figure of each year in the interval divided by the figure in the base year. The level approach focuses on the level of the last year, while the accumulative approach emphasizes the aggregate development in the duration.

The average annual growth rates listed in the Yearbook are calculated by the level approach except for the growth rate of investment in fixed assets. The base year is not listed in the duration for which average annual growth rates are computed. For instance, the average annual growth rate of the 43 years since 1949 is shown as the average annual growth rate of 1950–1992 without showing the base year 1949.

Gross Domestic Product (GDP) refers to the final products at market prices produced by all resident units in a country (or a region) during a certain period of time. Gross domestic product is expressed in three different forms, i.e. value added, income, and products respectively. The form of value added refers to the total value of all products and services produced by all resident units during a certain period of time minus total value of intimidate input of materials and services of the nature of non-fixed assets or the summation of the value added of all resident units; the form of income includes all the income created by all resident units and distributed primarily to all resident and non-resident units; the form of products refers to all final goods and services of final use by all resident units plus the value of net exports of goods and services. In the practice of national accounting, gross domestic product is calculated with three approaches, i.e. product approach, income approach and expenditure approach, which reflect gross domestic product and its composition from different aspects.

Three Strata of Industry Classification of economic activities into three strata of industry is a common practice in the world, although the grouping varies to some extent form country to country. In China economic activities are categorized into the following three strata of industry:

Primary industry refers to agriculture, forestry, animal husbandry and fishery and services in support of these industries.

Secondary industry refers to mining and quarrying, manufacturing, production and supply of electricity, water and gas, and construction.

Tertiary industry refers to all other economic activities not included in the primary or secondary industries.

(二) 人民生活

People´s Livelihood

2-1 城市居民家庭人口与就业情况（1979-2011 年）
Population and Employment of City Households（1979-2011）

年份 Year	调查户数（户）Number of Households Surveyed (household)	家庭人口（人/户）Household Size(person/household)	有收入者人数（人/户）Number of Persons Having Income (person/household)	就业人口数（人/户）Number of Employees (person/house-hold)	离退休人数（人/户）Number of Persons Retired(person/household)	其他有收入者人数(人/户）Number of Others Having Income(person/household)	无收入者人数（人/户）Number of Persons Having No Income (person/house-hold)	平均每个就业者负担人数（人）Number of Dependents per Employee (person)
1979	55	4.47	2.27	2.27			2.20	1.97
1980	300	3.96	2.29	2.11	0.18		1.67	1.88
1981	300	4.01	2.34	2.16	0.18		1.67	1.86
1982	300	3.99	2.43	2.23	0.20		1.56	1.79
1983	300	3.91	2.40	2.19	0.21		1.51	1.78
1984	300	3.89	2.38	2.21	0.17		1.51	1.76
1985	400	3.49	2.28	2.01	0.27		1.21	1.73
1986	400	3.41	2.25	2.01	0.24		1.16	1.70
1987	400	3.40	2.23	2.00	0.23		1.17	1.70
1988	400	3.31	2.25	1.87	0.38		1.06	1.77
1989	400	3.18	2.19	1.71	0.47	0.01	0.99	1.86
1990	300	3.12	2.19	1.73	0.45	0.01	0.93	1.81
1991	300	3.10	2.21	1.88	0.31	0.02	0.89	1.65
1992	300	3.16	2.31	2.04	0.26	0.01	0.84	1.55
1993	300	3.11	2.27	1.94	0.33	0.01	0.84	1.61
1994	300	3.03	2.17	1.89	0.28	0.01	0.86	1.61
1995	300	3.01	2.11	1.87	0.24	0.00	0.90	1.61
1996	300	3.08	2.23	2.00	0.22	0.00	0.85	1.54
1997	300	3.06	2.17	1.92	0.24	0.00	0.89	1.60
1998	300	3.01	2.11	1.86	0.25	0.00	0.89	1.62
1999	300	3.03	2.19	1.77	0.42	0.00	0.84	1.71
2000	300	3.05	2.19	1.72	0.47	0.00	0.86	1.78
2001	300	3.05	2.20	1.69	0.51	0.00	0.85	1.80
2002	300	3.05	2.24	1.50	0.65	0.09	0.81	2.03
2003	300	2.97	2.31	1.62	0.60	0.09	0.66	1.83
2004	300	3.02	2.36	1.61	0.67	0.09	0.67	1.88
2005	300	3.13	2.41	1.63	0.70	0.08	0.72	1.92
2006	300	3.10	2.39	1.72	0.61	0.06	0.70	1.80
2007	950	2.98	2.36	1.70	0.62	0.05	0.62	1.75
2008	950	2.95	2.34	1.62	0.66	0.06	0.60	1.82
2009	950	2.93	2.36	1.59	0.72	0.05	0.57	1.84
2010	950	2.91	2.35	1.55	0.76	0.04	0.56	1.88
2011	950	2.83	2.24	1.42	0.78	0.04	0.59	1.99

2-2 城市居民居住条件（1980-2011 年）
Housing Conditions of City Households（1980-2011）

单位：%、人 | %, person

年份 Year	住房面积(㎡/人) Space for Housing (sq.m/person)	使用卫生设备的构成(%)Composition of Sanitary Installation Using(%)			
		有厕所浴室 With Toilet and Bathroom	有厕所无浴室 Only With Toilet	公用卫生设备 With Public Toilet and Bathroom	无卫生设备 Without Sanitary Installation
1980	3.87				
1981	4.41				
1982	4.87				
1983	5.36	0.7	21.0	17.1	61.2
1984	5.69	2.1	25.2	16.9	55.9
1985	6.58	0.8	36.3	23.7	39.2
1986	6.68	5.4	38.6	18.7	37.3
1987	7.28	3.3	43.9	20.7	32.1
1988	7.64	3.3	42.8	20.6	33.3
1989	8.40	3.5	39.3	18.8	38.3
1990	8.90	1.3	50.0	17.3	30.7
1991	7.06	0.7	56.0	15.0	28.3
1992	6.75	52.0	9.3	16.0	22.7
1993	6.98	51.7	10.3	14.7	23.0
1994	7.30	53.3	10.3	16.3	20.0
1995	8.13	54.7	15.0	12.0	18.0
1996	8.00	63.7	10.0	10.3	15.7
1997	8.65	59.0	15.3	9.3	16.0
1998	9.21	66.3	14.7	9.0	10.0
1999	9.51	70.7	13.3	6.0	9.7
2000	10.72	75.0	12.3	6.3	6.3
2001	11.47	82.0	8.3	5.0	4.7
2002	19.56	88.3	3.0	7.0	1.8
2003	21.29	88.5	3.9	5.3	2.3
2004	22.76	87.7	5.0	4.7	2.7
2005	22.17	84.7	7.3	5.0	3.0
2006	24.52	84.3	10.3	3.7	1.7
2007	27.31	94.6	2.2	2.3	1.0
2008	27.34	94.5	1.9	2.1	1.6
2009	27.41	95.5	2.0	1.6	1.0
2010	27.55	95.9	2.0	1.5	0.8
2011	28.35	97.6	0.9	1.0	0.4

注：本表“住房面积”指标的口径在 2001 年及以前为居住面积，2002 年及以后为建筑面积。

Note:"Space for Housing"in this table refers to living floor space before 2002, whereas since 2002 it refers to residential floor space of buildings.

2-2 城市居民居住条件（1980–2011 年）
Housing Conditions of City Households(1980–2011)

续表 continued

年份 Year	用水的来源构成(%) Composition of Water Utilization(%)		使用炊用燃料的构成(%) Composition of Cooking Fuel(%)		
	自来水 Tap Water	其他 Others	管道燃气 Pipeline Gas	液化石油气 Liquified Petroleum Gas	其他 Others
1980					
1981					
1982					
1983	99.7	0.4			
1984	97.9	2.1			
1985	100.0	0.0	42.0	0.0	58.0
1986	100.0	0.0	71.6	0.0	28.4
1987	100.0	0.0	78.0	0.0	22.0
1988	99.5	0.5	80.7	0.0	19.3
1989	99.8	0.3	75.8	0.5	23.8
1990	100.0	0.0	83.0	0.0	16.0
1991	100.0	0.0	85.7	0.0	14.3
1992	100.0	0.0	86.3	0.0	13.7
1993	100.0	0.0	86.0	0.0	13.7
1994	100.0	0.0	89.3	0.3	10.3
1995	100.0	0.0	92.0	0.3	7.3
1996	100.0	0.0	93.7	0.7	5.3
1997	100.0	0.0	92.3	1.0	6.3
1998	100.0	0.0	96.0	1.0	3.0
1999	100.0	0.0	93.7	2.3	3.7
2000	100.0	0.0	96.0	1.3	2.7
2001	100.0	0.0	96.0	2.0	2.0
2002	100.0	0.0	94.8	4.2	1.1
2003	100.0	0.0	92.4	6.3	1.3
2004	99.7	0.3	91.7	8.0	0.3
2005	100.0	0.0	95.7	2.7	1.7
2006	100.0	0.0	97.0	1.3	1.7
2007	100.0	0.0	93.9	5.2	1.0
2008	100.0	0.0	96.9	0.8	2.3
2009	100.0	0.0	98.8	0.4	0.8
2010	100.0	0.0	99.0	0.5	0.5
2011	100.0	0.0	98.7	0.6	0.7

2-3 城市居民家庭每百户耐用消费品拥有量（1980-2011年）
Number of Durable Consumer Goods Owned Per 100 City Households (1980-2011)

单位：台、辆、部 set, unit

年份 Year	洗衣机 Washing Machine	电冰箱 Refrigerator	空调机 Air Conditioner	微波炉 Microwave Oven	热水器 Water Heater	摩托车 Motocycle
1980	3.00					
1981	2.70					
1982	5.30	0.30				
1983	12.70	1.00				0.00
1984	30.70	2.00				0.00
1985	48.80	13.30				0.25
1986	61.80	27.00				0.25
1987	73.50	44.80				0.25
1988	76.00	60.00				0.50
1989	75.50	66.50				0.00
1990	83.00	82.00	0.70			1.33
1991	88.67	87.67	2.67			0.33
1992	88.00	90.33	4.33		58.33	0.33
1993	89.33	88.00	8.00		59.00	0.33
1994	90.60	91.30	15.30		64.33	0.00
1995	91.70	93.30	29.30		66.33	0.67
1996	94.00	96.70	52.00		75.00	1.67
1997	89.67	98.67	59.33	8.00	76.33	0.67
1998	95.00	98.00	68.33	18.00	81.33	1.33
1999	95.00	99.33	74.33	27.67	80.00	1.00
2000	94.67	99.67	81.33	36.33	83.33	1.00
2001	97.00	98.67	85.67	40.00	84.00	1.67
2002	98.19	98.92	106.89	52.11	92.14	2.06
2003	97.67	98.00	126.67	58.67	92.00	2.00
2004	99.33	99.67	152.33	66.33	96.33	2.33
2005	100.33	102.00	156.67	71.00	94.33	2.67
2006	103.67	105.00	174.33	81.67	102.67	3.33
2007	95.10	100.13	164.30	70.29	98.47	2.40
2008	96.82	100.68	166.52	72.57	99.93	3.97
2009	98.46	101.89	172.95	78.51	101.11	3.78
2010	99.07	102.35	179.14	81.79	101.41	3.15
2011	99.58	103.10	186.59	77.75	101.43	3.89

注：由于2008年调查样本全部轮换，故对2007年部分数据进行了调整。
Note: Since survey sample rotation in 2008, part of the data in 2007 are adjusted.

2-3 城市居民家庭每百户耐用消费品拥有量（1980–2011 年）
Number of Durable Consumer Goods Owned Per 100 City Households (1980–2011)

续表（continued）单位：台、辆、部　　set, unit

年份 Year	家用汽车 Family Car	电话 Telephone	移动电话 Mobile Telephone	彩色电视机 Color TV Set	摄像机 Video Camera	照相机 Camera	家用电脑 Home Computer
1980						1.00	
1981						3.00	
1982						5.00	
1983				0.70		5.80	
1984				2.70		10.70	
1985				15.80		19.00	
1986				26.80		25.30	
1987				37.00		27.00	
1988				50.50		27.75	
1989				62.25		27.25	
1990				73.67		30.33	
1991				78.67		34.33	
1992				83.67		39.67	
1993				86.67		38.67	
1994				91.00		38.70	
1995		25.67		98.70		37.70	
1996		45.33		107.30		48.70	
1997		56.67	2.00	107.00	0.67	53.33	4.00
1998		69.00	7.33	116.67	1.33	58.67	5.00
1999		69.70	12.67	120.67	1.33	61.00	10.00
2000		83.67	18.33	132.00	2.00	58.00	13.67
2001		87.00	34.33	138.67	2.33	55.67	17.33
2002		94.64	53.94	142.17	1.53	46.22	25.33
2003		97.67	95.67	150.67	3.67	48.33	34.67
2004	0.33	96.00	128.33	153.33	4.67	52.67	43.67
2005	0.67	94.33	154.33	155.33	3.67	50.67	51.33
2006	1.67	95.00	187.00	164.33	6.67	51.33	70.00
2007	3.50	91.21	172.29	149.92	7.13	37.90	63.57
2008	5.20	86.46	179.46	145.42	9.02	36.62	65.27
2009	5.90	86.26	188.66	149.39	10.07	40.92	72.96
2010	6.33	82.82	197.29	151.27	9.02	41.89	79.83
2011	10.98	62.71	212.97	153.64	8.46	42.39	84.83

注：由于 2008 年调查样本全部轮换，故对 2007 年部分数据进行了调整。

Note: Since survey sample rotation in 2008, part of the data in 2007 are adjusted.

2-4 城市居民主要食品购买量（1979–2011 年）
Purchases of Major Foods in City Households（1979–2011）

单位：千克 / 人 kg/person

年份 Year	粮食 Grain	大米 Rice	食用植物油 Edible Vegetable Oil	鲜菜 Fresh Vegetables	鲜瓜果 Fresh Melons and Fruits	猪肉 Pork
1979	110.20		3.20	126.30	12.60	22.10
1980	121.41		4.05	136.78	19.53	27.81
1981	134.39		4.86	145.27	15.68	28.10
1982	133.38		5.90	162.74	17.15	28.85
1983	130.00		6.21	162.00	21.57	26.17
1984	127.29		6.33	159.97	28.57	25.55
1985	114.43		6.20	157.97	27.38	29.55
1986	112.88	64.30	7.72	162.79	39.24	29.99
1987	110.97	66.31	7.20	154.98	37.33	29.06
1988	119.27	75.51	7.22	152.08	34.13	29.90
1989	129.61	90.00	6.70	157.83	29.88	29.66
1990	125.97	85.23	7.93	158.65	35.11	30.47
1991	106.47	70.07	6.50	152.03	37.74	29.83
1992	89.19	67.95	7.83	125.56	34.21	23.66
1993	79.87	62.58	8.05	128.65	40.11	24.30
1994	80.11	61.79	8.05	115.21	43.25	23.34
1995	80.27	59.84	8.05	114.60	39.81	25.12
1996	72.57	52.86	9.26	111.49	44.39	24.22
1997	71.14	52.16	8.47	106.79	44.51	22.01
1998	66.52	50.04	9.46	104.71	43.24	20.76
1999	68.29	51.33	8.90	113.08	45.72	22.84
2000	69.12	51.46	9.77	121.29	45.53	23.27
2001	68.16	50.91	10.25	113.68	47.80	20.25
2002	69.04	48.65	11.28	127.70	42.53	30.93
2003	64.35	43.21	8.09	119.85	47.10	30.49
2004	67.16	44.46	11.96	132.20	41.43	33.29
2005	64.71	43.53	11.17	124.56	40.69	29.95
2006	41.32	39.70	11.06	122.61	46.95	25.10
2007	44.23	42.65	13.53	122.86	45.08	26.37
2008	47.30	45.40	14.03	130.96	42.11	30.35
2009	46.37	44.68	14.83	128.79	44.66	29.56
2010	65.81	42.74	13.76	127.75	43.95	30.67
2011	66.69	41.17	14.33	129.96	41.84	32.22

2-4 城市居民主要食品购买量（1979-2011 年）
Purchases of Major Foods in City Households（1979-2011）

续表（continued） 单位：千克 / 人 kg/person

年份 Year	家禽 Poultry	鲜蛋 Fresh Eggs	鲜乳品 Fresh Dairy Products	鱼虾 Fish and Shrimp	酒 Liquor
1979	1.50	3.90			3.14
1980	3.48	4.75		4.78	3.51
1981	3.63	4.29		5.29	3.89
1982	3.87	5.17		5.52	4.32
1983	4.79	6.06		5.52	5.89
1984	6.10	7.80		5.38	7.22
1985	6.92	7.99		5.38	7.95
1986	8.18	7.51	7.53	6.48	8.62
1987	8.74	6.82	7.48	5.67	7.90
1988	7.54	6.05	8.92	4.68	8.31
1989	7.26	5.32	9.36	5.26	8.28
1990	7.12	6.31	9.31	6.06	10.98
1991	7.67	7.56	7.72	5.79	11.20
1992	9.02	8.75	8.73	5.19	11.35
1993	8.73	9.21	8.38	5.19	11.74
1994	8.21	9.96	8.26	6.35	9.25
1995	8.61	10.14	6.66	6.87	9.50
1996	8.34	10.74	7.75	7.30	7.62
1997	8.96	11.13	7.17	6.95	6.92
1998	9.59	10.53	10.18	8.70	8.12
1999	10.47	10.15	12.25	8.16	8.31
2000	11.95	10.32	15.26	7.80	9.20
2001	11.66	10.81	18.53	7.52	9.76
2002	14.16	9.49	18.16	8.50	8.20
2003	15.28	10.02	23.36	9.00	9.37
2004	13.24	10.09	23.38	10.26	9.24
2005	12.67	9.43	20.30	9.79	9.55
2006	9.98	8.82	23.52	9.11	10.77
2007	11.12	9.26	24.37	9.96	8.61
2008	12.92	9.68	21.66	10.46	6.83
2009	13.27	9.43	22.65	10.86	7.21
2010	15.57	9.22	23.20	10.89	6.52
2011	15.64	9.13	20.78	11.24	6.42

2-5 地区生产总值（1978-2011年）
Gross Domestic Product (1978-2011)

单位：亿元 (100 million yuan)

年份 Year	本市生产总值 Gross Domestic Product	第一产业 Primary Industry	第二产业 Secondary Industry	工业 Industry	建筑业 Construction	第三产业 Tertiary Industry
1978	71.70	24.81	34.46	31.53	2.93	12.43
1979	80.98	28.79	38.21	35.00	3.21	13.98
1980	90.68	32.57	42.42	38.89	3.53	15.69
1981	97.20	36.32	43.69	40.07	3.62	17.19
1982	108.08	40.62	47.14	43.26	3.88	20.32
1983	120.01	45.44	50.56	46.20	4.36	24.01
1984	141.64	50.66	60.63	55.46	5.17	30.35
1985	164.32	53.73	73.49	66.16	7.33	37.10
1986	184.60	60.06	81.38	72.52	8.86	43.16
1987	206.73	62.69	90.77	79.66	11.11	53.27
1988	261.27	75.00	117.61	104.79	12.82	68.66
1989	303.75	81.99	135.84	123.86	11.98	85.92
1990	327.75	100.40	135.62	117.60	18.02	91.73
1991	374.18	109.49	154.00	135.14	18.86	110.69
1992	461.32	117.28	194.40	171.42	22.98	149.64
1993	608.53	141.99	272.17	241.15	31.02	194.37
1994	833.60	196.19	376.75	339.59	37.16	260.66
1995	1123.06	264.19	492.67	436.21	56.46	366.20
1996	1315.12	287.56	568.99	502.06	66.93	458.57
1997	1509.75	307.21	650.40	567.88	82.52	552.14
1998	1602.38	300.89	675.64	574.41	101.23	625.85
1999	1663.20	286.16	697.81	589.52	108.29	679.23
2000	1791.00	284.87	760.03	633.98	126.05	746.10
2001	1976.86	294.90	841.95	695.44	146.51	840.01
2002	2232.86	317.87	958.87	787.94	170.93	956.12
2003	2555.72	339.06	1135.31	933.75	201.56	1081.35
2004	3034.58	428.05	1376.91	1132.70	244.21	1229.62
2005	3467.72	463.40	1564.00	1293.81	270.19	1440.32
2006	3907.23	386.38	1871.65	1566.83	304.82	1649.20
2007	4676.13	482.39	2368.53	2004.51	364.02	1825.21
2008	5793.66	575.40	3057.78	2607.15	450.63	2160.48
2009	6530.01	606.80	3448.77	2917.40	531.37	2474.44
2010	7925.58	685.38	4359.12	3697.83	661.29	2881.08
2011	10011.37	844.52	5543.04	4690.46	852.58	3623.81

2-5 地区生产总值（1978-2011 年）
Gross Domestic Product (1978-2011)

续表（continued）单位：亿元 (100 million yuan)

年份 Year	交通运输、仓储及邮政业 Transportation, Storage, Postal Services	批发和零售业 Wholesale and Retail Trade	住宿和餐饮业 Hotels and Catering Trade	金融业 Financial Intermediation	房地产业 Real Estate	其他服务业 Other Services	本市人均生产总值(元) Per Capita GDP (yuan)
1978	2.38	2.34	0.78	2.00	0.88	4.05	287
1979	2.69	2.59	0.92	2.21	0.99	4.58	321
1980	3.08	2.90	1.02	2.46	1.11	5.12	357
1981	3.39	3.22	1.07	2.73	1.12	5.66	379
1982	4.18	3.89	1.11	2.99	1.28	6.87	419
1983	5.94	4.49	1.24	3.83	1.44	7.07	461
1984	6.50	5.73	1.52	6.63	1.81	8.16	542
1985	6.97	8.90	1.80	7.40	2.09	9.94	624
1986	6.59	10.08	2.17	8.71	2.64	12.97	694
1987	6.82	12.30	2.71	14.91	3.59	12.94	766
1988	8.67	17.10	3.29	17.92	4.47	17.21	958
1989	12.18	21.61	3.89	24.78	4.95	18.51	1103
1990	11.93	17.19	5.41	26.21	5.73	25.26	1181
1991	12.34	20.33	6.35	31.65	7.23	32.79	1338
1992	21.59	33.03	7.23	40.30	7.30	40.19	1641
1993	22.68	49.63	9.37	52.91	9.12	50.66	2156
1994	27.43	64.66	12.78	74.91	11.03	69.85	2935
1995	47.22	85.53	19.00	97.77	17.43	99.25	3931
1996	63.40	110.22	23.46	103.84	25.22	132.43	4574
1997	81.14	130.86	30.91	116.53	32.60	160.10	5253
1998	87.08	142.99	31.68	126.66	45.00	192.44	5579
1999	94.39	151.89	33.62	120.18	50.69	228.46	5804
2000	101.25	163.38	35.93	118.53	65.45	261.56	6274
2001	128.26	178.39	38.46	125.90	76.38	292.62	6963
2002	151.54	195.64	42.36	134.52	90.48	341.58	7912
2003	167.22	216.35	47.11	147.04	113.69	389.94	9098
2004	190.62	246.52	57.67	162.38	129.12	443.31	10845
2005	218.97	277.68	66.56	185.18	143.88	548.05	12404
2006	259.59	314.33	77.24	213.70	158.20	626.14	13939
2007	265.74	366.19	91.85	247.46	196.06	657.91	16629
2008	309.59	449.32	111.63	303.01	191.21	795.72	20490
2009	347.98	524.36	132.88	389.97	229.09	850.16	22920
2010	389.55	624.33	142.11	496.56	266.38	962.15	27596
2011	456.25	747.30	166.31	704.66	396.28	1153.01	34500

注：本表人均地区生产总值按常住人口计算。

Note: the per capita GDP hereof is calculated by registered population.

2-6 城市居民总收入构成（1992-2011 年）
Composition of Total Income of City Households (1992-2011)

单位：% | %

年份 Year	总收入 Total Income	工资性收入 Income from Wages and Salaries	经营净收入 Net business Income	财产性收入 Income from Properties	转移性收入 Income from Transfer
1992	100.0	81.3	0.7	1.6	16.6
1993	100.0	78.2	0.5	1.2	20.2
1994	100.0	83.3	0.3	0.8	15.6
1995	100.0	85.1	0.2	0.8	13.8
1996	100.0	87.8	0.5	1.0	10.7
1997	100.0	87.3	0.6	0.6	11.5
1998	100.0	86.9	0.5	0.6	12.0
1999	100.0	81.1	0.8	0.6	17.5
2000	100.0	78.1	1.1	0.4	20.4
2001	100.0	76.5	1.8	0.5	21.3
2002	100.0	67.7	2.5	0.6	29.2
2003	100.0	72.5	1.3	0.9	25.2
2004	100.0	72.3	2.3	1.1	24.3
2005	100.0	70.8	4.4	1.7	23.0
2006	100.0	73.8	4.2	1.5	20.4
2007	100.0	73.9	4.1	1.7	20.3
2008	100.0	73.4	4.3	1.3	21.1
2009	100.0	70.6	4.9	1.3	23.2
2010	100.0	68.0	5.1	1.3	25.6
2011	100.0	63.9	6.4	1.5	28.3

2-7 城市居民收入年增长率（1980-2011 年）
Annual Growth Rate of Total Income of City Households (1980-2011)

单位：% %

年份 Year	总收入 Total Income	工资性收入 Income from Wages and Salaries	经营净收入 Net Business Income	财产性收入 Income from Properties	转移性收入 Income from Transfer	可支配收入 Disposable Income
1980	39.7					16.1
1981	-4.0					15.6
1982	6.2					6.2
1983	6.3					6.0
1984	14.5					15.1
1985	32.5					31.8
1986	20.8					21.1
1987	12.5					12.7
1988	15.2					15.3
1989	13.7					13.4
1990	16.8					16.7
1991	11.8					11.9
1992	15.9					16.0
1993	26.5	21.6	-18.1	-8.6	54.1	26.7
1994	30.2	38.7	-32.5	-5.5	0.7	30.7
1995	20.4	23.0	11.4	18.8	6.7	20.4
1996	14.5	18.2	162.2	32.2	-11.7	14.8
1997	5.7	5.0	27.4	-36.8	14.1	5.6
1998	2.6	2.2	-17.0	2.8	7.3	2.7
1999	7.0	-0.1	62.6	17.5	55.7	7.1
2000	6.0	2.1	42.6	-38.6	23.3	6.0
2001	6.5	4.4	80.4	55.1	11.1	6.4
2002	16.1	2.8	59.9	27.1	59.5	10.1
2003	13.2	21.1	-39.4	80.0	-2.3	11.8
2004	14.3	13.9	100.2	35.7	10.1	13.9
2005	11.8	9.6	115.5	71.6	5.8	11.1
2006	13.3	18.1	6.7	2.5	0.6	12.9
2007	17.6	17.7	14.1	29.0	17.0	18.5
2008	13.5	12.6	19.4	-12.8	17.5	14.5
2009	11.9	7.6	29.5	8.4	23.5	9.4
2010	11.2	7.1	15.0	11.6	22.7	11.1
2011	14.3	7.5	41.8	31.7	26.0	14.9

2-8 城市居民可支配收入分组（2000-2011 年）
Statistics on City Households Grouped by Disposable Income (2000-2011)

单位：元 / 人 yuan/person

年份 Year	总平均 Average	最低收入户 Lowest Income Households	# 困难户 Poor Households	低收入户 Low Income Households	中等偏下户 Lower Middle Income Households
2000	6176.30	3159.30	3159.30	4006.90	4642.49
2001	6572.30	2934.48	2934.48	3904.33	4995.97
2002	7238.07	2563.43	2563.43	3751.71	4782.72
2003	8093.67	3508.79	3508.79	4663.95	5879.77
2004	9220.96	3683.87	3683.87	5362.20	6789.50
2005	10243.99	4026.92	4026.92	5775.63	7405.65
2006	11569.74	4748.73	4748.73	6845.58	8626.90
2007	13715.25	5884.29	5884.29	8040.70	10060.65
2008	15708.74	6904.09	6904.09	9332.16	11642.42
2009	17191.10	7605.53	7605.53	10618.69	13022.55
2010	19099.73	9148.78	9148.78	12534.93	15287.82
2011	21954.97	10675.83	10675.83	14108.51	16982.36

2-8 城市居民可支配收入分组（2000-2011 年）
Statistics on City Households Grouped by Disposable Income (2000-2011)

续表(continued)单位：元 / 人 yuan/person

年份 Year	中等收入户 Middle Income Households	中等偏上户 Upper Middle Income Households	高收入户 High Income Households	最高收入户 Highest Income Households
2000	5813.07	7251.70	8755.64	12612.79
2001	6059.88	7640.29	9821.28	15286.78
2002	6257.32	8279.05	10926.47	19675.70
2003	7654.09	9743.29	11794.43	16168.21
2004	8614.42	10676.06	13598.56	20523.36
2005	9416.82	11828.82	15256.97	23077.36
2006	10638.02	13074.35	16606.61	25564.60
2007	12468.83	15646.00	19605.94	31020.80
2008	14438.19	18031.07	22352.84	34715.89
2009	15698.82	19437.33	24690.70	35928.21
2010	18065.51	21795.26	26554.25	38951.96
2011	20366.25	24939.49	31677.23	50422.77

2-9 城市居民总支出（1979–2011 年）
Total Expenditure of City Households (1979–2011)

单位：元 / 人　　yuan/person

年份 Year	总支出 Total Expenditure	消费性支出 Consumption Expenditure	财产性支出 Property Expenditure	转移性支出 Transferred Expenditure	社保支出 Social Security Expenditure	购房与建房支出 Expenditure on House Purchasing and Construction
1979	**342.01**	323.95				
1980	**475.82**	451.66				
1981	**472.46**	445.31				
1982	**496.09**	470.99				
1983	**517.93**	493.48				
1984	**581.38**	551.69				
1985	**815.11**	771.13				
1986	**984.58**	893.84				
1987	**1116.15**	1043.86				
1988	**1398.50**	1323.17				
1989	**1457.06**	1382.66				
1990	**1665.78**	1569.97				
1991	**1863.84**	1754.20				
1992	**2061.93**	1928.63				
1993	**2618.28**	2397.08				
1994	**3667.29**	3126.56				
1995	**4377.20**	4051.53				
1996	**5062.72**	4467.12				
1997	**5430.71**	4919.63				
1998	**5979.71**	4956.80				
1999	**6089.13**	5376.69				
2000	**6175.57**	5471.70				
2001	**6668.70**	5724.90				
2002	**7985.13**	6360.20	9.36	568.34	366.51	680.72
2003	**8584.79**	7118.06	63.07	760.89	505.83	136.95
2004	**10235.87**	7973.05	80.88	912.90	588.37	680.67
2005	**10832.21**	8623.29	96.44	916.32	707.92	488.24
2006	**12157.10**	9398.69	76.05	1040.08	842.00	800.28
2007	**14655.03**	10876.12	149.14	1422.49	877.91	1329.32
2008	**15151.82**	12269.32	89.36	1537.71	862.86	392.58
2009	**17371.80**	13507.30	133.08	1583.45	1341.24	806.72
2010	**18757.34**	14754.74	111.75	1623.77	1518.60	748.48
2011	**20431.72**	16747.40	109.50	1598.87	1651.20	324.75

2-10 城市居民总支出构成（1979-2011 年）
Composition of Total Expenditure of City Households (1979-2011)

单位：% | %

年份 Year	总支出 Total Expenditure	消费性支出 Consumption Expenditure	财产性支出 Property Expenditure	转移性支出 Transferred Expenditure	社保支出 Social Security Expenditure	购房与建房支出 Expenditure on House Purchasing and Construction
1979	**100.0**	94.7				
1980	**100.0**	94.9				
1981	**100.0**	94.3				
1982	**100.0**	94.9				
1983	**100.0**	95.3				
1984	**100.0**	94.9				
1985	**100.0**	94.6				
1986	**100.0**	90.8				
1987	**100.0**	93.5				
1988	**100.0**	94.6				
1989	**100.0**	94.9				
1990	**100.0**	94.2				
1991	**100.0**	94.1				
1992	**100.0**	93.5				
1993	**100.0**	91.6				
1994	**100.0**	85.3				
1995	**100.0**	92.6				
1996	**100.0**	88.2				
1997	**100.0**	90.6				
1998	**100.0**	82.9				
1999	**100.0**	88.3				
2000	**100.0**	88.6				
2001	**100.0**	85.8				
2002	**100.0**	79.7	0.1	7.1	4.6	8.5
2003	**100.0**	82.9	0.7	8.9	5.9	1.6
2004	**100.0**	77.9	0.8	8.9	5.7	6.6
2005	**100.0**	79.6	0.9	8.5	6.5	4.5
2006	**100.0**	77.3	0.6	8.6	6.9	6.6
2007	**100.0**	74.2	1.0	9.7	6.0	9.1
2008	**100.0**	81.0	0.6	10.1	5.7	2.6
2009	**100.0**	77.8	0.8	9.1	7.7	4.6
2010	**100.0**	78.7	0.6	8.7	8.1	4.0
2011	**100.0**	82.0	0.5	7.8	8.1	1.6

2-11 城市居民总支出年增长率（1980-2011 年）
Annual Growth Rate of Total Expenditure of City Households (1980-2011)

单位：%　　　　%

年份 Year	总支出 Total Expenditure	消费性支出 Consumption Expenditure	财产性支出 Property Expenditure	转移性支出 Transferred Expenditure	社保支出 Social Security Expenditure	购房与建房支出 Expenditure on House Purchasing and Construction
1980	**39.1**	39.4				
1981	**-0.7**	-1.4				
1982	**5.0**	5.8				
1983	**4.4**	4.8				
1984	**12.3**	11.8				
1985	**40.2**	39.8				
1986	**20.8**	15.9				
1987	**13.4**	16.8				
1988	**25.3**	26.8				
1989	**4.2**	4.5				
1990	**14.3**	13.5				
1991	**11.9**	11.7				
1992	**10.6**	9.9				
1993	**27.0**	24.3				
1994	**40.1**	30.4				
1995	**19.4**	29.6				
1996	**15.7**	10.3				
1997	**7.3**	10.1				
1998	**10.1**	0.8				
1999	**1.8**	8.5				
2000	**1.4**	1.8				
2001	**8.0**	4.6				
2002	**19.7**	11.1				
2003	**7.5**	11.9	573.8	33.9	38.0	-79.9
2004	**19.2**	12.0	28.2	20.0	16.3	397.0
2005	**5.8**	8.2	19.2	0.4	20.3	-28.3
2006	**12.2**	9.0	-21.1	13.5	18.9	63.9
2007	**20.5**	15.7	96.1	36.8	4.3	66.1
2008	**3.4**	12.8	-40.1	8.1	-1.7	-70.5
2009	**14.7**	10.1	48.9	3.0	55.4	105.5
2010	**8.0**	9.2	-16.0	2.5	13.2	-7.2
2011	**8.9**	13.5	-2.0	-1.5	8.7	-56.6

2-12 城市居民消费性支出（1979-2011 年）
Consumption Expenditure of City Households (1979-2011)

单位：元 / 人　　　　yuan/person

年份 Year	**消费性支出 Consumption Expenditure**	1.食品支出 Food	2.衣着支出 Clothing	3.居住支出 Residence	4.家庭设备用品及服务支出 Household Facilities, Articles and Services	5.医疗保健支出 Health Care and Medical Services	6.交通和通讯支出 Transports and Communi-ca-tions	7.文教娱乐用品及服务支出 Education, Culture and Recreation Services	8.其他商品及服务支出 Miscellaneous Goods and Services
1979	**323.95**	200.53							
1980	**451.66**	238.48							
1981	**445.31**	258.73							
1982	**470.99**	279.77							
1983	**493.48**	302.50							
1984	**551.69**	331.01							
1985	**771.13**	399.45							
1986	**893.84**	474.63							
1987	**1043.86**	546.98							
1988	**1323.17**	682.76							
1989	**1382.66**	793.65							
1990	**1569.97**	857.20							
1991	**1754.20**	927.97							
1992	**1928.63**	1047.51	236.60	135.99	173.10	46.94	47.43	157.61	83.45
1993	**2397.08**	1267.63	310.09	151.61	226.85	60.05	76.93	206.85	97.07
1994	**3126.56**	1679.18	395.24	189.28	246.58	82.34	136.01	276.84	121.09
1995	**4051.53**	2049.92	551.94	231.81	322.41	113.07	254.42	373.56	154.40
1996	**4467.12**	2241.01	636.93	279.11	322.37	137.15	266.55	431.75	152.25
1997	**4919.63**	2297.86	589.61	370.51	381.31	164.19	327.49	626.21	162.45
1998	**4956.80**	2262.19	571.69	454.63	340.55	185.90	370.95	604.78	166.11
1999	**5376.69**	2303.29	589.99	479.31	407.77	236.55	437.55	730.05	192.18
2000	**5471.70**	2308.70	551.14	491.99	380.36	293.23	461.00	785.74	199.54
2001	**5724.90**	2337.65	589.28	544.87	379.88	334.05	492.70	861.02	185.45
2002	**6360.20**	2418.95	618.61	594.50	454.18	429.62	615.01	1065.06	164.27
2003	**7118.06**	2702.34	735.01	741.60	475.36	459.69	790.26	1025.99	187.81
2004	**7973.05**	3015.32	779.68	903.22	474.15	537.95	865.45	1200.52	196.77
2005	**8623.29**	3135.65	849.53	882.41	583.50	629.32	929.92	1391.11	221.85
2006	**9398.69**	3415.92	1038.98	954.56	615.74	705.72	976.02	1449.49	242.26
2007	**10876.12**	4024.76	1317.93	981.38	723.50	812.32	1271.44	1439.32	305.47
2008	**12269.32**	4803.06	1467.00	1173.60	878.04	960.32	1142.08	1498.95	346.28
2009	**13507.30**	5020.22	1690.57	1179.64	1101.43	1081.22	1366.52	1620.20	447.50
2010	**14754.74**	5531.88	1892.08	1328.67	1137.79	1150.18	1519.82	1644.58	549.75
2011	**16747.40**	6440.68	2385.45	1236.12	1174.54	1158.92	2031.10	1696.89	623.69

2–13 城市居民消费性支出构成（1979–2011 年）
Composition of Consumption Expenditure of City Households (1979–2011)

单位：元 / 人　　yuan/person

年份 Year	**消费性支出** Consumption Expenditure	1.食品支出 Food	2.衣着支出 Clothing	3.居住支出 Residence	4.家庭设备用品及服务支出 Household Facilities, Articles and Services	5.医疗保健支出 Medicine and Medical Services	6.交通和通讯支出 Transports and Communi–ca–tions	7.文教娱乐用品及服务支出 Education, Culture and Recreation Services	8.其他商品及服务支出 Miscellaneous Goods and Services
1979	**100.0**	61.9							
1980	**100.0**	52.8							
1981	**100.0**	58.1							
1982	**100.0**	59.4							
1983	**100.0**	61.3							
1984	**100.0**	60.0							
1985	**100.0**	51.8							
1986	**100.0**	53.1							
1987	**100.0**	52.4							
1988	**100.0**	51.6							
1989	**100.0**	57.4							
1990	**100.0**	54.6							
1991	**100.0**	52.9							
1992	**100.0**	54.3	12.3	7.1	9.0	2.4	2.5	8.2	4.3
1993	**100.0**	52.9	12.9	6.3	9.5	2.5	3.2	8.6	4.0
1994	**100.0**	53.7	12.6	6.1	7.9	2.6	4.4	8.9	3.9
1995	**100.0**	50.6	13.6	5.7	8.0	2.8	6.3	9.2	3.8
1996	**100.0**	50.2	14.3	6.2	7.2	3.1	6.0	9.7	3.4
1997	**100.0**	46.7	12.0	7.5	7.8	3.3	6.7	12.7	3.3
1998	**100.0**	45.6	11.5	9.2	6.9	3.8	7.5	12.2	3.4
1999	**100.0**	42.8	11.0	8.9	7.6	4.4	8.1	13.6	3.6
2000	**100.0**	42.2	10.1	9.0	7.0	5.4	8.4	14.4	3.6
2001	**100.0**	40.8	10.3	9.5	6.6	5.8	8.6	15.0	3.2
2002	**100.0**	38.0	9.7	9.3	7.1	6.8	9.7	16.7	2.6
2003	**100.0**	38.0	10.3	10.4	6.7	6.5	11.1	14.4	2.6
2004	**100.0**	37.8	9.8	11.3	5.9	6.7	10.9	15.1	2.5
2005	**100.0**	36.4	9.9	10.2	6.8	7.3	10.8	16.1	2.6
2006	**100.0**	36.3	11.1	10.2	6.6	7.5	10.4	15.4	2.6
2007	**100.0**	37.0	12.1	9.0	6.7	7.5	11.7	13.2	2.8
2008	**100.0**	39.1	12.0	9.6	7.2	7.8	9.3	12.2	2.8
2009	**100.0**	37.2	12.5	8.7	8.2	8.0	10.1	12.0	3.3
2010	**100.0**	37.5	12.8	9.0	7.7	7.8	10.3	11.1	3.7
2011	**100.0**	38.5	14.2	7.4	7.0	6.9	12.1	10.1	3.7

2-14 城市居民消费性支出年增长率（1980-2011 年）
Annual Growth Rate of Consumption Expenditure of City Households (1980-2011)

单位：% %

年份 Year	**消费性支出 Consumption Expenditure**	1.食品支出 Food	2.衣着支出 Clothing	3.居住支出 Residence	4.家庭设备用品及服务支出 Household Facilities, Articles and Services	5.医疗保健支出 Medicine and Medical Services	6.交通和通讯支出 Transports and Communi-ca-tions	7.文教娱乐用品及服务支出 Education, Culture and Recreation Services	8.其他商品及服务支出 Miscellaneous Goods and Services
1980	**39.4**	18.9							
1981	**-1.4**	8.5							
1982	**5.8**	8.1							
1983	**4.8**	8.1							
1984	**11.8**	9.4							
1985	**39.8**	20.7							
1986	**15.9**	18.8							
1987	**16.8**	15.2							
1988	**26.8**	24.8							
1989	**4.5**	16.2							
1990	**13.5**	8.0							
1991	**11.7**	8.3							
1992	**9.9**	12.9							
1993	**24.3**	21.0	31.1	11.5	31.1	27.9	62.2	31.2	16.3
1994	**30.4**	32.5	27.5	24.8	8.7	37.1	76.8	33.8	24.7
1995	**29.6**	22.1	39.6	22.5	30.8	37.3	87.1	34.9	27.5
1996	**10.3**	9.3	15.4	20.4	0.0	21.3	4.8	15.6	-1.4
1997	**10.1**	2.5	-7.4	32.7	18.3	19.7	22.9	45.0	6.7
1998	**0.8**	-1.6	-3.0	22.7	-10.7	13.2	13.3	-3.4	2.3
1999	**8.5**	1.8	3.2	5.4	19.7	27.2	18.0	20.7	15.7
2000	**1.8**	0.2	-6.6	2.6	-6.7	24.0	5.4	7.6	3.8
2001	**4.6**	1.3	6.9	10.7	-0.1	13.9	6.9	9.6	-7.1
2002	**11.1**	3.5	5.0	9.1	19.6	28.6	24.8	23.7	-11.4
2003	**11.9**	11.7	18.8	24.7	4.7	7.0	28.5	-3.7	14.3
2004	**12.0**	11.6	6.1	21.8	-0.3	17.0	9.5	17.0	4.8
2005	**8.2**	4.0	9.0	-2.3	23.1	17.0	7.4	15.9	12.7
2006	**9.0**	8.9	22.3	8.2	5.5	12.1	5.0	4.2	9.2
2007	**15.7**	17.8	26.8	2.8	17.5	15.1	30.3	-0.7	26.1
2008	**12.8**	19.3	11.3	19.6	21.4	18.2	10.2	4.1	13.4
2009	**10.1**	4.5	15.2	0.5	25.4	12.6	19.7	8.1	29.2
2010	**9.2**	10.2	11.9	12.6	3.3	6.4	11.2	1.5	22.8
2011	**13.5**	16.4	26.1	-7.0	3.2	0.8	33.6	3.2	13.4

2-15 城市居民消费性支出按收入分组（1986-2011 年）
Consumption Expenditure of City Households grouped by Income (1986-2011)

单位：元 / 人 yuan/person

年份 Year	总平均 Average	最低收入户 Lowest Income Households	# 困难户 Poor Households	低收入户 Low Income Households
1986	**893.84**	599.20	565.89	722.60
1987	**1043.86**	680.60	630.58	787.45
1988	**1323.17**	756.33	690.61	1028.03
1989	**1382.66**	811.12	757.32	941.35
1990	**1569.97**	1026.94	1015.52	1207.94
1991	**1754.20**	1059.44	1063.54	1282.62
1992	**1928.63**	1246.30	1212.67	1386.18
1993	**2397.08**	1449.06	1291.94	1567.12
1994	**3126.56**	1836.22	1478.29	2057.05
1995	**4051.53**	2023.25	1776.50	2501.32
1996	**4467.12**	2568.36	2388.60	3305.82
1997	**4919.63**	2522.96	2214.39	3402.10
1998	**4956.80**	2593.37	2225.06	3448.77
1999	**5376.69**	2883.08	2587.16	3772.70
2000	**5471.70**	3127.33	3161.57	3876.47
2001	**5724.90**	3112.08	2884.79	3961.46
2002	**6360.20**	3390.72	3216.69	4112.66
2003	**7118.06**	3454.96	2610.05	4757.07
2004	**7973.05**	3640.96	3203.92	5673.82
2005	**8623.29**	3938.46	3217.48	5313.79
2006	**9398.69**	5066.64	4679.69	6397.30
2007	**10876.12**	5793.38	5268.82	7181.80
2008	**12269.32**	5764.84	4904.56	8338.57
2009	**13507.30**	6305.75	4997.34	9462.22
2010	**14754.74**	8469.24	6999.22	9787.28
2011	**16747.40**	9064.06	7895.10	11784.24

2-15 城市居民消费性支出按收入分组（1986-2011 年）
Consumption Expenditure of City Households grouped by Income (1986-2011)

续表（continued）单位：元 / 人 yuan/person

年份 Year	中等偏下户 Lower Middle Income Households	中等收入户 Middle Income Households	中等偏上户 Upper Middle Income Households	高收入户 High Income Households	最高收入户 Highest Income Households
1986	812.10	943.97	1015.61	1169.23	1330.37
1987	921.73	1079.48	1141.86	1346.66	1525.06
1988	1137.35	1289.30	1528.18	1722.32	2139.32
1989	1261.37	1374.25	1583.51	1787.93	2208.97
1990	1266.87	1569.96	1781.55	2009.41	2619.86
1991	1467.55	1672.91	2005.56	2372.77	2845.69
1992	1578.80	1957.88	2063.42	2593.85	2985.05
1993	1934.67	2391.81	2667.79	3288.30	3756.16
1994	2766.61	3017.91	3589.01	4663.08	5267.52
1995	3242.72	3745.35	4566.16	5289.81	7229.95
1996	3702.06	4539.47	4762.75	5436.61	7074.45
1997	4068.54	4547.55	5762.54	5897.53	8876.61
1998	3968.07	4587.47	5635.33	7191.19	7905.32
1999	4411.57	4806.83	6254.73	7008.75	9630.18
2000	4386.74	5227.31	6240.35	6656.68	10144.54
2001	4599.23	5678.89	6382.05	7707.29	10883.08
2002	4783.35	5912.01	7349.47	8834.79	13127.56
2003	5293.24	7137.38	8394.15	9446.50	13213.66
2004	6510.41	7608.36	8749.23	10440.66	16290.81
2005	6668.72	7956.81	10575.08	11745.59	17143.08
2006	8112.58	8898.53	9350.93	12852.12	18721.48
2007	9024.66	10445.74	11784.37	13615.36	21854.17
2008	9942.95	11790.87	13295.77	17040.58	24224.89
2009	11141.20	12922.33	14494.29	18629.99	25690.46
2010	12516.67	13879.32	16026.35	19553.70	29407.08
2011	13483.14	15168.65	19692.43	23291.90	34427.75

2-16 城市居民收支情况（2002-2011 年）
Statistics on Income and Expenditure of City Households (2002-2011)

单位：元 / 人　　yuan/person

指　标	Item	2002 年	2003 年	2004 年	2005 年	2006 年
一、全年总收入	**Annual Total Income**	**7663.32**	**8671.91**	**9910.09**	**11079.15**	**12548.91**
可支配收入	Disposable Income	7238.07	8093.67	9220.96	10243.46	11569.74
(一)工资性收入	Income from Wages and Salaries	5190.98	6288.55	7162.69	7848.52	9266.42
(二)经营净收入	Net Business Income	188.48	114.13	228.53	492.44	525.23
(三)财产性收入	Income from Properties	44.90	80.80	109.67	188.22	192.87
(四)转移性收入	Income from Transfer	2238.96	2188.43	2409.20	2549.97	2564.39
二、全年总支出	**Annual Total Expenditure**	**7985.13**	**8584.79**	**10235.87**	**10832.21**	**12157.10**
(一)消费性支出	Consumption Expenditure	6360.20	7118.06	7973.05	8623.29	9398.69
(二)财产性支出	Property Expenditure	9.36	63.07	80.88	96.44	76.05
(三)转移性支出	Transferred Expenditure	568.34	760.89	912.90	916.32	1040.08
(四)社会保障支出	Social Security Expenditure	366.51	505.83	588.37	707.92	842.00
(五)购房与建房支出	Expenditure on House Purchasing and Construction	680.72	136.95	680.67	488.24	800.28

2-16 城市居民收支情况（2002-2011 年）
Statistics on Income and Expenditure of City Households (2002-2011)

续表（continued）单位：元 / 人　　yuan/person

指　标	Item	2007 年	2008 年	2009 年	2010 年	2011 年
一、全年总收入	**Annual Total Income**	**14754.38**	**16740.41**	**18729.26**	**20824.70**	**23796.97**
可支配收入	Disposable Income	13715.25	15708.74	17191.10	19099.73	21954.97
(一)工资性收入	Income from Wages and Salaries	10907.23	12282.68	13214.37	14154.57	15210.59
(二)经营净收入	Net Business Income	599.29	715.80	926.83	1066.26	1512.26
(三)财产性收入	Income from Properties	248.72	216.97	235.14	262.50	345.73
(四)转移性收入	Income from Transfer	2999.13	3524.95	4352.92	5341.36	6728.39
二、全年总支出	**Annual Total Expenditure**	**14655.03**	**15151.82**	**17371.80**	**18757.34**	**20431.72**
(一)消费性支出	Consumption Expenditure	10876.12	12269.32	13507.30	14754.74	16747.40
(二)财产性支出	Property Expenditure	149.12	89.36	133.08	111.75	109.50
(三)转移性支出	Transferred Expenditure	1422.49	1537.71	1583.45	1623.77	1598.87
(四)社会保障支出	Social Security Expenditure	877.91	862.86	1341.24	1518.60	1651.20
(五)购房与建房支出	Expenditure on House Purchasing and Construction	1329.32	392.58	806.72	748.48	324.75

2-17 城市居民消费性支出情况（2002-2011 年）
Statistics on Consumption Expenditure of City Households (2002-2011)

单位：元 / 人　　yuan/person

项　目	Item	2002 年	2003 年	2004 年	2005 年	2006 年
消费性支出	**Consumption Expenditure**	**6360.20**	**7118.06**	**7973.05**	**8623.29**	**9398.69**
服务性消费支出	Consumption Expenditure for Services	1883.88	2019.74	2443.77	2689.82	2969.28
一、食 品	Food	2418.95	2702.34	3015.32	3135.65	3415.92
二、衣　着	Clothing	618.61	735.01	779.68	849.53	1038.98
三、居　住	Residence	594.50	741.60	903.22	882.41	954.56
四、家庭设备用品及服务	Household Facilities,Articles and Services	454.18	475.36	474.15	583.50	615.74
五、医疗保健	Medicial Care	429.62	459.69	537.95	629.32	705.72
六、交通和通讯	Transports and Communications	615.01	790.26	865.45	929.92	976.02
七、教育娱乐文化服务	Education, Culture and Recreation Services	1065.06	1025.99	1200.52	1391.11	1449.49
八、其他商品与服务	Miscellaneous Goods and Services	164.27	187.81	196.77	221.85	242.26

2-17 城市居民消费性支出情况（2002-2011 年）
Statistics on Consumption Expenditure of City Households (2002-2011)

续表（continued）单位：元 / 人　　yuan/person

项　目	Item	2007 年	2008 年	2009 年	2010 年	2011 年
消费性支出	**Consumption Expenditure**	**10876.12**	**12269.32**	**13507.30**	**14754.74**	**16747.40**
服务性消费支出	Consumption Expenditure for Services	3132.01	3253.66	3556.60	3999.95	4313.08
一、食 品	Food	4024.76	4803.06	5020.22	5531.88	6440.68
二、衣　着	Clothing	1317.93	1467.00	1690.57	1892.08	2385.45
三、居　住	Residence	981.38	1173.60	1179.64	1328.67	1236.12
四、家庭设备用品及服务	Household Facilities,Articles and Services	723.50	878.04	1101.43	1137.79	1174.54
五、医疗保健	Medicial Care	812.32	960.32	1081.22	1150.18	1158.92
六、交通和通讯	Transports and Communications	1271.44	1142.08	1366.52	1519.82	2031.10
七、教育娱乐文化服务	Education, Culture and Recreation Services	1439.32	1498.95	1620.20	1644.58	1696.89
八、其他商品与服务	Miscellaneous Goods and Services	305.47	346.28	447.50	549.75	623.69

2-18 各收入组城市居民的收支情况 (2010 年)
Statistics on Income and Expenditure of City Households Grouped by Income (2010)

单位：元/人 yuan/person

指　标	Item	总平均 Average	最低收入户 Lowest Income Households	困难户 Poor Households	低收入户 Low Income Households
一、全年总收入	**Annual Total Income**	**20824.70**	**10271.32**	**8485.23**	**13771.39**
可支配收入	Disposable Income	19099.73	9148.78	7635.28	12534.93
(一)工资性收入	Income from Wages and Salaries	14154.57	6850.30	5170.12	8383.63
(二)经营净收入	Net Business Income	1066.26	274.24	415.43	552.92
(三)财产性收入	Income from Properties	262.50	46.41	5.33	125.41
(四)转移性收入	Income from Transfer	5341.36	3100.38	2894.35	4709.42
二、全年总支出	**Annual Total Expenditure**	**18757.34**	**10106.62**	**8111.34**	**12031.98**
(一)消费性支出	Consumption Expenditure	14754.74	8469.24	6999.22	9787.28
(二)财产性支出	Property Expenditure	111.75			65.67
(三)转移性支出	Transferred Expenditure	1623.77	618.41	372.26	1055.97
(四)社会保障支出	Social Security Expenditure	1518.60	1018.98	739.86	1123.06
(五)购房与建房支出	Expenditure on House Purchasing and Construction	748.48			

2-18 各收入组城市居民的收支情况 (2010 年)
Statistics on Income and Expenditure of City Households Grouped by Income (2010)

续表 (continued) 单位：元/人 yuan/person

指　标	Item	中等偏下户 Lower Middle Income Households	中等收入户 Middle Income Households	中等偏上户 Upper Middle Income-Households	高收入户 High Income House-holds	最高收入户 Highest Income Households
一 全年总收入	**Annual Total Income**	**16773.75**	**19664.35**	**23631.47**	**28872.08**	**42138.85**
可支配收入	Disposable Income	15287.82	18065.51	21795.26	26554.25	38951.96
(一)工资性收入	Income from Wages and Salaries	10157.43	12424.35	16158.28	21813.68	32867.45
(二)经营净收入	Net Business Income	1189.75	950.88	1279.31	671.47	2750.44
(三)财产性收入	Income from Properties	91.94	263.93	185.78	420.74	1155.75
(四)转移性收入	Income from Transfer	5334.64	6025.19	6008.10	5966.19	5365.22
二、全年总支出	**Annual Total Expenditure**	**15451.96**	**18130.24**	**21362.22**	**24162.03**	**37310.84**
(一)消费性支出	Consumption Expenditure	12516.67	13879.32	16026.35	19553.70	29407.08
(二)财产性支出	Property Expenditure	76.24	47.01	160.77	203.85	355.91
(三)转移性支出	Transferred Expenditure	1113.43	1732.09	1762.77	2232.74	3754.69
(四)社会保障支出	Social Security Expenditure	1350.63	1450.81	1639.01	2115.20	2375.00
(五)购房与建房支出	Expenditure on House Purchasing and Construction	395.00	1021.01	1773.31	56.55	1418.16

2-18 各收入组城市居民的收支情况 (2011年)
Statistics on Income and Expenditure of City Households Grouped by Income (2011)

单位：元/人 yuan/person

指 标	Item	总平均 Average	最低收入户 Lowest Income Households	困难户 Poor Households	低收入户 Low Income Households
一、全年总收入	**Annual Total Income**	**23796.97**	**11930.22**	**10571.98**	**15923.56**
可支配收入	Disposable Income	21954.97	10675.83	9376.55	14108.51
(一)工资性收入	Income from Wages and Salaries	15210.59	6949.51	6032.55	8963.90
(二)经营净收入	Net Business Income	1512.26	1451.46	1268.90	2565.03
(三)财产性收入	Income from Properties	345.73	290.48	189.85	28.85
(四)转移性收入	Income from Transfer	6728.39	3238.78	3080.68	4365.78
二、全年总支出	**Annual Total Expenditure**	**20431.72**	**11044.08**	**9777.13**	**14572.69**
(一)消费性支出	Consumption Expenditure	16747.40	9064.06	7895.10	11784.24
(二)财产性支出	Property Expenditure	109.50	80.99	99.70	25.22
(三)转移性支出	Transferred Expenditure	1598.87	751.45	694.99	930.48
(四)社会保障支出	Social Security Expenditure	1651.20	1147.58	1087.35	1700.70
(五)购房与建房支出	Expenditure on House Purchasing and Construction	324.75			132.05

2-18 各收入组城市居民的收支情况 (2011年)
Statistics on Income and Expenditure of City Households Grouped by Income (2011)

续表 (continued) 单位：元/人 yuan/person

指 标	Item	中等偏下户 Lower Middle Income Households	中等收入户 Middle Income Households	中等偏上户 Upper Middle Income-Households	高收入户 High Income House-holds	最高收入户 Highest Income Households
一、全年总收入	**Annual Total Income**	**18466.56**	**21970.72**	**26957.07**	**34180.11**	**53603.26**
可支配收入	Disposable Income	16982.36	20366.25	24939.49	31677.23	50422.77
(一)工资性收入	Income from Wages and Salaries	10169.49	12964.87	17548.16	25186.22	39944.37
(二)经营净收入	Net Business Income	1351.58	1234.83	1066.77	1378.13	2339.30
(三)财产性收入	Income from Properties	195.81	229.73	247.36	492.51	1715.90
(四)转移性收入	Income from Transfer	6749.68	7541.30	8094.78	7123.24	9603.69
二、全年总支出	**Annual Total Expenditure**	**16206.97**	**18611.22**	**23515.26**	**28693.84**	**42997.36**
(一)消费性支出	Consumption Expenditure	13483.14	15168.65	19692.43	23291.90	34427.75
(二)财产性支出	Property Expenditure	76.40	96.54	123.51	181.74	293.40
(三)转移性支出	Transferred Expenditure	1245.07	1345.67	1810.89	2334.27	4189.96
(四)社会保障支出	Social Security Expenditure	1342.00	1463.23	1826.71	2221.87	2583.76
(五)购房与建房支出	Expenditure on House Purchasing and Construction	60.36	537.12	61.71	664.06	1502.48

2-19 各收入组城市居民的消费性支出情况 (2010年)
Statistics on Consumption Expenditure of City Households Grouped by Income (2010)

单位：元/人 yuan/person

项　目	Item	总平均 Average	最低收入户 Lowest Income Households	#困难户 Poor Households	低收入户 Low Income Households
消费性支出	**Consumption Expenditure**	**14754.74**	**8469.24**	**6999.22**	**9787.28**
服务性消费支出	Consumption Expenditure for Services	3999.95	2178.65	1710.73	2524.64
一、食 品	Food	5531.88	3892.41	3364.67	4159.82
二、衣　着	Clothing	1892.08	804.22	679.36	997.47
三、居　住	Residence	1328.67	660.03	642.60	878.59
四、家庭设备用品及服务	Household Facilities, Articles and Services	1137.79	528.08	367.22	478.95
五、医疗保健	Medicial Care	1150.18	636.19	442.64	1056.39
六、交通和通讯	Transport and Communications	1519.82	625.12	461.24	878.04
七、教育娱乐文化服务	Education,Culture and Recreation Services	1644.58	1106.34	930.40	1024.79
八、其他商品与服务	Miscellaneous Goods and Services	549.75	216.85	111.09	313.25

2-19 各收入组城市居民的消费性支出情况 (2010年)
Statistics on Consumption Expenditure of City Households Grouped by Income (2010)

续表 (continued) 单位：元/人 yuan/person

项　目	Item	中等偏下户 Lower Middle Income Households	中等收入户 Middle Income Households	中等偏上户 Upper Middle Income-Households	高收入户 High Income House-holds	最高收入户 Highest Income Households
消费性支出	**Consumption Expenditure**	12516.67	13879.32	16026.35	19553.70	29407.08
服务性消费支出	Consumption Expenditure for Services	3211.03	3608.51	4310.80	5469.41	9018.21
一、食 品	Food	5116.67	5597.48	5941.02	6860.98	8069.67
二、衣　着	Clothing	1564.89	1996.92	2212.65	2681.74	3523.76
三、居　住	Residence	1140.02	1123.25	1696.04	1716.21	2539.41
四、家庭设备用品及服务	Household Facilities, Articles and Services	945.07	894.83	1352.18	1477.64	3053.60
五、医疗保健	Medicial Care	1056.10	1118.82	996.83	1367.68	2382.79
六、交通和通讯	Transport and Communications	1147.07	1163.32	1474.09	2524.28	4372.29
七、教育娱乐文化服务	Education,Culture and Recreation Services	1149.00	1515.94	1681.66	2130.84	4123.39
八、其他商品与服务	Miscellaneous Goods and Services	397.83	468.75	671.88	794.33	1342.17

2-19 各收入组城市居民的消费性支出情况 (2011年)
Statistics on Consumption Expenditure of City Households Grouped by Income (2011)

单位：元 / 人　　yuan/person

项　目	Item	总平均 Average	最低收入户 Lowest Income Households	# 困难户 Poor Households	低收入户 Low Income Households
消费性支出	**Consumption Expenditure**	**16747.40**	**9064.06**	**7895.10**	**11784.24**
服务性消费支出	Consumption Expenditure for Services	4313.08	2058.98	1885.01	2877.30
一、食 品	Food	6440.68	4252.76	3831.01	4906.08
二、衣　着	Clothing	2385.45	911.81	598.47	1687.95
三、居　住	Residence	1236.12	819.25	803.02	932.98
四、家庭设备用品及服务	Household Facilities, Articles and Services	1174.54	480.07	426.66	670.12
五、医疗保健	Medicial Care	1158.92	848.49	902.50	1005.33
六、交通和通讯	Transport and Communications	2031.10	831.42	658.02	1082.56
七、教育娱乐文化服务	Education,Culture and Recreation Services	1696.89	682.01	532.22	1134.79
八、其他商品与服务	Miscellaneous Goods and Services	623.69	238.24	143.20	364.42

2-19 各收入组城市居民的消费性支出情况 (2011年)
Statistics on Consumption Expenditure of City Households Grouped by Income (2011)

续表 (continued) 单位：元 / 人　　yuan/person

项　目	Item	中等偏下户 Lower Middle Income Households	中等收入户 Middle Income Households	中等偏上户 Upper Middle Income-Households	高收入户 High Income House-holds	最高收入户 Highest Income Households
消费性支出	**Consumption Expenditure**	**13483.14**	**15168.65**	**19692.43**	**23291.90**	**34427.75**
服务性消费支出	Consumption Expenditure for Services	3168.30	3760.89	4864.09	6566.40	10588.14
一、食 品	Food	5767.05	6246.18	7384.17	8029.59	10348.07
二、衣　着	Clothing	1815.72	2131.83	2569.07	3502.35	6161.67
三、居　住	Residence	1034.94	1087.32	1456.77	1850.44	2041.74
四、家庭设备用品及服务	Household Facilities, Articles and Services	771.84	991.07	1649.88	1528.84	3032.37
五、医疗保健	Medicial Care	928.00	1019.94	1311.61	1806.96	1752.07
六、交通和通讯	Transport and Communications	1524.44	1727.16	2477.76	3383.11	4866.67
七、教育娱乐文化服务	Education,Culture and Recreation Services	1251.69	1446.28	2088.34	2270.04	4361.72
八、其他商品与服务	Miscellaneous Goods and Services	389.47	518.86	754.83	920.58	1863.46

2-20 城镇居民家庭基本情况（2009-2011 年）
Basic Condition of Urban Households (2009-2011)

指 标	Item	2009	2010	2011
平均每户家庭人口(人)	**Population Per Household (person)**	**2.91**	**2.91**	**2.86**
平均每户就业人数(人)	**Average Number of Employees Per Household (person)**	**1.57**	**1.55**	**1.45**
# 国有经济单位	State-owned	0.61	0.61	0.40
城镇集体经济单位	Urban Collective-owned	0.07	0.06	0.07
城镇个体私营经济	Urban Individual and Private	0.56	0.56	0.65
平均每人全年总收入(元)	**Per Capita Total Annual Income (yuan)**	**16990.30**	**18990.54**	**21794.27**
# 可支配收入	Disposable Income	15748.67	17532.43	20249.70
工薪收入	Income from Wages and Salaries	11824.00	12738.20	13827.72
# 工资及补贴收入	Wage and Subsidies	11554.51	12444.75	13438.34
经营净收入	Net Business Income	1018.76	1263.20	1779.43
财产性收入	Income from Properties	253.98	312.64	433.71
转移性收入	Income from Transfer	3893.57	4676.51	5753.42
平均每人全年消费支出(元)	**Per Capita Annual Consumption Expenditure (yuan)**	**12144.06**	**13335.02**	**14974.49**
# 服务性消费支出	Consumption Expenditure for Services	2997.67	3454.92	3741.05
食 品	Food	4576.23	5012.56	5847.90
# 粮 食	Grain	293.78	311.81	364.42
衣 着	Clothing	1503.49	1697.55	2056.79
# 服 装	Garments	1103.76	1249.02	1516.13
家庭设备用品及服务	Household Facilities, Articles and Services	1043.06	1072.38	1079.27
医疗保健	Medicine and Medical Services	982.73	1021.48	1050.62
交通和通讯	Transports and Communications	1189.03	1384.28	1718.73
教育娱乐文化服务	Education, Culture and Recreation Services	1351.90	1408.02	1474.88
# 教 育	Education	538.88	472.43	460.09
居 住	Residence	1120.60	1275.96	1205.66
# 住 房	Housing	385.73	460.67	336.25
杂项商品与服务	Miscellaneous Goods and Services	377.02	462.79	540.63

2-21 各收入组城镇居民的收支情况 (2010年)
Statistics on Income and Expenditure of Urban Households Grouped by Income (2010)

单位：元/人 yuan/person

指 标	Item	总平均 Average	最低收入户 Lowest Income Households	困难户 Poor Households	低收入户 Low Income Households
一、全年总收入	**Annual Total Income**	**18990.54**	**8278.25**	**6988.37**	**11597.89**
可支配收入	Disposable Income	17532.43	7506.48	6201.10	10622.89
(一)工资性收入	Income from Wages and Salaries	12738.20	4567.21	3810.26	7725.85
(二)经营净收入	Net Business Income	1263.20	1692.16	1035.69	956.97
(三)财产性收入	Income from Properties	312.64	127.21	38.59	111.23
(四)转移性收入	Income from Transfer	4676.51	1891.66	2103.84	2803.85
二、全年总支出	**Annual Total Expenditure**	**16964.87**	**7869.30**	**7238.19**	**10715.63**
(一)消费性支出	Consumption Expenditure	13335.02	6457.70	5952.59	8759.48
(二)财产性支出	Property Expenditure	73.03	5.61	0.26	12.04
(三)转移性支出	Transferred Expenditure	1738.55	737.59	600.88	1065.29
(四)社会保障支出	Social Security Expenditure	1282.03	668.40	684.45	878.82
(五)购房与建房支出	Expenditure on House Purchasing and Construction	536.23			

2-21 各收入组城镇居民的收支情况 (2010年)
Statistics on Income and Expenditure of Urban Households Grouped by Income (2010)

续表 (continued) 单位：元/人 yuan/person

指 标	Item	中等偏下户 Lower Middle Income Households	中等收入户 Middle Income Households	中等偏上户 Upper Middle Income-Households	高收入户 High Income House-holds	最高收入户 Highest Income Households
一、全年总收入	**Annual Total Income**	**14638.93**	**17936.02**	**21978.28**	**27089.55**	**39419.16**
可支配收入	Disposable Income	13424.88	16561.54	20384.04	25070.62	36598.59
(一)工资性收入	Income from Wages and Salaries	9157.28	11341.68	14267.24	19641.73	30686.37
(二)经营净收入	Net Business Income	1005.47	1431.89	1186.57	1026.73	1774.49
(三)财产性收入	Income from Properties	172.13	221.46	358.47	324.88	1265.47
(四)转移性收入	Income from Transfer	4304.05	4940.99	6166.00	6096.20	5692.82
二、全年总支出	**Annual Total Expenditure**	**12899.72**	**16203.55**	**19737.40**	**23236.46**	**34950.01**
(一)消费性支出	Consumption Expenditure	10447.64	12964.89	14789.19	18560.75	26753.82
(二)财产性支出	Property Expenditure	27.13	56.53	108.72	90.52	288.06
(三)转移性支出	Transferred Expenditure	1257.53	1681.58	2069.74	2235.76	3862.80
(四)社会保障支出	Social Security Expenditure	1093.83	1237.14	1420.20	1833.33	2217.24
(五)购房与建房支出	Expenditure on House Purchasing and Construction	73.59	263.41	1349.55	516.10	1828.09

2-21 各收入组城镇居民的收支情况 (2011 年)
Statistics on Income and Expenditure of Urban Households Grouped by Income (2011)

单位：元 / 人　　yuan/person

指　标	Item	总平均 Average	最低收入户 Lowest Income Households	困难户 Poor Households	低收入户 Low Income Households
一、全年总收入	**Annual Total Income**	21794.27	9898.02	8500.87	13463.83
可支配收入	Disposable Income	20249.70	9008.04	7710.30	12276.36
(一)工资性收入	Income from Wages and Salaries	13827.72	5778.85	4807.55	8520.83
(二)经营净收入	Net Business Income	1779.43	1036.78	713.98	1514.90
(三)财产性收入	Income from Properties	433.71	204.26	232.68	319.07
(四)转移性收入	Income from Transfer	5753.42	2878.12	2746.66	3109.03
二、全年总支出	**Annual Total Expenditure**	18537.10	9312.98	8503.06	12197.03
(一)消费性支出	Consumption Expenditure	14974.49	7511.51	6855.39	9591.49
(二)财产性支出	Property Expenditure	76.97	7.85	6.75	55.87
(三)转移性支出	Transferred Expenditure	1856.93	1031.65	984.14	1201.54
(四)社会保障支出	Social Security Expenditure	1367.12	761.97	656.78	1069.95
(五)购房与建房支出	Expenditure on House Purchasing and Construction	261.60			278.1

2-21 各收入组城镇居民的收支情况 (2011 年)
Statistics on Income and Expenditure of Urban Households Grouped by Income (2011)

续表（continued）单位：元 / 人　　yuan/person

指　标	Item	中等偏下户 Lower Middle Income Households	中等收入户 Middle Income Households	中等偏上户 Upper Middle Income-Households	高收入户 High Income House-holds	最高收入户 Highest Income Households
一、全年总收入	**Annual Total Income**	16700.97	20185.13	25079.59	31670.83	48265.16
可支配收入	Disposable Income	15285.08	18896.00	23249.40	29691.00	45517.62
(一)工资性收入	Income from Wages and Salaries	9646.30	11937.00	15713.76	20972.05	35844.99
(二)经营净收入	Net Business Income	2114.36	1771.96	1688.23	1476.12	2741.96
(三)财产性收入	Income from Properties	300.89	216.97	409.77	611.13	1707.24
(四)转移性收入	Income from Transfer	4639.42	6259.19	7267.82	8611.52	7970.96
二、全年总支出	**Annual Total Expenditure**	14264.71	16945.03	21045.16	27720.36	39131.84
(一)消费性支出	Consumption Expenditure	11578.76	13786.64	17196.49	22284.79	31195.20
(二)财产性支出	Property Expenditure	40.14	54.66	84.33	175.20	232.63
(三)转移性支出	Transferred Expenditure	1283.91	1610.03	2107.69	3051.55	4156.72
(四)社会保障支出	Social Security Expenditure	1290.40	1136.99	1656.64	1701.85	2312.59
(五)购房与建房支出	Expenditure on House Purchasing and Construction	71.49	356.71		506.97	1234.71

2-22 五等分组城镇居民的收支情况 (2010 年)
Statistics on Income and Expenditure of Urban Households by Quintile (2010)

单位：元 / 人 yuan/person

指 标	Item	总平均 Overall Average	低收入户 Low Income Households	中下收入户 Lower Middle Income Households	中等收入户 Middle Income Households	中上收入户 Upper Middle Income Households	高收入户 High Income Households
一、全年总收入	**Annual Total Income**	**18990.54**	**9969.20**	**14638.93**	**17936.02**	**21978.28**	**32975.15**
可支配收入	Disposable Income	17532.43	9093.91	13424.88	16561.54	20384.04	30573.56
(一)工资性收入	Income from Wages and Salaries	12738.20	6176.15	9157.28	11341.68	14267.24	24913.95
(二)经营净收入	Net Business Income	1263.20	1317.67	1005.47	1431.89	1186.57	1383.68
(三)财产性收入	Income from Properties	312.64	119.07	172.13	221.46	358.47	773.88
(四)转移性收入	Income from Transfer	4676.51	2356.31	4304.05	4940.99	6166.00	5903.65
二、全年总支出	**Annual Total Expenditure**	**16964.87**	**9319.16**	**12899.72**	**16203.55**	**19737.40**	**28827.99**
(一)消费性支出	Consumption Expenditure	13335.02	7630.18	10447.64	12964.89	14789.19	22471.76
(二)财产性支出	Property Expenditure	73.03	8.89	27.13	56.53	108.72	184.81
(三)转移性支出	Transferred Expenditure	1738.55	904.51	1257.53	1681.58	2069.74	3012.44
(四)社会保障支出	Social Security Expenditure	1282.03	775.58	1093.83	1237.14	1420.20	2016.60
(五)购房与建房支出	Expenditure on House Purchasing and Construction	536.23		73.59	263.41	1349.55	1142.39

2-22 五等分组城镇居民的收支情况 (2011 年)
Statistics on Income and Expenditure of Urban Households by Quintile (2011)

续表(continued) 单位：元 / 人 yuan/person

指 标	Item	总平均 Overall Average	低收入户 Low Income Households	中下收入户 Lower Middle Income Households	中等收入户 Middle Income Households	中上收入户 Upper Middle Income Households	高收入户 High Income Households
一、全年总收入	**Annual Total Income**	**21794.27**	**11690.29**	**16700.97**	**20185.13**	**25079.59**	**39495.35**
可支配收入	Disposable Income	20249.70	10650.78	15285.08	18896.00	23249.40	37153.54
(一)工资性收入	Income from Wages and Salaries	13827.72	7157.04	9646.30	11937.00	15713.76	27984.91
工资及补贴收入	Wage and Subsidies	13438.34	6899.01	9286.14	11648.97	15384.49	27194.79
(二)经营净收入	Net Business Income	1779.43	1277.09	2114.36	1771.96	1688.23	2072.99
(三)财产性收入	Income from Properties	433.71	261.97	300.89	216.97	409.77	1127.97
(四)转移性收入	Income from Transfer	5753.42	2994.18	4639.42	6259.19	7267.82	8309.48
二、全年总支出	**Annual Total Expenditure**	**18537.10**	**10762.58**	**14264.71**	**16945.03**	**21045.16**	**33101.08**
(一)消费性支出	Consumption Expenditure	14974.49	8556.96	11578.76	13786.64	17196.49	26486.21
(二)财产性支出	Property Expenditure	76.97	31.99	40.14	54.66	84.33	202.28
(三)转移性支出	Transferred Expenditure	1856.93	1117.04	1283.91	1610.03	2107.69	3572.66
(四)社会保障支出	Social Security Expenditure	1367.12	916.77	1290.40	1136.99	1656.64	1989.82
(五)购房与建房支出	Expenditure on House Purchasing and Construction	261.60	139.82	71.49	356.71		850.11

2-23 按可支配收入分组的城镇居民家庭情况（2010 年）
Statistics on Urban Households by Disposable Income（2010）

项　　目	Item	合 计 Total	按平均每人每月可支配收入分组 By Per Capita Monthly Disposable Income		
			200 元以下 Below 200 yuan	200-400 元 200-400 yuan	400-600 元 400-600 yuan
比　重(%)	Proportion (%)	100.00	0.30	1.76	5.06
平均每户家庭人口数(人)	Population Per Household (person)	2.91	2.99	3.30	3.17
平均每户就业人口数(人)	Average Number of Employees Per Household (person)	1.55	1.42	1.16	1.35
平均每户就业面(%)	Percentage of Employed Persons Per Household (%)	53.26	47.49	35.15	42.59
平均每一就业者负担人数(人)	Number of Persons Supported by Each Employee (person)	1.88	2.11	2.84	2.35
平均每人每月总收入(元)	Per Capita Monthly Total Income (yuan)	1582.55	774.45	427.51	582.21
# 可支配收入(元)	Disposable Income (yuan)	1461.04	-501.39	322.76	509.15
平均每人每月消费性支出(元)	Per Capita Monthly Consumption Expenditure (yuan)	1111.25	668.58	529.92	621.63
# 服务性消费支出(元)	Consumption Expenditure for Services (yuan)	287.91	135.49	151.86	147.10

2-23 按可支配收入分组的城镇居民家庭情况（2010 年）
Statistics on Urban Households by Disposable Income（2010）

续表 continued

项　　目	Item	按平均每人每月可支配收入分组 By Per Capita Monthly Disposable Income			
		600-800 元 600-800 yuan	800-1000 元 800-1000 yuan	1000-1500 元 1000-1500 yuan	1500 元以上 Over 1500 yuan
比　重(%)	Proportion (%)	9.15	12.33	33.43	37.97
平均每户家庭人口数(人)	Population Per Household (person)	3.26	3.17	2.92	2.70
平均每户就业人口数(人)	Average Number of Employees Per Household (person)	1.51	1.56	1.52	1.63
平均每户就业面(%)	Percentage of Employed Persons Per Household (%)	46.32	49.21	52.05	60.37
平均每一就业者负担人数(人)	Number of Persons Supported by Each Employee (person)	2.16	2.03	1.92	1.66
平均每人每月总收入(元)	Per Capita Monthly Total Income (yuan)	786.11	992.96	1337.25	2444.94
# 可支配收入(元)	Disposable Income (yuan)	702.47	901.75	1228.17	2291.32
平均每人每月消费性支出(元)	Per Capita Monthly Consumption Expenditure (yuan)	716.08	799.66	975.53	1559.15
# 服务性消费支出(元)	Consumption Expenditure for Services (yuan)	176.70	196.66	239.99	423.70

2-23 按可支配收入分组的城镇居民家庭情况（2011 年）
Statistics on Urban Households by Disposable Income (2011)

项 目	Item	合 计 Total	按平均每人每月可支配收入分组 By Per Capita Monthly Disposable Income		
			200 元以下 Below 200 yuan	200–400 元 200–400 yuan	400–600 元 400–600 yuan
比 重(%)	Proportion (%)	100.00	0.28	0.96	3.19
平均每户家庭人口数(人)	Population Per Household (person)	2.86	3.03	3.19	3.23
平均每户就业人口数(人)	Average Number of Employees Per Household (person)	1.45	1.06	0.97	1.29
平均每户就业面(%)	Percentage of Employed Persons Per Household (%)	50.70	34.98	30.41	39.94
平均每一就业者负担人数(人)	Number of Persons Supported by Each Employee (person)	1.97	2.86	3.29	2.50
平均每人每月总收入(元)	Per Capita Monthly Total Income (yuan)	1816.19	754.18	449.95	611.62
# 可支配收入(元)	Disposable Income (yuan)	1687.48	-344.63	320.63	512.57
平均每人每月消费性支出(元)	Per Capita Monthly Consumption Expenditure (yuan)	1247.87	788.84	638.21	678.26
# 服务性消费支出(元)	Consumption Expenditure for Services (yuan)	311.75	204.24	163.31	149.52

2-23 按可支配收入分组的城镇居民家庭情况（2011 年）
Statistics on Urban Households by Disposable Income (2011)

续表 continued

项 目	Item	按平均每人每月可支配收入分组 By Per Capita Monthly Disposable Income			
		600–800 元 600–800 yuan	800–1000 元 800–1000 yuan	1000–1500 元 1000–1500 yuan	1500 元以上 Over 1500 yuan
比 重(%)	Proportion (%)	6.76	9.94	28.70	50.17
平均每户家庭人口数(人)	Population Per Household (person)	3.34	3.05	3.01	2.69
平均每户就业人口数(人)	Average Number of Employees Per Household (person)	1.32	1.47	1.47	1.47
平均每户就业面(%)	Percentage of Employed Persons Per Household (%)	39.52	48.20	48.84	54.65
平均每一就业者负担人数(人)	Number of Persons Supported by Each Employee (person)	2.53	2.07	2.05	1.83
平均每人每月总收入(元)	Per Capita Monthly Total Income (yuan)	792.68	1000.76	1359.73	2552.52
# 可支配收入(元)	Disposable Income (yuan)	704.34	904.29	1246.53	2404.92
平均每人每月消费性支出(元)	Per Capita Monthly Consumption Expenditure (yuan)	724.83	801.67	993.91	1637.68
# 服务性消费支出(元)	Consumption Expenditure for Services (yuan)	172.12	181.22	232.06	426.05

2-24 城镇居民家庭平均每人全年消费性支出及构成（2010年）
Per Capita Annual Consumption Expenditures of Urban Households and Its Composition (2010)

项目	Item	总平均 Overall Average	最低收入户 Lowest Income Households	困难户 Poor Households	低收入户 Low Income Households	中等偏下户 Lower Middle Income Households
消费支出(元)	**Consumption Expenditure (yuan)**	**13335.02**	**6457.70**	**5952.59**	**8759.48**	**10447.64**
服务性消费支出	Consumption Expenditure for Services	3454.92	1395.04	1439.75	2140.13	2595.66
食品	Food	5012.56	2972.51	2632.88	3777.87	4290.12
粮油类	Grain and Oils	612.92	506.98	454.87	544.55	592.51
粮食	Grain	311.81	259.43	241.05	276.89	306.98
肉禽蛋水产品类	Meat, Poultry, Eggs and Aquatic Products	1435.13	1019.40	942.87	1180.57	1333.89
肉类	Meat	816.23	640.07	590.21	705.26	793.32
蔬菜类	Vegetables	559.89	456.84	389.48	491.69	519.81
糖烟酒饮料类	Sugar, Tobacco, Liquor and Beverages	489.09	210.22	178.19	329.24	425.85
糕点、奶及奶制品	Cakes, Milk and Dairy Products	307.98	149.11	139.88	265.09	250.54
衣着	Clothing	1697.55	644.96	468.42	1000.32	1173.76
服装	Garments	1249.02	453.77	321.40	723.82	850.44
家庭设备用品及服务	Household Facilities, Articles and Services	1072.38	496.11	437.84	559.26	780.58
医疗保健	Medicine and Medical Services	1021.48	409.26	341.60	808.21	898.21
交通和通讯	Transport and Communications	1384.28	472.60	401.01	813.74	970.53
教育娱乐文化服务	Education, Culture and Recreation Services	1408.02	581.98	578.41	922.73	995.91
教育	Education	472.43	350.63	373.20	490.91	406.43
居住	Residence	1275.96	791.20	1008.56	664.69	1030.87
住房	Housing	460.67	281.60	533.70	95.57	326.84
杂项商品与服务	Miscellaneous Goods and Services	462.79	89.09	83.88	212.65	307.65
消费支出构成(%)	**Composition of Consumption Expenditure(%)**	**100.0**	**100.0**	**100.0**	**100.0**	**100.0**
服务性消费支出	Consumption Expenditure for Services	25.9	21.6	24.2	24.4	24.8
食品	Food	37.6	46.0	44.2	43.1	41.1
衣着	Clothing	12.7	10.0	7.9	11.4	11.2
家庭设备用品及服务	Household Facilities, Articles and Services	8.0	7.7	7.4	6.4	7.5
医疗保健	Medicine and Medical Services	7.7	6.3	5.7	9.2	8.6
交通和通讯	Transports and Communications	10.4	7.3	6.7	9.3	9.3
教育娱乐文化服务	Education, Culture and Recreation Services	10.6	9.0	9.7	10.5	9.5
居住	Residence	9.6	12.3	16.9	7.6	9.9
杂项商品与服务	Miscellaneous Goods and Services	3.5	1.4	1.4	2.4	2.9

2-24 城镇居民家庭平均每人全年消费性支出及构成（2010年）
Per Capita Annual Consumption Expenditures of Urban Households and Its Composition (2010)

续表 continued

项　目	Item	中等收入户 Middle Income Households	中等偏上户 Upper Middle Income Households	高收入户 High Income Households	最高收入户 Highest Income Households
消费支出(元)	**Consumption Expenditure (yuan)**	**12964.89**	**14789.19**	**18560.75**	**26753.82**
服务性消费支出	Consumption Expenditure for Services	3227.58	3804.00	5007.14	7909.35
食　品	Food	5099.69	5582.93	6839.54	7358.02
粮油类	Grain and Oils	616.65	645.49	716.40	683.15
粮　食	Grain	314.28	330.31	347.02	345.08
肉禽蛋水产品类	Meat, Poultry, Eggs and Aquatic Products	1469.74	1578.96	1785.21	1717.32
肉　类	Meat	834.80	879.41	936.97	904.87
蔬菜类	Vegetables	571.42	610.52	651.25	625.32
糖烟酒饮料类	Sugar, Tobacco, Liquor and Beverages	486.42	573.86	749.00	719.91
糕点、奶及奶制品	Cakes, Milk and Dairy Products	301.82	337.50	463.15	479.59
衣　着	Clothing	1814.98	2000.91	2521.19	3283.52
服　装	Garments	1325.27	1502.78	1841.75	2458.02
家庭设备用品及服务	Household Facilities, Articles and Services	955.65	1245.06	1480.55	2620.34
医疗保健	Medicine and Medical Services	970.13	1176.17	1213.29	1918.52
交通和通讯	Transport and Communications	1220.22	1331.50	2099.48	4052.64
教育娱乐文化服务	Education, Culture and Recreation Services	1353.54	1495.25	1957.82	3419.45
教　育	Education	502.62	412.62	388.55	921.61
居　住	Residence	1106.97	1419.87	1674.90	2934.06
住　房	Housing	292.35	526.85	568.05	1646.45
杂项商品与服务	Miscellaneous Goods and Services	443.72	537.51	773.97	1167.27
消费支出构成(%)	**Composition of Consumption Expenditure (%)**	**100.0**	**100.0**	**100.0**	**100.0**
服务性消费支出	Consumption Expenditure for Services	24.9	25.7	27.0	29.6
食　品	Food	39.3	37.8	36.8	27.5
衣　着	Clothing	14.0	13.5	13.6	12.3
家庭设备用品及服务	Household Facilities, Articles and Services	7.4	8.4	8.0	9.8
医疗保健	Medicine and Medical Services	7.5	8.0	6.5	7.2
交通和通讯	Transports and Communications	9.4	9.0	11.3	15.1
教育娱乐文化服务	Education, Culture and Recreation Services	10.4	10.1	10.5	12.8
居　住	Residence	8.5	9.6	9.0	11.0
杂项商品与服务	Miscellaneous Goods and Services	3.4	3.6	4.2	4.4

2-24 城镇居民家庭平均每人全年消费性支出及构成（2011 年）
Per Capita Annual Consumption Expenditures of Urban Households and Its Composition（2011）

项 目	Item	总平均 Overall Average	最低收入户 Lowest Income Households	困难户 Poor Households	低收入户 Low Income Households	中等偏下户 Lower Middle Income Households
消费支出(元)	**Consumption Expenditure (yuan)**	**14974.49**	**7511.51**	**6855.39**	**9591.49**	**11578.76**
服务性消费支出	Consumption Expenditure for Services	3741.05	1645.18	1555.39	2192.00	2684.39
食 品	Food	5847.90	3439.10	3209.15	4230.30	5002.70
粮油类	Grain and Oils	709.92	565.48	560.13	620.68	687.29
粮 食	Grain	364.42	305.13	305.10	320.10	357.55
肉禽蛋水产品类	Meat, Poultry, Eggs and Aquatic Products	1744.83	1168.02	1078.35	1355.20	1655.73
肉 类	Meat	1053.09	781.76	738.85	863.31	1028.75
蔬菜类	Vegetables	624.99	477.53	445.63	539.79	606.38
糖烟酒饮料类	Sugar, Tobacco, Liquor and Beverages	533.94	225.07	238.16	333.21	378.69
糕点、奶及奶制品	Cakes, Milk and Dairy Products	338.21	178.20	148.73	204.62	313.20
衣 着	Clothing	2056.79	692.02	637.57	1108.64	1584.36
服 装	Garments	1516.13	492.08	448.50	799.21	1158.10
家庭设备用品及服务	Household Facilities, Articles and Services	1079.27	467.53	450.21	684.96	716.58
医疗保健	Medicine and Medical Services	1050.62	699.40	592.65	706.80	899.60
交通和通讯	Transport and Communications	1718.73	688.06	524.52	823.07	994.94
教育娱乐文化服务	Education, Culture and Recreation Services	1474.88	617.20	602.03	851.20	1051.02
教 育	Education	460.09	318.84	345.00	423.58	392.76
居 住	Residence	1205.66	753.64	718.56	867.20	1001.62
住 房	Housing	336.25	220.83	226.05	219.12	244.45
杂项商品与服务	Miscellaneous Goods and Services	540.63	154.57	120.70	319.33	327.93
消费支出构成(%)	**Composition of Consumption Expenditure(%)**	**100.00**	**100.00**	**100.00**	**100.00**	**100.00**
服务性消费支出	Consumption Expenditure for Services	25.0	21.9	22.7	22.9	23.2
食 品	Food	39.1	45.8	46.8	44.1	43.2
衣 着	Clothing	13.7	9.2	9.3	11.6	13.7
家庭设备用品及服务	Household Facilities, Articles and Services	7.2	6.2	6.6	7.1	6.2
医疗保健	Medicine and Medical Services	7.0	9.3	8.6	7.4	7.8
交通和通讯	Transports and Communications	11.5	9.2	7.7	8.6	8.6
教育娱乐文化服务	Education, Culture and Recreation Services	9.8	8.2	8.8	8.9	9.1
居 住	Residence	8.1	10.0	10.5	9.0	8.7
杂项商品与服务	Miscellaneous Goods and Services	3.6	2.1	1.8	3.3	2.8

2-24 城镇居民家庭平均每人全年消费性支出及构成（2011年）
Per Capita Annual Consumption Expenditures of Urban Households and Its Composition（2011）

续表 continued

项 目	Item	中等收入户 Middle Income Households	中等偏上户 Upper Middle Income Households	高收入户 High Income Households	最高收入户 Highest Income Households
消费支出(元)	**Consumption Expenditure (yuan)**	**13786.64**	**17196.49**	**22284.79**	**31195.20**
服务性消费支出	Consumption Expenditure for Services	3217.34	4237.01	6050.72	9174.18
食 品	Food	5792.38	6712.28	7682.97	9559.51
粮油类	Grain and Oils	731.38	779.28	779.97	777.95
粮 食	Grain	372.76	390.15	396.32	400.18
肉禽蛋水产品类	Meat, Poultry, Eggs and Aquatic Products	1798.63	2009.74	2019.12	2178.15
肉 类	Meat	1068.51	1189.50	1171.12	1225.64
蔬菜类	Vegetables	651.42	692.61	681.48	686.24
糖烟酒饮料类	Sugar, Tobacco, Liquor and Beverages	482.38	613.84	835.98	1254.22
糕点、奶及奶制品	Cakes, Milk and Dairy Products	340.91	398.84	447.42	520.30
衣 着	Clothing	1852.30	2337.16	3174.60	5072.02
服 装	Garments	1329.25	1715.53	2376.75	3887.97
家庭设备用品及服务	Household Facilities, Articles and Services	952.42	1290.72	1774.47	2485.95
医疗保健	Medicine and Medical Services	858.58	1233.94	1720.49	1716.76
交通和通讯	Transport and Communications	1521.90	2100.17	2801.10	4709.96
教育娱乐文化服务	Education, Culture and Recreation Services	1265.24	1706.01	2285.29	3729.94
教 育	Education	417.13	402.88	536.51	1055.82
居 住	Residence	1096.87	1240.10	1955.26	2199.86
住 房	Housing	245.31	244.89	841.55	806.34
杂项商品与服务	Miscellaneous Goods and Services	446.95	576.11	890.62	1721.21
消费支出构成(%)	**Composition of Consumption Expenditure (%)**	**100.00**	**100.00**	**100.00**	**100.00**
服务性消费支出	Consumption Expenditure for Services	23.3	24.6	27.2	29.4
食 品	Food	42.0	39.0	34.5	30.6
衣 着	Clothing	13.4	13.6	14.2	16.3
家庭设备用品及服务	Household Facilities, Articles and Services	6.9	7.5	8.0	8.0
医疗保健	Medicine and Medical Services	6.2	7.2	7.7	5.5
交通和通讯	Transports and Communications	11.0	12.2	12.6	15.1
教育娱乐文化服务	Education, Culture and Recreation Services	9.2	9.9	10.3	12.0
居 住	Residence	8.0	7.2	8.8	7.1
杂项商品与服务	Miscellaneous Goods and Services	3.2	3.4	4.0	5.5

2-25 五等分组城镇居民家庭平均每人全年消费性支出及构成（2010 年）
Per Capita Annual Consumption Expenditures of Urban Households and Its Composition by Quintile (2010)

项　目	Item	总平均 Overall Average	低收入户 Low Income Households	中下收入户 Lower Middle Income Households	中等收入户 Middle Income Households	中上收入户 Upper Middle Income Households	高收入户 High Income Households
消费支出(元)	**Consumption Expenditure (yuan)**	**13335.02**	**7630.18**	**10447.64**	**12964.89**	**14789.19**	**22471.76**
服务性消费支出	Consumption Expenditure for Services	3454.92	1774.57	2595.66	3227.58	3804.00	6392.53
食　品	Food	5012.56	3382.74	4290.12	5099.69	5582.93	7087.04
粮油类	Grain and Oils	612.92	526.12	592.51	616.65	645.49	700.52
粮　食	Grain	311.81	268.32	306.98	314.28	330.31	346.09
肉禽蛋水产品类	Meat, Poultry, Eggs and Aquatic Products	1435.13	1101.50	1333.89	1469.74	1578.96	1752.80
肉　类	Meat	816.23	673.28	793.32	834.80	879.41	921.65
蔬菜类	Vegetables	559.89	474.59	519.81	571.42	610.52	638.87
糖烟酒饮料类	Sugar, Tobacco, Liquor and Beverages	489.09	270.84	425.85	486.42	573.86	735.12
糕点、奶及奶制品	Cakes, Milk and Dairy Products	307.98	208.19	250.54	301.82	337.50	471.00
衣　着	Clothing	1697.55	825.97	1173.76	1814.98	2000.91	2885.09
服　装	Garments	1249.02	591.33	850.44	1325.27	1502.78	2135.93
家庭设备用品及服务	Household Facilities, Articles and Services	1072.38	528.28	780.58	955.65	1245.06	2024.64
医疗保健	Medicine and Medical Services	1021.48	612.48	898.21	970.13	1176.17	1549.94
交通和通讯	Transport and Communications	1384.28	646.37	970.53	1220.22	1331.50	3031.83
教育娱乐文化服务	Education, Culture and Recreation Services	1408.02	755.55	995.91	1353.54	1495.25	2655.54
教　育	Education	472.43	422.08	406.43	502.62	412.62	643.01
居　住	Residence	1275.96	726.76	1030.87	1106.97	1419.87	2275.97
住　房	Housing	460.67	186.84	326.84	292.35	526.85	1082.83
杂项商品与服务	Miscellaneous Goods and Services	462.79	152.03	307.65	443.72	537.51	961.71
消费支出构成(%)	**Composition of Consumption Expenditure (%)**	**100.0**	**100.0**	**100.0**	**100.0**	**100.0**	**100.0**
服务性消费支出	Consumption Expenditure for Services	25.9	23.3	24.8	24.9	25.7	28.4
食　品	Food	37.6	44.3	41.1	39.3	37.8	31.5
衣　着	Clothing	12.7	10.8	11.2	14.0	13.5	12.8
家庭设备用品及服务	Household Facilities, Articles and Services	8.0	6.9	7.5	7.4	8.4	9.0
医疗保健	Medicine and Medical Services	7.7	8.0	8.6	7.5	8.0	6.9
交通和通讯	Transports and Communications	10.4	8.5	9.3	9.4	9.0	13.5
教育娱乐文化服务	Education, Culture and Recreation Services	10.6	9.9	9.5	10.4	10.1	11.8
居　住	Residence	9.6	9.5	9.9	8.5	9.6	10.1
杂项商品与服务	Miscellaneous Goods and Services	3.5	2.0	2.9	3.4	3.6	4.3

2-25 五等分组城镇居民家庭平均每人全年消费性支出及构成（2011年）
Per Capita Annual Consumption Expenditures of Urban Households and Its Composition by Quintile (2011)

续表 continued

项　目	Item	总平均 Overall Average	低收入户 Low Income Households	中下收入户 Lower Middle Income Households	中等收入户 Middle Income Households	中上收入户 Upper Middle Income Households	高收入户 High Income Households
消费支出(元)	**Consumption Expenditure (yuan)**	**14974.49**	**8556.96**	**11578.76**	**13786.64**	**17196.49**	**26486.21**
服务性消费支出	Consumption Expenditure for Services	3741.05	1920.02	2684.39	3217.34	4237.01	7523.49
食　品	Food	5847.90	3836.78	5002.70	5792.38	6712.28	8567.79
粮油类	Grain and Oils	709.92	593.23	687.29	731.38	779.28	779.02
粮　食	Grain	364.42	312.65	357.55	372.76	390.15	398.14
肉禽蛋水产品类	Meat, Poultry, Eggs and Aquatic Products	1744.83	1262.10	1655.73	1798.63	2009.74	2094.10
肉　类	Meat	1053.09	822.75	1028.75	1068.51	1189.50	1196.83
蔬菜类	Vegetables	624.99	508.82	606.38	651.42	692.61	683.72
糖烟酒饮料类	Sugar, Tobacco, Liquor and Beverages	533.94	279.42	378.69	482.38	613.84	1033.18
糕点、奶及奶制品	Cakes, Milk and Dairy Products	338.21	191.48	313.20	340.91	398.84	481.79
衣　着	Clothing	2056.79	901.42	1584.36	1852.30	2337.16	4069.27
服　装	Garments	1516.13	646.45	1158.10	1329.25	1715.53	3089.32
家庭设备用品及服务	Household Facilities, Articles and Services	1079.27	576.81	716.58	952.42	1290.72	2109.94
医疗保健	Medicine and Medical Services	1050.62	703.12	899.60	858.58	1233.94	1718.73
交通和通讯	Transport and Communications	1718.73	755.92	994.94	1521.90	2100.17	3701.16
教育娱乐文化服务	Education, Culture and Recreation Services	1474.88	734.81	1051.02	1265.24	1706.01	2966.47
教　育	Education	460.09	371.48	392.76	417.13	402.88	781.37
居　住	Residence	1205.66	810.72	1001.62	1096.87	1240.10	2070.59
住　房	Housing	336.25	219.97	244.45	245.31	244.89	824.95
杂项商品与服务	Miscellaneous Goods and Services	540.63	237.38	327.93	446.95	576.11	1282.26
消费支出构成(%)	**Composition of Consumption Expenditure (%)**	**100.0**	**100.0**	**100.0**	**100.0**	**100.0**	**100.0**
服务性消费支出	Consumption Expenditure for Services	25.0	22.4	23.2	23.3	24.6	28.4
食　品	Food	39.1	44.8	43.2	42.0	39.0	32.3
衣　着	Clothing	13.7	10.5	13.7	13.4	13.6	15.4
家庭设备用品及服务	Household Facilities, Articles and Services	7.2	6.7	6.2	6.9	7.5	8.0
医疗保健	Medicine and Medical Services	7.0	8.2	7.8	6.2	7.2	6.5
交通和通讯	Transports and Communications	11.5	8.8	8.6	11.0	12.2	14.0
教育娱乐文化服务	Education, Culture and Recreation Services	9.8	8.6	9.1	9.2	9.9	11.2
居　住	Residence	8.1	9.5	8.7	8.0	7.2	7.8
杂项商品与服务	Miscellaneous Goods and Services	3.6	2.8	2.8	3.2	3.4	4.8

2-26 城镇居民家庭平均每人全年购买的主要商品数量（2009-2011 年）
Per Capita Purchases of Major Commodities of Urban Households（2009-2011）

指 标	Item	2009 年	2010 年	2011 年
粮食（千克）	Grain (kg)	51.15	69.26	69.09
鲜菜（千克）	Fresh Vegetables (kg)	134.91	133.91	131.1
食用植物油（千克）	Edible Plant Oil (kg)	14.19	13.26	13.76
猪肉（千克）	Pork (kg)	31.37	31.64	32.35
牛羊肉（千克）	Beef and Mutton (kg)	3.21	3.45	3.67
家禽（千克）	Poultry (kg)	12.35	14.42	14.26
鲜蛋（千克）	Fresh Eggs (kg)	9.09	9.26	8.73
鱼虾（千克）	Fish and Shrimp (kg)	9.97	9.98	10.09
鲜乳品（千克）	Fresh Dairy Products (kg)	17.36	17.83	16.14
酒类（千克）	Wine (kg)	7.17	6.78	6.44
茶叶（千克）	Tea (kg)	0.30	0.33	0.29
鲜瓜果（千克）	Fresh Melons and Fruits (kg)	41.07	40.62	38.28
服装（件）	Clothing (piece)	7.34	8.25	7.32
鞋类（双）	Shoes (pair)	3.18	2.93	3.12

注：2009 年数据中，粮食仅包括大米和面粉，不包括其它粮食及制品；家禽仅包括鸡和鸭，不包括其它禽类及制品；酒类仅包括白酒、果酒和啤酒，不包括其它酒。

Note:In the year of 2009,grain contains rice and flour, no other grains and processed products; poultry just contains chicken and duck, no other poultry and processed products; wine just contains liquor, fruit wine and beer, no other liquors.

2-27 城镇居民家庭平均每百户年末耐用消费品拥有量（2009-2011 年）
Number of Durable Consumer Goods Owned per 100 Urban Households at Year-end（2009-2011）

指　标	Item	2009 年	2010 年	2011 年
摩托车(辆)	Motorcycles (vehicle)	10.97	12.49	10.76
电冰箱(台)	Refrigerators (unit)	100.23	101.17	101.86
洗衣机(台)	Washing Machines (unit)	96.76	97.23	97.83
彩色电视机(台)	Color TV Sets (unit)	144.61	147.33	149.12
组合音响(套)	Hi-Fi Stereo Component System (set)	33.69	34.05	22.8
摄像机(架)	Video Cameras (unit)	7.32	7.02	7.18
照相机(架)	Cameras (unit)	32.87	33.94	34.24
钢　琴(架)	Pianos (unit)	1.76	1.68	1.28
中高档乐器(件)	Medium and High Grade Musical Instruments (piece)	2.74	2.55	2.35
微波炉(台)	Micro-wave Ovens (unit)	66.65	70.34	68.96
空调器(台)	Air Conditioners (unit)	151.13	158.35	164.31
淋浴热水器(台)	Showers (unit)	99.56	100.3	100.51
健身器材(套)	Health Equipments (set)	4.64	4.34	2.32
家用电脑(台)	Personal Computers (unit)	62.03	69.03	76.07
普通电话(部)	Fixed Telephones (unit)	86.00	83.20	65.86
移动电话(部)	Mobile Telephones (unit)	180.50	190.48	207.11

2-28 各区县城镇居民可支配收入（2009-2011 年）
Disposable Income of Urban Households by Region of Chongqing (2009-2011)

单位：元 / 人 yuan/person

地 区	Region	城镇居民可支配收入 Disposable Income of Urban Households		
		2009 年	2010 年	2011 年
重庆市	**Chongqing**	**15749**	**17532**	**20250**
一小时经济圈	**One Hour Economic Sphere**			
渝中区	Yuzhong District	18063	20050	22146
大渡口区	Dadukou District	17183	19091	22146
江北区	Jiangbei District	17263	19181	22146
沙坪坝区	Shapingba District	17361	19288	22146
九龙坡区	Jiulongpo District	17210	19115	22146
南岸区	Nan′an District	17210	19115	22146
北碚区	Beibei District	17184	19092	21954
渝北区	Yubei District	17187	19093	21954
巴南区	Banan District	17181	19090	21953
万盛区	Wansheng District	11305	12545	14396
双桥区	Shuangqiao District	17185	19089	21820
涪陵区	Fuling District	15109	16844	19643
长寿区	Changshou District	14927	16636	19447
江津区	Jiangjin District	14939	16645	19330
合川区	Hechuan District	14878	16586	19265
永川区	Yongchuan District	15138	16879	19685
南川区	Nanchuan District	14329	16263	18900
綦江县	Qijiang County	14452	16100	18636
潼南县	Tongnan County	13980	15546	17910
铜梁县	Tongliang County	15503	17255	19993
大足县	Dazu County	14697	16397	19037
荣昌县	Rongchang County	14918	16619	19295
璧山县	Bishan County	15842	17702	20615
渝东北翼	**Northeast of Chongqing**			
万州区	Wanzhou District	14918	16633	19329
梁平县	Liangping County	14039	15612	18071
城口县	Chengkou County	11053	12307	14202
丰都县	Fengdu County	12073	13558	15765
垫江县	Dianjiang County	14215	15821	18120
忠县	Zhongxian County	13913	15496	18005
开县	Kaixian County	12385	13795	15911
云阳县	Yunyang County	11233	12520	14458
奉节县	Fengjie County	11261	12539	14460
巫山县	Wushan County	12323	13696	15770
巫溪县	Wuxi County	10323	11478	13236
渝东南翼	**Southeast of Chongqing**			
黔江区	Qianjiang District	12379	13797	16007
武隆县	Wulong County	13927	15553	18030
石柱县	Shizhu County	12766	14336	16555
秀山县	Xiushan County	13104	14578	16823
酉阳县	Youyang County	10457	11629	13415
彭水县	Pengshui County	11430	12754	14670

注：1.从 2011 年起，重庆发布使用以主城六区为总体的城镇居民人均可支配收入和农村居民人均纯收入统计监测数据。2.2011 年重庆市调整部分行政区划，撤销万盛区和綦江县，设立綦江区；撤销双桥区和大足县，设立大足区。调整区划后 2011 年綦江区城镇居民可支配收入为 17107 元，大足区城镇居民可支配收入为 19430 元。

Note：1.From 2011,six districts(Yuzhong,Dadukou,Jiangbei,Shapingba,Jiulongpo and Nan′an)are surveyed as a population to publish disposable income of urban households and net income of rural households.

2.In 2011,Chongqing adjusted some administrative divisions,revoked Wansheng District and Qijiang County,founded Qijiang District;revoked Shuangqiao District and Dazu County,founded Dazu District.According to the new division,in 2011,disposable income of urban households of Qijiang District is 17107 yuan per person;disposable income of urban households of Dazu District is 19430 yuan per person.

2-29 全国各地区城镇居民可支配收入（1996-2011 年）
Disposable Income of Urban Households by Region of the Nation（1996-2011）

单位：元 / 人 yuan/person

地 区	Region	1996 年	1997 年	1998 年	1999 年	2000 年	2001 年	2002 年	2003 年
全　国	**National Total**	**4838.90**	**5160.32**	**5425.05**	**5854.02**	**6279.98**	**6859.58**	**7702.80**	**8472.20**
东部地区	**Eastern Region**								
北 京	Beijing	7332.01	7813.16	8471.98	9182.76	10349.69	11577.78	12462.48	13882.62
天 津	Tianjin	5937.71	6608.39	7110.54	7649.83	8140.50	8958.71	9337.56	10312.91
河 北	Hebei	4442.81	4958.67	5084.64	5365.03	5661.16	5984.82	6679.68	7239.06
辽 宁	Liaoning	4207.23	4518.10	4617.24	4898.61	5357.79	5797.01	6524.52	7240.58
上 海	Shanghai	8178.48	8438.89	8773.10	10931.64	11718.01	12883.46	13249.80	14867.49
江 苏	Jiangsu	5185.70	5765.20	6017.85	6538.20	6800.23	7375.10	8177.64	9262.46
浙 江	Zhejiang	6955.79	7358.72	7836.76	8427.95	9279.16	10464.67	11715.60	13179.53
福 建	Fujian	5172.90	6143.64	6485.63	6859.81	7432.26	8313.08	9189.36	9999.54
山 东	Shandong	4690.28	5190.79	5380.08	5808.96	6489.97	7101.08	7614.48	8399.91
广 东	Guangdong	8157.81	8561.71	8839.68	9125.92	9761.57	10415.19	11137.20	12380.43
海 南	Hainan	4926.43	4849.93	4852.87	5338.31	5358.32	5838.84	6822.72	7259.25
中部地区	**Central Region**								
山 西	Shanxi	3702.69	3989.92	4098.73	4343.61	4724.11	5391.05	6234.36	7005.03
吉 林	Jilin	3805.53	4190.58	4206.64	4480.01	4810.00	5340.46	6260.16	7005.17
黑龙江	Heilongjiang	3768.31	4090.72	4268.50	4595.14	4912.88	5425.87	6100.32	6678.90
安 徽	Anhui	4512.77	4599.27	4770.47	5064.60	5293.55	5668.80	6032.40	6778.03
江 西	Jiangxi	3780.20	4071.32	4251.42	4720.58	5103.58	5506.02	6335.64	6901.42
河 南	Henan	3755.44	4093.62	4219.42	4532.36	4766.26	5267.42	6245.40	6926.12
湖 北	Hubei	4364.04	4673.15	4826.36	5212.82	5524.54	5855.98	6788.64	7321.98
湖 南	Hunan	5052.18	5209.74	5434.26	5815.37	6218.73	6780.56	6958.56	7674.20
西部地区	**Western Region**								
重 庆	Chongqing	5022.96	5302.05	5442.84	5828.43	6176.30	6572.30	7238.07	8093.67
四 川	Sichuan	4482.70	4763.26	5127.08	5477.89	5894.27	6360.47	6610.80	7041.87
贵 州	Guizhou	4221.24	4441.91	4565.39	4934.02	5122.21	5451.91	5944.08	6569.23
云 南	Yunnan	4977.95	5558.29	6042.78	6178.68	6324.64	6797.71	7240.44	7643.57
西 藏	Tibet	6556.28	6671.70	6789.15	6908.67	7426.32	7869.00	8079.12	8765.45
陕 西	Shaanxi	3809.64	4001.30	4220.24	4654.06	5124.24	5483.73	6330.84	6806.35
甘 肃	Gansu	3553.94	3592.43	4009.61	4475.23	4916.25	5382.91	6151.44	6657.24
青 海	Qinghai	3834.21	3999.36	4240.13	4703.44	5169.96	5853.73	6170.52	6745.32
宁 夏	Ningxia	3612.12	3836.54	4112.41	4472.91	4912.40	5544.17	6067.44	6530.48
新 疆	Xinjiang	4649.06	4844.72	5000.79	5319.76	5644.86	6395.04	6898.56	7173.54
内蒙古	Inner Mongolia	3431.81	3944.67	4353.02	4770.53	5129.05	5535.89	6051.24	7012.90
广 西	Guangxi	5033.33	5110.29	5412.24	5619.54	5834.43	6665.73	7315.32	7785.04

2-29 全国各地区城镇居民可支配收入（1996-2011 年）
Disposable Income of Urban Households by Region of the Nation（1996-2011）

续表（continued）单位：元 / 人　　yuan/person

地 区	Region	2004 年	2005 年	2006 年	2007 年	2008 年	2009 年	2010 年	2011 年
全　国	National Total	9422.00	10499.35	11759.45	13785.79	15780.68	17174.65	19109.44	21809.78
东部地区	Eastern Region								
北 京	Beijing	15637.84	17652.95	19977.52	21988.71	24724.89	26738.48	29072.93	32903.03
天 津	Tianjin	11467.16	12638.55	14283.09	16357.35	19422.53	21402.01	24292.60	26920.86
河 北	Hebei	7951.31	9107.09	10304.56	11690.47	13441.09	14718.25	16263.43	18292.23
辽 宁	Liaoning	8007.56	9107.55	10369.61	12300.39	14392.69	15761.38	17712.58	20466.84
上 海	Shanghai	16682.82	18645.03	20667.91	23622.73	26674.90	28837.78	31838.08	36230.48
江 苏	Jiangsu	10481.93	12318.57	14084.26	16378.01	18679.52	20551.72	22944.26	26340.73
浙 江	Zhejiang	14546.38	16293.77	18265.10	20573.82	22726.66	24610.81	27359.02	30970.68
福 建	Fujian	11175.37	12321.31	13753.28	15505.42	17961.45	19576.83	21781.31	24907.40
山 东	Shandong	9437.80	10744.79	12192.24	14264.70	16305.41	17811.04	19945.83	22791.84
广 东	Guangdong	13627.65	14769.94	16015.58	17699.30	19732.86	21574.72	23897.80	26897.48
海 南	Hainan	7735.78	8123.94	9395.13	10996.87	12607.84	13750.85	15581.05	18368.95
中部地区	Central Region								
山 西	Shanxi	7902.86	8913.91	10027.70	11564.95	13119.05	13996.55	15647.66	18123.87
吉 林	Jilin	7840.61	8690.62	9775.07	11285.52	12829.45	14006.27	15411.47	17796.57
黑龙江	Heilongjiang	7470.71	8272.51	9182.31	10245.28	11581.28	12565.98	13856.51	15696.18
安 徽	Anhui	7511.43	8470.68	9771.05	11473.58	12990.35	14085.74	15788.17	18606.13
江 西	Jiangxi	7559.64	8619.66	9551.12	11451.69	12866.44	14021.54	15481.12	17494.87
河 南	Henan	7704.90	8667.97	9810.26	11477.05	13231.11	14371.56	15930.26	18194.80
湖 北	Hubei	8022.75	8785.94	9802.65	11485.80	13152.86	14367.48	16058.37	18373.87
湖 南	Hunan	8617.48	9523.97	10504.67	12293.54	13821.16	15084.31	16565.70	18844.05
西部地区	Western Region								
重 庆	Chongqing	9220.96	10243.99	11569.74	12590.78	14367.55	15748.67	17532.43	18844.05
四 川	Sichuan	7709.87	8385.96	9350.11	11098.28	12633.38	13839.40	15461.16	17899.12
贵 州	Guizhou	7322.05	8151.13	9116.61	10678.40	11758.76	12862.53	14142.74	16495.01
云 南	Yunnan	8870.88	9265.90	10069.89	11496.11	13250.22	14423.93	16064.54	18575.62
西 藏	Tibet	9167.42	9431.18	8941.08	11130.93	12481.51	13544.41	14980.47	16195.56
陕 西	Shaanxi	7492.47	8272.02	9267.70	10763.34	12857.89	14128.76	15695.21	18245.23
甘 肃	Gansu	7376.74	8086.82	8920.59	10012.34	10969.41	11929.78	13188.55	14988.68
青 海	Qinghai	7319.67	8057.85	9000.35	10276.06	11648.30	12691.85	13854.99	15603.31
宁 夏	Ningxia	7217.87	8093.64	9177.26	10859.33	12931.53	14024.70	15344.49	17578.92
新 疆	Xinjiang	7503.42	7990.15	8871.27	10313.44	11432.10	12257.52	13643.77	15513.62
内蒙古	Inner Mongolia	8122.99	9136.79	10357.99	12377.84	14430.84	15849.19	17698.15	20407.57
广 西	Guangxi	8689.99	9286.70	9898.75	12200.44	14146.04	15451.48	17063.89	18854.06

2-30 全国各地区城镇居民收入构成（2011年）
Income Composition of Urban Households by Region of the Nation（2011）

单位：元/人 yuan/person

地区	Region	总收入 Total Income	按来源分 By Sources 工资性收入 Income from Wages and Salaries	经营净收入 Net Business Income	财产性收入 Income from Properties	转移性收入 Income from Transfer
全　国	**National Total**	**23979.20**	**15411.91**	**2209.74**	**648.97**	**5708.58**
东部地区	**Eastern Region**					
北　京	Beijing	37124.39	25161.22	1191.29	696.64	10075.23
天　津	Tianjin	29916.04	18794.08	1059.29	462.28	9600.40
河　北	Hebei	19591.91	11686.60	1836.45	318.43	5750.43
辽　宁	Liaoning	22879.77	13093.86	2285.41	333.55	7166.95
上　海	Shanghai	40532.29	28550.76	1994.12	633.12	9354.29
江　苏	Jiangsu	28971.98	17761.58	3026.57	667.06	7516.76
浙　江	Zhejiang	34264.38	20334.25	4383.89	1572.34	7973.91
福　建	Fujian	27378.11	17438.81	2991.66	1752.82	5194.82
山　东	Shandong	24889.80	17629.40	2294.85	615.69	4349.86
广　东	Guangdong	30218.76	21092.14	3035.25	1242.95	4848.42
海　南	Hainan	20094.18	12876.92	2158.62	715.40	4343.24
中部地区	**Central Region**					
山　西	Shanxi	19666.10	13146.47	875.24	274.09	5370.29
吉　林	Jilin	19211.71	12217.09	1860.32	235.31	4898.99
黑龙江	Heilongjiang	17118.49	10235.04	1529.14	141.26	5213.05
安　徽	Anhui	20751.11	12915.97	1874.45	569.96	5390.73
江　西	Jiangxi	18656.52	11654.36	1721.84	471.73	4808.59
河　南	Henan	19526.92	12039.24	2264.36	286.02	4937.30
湖　北	Hubei	20193.27	12622.44	1906.73	357.15	5306.95
湖　南	Hunan	20083.87	11550.09	2674.18	770.66	5088.95
西部地区	**Western Region**					
重　庆	Chongqing	21794.27	13827.72	1779.43	433.71	5753.42
四　川	Sichuan	19688.09	12687.29	1670.51	523.24	4807.05
贵　州	Guizhou	17598.87	10754.45	1614.67	356.41	4873.34
云　南	Yunnan	20255.13	12416.17	1785.61	1273.99	4779.36
西　藏	Tibet	18115.76	15854.97	486.92	358.07	1415.80
陕　西	Shaanxi	20069.87	14051.28	771.75	214.18	5032.65
甘　肃	Gansu	16267.37	11195.26	914.30	161.66	3996.15
青　海	Qinghai	17794.98	11403.97	1054.60	78.64	5257.77
宁　夏	Ningxia	19654.59	12396.71	2367.47	198.48	4691.94
新　疆	Xinjiang	17631.15	12653.43	1412.32	149.06	3416.35
内蒙古	Inner Mongolia	21890.19	14779.08	2320.36	513.36	4277.38
广　西	Guangxi	20846.11	13550.16	1699.84	844.91	4751.20

2-30 全国各地区城镇居民收入构成 (2011 年)
Income Composition of Urban Households by Region of the Nation (2011)

续表 (continued) 单位：%　　　　%

地区	Region	工资性收入 Income from Wages and Salaries	经营净收入 Net Business Income	财产性收入 Income from Properties	转移性收入 Income from Transfer
全　国	**National Total**	**64.3**	**9.2**	**2.7**	**23.8**
东部地区	**Eastern Region**				
北　京	Beijing	67.8	3.2	1.9	27.1
天　津	Tianjin	62.8	3.5	1.5	32.1
河　北	Hebei	59.7	9.4	1.6	29.4
辽　宁	Liaoning	57.2	10.0	1.5	31.3
上　海	Shanghai	70.4	4.9	1.6	23.1
江　苏	Jiangsu	61.3	10.4	2.3	25.9
浙　江	Zhejiang	59.3	12.8	4.6	23.3
福　建	Fujian	63.7	10.9	6.4	19.0
山　东	Shandong	70.8	9.2	2.5	17.5
广　东	Guangdong	69.8	10.0	4.1	16.0
海　南	Hainan	64.1	10.7	3.6	21.6
中部地区	**Central Region**				
山　西	Shanxi	66.8	4.5	1.4	27.3
吉　林	Jilin	63.6	9.7	1.2	25.5
黑龙江	Heilongjiang	59.8	8.9	0.8	30.5
安　徽	Anhui	62.2	9.0	2.7	26.0
江　西	Jiangxi	62.5	9.2	2.5	25.8
河　南	Henan	61.7	11.6	1.5	25.3
湖　北	Hubei	62.5	9.4	1.8	26.3
湖　南	Hunan	57.5	13.3	3.8	25.3
西部地区	**Western Region**				
重　庆	Chongqing	63.4	8.2	2.0	26.4
四　川	Sichuan	64.4	8.5	2.7	24.4
贵　州	Guizhou	61.1	9.2	2.0	27.7
云　南	Yunnan	61.3	8.8	6.3	23.6
西　藏	Tibet	87.5	2.7	2.0	7.8
陕　西	Shaanxi	70.0	3.8	1.1	25.1
甘　肃	Gansu	68.8	5.6	1.0	24.6
青　海	Qinghai	64.1	5.9	0.4	29.5
宁　夏	Ningxia	63.1	12.0	1.0	23.9
新　疆	Xinjiang	71.8	8.0	0.8	19.4
内蒙古	Inner Mongolia	67.5	10.6	2.3	19.5
广　西	Guangxi	65.0	8.2	4.1	22.8

2-31 全国各地区城镇居民消费性支出（1996-2011 年）
Consumption Expenditure of Urban Households by Region of the Nation (1996-2011)

单位：元 / 人 yuan/person

地 区	Region	1996 年	1997 年	1998 年	1999 年	2000 年	2001 年	2002 年	2003 年
全 国	**National Total**	**3919.47**	**4185.64**	**4331.61**	**4615.91**	**4998.00**	**5309.01**	**6029.88**	**6510.94**
东部地区	**Eastern Region**								
北 京	Beijing	5729.52	6531.81	6970.83	7498.48	8493.49	8922.72	10284.60	11123.84
天 津	Tianjin	4679.61	5204.15	5471.01	5851.53	6121.04	6987.22	7191.96	7867.53
河 北	Hebei	3424.35	4003.71	3834.43	4026.30	4348.47	4479.75	5069.04	5439.77
辽 宁	Liaoning	3493.02	3719.91	3890.74	3989.93	4356.06	4654.42	5342.64	6077.92
上 海	Shanghai	6763.12	6819.94	6866.41	8247.69	8868.19	9336.10	10464.00	11040.34
江 苏	Jiangsu	4057.50	4533.57	4889.43	5010.91	5323.18	5532.74	6042.60	6708.58
浙 江	Zhejiang	5764.27	6170.14	6217.93	6521.54	7020.22	7952.39	8713.08	9712.89
福 建	Fujian	4248.47	4935.95	5181.45	5266.69	5638.74	6015.11	6631.68	7356.26
山 东	Shandong	3770.99	4040.63	4143.96	4515.05	5022.00	5252.41	5596.44	6069.35
广 东	Guangdong	6736.09	6853.48	7054.09	7517.81	8016.91	8099.63	8988.12	9636.27
海 南	Hainan	3815.28	3908.57	3832.44	4017.75	4082.56	4367.85	5459.64	5502.43
中部地区	**Central Region**								
山 西	Shanxi	3035.59	3228.71	3267.70	3492.98	3941.87	4123.01	4710.96	5105.38
吉 林	Jilin	3037.32	3408.03	3449.74	3661.68	4020.87	4337.22	4973.88	5492.10
黑龙江	Heilongjiang	3110.92	3213.42	3303.15	3481.74	3824.44	4192.36	4461.96	5015.19
安 徽	Anhui	3607.43	3693.55	3777.41	3901.81	4232.98	4517.65	4736.52	5064.34
江 西	Jiangxi	2942.11	3199.61	3266.81	3482.33	3623.56	3894.51	4549.32	4914.55
河 南	Henan	3009.35	3378.02	3415.65	3497.53	3830.71	4110.17	4504.68	4941.60
湖 北	Hubei	3713.51	3855.59	4074.38	4340.55	4644.50	4804.79	5608.92	5963.25
湖 南	Hunan	4098.26	4317.16	4370.95	4799.51	5218.79	5546.22	5574.72	6082.62
西部地区	**Western Region**								
重 庆	Chongqing	4467.12	4919.63	4956.80	5376.69	5471.70	5724.90	6360.24	7118.06
四 川	Sichuan	3787.59	4092.59	4382.59	4499.19	4855.78	5176.17	5413.08	5759.21
贵 州	Guizhou	3572.78	3555.69	3799.38	3964.35	4278.28	4273.90	4598.28	4948.98
云 南	Yunnan	4007.48	4537.08	5032.67	4941.26	5185.31	5252.60	5827.92	6023.56
西 藏	Tibet	4536.68			5309.12	5554.42	5994.39		8045.34
陕 西	Shaanxi	3211.24	3462.33	3538.52	3953.25	4276.67	4637.74	5378.04	5666.54
甘 肃	Gansu	2838.52	2946.27	3099.36	3681.50	4126.47	4420.31	5064.24	5298.91
青 海	Qinghai	3177.78	3300.49	3580.47	3903.76	4185.73	4698.59	5042.52	5400.24
宁 夏	Ningxia	3038.95	3271.32	3379.82	3547.99	4200.50	4595.40	5104.92	5330.34
新 疆	Xinjiang	3457.14	3887.06	3714.10	4163.98	4422.93	4931.40	5636.40	5540.61
内蒙古	Inner Mongolia	2767.84	3032.30	3105.74	3468.99	3927.75	4195.62	4859.88	5419.14
广 西	Guangxi	4339.42	4452.70	4381.09	4587.22	4852.31	5224.73	5413.44	5763.50

2-31 全国各地区城镇居民消费性支出（1996-2011 年）
Consumption Expenditure of Urban Households by Region of the Nation (1996-2011)

续表（continued）单位：元 / 人 yuan/person

地 区	Region	2004 年	2005 年	2006 年	2007 年	2008 年	2009 年	2010 年	2011 年
全 国	**National Total**	**7182.00**	**7942.88**	**8696.55**	**9997.47**	**11242.80**	**12264.55**	**13471.45**	**15160.89**
东部地区	**Eastern Region**								
北 京	Beijing	12200.00	13244.20	14825.41	15330.44	16460.26	17893.30	19934.48	21984.37
天 津	Tianjin	8802.00	9653.26	10548.05	12028.88	13422.47	14801.35	16561.77	18424.09
河 北	Hebei	5819.00	6699.67	7343.49	8234.97	9086.73	9678.75	10318.32	11609.29
辽 宁	Liaoning	6543.00	7369.27	7987.49	9429.73	11231.48	12324.58	13280.04	14789.61
上 海	Shanghai	12631.00	13773.41	14761.75	17255.38	19397.89	20992.35	23200.40	25102.14
江 苏	Jiangsu	7332.00	8621.82	9628.59	10715.15	11977.55	13153.00	14357.49	16781.74
浙 江	Zhejiang	10636.00	12253.74	13348.51	14091.19	15158.30	16683.48	17858.20	20437.45
福 建	Fujian	8161.00	8794.41	9807.71	11055.13	12501.12	13450.57	14750.01	16661.05
山 东	Shandong	6674.00	7457.31	8468.40	9666.61	11006.61	12012.74	13118.24	14560.67
广 东	Guangdong	10695.00	11809.87	12432.22	14336.87	15527.97	16857.50	18489.53	20251.82
海 南	Hainan	5802.00	5928.79	7126.78	8292.89	9408.48	10086.65	10926.71	12642.75
中部地区	**Central Region**								
山 西	Shanxi	5654.00	6342.63	7170.94	8101.84	8806.55	9355.10	9792.65	11354.30
吉 林	Jilin	6069.00	6794.71	7352.64	8560.30	9729.05	10914.44	11679.04	13010.63
黑龙江	Heilongjiang	5568.00	6178.01	6655.43	7519.28	8622.97	9629.60	10683.92	12054.19
安 徽	Anhui	5711.00	6367.67	7294.73	8531.90	9524.04	10233.98	11512.55	13181.46
江 西	Jiangxi	5338.00	6109.39	6645.54	7810.73	8717.37	9739.99	10618.69	11747.21
河 南	Henan	5294.00	6038.02	6685.18	7826.72	8837.46	9566.99	10838.49	12336.47
湖 北	Hubei	6399.00	6736.56	7397.32	8701.18	9477.51	10294.07	11450.97	13163.77
湖 南	Hunan	6885.00	7504.99	8169.30	8990.72	9945.52	10828.23	11825.33	13402.87
西部地区	**Western Region**								
重 庆	Chongqing	7973.00	8623.29	9398.69	9890.31	11146.80	12144.06	13335.02	14974.49
四 川	Sichuan	6371.00	6891.27	7524.81	8691.99	9679.14	10860.20	12105.09	13696.30
贵 州	Guizhou	5494.00	6159.29	6848.39	7758.69	8349.21	9048.29	10058.29	11352.88
云 南	Yunnan	6837.00	6996.90	7379.81	7921.83	9076.61	10201.81	11074.08	12248.03
西 藏	Tibet	8338.00	8617.11	6192.57	7532.07	8323.54	9034.31	9685.54	10398.91
陕 西	Shaanxi	6233.00	6656.46	7553.28	8427.06	9772.07	10705.67	11821.88	13782.75
甘 肃	Gansu	5937.00	6529.20	6974.21	7875.78	8308.62	8890.79	9895.35	11188.57
青 海	Qinghai	5759.00	6245.26	6530.11	7512.39	8203.17	8786.52	9613.79	10955.46
宁 夏	Ningxia	5821.00	6404.31	7205.57	7817.28	9558.29	10280.00	11334.43	12896.04
新 疆	Xinjiang	5774.00	6207.52	6730.01	7874.27	8669.36	9327.55	10197.09	11839.40
内蒙古	Inner Mongolia	6219.00	6928.60	7666.61	9281.46	10827.04	12369.87	13994.62	15878.07
广 西	Guangxi	6446.00	7032.80	6791.95	8151.26	9627.40	10352.38	11490.08	12848.37

2-32 全国各地区城镇居民消费性支出构成（2011年）
Composition of Consumption Expenditure of Urban Households by Region of the Nation (2011)

单位：元/人 yuan/person

地 区	Region	生活消费总支出 Total Consumption Expenditure	1.食品支出 Food	2.衣着支出 Clothing	3.居住支出 Residence	4.家庭设备用品及服务支出 Household Facilities, Articles and Services
全 国	**National Total**	**15160.89**	**5506.33**	**1674.70**	**1405.01**	**1023.17**
东部地区	**Eastern Region**					
北 京	Beijing	21984.37	6905.51	2265.88	1923.71	1562.55
天 津	Tianjin	18424.09	6663.31	1754.98	1763.44	1174.62
河 北	Hebei	11609.29	3927.26	1425.99	1372.25	809.85
辽 宁	Liaoning	14789.61	5254.96	1854.63	1385.62	929.37
上 海	Shanghai	25102.14	8905.95	2053.81	2225.68	1826.22
江 苏	Jiangsu	16781.74	6060.91	1772.06	1187.74	1193.81
浙 江	Zhejiang	20437.45	7066.22	2138.99	1518.06	1109.42
福 建	Fujian	16661.05	6534.94	1494.96	1661.84	1179.84
山 东	Shandong	14560.67	4827.61	2008.84	1510.84	1013.82
广 东	Guangdong	20251.82	7471.88	1404.60	2005.15	1370.28
海 南	Hainan	12642.75	5673.65	780.10	1342.29	729.86
中部地区	**Central Region**					
山 西	Shanxi	11354.30	3558.04	1461.90	1327.78	832.74
吉 林	Jilin	13010.63	4252.85	1769.47	1468.29	839.31
黑龙江	Heilongjiang	12054.19	4348.45	1681.88	1185.96	723.58
安 徽	Anhui	13181.46	5246.76	1371.01	1501.39	690.66
江 西	Jiangxi	11747.21	4675.16	1272.88	1114.49	914.88
河 南	Henan	12336.47	4212.76	1706.94	1087.08	977.52
湖 北	Hubei	13163.77	5363.68	1677.91	1172.11	814.81
湖 南	Hunan	13402.87	4943.89	1499.02	1292.55	940.79
西部地区	**Western Region**					
重 庆	Chongqing	14974.49	5847.90	2056.79	1205.66	1079.27
四 川	Sichuan	13696.30	5571.69	1483.54	1226.14	1020.16
贵 州	Guizhou	11352.88	4565.85	1209.88	1102.99	857.55
云 南	Yunnan	12248.03	4802.26	1587.18	827.84	570.46
西 藏	Tibet	10398.91	5184.18	1261.29	781.12	428.03
陕 西	Shaanxi	13782.75	5040.47	1673.24	1193.81	914.26
甘 肃	Gansu	11188.57	4182.47	1470.26	1139.85	660.48
青 海	Qinghai	10955.46	4260.27	1394.28	1055.15	723.23
宁 夏	Ningxia	12896.04	4483.44	1701.73	1247.14	885.36
新 疆	Xinjiang	11839.40	4537.46	1715.94	888.16	791.43
内蒙古	Inner Mongolia	15878.07	4962.40	2514.09	1418.60	1162.87
广 西	Guangxi	12848.37	5074.49	1019.34	1237.91	884.85

2-32 全国各地区城镇居民消费性支出构成 (2011 年)
Composition of Consumption Expenditure of Urban Households by Region of the Nation (2011)

续表 (continued) 单位：元 / 人 yuan/person

地 区	Region	5.医疗保健支出 Medicial Care	6.交通和通讯支出 Transport and Communications	7.文教娱乐用品及服务支出 Education,Culture and Recreation Services	8.其他商品及服务支出 Miscellaneous Goods and Services
全 国	**National Total**	**968.98**	**2149.69**	**1851.74**	**581.26**
东部地区	**Eastern Region**				
北 京	Beijing	1523.32	3521.20	3306.82	975.37
天 津	Tianjin	1415.39	2699.53	2116.01	836.82
河 北	Hebei	955.95	1526.60	1203.99	387.40
辽 宁	Liaoning	1208.30	1899.06	1614.52	643.15
上 海	Shanghai	1140.82	3808.41	3746.38	1394.86
江 苏	Jiangsu	962.45	2262.19	2695.52	647.06
浙 江	Zhejiang	1248.90	3728.23	2816.12	811.51
福 建	Fujian	773.26	2470.18	1879.02	667.00
山 东	Shandong	938.86	2203.99	1538.44	518.27
广 东	Guangdong	948.18	3630.62	2647.94	773.17
海 南	Hainan	783.34	1830.80	1141.81	360.91
中部地区	**Central Region**				
山 西	Shanxi	851.30	1487.66	1419.43	415.44
吉 林	Jilin	1108.51	1541.37	1468.34	562.48
黑龙江	Heilongjiang	1082.96	1363.62	1190.87	476.89
安 徽	Anhui	907.58	1365.01	1631.28	467.77
江 西	Jiangxi	641.23	1310.21	1429.30	389.06
河 南	Henan	919.83	1573.64	1373.94	484.76
湖 北	Hubei	915.72	1382.20	1489.67	347.68
湖 南	Hunan	790.76	1975.50	1526.10	434.25
西部地区	**Western Region**				
重 庆	Chongqing	1050.62	1718.73	1474.88	540.63
四 川	Sichuan	735.26	1757.52	1369.47	532.52
贵 州	Guizhou	578.33	1395.28	1331.43	311.57
云 南	Yunnan	822.41	1905.86	1350.65	381.38
西 藏	Tibet	424.10	1278.00	514.44	527.74
陕 西	Shaanxi	1100.51	1502.44	1857.60	500.42
甘 肃	Gansu	874.05	1289.80	1158.30	413.37
青 海	Qinghai	854.25	1293.45	967.90	406.93
宁 夏	Ningxia	978.12	1637.61	1441.18	521.47
新 疆	Xinjiang	912.99	1377.67	1122.18	493.56
内蒙古	Inner Mongolia	1239.36	2003.54	1812.07	765.13
广 西	Guangxi	779.08	2000.57	1502.65	349.48

2-33 农村居民家庭基本情况（1978-2011年）
Basic Condition of Rural Households (1978-2011)

年份 Year	调查户数(户) Number of Households Surveyed (household)	常住人口(人/户) Avergae Number of Permanent Residents (person/household)	参加养老保险人数(人/户) Number of person in endowment insurance (person/household)	参加医疗保险人数(人/户) Number of person in medical insurance (person/household)	整、半劳动力(人/户) Average Number of Full/Semi Labour Force (person/household)	# 整劳动力(人/户) Average Number of Full Labour Force (person/household)"	"平均每个劳动力负担人口(人) Average Number of Dependents per Labour Force (person)
1978	130	5.07			2.32		2.18
1979	170	4.86			2.29		2.13
1980	330	4.85			2.41		2.02
1981	350	4.87			2.50		1.95
1982	370	4.88			2.45		1.99
1983	560	5.19			2.96		1.75
1984	740	5.03			2.90		1.74
1985	1540	4.63			2.81		1.65
1986	1540	4.58			2.85		1.61
1987	1540	4.51			2.87		1.57
1988	1540	4.40			2.89		1.53
1989	1540	4.31			2.92		1.47
1990	1800	4.21			2.93		1.44
1991	1800	4.20			2.88		1.46
1992	1800	4.12			2.88		1.43
1993	1800	4.05			2.90		1.39
1994	1800	3.98			2.88		1.38
1995	1800	3.90			2.83	2.35	1.38
1996	1800	3.85			2.70	2.24	1.43
1997	1800	3.82			2.69	2.01	1.42
1998	1800	3.71			2.61		1.42
1999	1800	3.68			2.59		1.42
2000	1800	3.70			2.63	1.85	1.41
2001	1800	3.66			2.56	1.78	1.43
2002	1800	3.65			2.62	1.75	1.39
2003	1800	3.65			2.69	1.73	1.36
2004	1800	3.67	0.04	0.08	2.72	1.71	1.35
2005	1800	3.71	0.05	0.19	2.80	1.74	1.33
2006	1800	3.68	0.06	1.36	2.80	1.75	1.31
2007	1800	3.67	0.01	3.38	2.80	1.74	1.31
2008	1800	3.70	0.03	3.58	2.80	1.69	1.30
2009	1800	3.61	–	–	2.78	1.64	1.31
2010	1800	3.63	–	–	2.83	1.61	1.28
2011	1800	3.82	–	–	2.81	1.62	1.36

2-34 农村劳动力性别和年龄状况（2003-2011 年）
Composition of Rural Labour Force by Age and Sex (2003-2011)

单位：% %

年份 Year	年龄结构 By Age					性别结构 By Sex	
	20 岁以下 Below Age of 20	21-30 岁 21-30	31-40 岁 31-40	41-50 岁 41-50	51 岁以上 Above Age of 51	男 Male	女 Female
2003	7.4	18.7	26.1	20.6	27.2	53.1	46.9
2004	7.4	17.9	25.1	20.2	29.4	53.1	46.9
2005	7.5	16.2	25.6	20.8	29.9	52.2	47.8
2006	6.8	15.2	25.5	20.5	32.0	52.2	47.8
2007	5.7	15.1	24.7	20.9	33.6	52.2	47.8
2008	4.5	15.7	23.0	21.6	35.1	52.2	47.8
2009	4.5	15.3	21.4	22.7	36.1	52.2	47.8
2010	3.8	16.5	19.5	23.3	37.0	52.6	47.4
2011	4.0	15.6	19.7	24.3	36.4	53.3	46.7

2-35 农村劳动力文化状况（1997-2011 年）
Composition of Rural Labour Force by Education Background (1997-2011)

单位：%、年 %, year

年份 Year	劳动力文化结构 Composition of Labour Force by Education Background						人均受教育年限 Per Capita Educated Years
	不识字 Illiteracy	小学 Primary School	初中 Junior Secondary School	高中 Senior Secondary School	中专 Secondary Technical School	大专及以上 Junior College and Above	
1997	7.1	45.3	41.5	5.2	0.6	0.2	7.19
1998	6.9	45.1	41.5	5.5	0.9	0.2	7.24
1999	6.2	45.1	42.3	5.3	0.9	0.2	7.29
2000	6.2	43.4	42.9	5.7	1.5	0.3	7.38
2001	6.6	41.6	44.2	5.8	1.4	0.4	7.40
2002	6.6	41.3	44.3	6.0	1.6	0.3	7.42
2003	6.9	40.1	46.5	4.9	1.4	0.3	7.39
2004	7.5	37.6	47.1	6.0	1.4	0.4	7.45
2005	6.1	37.2	47.6	6.4	2.0	0.7	7.63
2006	6.0	35.3	49.1	6.6	2.2	0.8	7.72
2007	5.8	35.5	49.2	6.4	2.2	0.8	7.72
2008	6.5	36.9	46.9	6.4	2.5	1.0	7.71
2009	6.7	35.0	47.6	7.3	2.2	1.2	7.67
2010	6.4	33.6	46.3	9.7	2.5	1.5	7.88
2011	4.4	32.0	51.6	8.3	1.8	1.8	8.08

2-36 农村居民经营耕地和拥有固定资产（1978-2011年）
Cultivated Land and Fixed Assets Owned by Rural Households（1978-2011）

单位：亩/人、元/户

mu/person, yuan/person

年份 Year	经营耕地面积 Area of Cultivated Land	年末拥有生产性固定资产原值 Original Value of Productive Fixed Assets Owned at Year-end			
		合计 Total	一产业 Primary Industry	二产业 Secondary Industry	三产业 Tertiary Industry
1978	0.89	18.14			
1979	0.74	15.99			
1980	0.78	13.52			
1981	0.89	18.19			
1982	0.86	41.65			
1983	1.09	73.28			
1984	1.11	81.10			
1985	1.14	97.91			
1986	1.15	109.01			
1987	1.15	118.56			
1988	1.14	135.30			
1989	1.13	126.98			
1990	1.01	131.80			
1991	0.99	168.34			
1992	0.98	194.01			
1993	1.00	245.68			
1994	0.95	271.09			
1995	0.95	343.93			
1996	0.93	477.80			
1997	0.92	482.16			
1998	0.99	490.11			
1999	0.99	489.84			
2000	1.02	544.00	424.91	31.62	87.47
2001	1.01	615.61	500.01	27.16	88.44
2002	1.00	650.96	515.58	31.22	104.16
2003	0.95	694.04	558.19	10.99	124.86
2004	0.95	711.81	599.17	13.55	99.10
2005	0.96	837.34	686.05	95.12	56.17
2006	0.99	910.84	756.17	14.88	139.78
2007	1.01	1053.80	884.52	18.87	150.41
2008	1.02	1184.71	981.05	20.86	182.80
2009	1.09	1266.11	1060.03	23.36	182.72
2010	1.19	1537.35	1241.83	19.89	275.63
2011	1.27	2982.79	2019.94	299.46	663.39

2-37 农村居民主要农副产品出售量（1978-2011 年）
Quantity of Sales in Major Agricultural and Subsidiary Products in Rural Households (1978-2011)

单位：千克 / 人 kg/person

年份 Year	粮食 Grain	# 稻谷 Rice	油菜籽 Rapeseeds	蔬菜 Vegetables	水果 Fruits	猪 Pigs	家禽 Poultry	禽蛋 Eggs	水产品 Aquatic Products
1978	13.65		0.05	30.69	0.98	13.25	0.27	1.15	0.21
1979	15.17		0.06	35.57	1.27	15.39	0.31	1.21	0.27
1980	22.75		0.08	39.06	1.54	16.48	0.38	1.23	0.29
1981	23.38		0.84	54.31	1.79	16.89	0.42	1.16	0.35
1982	27.63		1.53	61.97	3.44	18.41	0.51	1.19	0.33
1983	101.58		5.78	117.68	16.32	22.19	0.92	1.41	0.42
1984	104.51		4.20	100.98	20.94	24.77	1.04	1.96	0.55
1985	80.43		4.42	93.38	11.25	28.46	1.21	2.09	0.71
1986	89.61		4.84	99.03	12.41	29.42	1.05	2.05	1.44
1987	85.44		4.65	90.37	11.56	28.67	1.12	1.97	1.37
1988	81.68		4.99	85.66	10.77	27.35	0.97	1.95	0.98
1989	72.87		4.46	71.72	9.55	25.25	0.94	1.90	0.61
1990	69.96		6.74	45.83	20.56	23.72	0.92	1.80	0.58
1991	58.48		7.88	79.61	27.43	30.48	1.04	1.70	0.47
1992	45.23		5.37	64.65	13.09	32.72	1.50	1.88	0.44
1993	36.12		3.12	77.55	30.43	31.25	1.64	2.01	1.03
1994	44.45		2.17	62.81	39.13	31.67	1.36	1.66	1.35
1995	52.72		3.85	55.77	33.24	31.40	1.22	1.14	1.76
1996	48.98		3.22	52.07	28.14	36.20	1.34	1.32	1.46
1997	43.78		2.26	47.18	27.57	33.22	1.57	1.04	1.61
1998	49.55		3.51	71.83	32.04	33.66	1.77	1.14	2.29
1999	44.50		2.82	78.09	33.34	34.40	2.60	1.20	2.45
2000	58.33	41.27	4.43	65.96	17.40	41.78	4.80	2.10	4.23
2001	72.58	54.81	3.17	64.71	20.51	37.45	3.62	1.47	4.23
2002	60.56	47.04	3.70	57.90	20.78	38.92	3.92	1.56	3.69
2003	72.54	56.68	5.27	69.98	25.67	45.50	4.69	1.32	5.07
2004	68.60	54.20	4.65	107.32	19.07	50.57	3.03	1.16	5.79
2005	69.68	50.07	6.05	104.83	25.35	48.85	5.65	1.04	6.15
2006	64.69	47.57	3.07	118.03	42.34	47.67	3.90	1.46	3.82
2007	77.57	58.43	3.88	131.61	40.66	40.52	3.92	4.10	3.71
2008	76.18	55.24	4.81	113.92	45.01	41.51	3.59	2.37	3.75
2009	103.00	75.60	4.88	148.06	45.18	48.91	4.49	7.89	6.04
2010	84.63	83.53	4.46	145.94	48.53	43.55	6.29	2.48	4.94
2011	95.95	55.30	5.16	180.03	25.46	37.89	6.39	10.93	4.94

2-38 农村居民主要食品消费量（1978-2011 年）
Consumption of Major Foods by Rural Households (1978-2011)

单位：千克 / 人　　kg/person

年份 Year	粮食 Grain	# 稻谷 Rice	食用油 Edible oil	# 植物油 #Vegetable Oil	蔬菜及制品 Vegetables and Processed Products	水果 Fruits	肉禽及制品 Meat, Poultry and Processed Products
1978	304.24		3.09		165.34		21.26
1979	364.29		3.46		173.59		25.14
1980	295.29		3.25		122.16		23.25
1981	314.89		4.25		168.29		30.02
1982	289.99		3.92		168.85		24.58
1983	314.85		4.54		202.13		31.12
1984	326.50		4.55		198.40		31.48
1985	298.87		3.70		192.30		22.47
1986	266.00		4.25		180.92		22.73
1987	268.83		3.67		116.22		20.09
1988	265.92		3.52		155.80		20.20
1989	253.20		3.40		163.25		21.87
1990	253.52		3.56		163.83		21.50
1991	250.27		5.18		172.45		24.03
1992	226.96		5.14		162.91		24.66
1993	256.39		6.36		123.80		21.82
1994	263.09		4.99		144.46		21.81
1995	248.86		4.86		147.46		23.54
1996	245.23		5.34		149.90		25.85
1997	245.50		5.46		173.02		25.30
1998	237.13		5.79		171.83		27.28
1999	236.49		5.88		166.11		29.12
2000	210.00	170.87	5.59	1.70	175.60	8.35	28.55
2001	218.04	177.49	6.61	2.76	158.51	10.94	27.22
2002	228.79	189.14	6.67	2.62	157.28	10.15	28.14
2003	216.51	186.68	3.34	2.17	154.70	9.06	30.27
2004	213.66	183.28	3.08	1.95	166.85	12.07	30.74
2005	217.09	182.27	4.49	3.39	152.33	10.15	34.11
2006	205.93	176.85	4.08	2.24	144.46	9.36	33.73
2007	194.60	166.70	4.73	3.00	144.41	9.65	31.10
2008	191.38	163.41	4.83	3.07	135.37	10.53	30.62
2009	196.88	158.28	5.22	3.43	122.74	10.88	33.54
2010	186.47	156.38	5.62	3.69	126.44	12.69	35.58
2011	171.15	139.28	7.23	5.05	137.65	11.03	29.68

2-38 农村居民主要食品消费量（1978-2011 年）
Consumption of Major Foods by Rural Households (1978-2011)

续表（continued）单位：千克 / 人 kg/person

年份 Year	# 猪肉 Pork	家禽 Poultry	蛋类 Eggs	奶及奶制品 Milk and Dairy Products	水产品 Aquatic Products	食糖 Sugar	酒 Liquor
1978		0.45	0.92		0.26		1.55
1979		0.68	1.40		0.40		2.32
1980		0.45	1.68		0.43		3.12
1981		1.09	2.34		0.65		5.13
1982		0.60	2.33		0.48		7.51
1983		1.01	2.63		0.49		6.01
1984		1.40	3.41		0.68		5.37
1985		0.70	2.17		0.24		5.51
1986		0.73	1.90		0.31		5.92
1987		0.63	2.14		0.36		5.56
1988		0.52	1.95		0.35		6.22
1989		0.68	2.03		0.39		4.11
1990		0.51	2.24		0.38		4.01
1991		0.53	2.66		0.42		4.48
1992		0.57	2.68		0.33		4.63
1993		0.72	2.61		0.53		6.21
1994		0.75	2.88		0.71		7.15
1995		0.80	2.75		0.64		5.65
1996		1.14	3.15		0.89		6.24
1997		1.39	3.39		1.12		6.39
1998		1.64	4.35		1.21		6.50
1999		1.80	4.99		1.60		6.77
2000	26.35	2.01	4.58	0.06	1.47	2.22	7.26
2001	25.02	2.10	4.63	0.09	1.63	2.50	8.65
2002	25.65	2.33	4.60	0.26	1.70	4.40	7.93
2003	27.91	2.21	3.98	0.18	1.84	2.44	7.98
2004	27.85	2.78	6.10	0.18	2.05	2.27	8.50
2005	30.08	3.82	6.53	0.49	2.20	1.95	10.40
2006	30.29	3.34	6.87	0.77	2.28	1.91	12.26
2007	27.51	3.45	5.77	1.21	3.13	2.03	12.53
2008	25.31	4.22	6.16	1.17	2.85	2.01	12.80
2009	27.72	4.09	6.31	1.23	3.36	2.06	13.22
2010	28.53	4.71	7.12	1.73	3.46	2.19	13.96
2011	23.54	4.09	5.48	3.62	3.65	1.80	13.75

2-39 农村居民居住条件（1978-2011 年）
Housing Conditions of Rural Households (1978-2011)

单位：m²/人、% sq.m/person,%

年份 Year	住房面积 Per Capita Floor Space of Houses	# 钢筋混凝土结构面积 Reinforced Concrete Structure	农户使用卫生设备的构成 Composition of Sanitary Installation Using in Rural Households			农户饮用水的来源构成 Composition of Water Utilization		
			使用水冲式 Flushing Toilet	使用旱厕 Dry Pail Latrine	无厕所 Without Toilet	自来水 Tap Water	井水 Well Water	其他 Others
1978	10.84	0.01						
1979	11.91	0.03						
1980	12.38	0.05						
1981	14.55	0.08						
1982	14.61	0.09						
1983	16.92	0.19						
1984	17.95	0.23						
1985	18.04	0.28						
1986	18.06	0.29						
1987	18.23	0.32						
1988	19.03	0.41						
1989	19.29	0.46						
1990	19.37	0.58						
1991	21.52	1.34						
1992	21.94	1.82						
1993	22.01	2.23						
1994	22.55	2.73						
1995	23.50	2.90						
1996	24.44	3.34						
1997	24.74	3.43						
1998	26.50	4.17						
1999	26.67	4.19						
2000	29.58	4.90	2.83	72.00	25.17	12.44	64.22	23.34
2001	31.00	5.71	4.61	76.22	19.17	15.67	62.00	22.33
2002	31.02	6.09	3.94	77.50	18.56	15.28	60.50	16.72
2003	31.45	8.27	4.94	71.61	23.44	15.11	60.83	19.56
2004	32.49	9.79	4.94	73.17	21.89	13.61	64.17	17.33
2005	32.91	9.75	11.89	75.67	12.44	15.78	65.78	14.44
2006	34.30	9.34	12.39	72.57	14.94	17.28	62.94	15.39
2007	34.56	9.47	12.39	75.33	12.28	17.67	64.39	14.17
2008	35.03	10.85	12.83	76.94	10.23	18.89	64.94	16.17
2009	35.73	13.00	16.94	74.44	8.61	21.67	62.33	16.00
2010	37.56	14.38	19.11	72.67	8.22	22.89	59.56	17.55
2011	39.73	18.54	26.00	70.17	3.83	49.56	43.44	7.00

2-40 农村居民家庭每百户耐用消费品拥有量（1986-2011 年）
Number of Durable Consumer Goods Owned Per 100 Rural Households (1986-2011)

单位：台、辆、部、架 set,unit

年份 Year	洗衣机 Washing Machine	电冰箱 Refrigerator	空调机 Air Conditioner	抽油烟机 Exhaust Fan	微波炉 Microwave Oven	热水器 Water Heater	自行车 Bicycle
1986							11.56
1987	0.19	0.06					12.79
1988	0.13	0.06					15.58
1989	0.39	0.06					19.09
1990	0.32	0.06					19.48
1991	0.73	0.07					20.20
1992	1.47	0.27					22.53
1993	1.27	0.27					26.00
1994	1.53	0.47					26.20
1995	1.87	0.93					26.80
1996	3.20	1.53					23.27
1997	2.80	2.73					19.47
1998	5.72	3.33					22.72
1999	5.89	3.94					21.56
2000	8.94	5.67	0.17	0.50	0.17	2.78	16.11
2001	9.56	6.22	0.17	0.50	0.22	3.28	18.17
2002	11.28	8.39	0.22	0.39	0.28	4.44	17.50
2003	15.89	8.89	0.39	0.33	0.39	4.44	16.94
2004	18.83	10.22	0.94	0.72	0.44	6.33	16.89
2005	21.50	13.56	2.17	1.33	0.78	6.39	14.06
2006	27.67	20.11	3.44	1.44	1.22	6.39	13.89
2007	32.78	28.50	5.17	0.61	3.11	9.06	13.39
2008	36.22	32.67	6.67	0.94	4.67	9.28	13.83
2009	42.11	43.61	10.11	1.50	5.50	14.89	11.97
2010	48.56	58.00	14.56	2.44	7.22	20.61	
2011	60.50	73.17	21.67	4.28	11.94	34.33	10.00

2–40 农村居民家庭每百户耐用消费品拥有量（1986–2011 年）
Number of Durable Consumer Goods Owned Per 100 Rural Households (1986–2011)

续表(continued) 单位：台、辆、部、架 set,unit

年份 Year	摩托车 Motocycle	电话 Telephone	移动电话 Mobile Telephone	彩色电视机 Color TV Set	影碟机 Video Disc Player	照相机 Camera	家用计算机 Computer
1986	0.13			0.13		0.13	
1987	0.13			0.39		0.13	
1988	0.06			0.39		0.19	
1989	0.06			0.35		0.19	
1990	0.06			0.52		0.19	
1991	0.13			0.57		0.20	
1992	0.13			0.73		0.21	
1993	0.13			2.07		0.23	
1994	0.26			2.80		0.26	
1995	0.60			4.07		0.33	
1996	1.33			7.20		0.40	
1997	1.20			11.20		0.67	
1998	2.06			18.67		1.33	
1999	2.56			24.06		1.33	
2000	3.67	16.44	0.89	31.33	13.56	1.00	
2001	5.17	25.22	4.11	40.44	19.17	0.78	
2002	6.33	31.17	8.33	47.89	20.22	1.33	
2003	7.78	43.72	20.06	53.33	25.00	1.50	
2004	9.67	52.22	27.89	63.22	30.89	1.00	0.11
2005	12.56	59.83	49.33	79.22	36.00	1.28	0.17
2006	15.78	65.06	60.72	84.00	37.33	1.06	0.44
2007	17.61	62.17	82.06	89.28	40.17	1.00	1.44
2008	19.50	60.11	98.28	94.33	39.28	1.89	1.11
2009	22.33	56.94	107.78	95.28	42.61	1.56	1.83
2010	27.06		132.00	97.72	38.22		4.06
2011	36.28	44.22	175.78	106.50	24.28	2.22	11.94

2-41 农村居民总收入（1978-2011 年）
Per Capita Annual Income of Rural Households (1978-2011)

单位：元 / 人　　　　yuan/person

年份 Year	总收入 **Total Income**	工资性收入 Income from Wages and Salaries	家庭经营性收入 Income from Household Operations	财产性收入 Income from Properties	转移性收入 Income from Transfer
1978	**149.53**	2.09	122.51	0.25	24.68
1979	**184.93**	5.21	156.51	0.32	22.89
1980	**207.86**	6.47	179.60	0.33	21.46
1981	**274.70**	12.56	231.83	0.35	29.96
1982	**297.41**	21.20	252.30	0.48	23.43
1983	**369.51**	22.93	321.76	2.39	22.43
1984	**411.50**	20.71	364.08	0.96	25.75
1985	**418.83**	28.70	364.21	2.51	23.41
1986	**486.09**	34.14	419.88	3.08	28.99
1987	**507.73**	41.74	435.12	1.66	29.21
1988	**616.54**	51.49	531.81	1.74	31.50
1989	**709.60**	77.61	600.66	3.53	27.80
1990	**808.59**	88.18	677.51	5.81	37.09
1991	**910.41**	101.24	755.31	7.90	45.96
1992	**962.25**	112.59	783.92	8.17	57.57
1993	**1051.74**	132.53	830.86	3.28	85.07
1994	**1449.05**	159.44	1159.92	24.07	105.62
1995	**1896.59**	251.03	1497.19	28.67	119.70
1996	**2246.53**	276.47	1743.27	32.12	194.67
1997	**2475.33**	318.88	1912.02	14.93	229.50
1998	**2542.14**	414.81	1850.44	23.07	253.82
1999	**2484.69**	500.58	1730.61	21.29	232.21
2000	**2594.95**	623.32	1793.41	8.53	169.69
2001	**2709.49**	696.50	1788.01	15.74	209.24
2002	**2828.69**	783.12	1812.91	17.17	215.49
2003	**2922.12**	858.50	1821.44	34.17	208.01
2004	**3341.19**	931.69	2191.41	33.06	185.03
2005	**3782.99**	1088.80	2441.54	30.69	221.96
2006	**3841.21**	1309.91	2208.52	27.29	268.50
2007	**4532.40**	1559.30	2563.67	43.76	365.67
2008	**5443.73**	1764.64	3239.95	50.90	388.24
2009	**5798.81**	1919.68	3298.28	67.80	513.05
2010	**6726.70**	2335.23	3646.62	90.50	654.35
2011	**8421.52**	2894.53	4526.48	139.67	860.84

2-42 农村居民现金收入（1978-2011 年）
Per Capita Annual Cash Income of Rural Households (1978-2011)

单位：元 / 人　　yuan/person

年份 Year	现金收入 Cash Income	工资性收入 Income from Wages and Salaries	家庭经营性收入 Income from Household Operations	财产性收入 Income from Properties	转移性收入 Income from Transfer
1978	**75.43**	2.09	48.41	0.25	24.68
1979	**94.86**	5.21	66.44	0.32	22.89
1980	**105.78**	6.47	77.52	0.33	21.46
1981	**157.56**	12.56	114.69	0.35	29.96
1982	**165.83**	21.20	120.72	0.48	23.43
1983	**201.29**	22.93	153.54	2.39	22.43
1984	**234.36**	20.71	186.94	0.96	25.75
1985	**260.61**	28.70	205.99	2.51	23.41
1986	**319.97**	34.14	253.76	3.08	28.99
1987	**345.79**	41.74	273.18	1.66	29.21
1988	**407.23**	51.49	322.50	1.74	31.50
1989	**463.15**	77.61	354.25	3.53	27.76
1990	**453.63**	88.18	322.62	5.81	37.02
1991	**511.69**	101.24	356.64	7.90	45.91
1992	**545.89**	112.59	368.64	8.17	56.49
1993	**617.57**	132.51	398.18	3.28	83.60
1994	**846.96**	158.87	570.29	12.97	104.83
1995	**1019.08**	250.70	640.73	11.74	115.91
1996	**1229.89**	276.17	738.18	21.35	194.19
1997	**1372.38**	318.73	810.18	14.90	228.57
1998	**1552.73**	414.79	864.09	20.75	253.10
1999	**1532.58**	500.15	780.00	20.36	232.07
2000	**1627.80**	623.28	827.74	8.35	168.43
2001	**1752.07**	696.45	831.17	15.54	208.91
2002	**1858.50**	783.12	843.33	17.16	214.89
2003	**2019.62**	857.81	930.43	33.82	197.56
2004	**2267.56**	931.57	1129.56	30.87	175.56
2005	**2653.07**	1087.60	1315.30	30.08	220.09
2006	**2834.55**	1307.49	1234.76	25.33	266.97
2007	**3405.99**	1556.89	1442.53	41.53	365.05
2008	**4173.83**	1761.43	1977.06	49.02	386.33
2009	**4624.85**	1917.23	2135.37	61.74	510.52
2010	**5312.93**	2334.82	2244.52	81.32	652.27
2011	**6963.29**	2889.02	3095.48	121.16	857.64

2-43 农村居民纯收入（1978-2011）
Per Capita Annual Net Income of Rural Households (1978-2011)

单位：元 / 人 yuan/person

年份 Year	纯收入 Net Income	按收入来源分 By Source				按收入形态分 By Form	
		工资性收入 Income from Wages and Salaries	家庭经营性收入 Income from Household Operations	财产性收入 Income from Properties	转移性收入 Income from Transfer	现金纯收入 Net Cash Income	实物纯收入 Net Income in Kind
1978	**126.01**	2.09	117.98	0.25	5.69	39.96	86.05
1979	**150.18**	5.21	139.12	0.32	5.53	50.82	99.36
1980	**163.33**	6.47	149.77	0.33	6.76	57.05	106.28
1981	**229.18**	12.56	208.83	0.35	7.44	85.98	143.20
1982	**236.68**	21.20	206.33	0.48	8.67	90.48	146.20
1983	**277.69**	22.93	241.41	2.39	10.96	110.20	167.49
1984	**310.59**	20.71	276.56	0.96	12.36	125.30	185.29
1985	**325.24**	28.70	280.80	2.51	13.23	133.58	191.66
1986	**358.86**	34.14	311.29	3.08	10.35	153.74	205.12
1987	**385.82**	41.74	332.64	1.66	9.78	172.66	213.16
1988	**457.54**	51.49	393.75	1.74	10.56	208.41	249.13
1989	**510.09**	77.61	416.84	3.53	12.11	235.61	274.48
1990	**586.73**	88.18	481.12	5.81	11.62	279.50	307.23
1991	**628.89**	101.24	500.94	7.90	18.81	303.73	325.16
1992	**677.46**	112.59	530.59	8.17	26.11	330.40	347.06
1993	**748.08**	132.53	556.81	3.28	55.46	389.89	358.19
1994	**1018.24**	159.44	764.75	24.07	69.98	544.81	473.43
1995	**1270.41**	251.03	910.88	28.67	79.83	714.82	555.59
1996	**1479.05**	276.47	1031.99	32.12	138.47	816.10	662.95
1997	**1692.36**	318.88	1194.82	14.93	163.73	906.90	785.46
1998	**1801.17**	414.81	1174.03	23.07	189.26	1051.52	749.65
1999	**1835.54**	500.58	1142.83	21.29	170.84	1087.45	748.09
2000	**1892.44**	623.32	1155.63	8.53	104.96	1122.51	769.93
2001	**1971.18**	696.50	1136.62	15.74	122.32	1222.52	748.66
2002	**2097.58**	783.12	1164.79	17.17	132.50	1317.36	780.22
2003	**2214.55**	858.50	1185.12	34.17	136.76	1525.31	689.24
2004	**2510.41**	931.69	1418.84	33.06	126.82	1716.99	793.41
2005	**2809.32**	1088.80	1541.48	30.69	148.35	1989.21	820.11
2006	**2873.83**	1309.91	1349.57	27.29	187.07	2206.64	667.20
2007	**3509.29**	1559.30	1639.82	43.76	266.41	2701.82	807.47
2008	**4126.21**	1764.64	2016.64	50.90	294.03	3224.26	901.96
2009	**4478.35**	1919.68	2111.65	67.80	379.23	3665.54	812.82
2010	**5276.66**	2335.23	2323.51	90.50	527.41	4308.19	968.48
2011	**6480.41**	2894.53	2748.25	139.67	697.96	5479.60	1000.81

2-44 农村居民纯收入构成（1978-2011 年）
Composition of Per Capita Annual Net Income of Rural Households (1978-2011)

单位：% %

年份 Year	纯收入 Net Income	按收入来源分 By Source				按收入形态分 By Form	
		工资性收入 Income from Wages and Salaries	家庭经营性收入 Income from Household Operations	财产性收入 Income from Properties	转移性收入 Income from Transfer	现金纯收入 Net Cash Income	实物纯收入 Net Income in Kind
1978	**100.0**	1.7	93.6	0.2	4.5	31.7	68.3
1979	**100.0**	3.5	92.6	0.2	3.7	33.8	66.2
1980	**100.0**	4.0	91.7	0.2	4.1	34.9	65.1
1981	**100.0**	5.5	91.1	0.2	3.2	37.5	62.5
1982	**100.0**	9.0	87.2	0.2	3.7	38.2	61.8
1983	**100.0**	8.3	86.9	0.9	3.9	39.7	60.3
1984	**100.0**	6.7	89.0	0.3	4.0	40.3	59.7
1985	**100.0**	8.8	86.3	0.8	4.1	41.1	58.9
1986	**100.0**	9.5	86.7	0.9	2.9	42.8	57.2
1987	**100.0**	10.8	86.2	0.4	2.5	44.8	55.2
1988	**100.0**	11.3	86.1	0.4	2.3	45.6	54.4
1989	**100.0**	15.2	81.7	0.7	2.4	46.2	53.8
1990	**100.0**	15.0	82.0	1.0	2.0	47.6	52.4
1991	**100.0**	16.1	79.7	1.3	3.0	48.3	51.7
1992	**100.0**	16.6	78.3	1.2	3.9	48.8	51.2
1993	**100.0**	17.7	74.4	0.4	7.4	52.1	47.9
1994	**100.0**	15.7	75.1	2.4	6.9	53.5	46.5
1995	**100.0**	19.8	71.7	2.3	6.3	56.3	43.7
1996	**100.0**	18.7	69.8	2.2	9.4	55.2	44.8
1997	**100.0**	18.8	70.6	0.9	9.7	53.6	46.4
1998	**100.0**	23.0	65.2	1.3	10.5	58.4	41.6
1999	**100.0**	27.3	62.3	1.2	9.3	59.2	40.8
2000	**100.0**	32.9	61.1	0.5	5.5	59.3	40.7
2001	**100.0**	35.3	57.7	0.8	6.2	62.0	38.0
2002	**100.0**	37.3	55.5	0.8	6.3	62.8	37.2
2003	**100.0**	38.8	53.5	1.5	6.2	68.9	31.1
2004	**100.0**	37.1	56.5	1.3	5.1	68.4	31.6
2005	**100.0**	38.8	54.9	1.1	5.3	70.8	29.2
2006	**100.0**	45.6	47.0	0.9	6.5	76.8	23.2
2007	**100.0**	44.4	46.7	1.2	7.6	77.0	23.0
2008	**100.0**	42.8	48.9	1.2	7.1	78.1	21.9
2009	**100.0**	42.9	47.2	1.5	8.5	81.9	18.1
2010	**100.0**	44.3	44.0	1.7	10.0	81.6	18.4
2011	**100.0**	44.7	42.4	2.2	10.8	84.6	15.4

2-45 农村居民纯收入年增长率（1979-2011 年）
Annual Growth Rate of Per Capita Net Income of Rural Households (1979-2011)

单位：% %

年份 Year	纯收入 Net Income	按收入来源分 By Source				按收入形态分 By Form	
		工资性收入 Income from Wages and Salaries	家庭经营性收入 Income from Household Operations	财产性收入 Income from Properties	转移性收入 Income from Transfer	现金纯收入 Net Cash Income	实物纯收入 Net Income in Kind
1979	**19.2**	149.3	17.9	-2.8	28.0	27.2	15.5
1980	**8.8**	24.2	7.7	22.2	3.1	12.3	7.0
1981	**40.3**	94.1	39.4	10.1	6.1	50.7	34.7
1982	**3.3**	68.8	-1.2	16.5	37.1	5.2	2.1
1983	**17.3**	8.2	17.0	26.4	397.9	21.8	14.6
1984	**11.8**	-9.7	14.6	12.8	-59.8	13.7	10.6
1985	**4.7**	38.6	1.5	7.0	161.5	6.6	3.4
1986	**10.3**	19.0	10.9	-21.8	22.7	15.1	7.0
1987	**7.5**	22.3	6.9	-5.5	-46.1	12.3	3.9
1988	**18.6**	23.4	18.4	8.0	4.8	20.7	16.9
1989	**11.5**	50.7	5.9	14.7	102.9	13.1	10.2
1990	**15.0**	13.6	15.4	-4.0	64.6	18.6	11.9
1991	**7.2**	14.8	4.1	61.9	36.0	8.7	5.8
1992	**7.7**	11.2	5.9	38.8	3.4	8.8	6.7
1993	**10.4**	17.7	4.9	112.4	-59.9	18.0	3.2
1994	**36.1**	20.3	37.3	26.2	633.8	39.7	32.2
1995	**24.8**	57.4	19.1	14.1	19.1	31.2	17.4
1996	**16.4**	10.1	13.3	73.5	12.0	14.2	19.3
1997	**14.4**	15.3	15.8	18.2	-53.5	11.1	18.5
1998	**6.4**	30.1	-1.7	15.6	54.5	15.9	-4.6
1999	**1.9**	20.7	-2.7	-9.7	-7.7	3.4	-0.2
2000	**3.1**	24.5	1.1	-38.6	-59.9	3.2	2.9
2001	**4.2**	11.7	-1.6	16.5	84.5	8.9	-2.8
2002	**6.4**	12.4	2.5	8.3	9.1	7.8	4.2
2003	**5.6**	9.6	1.7	3.2	99.0	15.8	-11.7
2004	**13.4**	8.5	19.7	-7.3	-3.2	12.6	15.1
2005	**11.9**	16.9	8.6	17.0	-7.2	15.9	3.4
2006	**2.3**	20.3	-12.4	26.1	-11.1	10.9	-18.6
2007	**22.1**	19.0	21.5	42.4	60.4	22.4	21.0
2008	**17.6**	13.2	23.0	16.3	10.4	19.3	11.7
2009	**8.5**	8.8	4.7	33.2	29.0	13.7	-9.9
2010	**17.8**	21.6	10.0	33.5	39.1	17.5	19.2
2011	**22.8**	24.0	18.3	54.3	32.3	27.2	3.3

2-46 农村居民纯收入按五等分分组（1997-2011 年）
Per Capita Net Income of Rural Households by Quintile (1997-2011)

单位：元 / 人 yuan/person

年份 Year	**纯收入 Net Income**	低收入户 Low Income Households	中下收入户 Lower Middle Income Households	中等收入户 Middle Income Households	中上收入户 Upper Middle Income Households	高收入户 High Income Households
1997	**1692.36**	846.24	1251.13	1567.27	1964.48	2938.41
1998	**1801.17**	895.31	1330.22	1683.20	2154.13	3410.40
1999	**1835.54**	881.29	1313.14	1704.89	2199.05	3466.56
2000	**1892.44**	911.55	1340.78	1729.50	2278.93	3668.39
2001	**1971.18**	916.15	1411.15	1820.88	2401.34	3773.71
2002	**2097.58**	1023.19	1501.00	1929.86	2468.75	4065.75
2003	**2214.55**	1027.56	1578.53	2038.56	2647.95	4396.16
2004	**2510.41**	1176.57	1827.74	2363.01	3054.04	4759.67
2005	**2809.32**	1269.44	2008.48	2677.60	3471.97	5320.22
2006	**2873.83**	1292.50	2064.22	2705.61	3583.85	5472.67
2007	**3509.29**	1510.87	2505.26	3341.30	4376.16	6835.96
2008	**4126.21**	1577.92	2832.39	3862.33	5180.63	8264.23
2009	**4478.35**	1663.57	3037.99	4162.10	5571.86	9133.02
2010	**5276.66**	2161.77	3761.72	5024.54	6586.06	10346.02
2011	**6480.41**	2846.04	4624.65	6054.48	7913.61	13117.82

2-47 农村居民家庭经营纯收入结构和速度指标（1996-2011 年）
Composition & Growth Rate of Net Income of Rural Households from Household Operations (1996-2011)

单位：元 / 人、% yuan/person, %

年份 Year	家庭经营纯收入 Net Income from Household Operations	一产业收入 Primary Industry	种植业 Farming	畜牧业 Animal Husbandry	二产业收入 Secondary Industry	三产业收入 Tertiary Industry
1996	1031.99	943.15	730.68	179.20	43.49	45.35
1997	1194.82	1082.25	809.58	253.56	54.15	58.42
1998	1174.03	1020.13	721.06	278.61	76.12	77.78
1999	1142.83	985.63	678.67	285.18	71.81	85.39
2000	1155.63	1027.75	685.82	310.25	43.30	84.58
2001	1136.62	1027.00	670.03	328.46	35.31	74.31
2002	1164.79	1051.65	680.56	336.04	25.48	87.66
2003	1185.12	1062.68	679.71	336.22	22.36	100.08
2004	1418.84	1327.83	838.90	446.45	14.79	76.22
2005	1541.48	1406.38	953.32	410.91	19.59	115.51
2006	1349.57	1176.85	806.12	319.34	28.58	144.15
2007	1639.82	1460.83	934.97	474.93	23.28	155.71
2008	2016.64	1784.70	1100.39	640.40	27.51	204.43
2009	2111.65	1834.56	1167.69	600.26	35.28	241.80
2010	2323.51	2003.03	1333.35	586.19	33.13	287.36
2011	2748.25	2332.37	1427.58	843.54	29.51	386.36

2-47 农村居民家庭经营纯收入结构和速度指标（1996-2011 年）
Composition & Growth Rate of Net Income of Rural Households from Household Operations (1996-2011)

单位：% %

年份 Year	家庭经营纯收入 Net Income from Household Operations	一产业收入 Primary Industry	种植业 Farming	畜牧业 Animal Husbandry	二产业收入 Secondary Industry	三产业收入 Tertiary Industry
构成	Composition					
1996	100.0	91.4	70.8	17.4	4.2	4.4
1997	100.0	90.6	67.8	21.2	4.5	4.9
1998	100.0	86.9	61.4	23.7	6.5	6.6
1999	100.0	86.2	59.4	25.0	6.3	7.5
2000	100.0	88.9	59.3	26.8	3.7	7.3
2001	100.0	90.4	58.9	28.9	3.1	6.5
2002	100.0	90.3	58.4	28.8	2.2	7.5
2003	100.0	89.7	57.4	28.4	1.9	8.4
2004	100.0	93.6	59.1	31.5	1.0	5.4
2005	100.0	91.2	61.8	26.7	1.3	7.5
2006	100.0	87.2	59.7	23.7	2.1	10.7
2007	100.0	89.1	57.0	29.0	1.4	9.5
2008	100.0	88.5	54.6	31.8	1.4	10.1
2009	100.0	86.9	55.3	28.4	1.7	11.5
2010	100.0	86.2	57.4	25.2	1.4	12.4
2011	100.0	84.9	51.9	30.7	1.1	14.1
年增长	Annual Growth Rate					
1997	15.8	14.7	10.8	41.5	24.5	28.8
1998	-1.7	-5.7	-10.9	9.9	40.6	33.1
1999	-2.7	-3.4	-5.9	2.4	-5.7	9.8
2000	1.1	4.3	1.1	8.8	-39.7	-0.9
2001	-1.6	-0.1	-2.3	5.9	-18.5	-12.1
2002	2.5	2.4	1.6	2.3	-27.8	18.0
2003	1.7	1.0	-0.1	0.1	-12.2	14.2
2004	19.7	25.0	23.4	32.8	-33.9	-23.8
2005	8.6	5.9	13.6	-8.0	32.5	51.5
2006	-12.4	-16.3	-15.4	-22.3	45.9	24.8
2007	21.5	24.1	16.0	48.7	-18.5	8.0
2008	23.0	22.2	17.7	34.8	18.1	31.3
2009	4.7	2.8	6.1	-6.3	28.3	18.3
2010	10.0	9.2	14.2	-2.3	-6.1	18.8
2011	18.3	16.4	7.1	43.9	-10.9	34.5

2-48 主要年份农村居民收入情况
Income Conditions of Rural Households in Main Years

单位：元 / 人　　yuan/person

指　标	Item	2000 年	2005 年	2010 年	2011 年
一、总收入	**Total Income**	**2594.95**	**3782.99**	**6726.70**	**8421.52**
1.工资性收入	Income from Wages and Salaries	623.32	1088.80	2335.23	2894.53
在本地劳动得到收入	Income from Local Labour	184.75	303.23	756.92	1089.98
外出从业得到收入	Income from Emmigrant Labour	363.47	712.60	1435.86	1641.59
2.家庭经营收入	Income from Household Operations	1793.36	2441.54	3646.62	4526.48
第一产业	Primary Industry	1561.55	2245.46	3161.91	3780.18
农　业	Farming	832.51	1204.00	1747.37	1950.03
牧　业	Animal Husbandry	685.36	974.25	1284.60	1707.41
第二产业	Secondary Industry	49.41	28.66	66.32	98.22
第三产业	Tertiary Industry	182.39	167.42	418.39	648.08
交通运输、邮电业	Transport, Post and Telecommunication Services	82.96	37.03	134.36	206.60
批零贸易、餐饮业	wholesales, Retail Trade and Catering Services	29.75	76.40	199.56	323.95
3.财产性收入	Income from Properties	8.53	30.69	90.50	139.67
4.转移性收入	Income from Transfer	159.98	221.96	654.35	860.84
二、纯收入	Net Income	**1892.44**	**2809.32**	**5276.66**	**6480.41**
1.工资性收入	Income from Wages and Salaries	623.32	1088.80	2335.23	2894.53
在本地劳动得到收入	Income from Local Labour	184.75	303.23	756.92	1089.98
外出从业得到收入	Income from Emmigrant Labour	363.47	712.60	1435.86	1641.59
2.家庭经营收入	Income from Household Operations	1155.63	1541.48	2323.51	2748.25
第一产业	Primary Industry	1018.52	1406.38	2003.03	2332.37
农　业	Farming	637.12	953.32	1333.35	1427.58
牧　业	Animal Husbandry	349.33	410.91	586.19	843.54
第二产业	Secondary Industry	32.67	19.59	33.13	29.51
第三产业	Tertiary Industry	140.78	115.51	287.36	386.36
交通运输、邮电业	Transport, Post and Telecommunication Services	34.19	21.60	84.94	106.66
批零贸易、餐饮业	Wholeesals, Retail Trade and Catering Services	22.41	49.00	127.09	196.62
3.财产性收入	Income from Properties	8.53	30.69	90.50	139.67
4.转移性收入	Income from Transfer	104.96	148.35	527.41	697.96
三、现金收入	**Cash Income**	**1621.90**	**2653.07**	**5312.93**	**6963.29**
1.工资性收入	Income from Wages and Salaries	623.27	1087.60	2334.82	2889.02
在本地劳动得到收入	Income from Local Labour	184.72	303.22	756.75	1088.50
外出从业得到收入	Income from Emmigrant Labour	363.46	712.53	1435.68	1637.56
2.家庭经营收入	Income from Household Operations	827.71	1315.30	2244.52	3095.48
第一产业	Primary Industry	595.91	1119.52	1760.72	2349.22
农　业	Farming	160.07	333.07	679.96	849.07
牧　业	Animal Husbandry	399.28	722.65	964.19	1380.54
第二产业	Secondary Industry	49.41	28.66	66.32	98.22
第三产业	Tertiary Industry	182.39	167.11	417.48	648.03
交通运输、邮电业	Transport, Post and Telecommunication Services	82.96	37.03	134.36	206.60
批零贸易、餐饮业	Wholeesals, Retail Trade and Catering Services	29.75	76.40	199.56	323.95
3.财产性收入	Income from Properties	12.19	30.08	81.32	121.16
4.转移性收入	Income from Transfer	158.73	220.09	652.27	857.64

2-49 农村居民总支出（1978-2011 年）
Total Expenditure of Rural Households (1978-2011)

单位：元 / 人 yuan/person

年份 Year	总支出 **Total Expenditure**	家庭经营性支出 Expenditure for Household Operations	购置生产性固定资产支出 Expenditure for Productive Fixed Assets	税费支出 Taxes and Fee	生活消费支出 Consumption Expenditure	财产性支出 Property Expenditure	转移性支出 Transferred Expenditure
1978	**145.53**	10.39	0.32	10.42	116.53	1.32	6.55
1979	**189.76**	18.56	0.48	11.57	139.01	2.43	17.71
1980	**201.19**	20.76	1.02	13.01	149.11	1.98	15.31
1981	**277.31**	35.78	1.96	10.56	207.33	2.36	19.32
1982	**295.94**	40.64	4.50	14.86	214.23	2.65	19.06
1983	**366.23**	86.55	7.58	12.16	234.31	3.47	22.16
1984	**382.51**	92.29	6.37	15.81	245.12	2.37	20.55
1985	**424.03**	98.77	4.61	16.34	275.81	1.96	26.54
1986	**473.18**	106.04	6.21	19.12	312.34	2.33	27.14
1987	**535.04**	123.01	10.59	23.24	346.40	2.66	29.14
1988	**653.61**	164.56	7.07	21.79	427.19	2.76	30.24
1989	**737.83**	206.87	7.87	24.05	463.47	2.80	32.77
1990	**806.20**	220.66	5.65	25.62	519.26	3.60	31.41
1991	**887.34**	259.61	6.60	25.84	558.44	3.46	33.39
1992	**933.91**	272.83	12.72	24.22	573.65	7.95	42.54
1993	**1095.98**	301.37	11.69	24.31	694.60	6.88	57.13
1994	**1462.47**	447.57	18.32	41.05	879.26	7.12	69.15
1995	**1775.27**	520.21	21.90	50.02	1097.52	4.80	80.82
1996	**2214.23**	668.92	34.14	54.88	1328.18	6.34	121.77
1997	**2272.66**	675.98	30.23	58.22	1389.99	9.43	108.81
1998	**2212.38**	581.69	20.24	62.05	1417.08	13.52	117.80
1999	**2109.85**	515.02	12.95	58.45	1388.64	10.02	124.77
2000	**2165.60**	543.49	34.20	58.03	1395.53	7.31	127.04
2001	**2250.39**	552.40	16.89	57.96	1475.16	8.01	139.97
2002	**2282.28**	561.28	23.60	43.44	1497.72	5.60	150.64
2003	**2333.87**	550.56	19.02	39.48	1583.31	6.73	134.77
2004	**2773.43**	696.42	33.26	28.69	1853.94	3.53	157.59
2005	**3273.44**	838.96	71.54	5.28	2142.12	2.23	213.31
2006	**3293.95**	791.06	62.15	7.16	2205.21	1.66	226.72
2007	**3756.05**	846.33	86.86	7.27	2526.70	1.98	286.92
2008	**4422.08**	1139.12	47.80	5.21	2884.92	1.86	340.35
2009	**4753.32**	1097.23	79.26	5.00	3142.14	2.27	418.08
2010	**5495.62**	1217.85	73.68	2.77	3624.62	0.68	564.37
2011	**7035.79**	1571.89	74.75	7.49	4502.06	1.69	873.69

2-50 农村居民生活消费总支出（1978-2011 年）
Total Consumption Expenditure of Rural Households (1978-2011)

单位：元 / 人 yuan/person

年份 Year	生活消费支出 Consumption Expenditure	食品支出 Food	衣着支出 Clothing	居住支出 Residence	家庭设备用品及服务支出 Household Facilities, Articles and Services	交通和通讯支出 Transports and Communica-tions	文教娱乐用品及服务支出 Education, Culture and Recreation Services	医疗保健支出 Health Care and Medical Services	其他商品及服务支出 Miscellaneous Goods and Services
1978	**116.53**	86.28	12.73	7.61	6.66	1.65	0.70	0.37	0.53
1979	**139.01**	101.34	16.44	10.23	7.51	1.36	0.96	0.52	0.65
1980	**149.11**	101.58	17.99	13.36	11.12	2.01	1.18	0.95	0.92
1981	**207.33**	136.06	23.45	23.69	16.23	4.32	1.32	1.35	0.91
1982	**214.23**	140.52	23.05	25.41	18.67	3.29	1.25	1.29	0.75
1983	**234.31**	156.84	25.72	25.55	19.78	3.15	1.13	1.43	0.71
1984	**245.12**	166.36	24.49	27.14	18.86	3.94	2.15	1.51	0.67
1985	**275.81**	176.30	29.06	31.35	27.97	3.23	4.66	2.79	0.45
1986	**312.34**	198.04	30.23	39.69	30.73	4.36	5.18	3.45	0.66
1987	**346.40**	215.47	27.20	49.18	35.66	5.25	8.34	4.11	1.19
1988	**427.19**	258.63	34.64	66.38	45.71	5.79	9.15	4.96	1.93
1989	**463.47**	285.71	35.10	67.53	50.56	6.35	10.31	5.76	2.15
1990	**519.26**	330.10	36.10	72.97	52.23	7.56	12.67	6.35	1.28
1991	**558.44**	356.50	38.08	76.04	54.61	8.34	14.55	7.19	3.13
1992	**573.65**	359.97	39.27	79.74	56.04	10.17	15.91	8.96	3.59
1993	**694.60**	425.71	38.97	122.66	48.15	12.73	26.13	15.66	4.59
1994	**879.26**	558.27	50.11	130.27	56.06	14.64	40.15	23.17	6.59
1995	**1097.52**	710.47	57.77	139.46	52.55	16.50	77.46	34.43	8.88
1996	**1328.18**	839.94	72.77	175.96	66.30	20.82	97.73	43.44	11.22
1997	**1389.99**	914.48	66.79	165.19	65.77	23.17	103.12	40.64	10.83
1998	**1417.08**	868.84	67.68	192.75	71.26	33.87	117.88	48.35	16.45
1999	**1388.64**	843.25	67.72	186.98	67.01	37.11	119.29	50.22	17.06
2000	**1395.53**	747.55	61.96	199.07	66.76	61.31	154.52	68.87	35.49
2001	**1475.16**	798.61	60.91	198.51	67.34	75.25	157.10	86.05	31.39
2002	**1497.72**	835.52	63.56	183.11	66.22	80.76	162.58	75.92	30.05
2003	**1583.31**	831.63	70.49	212.38	76.68	102.40	180.28	89.42	20.03
2004	**1853.94**	1039.00	79.08	201.03	74.80	119.67	198.65	115.31	26.40
2005	**2142.12**	1130.35	95.96	231.15	95.78	163.05	249.71	142.65	33.47
2006	**2205.21**	1150.98	113.28	254.17	117.98	186.57	189.73	159.68	32.82
2007	**2526.70**	1376.00	136.34	263.73	138.34	208.69	195.97	168.57	39.06
2008	**2884.92**	1537.59	160.34	328.97	167.74	238.43	211.83	197.15	42.87
2009	**3142.14**	1542.12	198.60	406.36	209.37	260.33	237.38	242.60	45.38
2010	**3624.62**	1750.01	224.13	548.00	260.71	281.73	239.03	270.31	50.70
2011	**4502.06**	2108.61	309.00	555.81	348.31	401.65	334.84	375.26	68.57

2–51 农村居民生活消费总支出构成（1978–2011 年）
Composition of Consumption Expenditure of Rural Households (1978–2011)

单位：% | %

年份 Year	**生活消费总支出 Consumption Expenditure**	食品支出 Food	衣着支出 Clothing	居住支出 Residence	家庭设备用品及服务支出 Household Facilities, Articles and Services	交通和通讯支出 Transports and Communica-tions	文教娱乐用品及服务支出 Education, Culture and Recreation Services	医疗保健支出 Health Care and Medical Services	其他商品及服务支出 Miscellaneous Goods and Services
1978	**100.0**	74.0	10.9	6.5	5.7	1.4	0.6	0.3	0.5
1979	**100.0**	72.9	11.8	7.4	5.4	1.0	0.7	0.4	0.5
1980	**100.0**	68.1	12.1	9.0	7.5	1.4	0.8	0.6	0.6
1981	**100.0**	65.6	11.3	11.4	7.8	2.1	0.6	0.7	0.4
1982	**100.0**	65.6	10.8	11.9	8.7	1.5	0.6	0.6	0.4
1983	**100.0**	66.9	11.0	10.9	8.4	1.3	0.5	0.6	0.3
1984	**100.0**	67.9	10.0	11.1	7.7	1.6	0.9	0.6	0.3
1985	**100.0**	63.9	10.5	11.4	10.1	1.2	1.7	1.0	0.2
1986	**100.0**	63.4	9.7	12.7	9.8	1.4	1.7	1.1	0.2
1987	**100.0**	62.2	7.9	14.2	10.3	1.5	2.4	1.2	0.3
1988	**100.0**	60.5	8.1	15.5	10.7	1.4	2.1	1.2	0.5
1989	**100.0**	61.7	7.6	14.6	10.9	1.4	2.2	1.2	0.5
1990	**100.0**	63.6	7.0	14.1	10.1	1.5	2.4	1.2	0.3
1991	**100.0**	63.8	6.8	13.6	9.8	1.5	2.6	1.3	0.6
1992	**100.0**	62.8	6.9	13.9	9.8	1.8	2.8	1.6	0.6
1993	**100.0**	61.3	5.6	17.7	6.9	1.8	3.8	2.3	0.7
1994	**100.0**	63.5	5.7	14.8	6.4	1.7	4.6	2.6	0.8
1995	**100.0**	64.7	5.3	12.7	4.8	1.5	7.1	3.1	0.8
1996	**100.0**	63.2	5.5	13.3	5.0	1.6	7.4	3.3	0.8
1997	**100.0**	65.8	4.8	11.9	4.7	1.7	7.4	2.9	0.8
1998	**100.0**	61.3	4.8	13.6	5.0	2.4	8.3	3.4	1.2
1999	**100.0**	60.7	4.9	13.5	4.8	2.7	8.6	3.6	1.2
2000	**100.0**	53.6	4.4	14.3	4.8	4.4	11.1	4.9	2.5
2001	**100.0**	54.1	4.1	13.5	4.6	5.1	10.7	5.8	2.1
2002	**100.0**	55.8	4.2	12.2	4.4	5.4	10.9	5.1	2.0
2003	**100.0**	52.5	4.5	13.4	4.8	6.5	11.4	5.7	1.3
2004	**100.0**	56.0	4.3	10.8	4.0	6.5	10.7	6.2	1.4
2005	**100.0**	52.8	4.5	10.8	4.5	7.6	11.7	6.7	1.6
2006	**100.0**	52.2	5.1	11.5	5.4	8.5	8.6	7.2	1.5
2007	**100.0**	54.5	5.4	10.4	5.5	8.3	7.8	6.7	1.5
2008	**100.0**	53.3	5.6	11.4	5.8	8.3	7.3	6.8	1.5
2009	**100.0**	49.1	6.3	12.9	6.7	8.3	7.6	7.7	1.4
2010	**100.0**	48.3	6.2	15.1	7.2	7.8	6.6	7.5	1.4
2011	**100.0**	46.8	6.9	12.3	7.7	8.9	7.4	8.3	1.5

2-52 农村居民生活消费总支出年增长率（1979-2011 年）
Annual Growth Rate of Consumption Expenditure of Rural Households (1979-2011)

单位：%　　　　%

年份 Year	**生活消费总支出 Consumption Expenditure**	食品支出 Food	衣着支出 Clothing	居住支出 Residence	家庭设备用品及服务支出 Household Facilities, Articles and Services	交通和通讯支出 Transports and Communica-tions	文教娱乐用品及服务支出 Education, Culture and Recreation Services	医疗保健支出 Health Care and Medical Services	其他商品及服务支出 Miscellaneous Goods and Services
1979	**19.3**	17.5	29.1	34.4	12.8	-17.6	37.1	40.5	22.6
1980	**7.3**	0.2	9.4	30.6	48.1	47.8	22.9	82.7	41.5
1981	**39.0**	33.9	30.4	77.3	46.0	114.9	11.9	42.1	-1.1
1982	**3.3**	3.3	-1.7	7.3	15.0	-23.8	-5.3	-4.4	-17.6
1983	**9.4**	11.5	11.6	0.6	5.9	-4.3	-9.6	10.9	-5.3
1984	**4.6**	6.1	-4.8	6.2	-4.7	25.1	90.3	5.6	-5.6
1985	**12.5**	6.0	18.7	15.5	48.3	-18.0	116.7	84.8	-32.8
1986	**13.2**	12.3	4.0	26.6	9.9	35.0	11.2	23.7	46.7
1987	**10.9**	8.8	-10.0	23.9	16.0	20.4	61.0	19.1	80.3
1988	**23.3**	20.0	27.4	35.0	28.2	10.3	9.7	20.7	62.2
1989	**8.5**	10.5	1.3	1.7	10.6	9.7	12.7	16.1	11.4
1990	**12.0**	15.5	2.8	8.1	3.3	19.1	22.9	10.2	-40.5
1991	**7.5**	8.0	5.5	4.2	4.6	10.3	14.8	13.2	144.5
1992	**2.7**	1.0	3.1	4.9	2.6	21.9	9.3	24.6	14.7
1993	**21.1**	18.3	-0.8	53.8	-14.1	25.2	64.2	74.8	27.9
1994	**26.6**	31.1	28.6	6.2	16.4	15.0	53.7	48.0	43.6
1995	**24.8**	27.3	15.3	7.1	-6.3	12.7	92.9	48.6	34.7
1996	**21.0**	18.2	26.0	26.2	26.2	26.2	26.2	26.2	26.2
1997	**4.7**	8.9	-8.2	-6.1	-0.8	11.3	5.5	-6.4	-3.4
1998	**1.9**	-5.0	1.3	16.7	8.3	46.2	14.3	19.0	51.9
1999	**-2.0**	-2.9	0.1	-3.0	-6.0	9.6	1.2	3.9	3.7
2000	**0.5**	-11.3	-8.5	6.5	-0.4	65.2	29.5	37.1	108.0
2001	**5.7**	6.8	-1.7	-0.3	0.9	22.7	1.7	24.9	-11.6
2002	**1.5**	4.6	4.4	-7.8	-1.7	7.3	3.9	-11.8	-6.6
2003	**5.7**	-0.5	10.9	16.0	15.8	26.8	10.4	17.8	-31.7
2004	**17.1**	24.9	12.2	-5.3	-2.5	16.9	10.2	29.0	31.7
2005	**15.5**	8.8	21.3	15.0	28.0	36.2	25.7	23.7	26.9
2006	**2.9**	1.8	18.0	10.0	23.2	14.4	-24.0	11.9	-2.0
2007	**14.6**	19.6	20.4	3.8	17.3	11.9	3.3	5.6	19.0
2008	**14.2**	11.7	17.6	24.7	21.3	14.2	8.1	17.0	9.7
2009	**8.9**	0.3	23.9	23.5	24.8	9.2	12.1	23.0	5.9
2010	**15.4**	13.5	12.9	34.9	24.5	8.2	0.7	11.4	11.7
2011	**24.2**	20.5	37.9	1.4	33.6	42.6	40.1	38.8	35.2

2-53 农村居民生活消费总支出按收入五等分分组（2000-2011年）
Per Capita Consumption Expenditure of Rural Households by Income Quintile (2000-2011)

单位：元/人　　yuan/person

年份 Year	生活消费总支出 **Consumption Expenditure**	低收入户 Low Income Households	中下收入户 Lower Middle Income Households	中等收入户 Middle Income Households	中上收入户 Upper Middle Income Households	高收入户 High Income Households
2000	**1395.53**	894.91	1116.75	1295.78	1757.16	2126.20
2001	**1475.16**	929.58	1213.00	1456.43	1659.00	2342.13
2002	**1497.72**	948.42	1195.02	1424.01	1782.13	2381.59
2003	**1583.31**	1013.04	1267.34	1455.88	1787.55	2697.13
2004	**1853.94**	1323.55	1438.51	1776.61	2141.96	2878.43
2005	**2142.12**	1619.40	1882.43	1964.93	2356.67	3150.05
2006	**2205.21**	1528.18	1770.57	2164.35	2513.85	3388.07
2007	**2526.70**	1724.15	2060.77	2531.78	2940.95	3780.79
2008	**2884.92**	2081.28	2288.94	2726.24	3325.54	4394.85
2009	**3142.14**	2273.59	2457.10	3134.42	3615.85	4624.39
2010	**3624.62**	2478.84	2934.27	3657.55	3932.13	5696.70
2011	**4502.06**	3474.95	4045.59	4361.32	4790.41	6448.42

2-54 各收入组农村居民的消费率（2000-2011年）
Consumption Rate of Rural Households Income Groups (2000-2011)

单位：%　　%

年份 Year	总平均 **Average**	低收入户 Low Income Households	中下收入户 Lower Middle Income Households	中等收入户 Middle Income Households	中上收入户 Upper Middle Income Households	高收入户 High Income Households
2000	**73.7**	98.2	83.3	74.9	77.1	58.0
2001	**74.8**	101.5	86.0	80.0	69.1	62.1
2002	**71.4**	92.7	79.6	73.8	72.2	58.6
2003	**71.5**	98.6	80.3	71.4	67.5	61.4
2004	**73.9**	112.5	78.7	75.2	70.1	60.5
2005	**76.3**	127.6	93.7	75.2	67.9	59.2
2006	**76.7**	118.2	85.8	80.0	70.1	61.9
2007	**72.0**	114.1	82.3	75.8	67.2	55.3
2008	**69.9**	131.9	80.8	70.6	61.2	53.2
2009	**70.2**	136.7	80.9	75.3	64.9	50.6
2010	**68.7**	114.7	78.0	72.8	59.7	55.1
2011	**69.5**	122.1	87.5	72.0	60.5	49.2

2-55 农村居民现金支出（1978-2011 年）
Cash Expenditure of Rural Households (1978-2011)

单位：元 / 人　　yuan/person

年份 Year	现金支出 Cash Expenditure	生产费用支出 Expenditure for Household Operations	税费支出 Taxes and Fee	生活消费支出 Consumption Expenditure	财产性支出 Property Expenditure	转移性支出 Transferred Expenditure
1978	**57.12**	9.04	4.11	37.53	1.32	5.00
1979	**79.35**	13.82	5.50	42.27	2.43	15.33
1980	**83.76**	16.61	5.95	45.06	1.98	14.16
1981	**142.39**	32.12	7.51	82.81	2.36	17.59
1982	**150.74**	37.71	9.82	83.41	2.65	17.15
1983	**187.85**	51.97	10.06	101.99	3.47	20.36
1984	**204.56**	63.52	11.72	107.78	2.37	19.17
1985	**231.17**	67.03	12.14	124.99	1.96	25.05
1986	**268.96**	77.14	14.03	149.27	2.33	26.19
1987	**306.99**	92.51	18.03	165.38	2.66	28.41
1988	**382.49**	115.17	20.68	214.92	2.76	28.96
1989	**460.43**	139.03	23.90	264.18	2.80	30.52
1990	**440.74**	124.63	25.37	259.23	3.60	27.91
1991	**495.61**	154.55	24.66	282.45	3.46	30.49
1992	**529.39**	164.19	24.02	296.45	7.95	36.78
1993	**594.26**	178.84	22.79	343.64	6.88	42.11
1994	**780.18**	241.39	34.62	448.81	7.12	48.24
1995	**968.62**	285.76	43.30	568.82	4.80	65.94
1996	**1243.07**	352.74	47.74	734.84	6.33	101.42
1997	**1306.70**	383.51	56.95	748.31	9.42	108.51
1998	**1377.31**	378.96	61.61	806.59	13.50	116.65
1999	**1329.92**	323.28	57.11	814.91	10.00	124.62
2000	**1516.77**	401.63	54.13	927.23	6.89	126.89
2001	**1583.16**	383.90	55.21	996.13	8.01	139.91
2002	**1623.86**	416.82	43.24	1007.88	5.60	150.32
2003	**1672.00**	382.11	38.65	1111.06	6.73	133.45
2004	**1896.91**	476.04	28.55	1231.90	3.53	156.89
2005	**2343.95**	630.11	4.85	1494.18	2.23	212.58
2006	**2407.19**	571.67	7.12	1600.58	1.66	226.16
2007	**2774.53**	649.64	7.27	1829.29	1.98	286.35
2008	**3355.09**	862.78	5.15	2145.18	1.86	340.11
2009	**3750.88**	867.97	4.96	2458.54	2.27	417.16
2010	**4313.91**	909.15	2.75	2837.12	0.68	564.21
2011	**5909.95**	1293.52	7.47	3734.59	1.69	872.68

2-56 农村居民生活消费现金支出（1978-2011 年）
Cash Consumption Expenditure of Rural Households (1978-2011)

单位：元 / 人 yuan/person

年份 Year	生活消费现金支出 Cash Consumption Expenditure	食品支出 Food	衣着支出 Clothing	居住支出 Residence	家庭设备用品及服务支出 Household Facilities, Articles and Services	交通和通讯支出 Transports and Communica-tions	文教娱乐用品及服务支出 Education, Culture and Recreation Services	医疗保健支出 Health Care and Medical Services	其他商品及服务支出 Miscellaneous Goods and Services
1978	**37.53**	15.55	8.26	5.39	5.08	1.65	0.70	0.37	0.53
1979	**42.27**	18.43	9.18	5.68	5.49	1.36	0.96	0.52	0.65
1980	**45.06**	18.58	9.71	5.36	6.35	2.01	1.18	0.95	0.92
1981	**82.81**	36.64	15.08	9.07	14.12	4.32	1.32	1.35	0.91
1982	**83.41**	36.53	15.47	8.58	16.25	3.29	1.25	1.29	0.75
1983	**101.99**	46.76	17.06	13.92	17.83	3.15	1.13	1.43	0.71
1984	**107.78**	49.30	17.78	14.64	17.79	3.94	2.15	1.51	0.67
1985	**124.99**	49.12	23.75	16.13	24.86	3.23	4.66	2.79	0.45
1986	**149.27**	60.92	25.69	18.89	30.12	4.36	5.18	3.45	0.66
1987	**165.38**	66.50	24.72	20.20	35.07	5.25	8.34	4.11	1.19
1988	**214.92**	84.67	31.13	32.06	45.23	5.79	9.15	4.96	1.93
1989	**264.18**	105.95	34.83	48.30	50.53	6.35	10.31	5.76	2.15
1990	**259.23**	101.28	33.02	44.96	52.11	7.56	12.67	6.35	1.28
1991	**282.45**	107.23	37.94	49.55	54.52	8.34	14.55	7.19	3.13
1992	**296.45**	114.18	37.23	50.41	56.00	10.17	15.91	8.96	3.59
1993	**343.64**	134.90	36.90	65.52	47.21	12.73	26.13	15.66	4.59
1994	**448.81**	177.97	47.07	83.41	55.81	14.64	40.15	23.17	6.59
1995	**568.82**	229.63	55.42	94.95	51.55	16.50	77.46	34.43	8.88
1996	**734.84**	274.79	72.75	147.80	66.30	20.82	97.73	43.44	11.21
1997	**748.31**	295.36	66.70	142.72	65.77	23.17	103.12	40.64	10.83
1998	**806.59**	322.08	67.62	129.23	71.11	33.87	117.88	48.35	16.45
1999	**814.91**	319.57	67.67	137.44	66.55	37.11	119.29	50.22	17.06
2000	**927.23**	299.85	61.96	178.49	66.75	61.31	154.52	68.87	35.48
2001	**996.13**	339.09	60.80	179.11	67.34	75.25	157.10	86.05	31.39
2002	**1007.88**	367.73	63.56	161.07	66.22	80.76	162.58	75.92	30.04
2003	**1111.06**	376.75	70.49	195.52	76.20	102.40	180.28	89.42	20.00
2004	**1231.90**	440.91	79.08	177.49	74.40	119.67	198.65	115.31	26.39
2005	**1494.18**	509.51	95.95	204.16	95.68	163.05	249.71	142.65	33.47
2006	**1600.58**	577.76	113.27	223.51	117.24	186.57	189.73	159.68	32.83
2007	**1829.29**	712.18	136.34	230.61	137.87	208.69	195.97	168.57	39.06
2008	**2145.18**	841.31	160.32	285.59	167.70	238.43	211.83	197.15	42.87
2009	**2458.54**	895.62	198.55	369.71	208.97	260.33	237.38	242.60	45.38
2010	**2837.12**	994.70	224.12	518.09	258.43	281.73	239.03	270.31	50.70
2011	**3734.59**	1360.35	308.95	536.73	348.24	401.65	334.84	375.26	68.57

2-57 主要年份农村居民支出情况
Statistics on Expenditure of Rural Households in Main Years

单位：元/人 yuan/person

指标	Item	2000年	2005年	2010年	2011年
一、总支出	**Total Expenditure**	**2165.60**	**3273.44**	**5495.62**	**7035.79**
1.家庭经营费用支出	Expenditure for Household Operations	543.49	838.96	1217.85	1571.89
第一产业	Primary Industry	482.63	788.43	1073.46	1309.73
第二产业	Secondary Industry	14.11	7.82	31.86	48.57
第三产业	Tertiary Industry	46.75	42.71	112.53	213.59
2.购置生产性固定资产支出	Purchase of Productive Fixed Assets	34.20	69.72	73.68	74.75
3.税费支出	Taxes and Fees	58.03	5.28	2.77	7.49
4.生活消费支出	Expenditure on Household Consumption	1395.53	2142.12	3624.62	4502.06
食　品	Food	747.55	1130.35	1750.01	2108.61
衣　着	Clothing	61.96	95.96	224.13	309.00
居　住	Residence	199.07	231.15	548.00	555.81
家庭设备、用品及服务	Household Facilities, Articles and Services	66.76	95.78	260.71	348.31
医疗保健	Medicine and Medical Services	68.87	163.05	281.73	401.65
交通和通讯	Transports and Communications	61.31	249.71	239.03	334.84
文教娱乐用品及服务	Education, Culture and Recreation Services	154.52	142.65	270.31	375.26
其他商品和服务	Miscellaneous Goods and Services	35.49	33.48	50.70	68.57
5.财产性支出	Expenditure on Properties	7.31	2.23	0.68	1.69
6.转移性支出	Expenditure on Transfers	127.04	213.31	564.37	873.69
二、现金支出	**Cash Expenditure**	**1516.77**	**2343.95**	**4313.91**	**5909.95**
1.家庭经营费用支出	Expenditure for Household Operations	367.43	558.57	823.82	1214.56
第一产业	Primary Industry	292.55	508.47	679.46	952.82
第二产业	Secondary Industry	14.11	7.82	31.86	48.57
第三产业	Tertiary Industry	60.77	42.29	112.50	213.17
2.购置生产性固定资产支出	Purchase of Productive Fixed Assets	34.20	69.72	73.68	74.75
3.税费支出	Taxes and Fees	54.13	4.85	2.75	7.47
4.生活消费支出	Expenditure on Household Consumption	927.23	1494.18	2837.12	3734.59
食　品	Food	299.85	509.51	994.70	1360.35
衣　着	Clothing	61.96	95.95	224.12	308.95
居　住	Residence	178.49	204.16	518.09	536.73
家庭设备、用品及服务	Household Facilities, Articles and Services	66.75	95.68	258.43	348.24
医疗保健	Health Care and Medical Services	68.87	163.05	281.73	401.65
交通和通讯	Transports and Communications	61.31	249.71	239.03	334.84
文教娱乐用品及服务	Education, Culture and Recreation Services	154.52	142.65	270.31	375.26
其他商品和服务	Miscellaneous Goods and Services	35.48	33.48	50.70	68.57
5.财产性支出	Expenditure on Properties	6.89	2.23	0.68	1.69
6.转移性支出	Expenditure on Transfers	126.89	212.58	564.21	872.68

2-58 各收入组农村居民的收支情况（2010 年）
Statistics on Income and Expenditure of Rural Households Grouped by Income (2010)

单位：元 yuan

指标	Item	总平均 Average	低收入户 Low Income Households	中低收入户 Lower Middle Income Households
一、平均每人总收入	**Per Capita Total Income**	**6726.70**	**3288.41**	**4959.20**
现金收入	Cash Income	5312.93	2294.14	3795.31
二、平均每人纯收入	**Per Capita Net Income**	**5276.66**	**2161.77**	**3761.72**
工资性收入	Income from Wages and Salaries	2335.23	972.51	1804.49
在本地劳动收入	Income from Local Labour	756.92	389.56	604.45
外出从业收入	Income from Emmigrant Labour	1435.86	550.73	1138.62
家庭经营纯收入	Income from Household Operations	2323.51	874.67	1493.61
一产业	Primary Industry	2003.03	846.13	1373.45
财产性收入	Income from Properties	90.50	33.62	57.68
转移性收入	Income from Transfer	527.41	280.97	405.94
三、平均每人总支出	**Per Capita Total Expenditure**	**5495.62**	**2478.84**	**2934.27**
现金支出	Cash Expenditure	4313.91	2897.50	3364.04
四、人均生活消费总支出	**Per Capita Consumption Expenditure**	**3624.62**	**2478.84**	**2934.27**
食　品	Food	1750.01	1362.29	1497.27
衣　着	Clothing	224.13	167.23	206.60
居　住	Residence	548.00	277.75	288.97
家庭设备	Household Facilities, Articles and Services	260.71	155.89	229.68
交通通讯	Transports and Communications	281.73	175.70	260.97
文化教育、娱乐	Education, Culture and Recreation Services	239.03	152.94	180.74
医疗保健	Health Care and Medical Services	270.31	157.50	218.50
其他	Miscellaneous Goods and Services	50.70	29.54	51.55

2-58 各收入组农村居民的收支情况（2010 年）
Statistics on Income and Expenditure of Rural Households Grouped by Income (2010)

续表(continued) 单位：元 yuan

指 标	Item	高收入户 High Income Households	中等收入户 Middle Income Households	中高收入户 High Income Households
一、平均每人总收入	**Per Capita Total Income**	**6263.47**	**8098.19**	**12755.82**
现金收入	Cash Income	4837.35	6495.90	10670.45
二、平均每人纯收入	**Per Capita Net Income**	**5024.54**	**6586.06**	**10346.02**
工资性收入	Income from Wages and Salaries	2231.87	3068.99	4197.20
在本地劳动收入	Income from Local Labour	695.94	1014.37	1246.95
外出从业收入	Income from Emmigrant Labour	1412.12	1921.16	2520.37
家庭经营纯收入	Income from Household Operations	2203.61	2804.57	4987.13
一产业	Primary Industry	1856.44	2364.16	4175.06
财产性收入	Income from Properties	83.20	127.09	179.27
转移性收入	Income from Transfer	505.86	585.41	982.40
三、平均每人总支出	**Per Capita Total Expenditure**	**3657.55**	**3932.13**	**5696.70**
现金支出	Cash Expenditure	4130.49	4638.73	7338.71
四、人均生活消费总支出	**Per Capita Consumption Expenditure**	**3657.55**	**3932.13**	**5696.70**
食 品	Food	1751.37	1986.47	2343.51
衣 着	Clothing	206.32	248.72	319.15
居 住	Residence	568.58	473.53	1306.36
家庭设备	Household Facilities, Articles and Services	266.62	313.54	378.01
交通通讯	Transports and Communications	276.29	293.66	446.04
文化教育、娱乐	Education, Culture and Recreation Services	292.93	239.00	364.63
医疗保健	Health Care and Medical Services	261.48	329.85	436.31
其他	Miscellaneous Goods and Services	33.96	47.35	102.70

2-59 各区县农村居民纯收入（1996-2011年）
Net Income of Rural Households by Region of Chongqing (1996-2011)

单位：元/人　　　　yuan/person

地　区	Region	1996年	1997年	1998年	1999年	2000年	2001年	2002年	2003年
重庆市	**Chongqing**	**1479.05**	**1692.36**	**1801.17**	**1835.54**	**1892.44**	**1971.18**	**2097.58**	**2214.55**
一小时经济圈	**One Hour Economic Sphere**	**1798.99**	**2077.68**	**2211.31**	**2291.52**	**2373.16**	**2454.22**	**2585.60**	**2739.21**
渝中区	Yuzhong District								
大渡口区	Dadukou District	2020.00	2573.00	2710.00	2861.00	2910.00	3034.93	3186.85	3382.00
江北区	Jiangbei District	2117.00	2689.00	2711.00	2815.00	2931.00	3013.91	3151.28	3355.51
沙坪坝区	Shapingba District	1929.00	2362.00	2568.00	2716.00	2861.00	2979.07	3140.04	3334.07
九龙坡区	Jiulongpo District	1889.70	2403.00	2705.63	2801.39	2937.51	3018.42	3164.08	3356.40
南岸区	Nan´an District	2438.00	2418.00	2621.00	2847.00	2951.00	3070.12	3263.04	3474.87
北碚区	Beibei District	1826.00	2060.00	2203.00	2293.00	2435.00	2550.16	2704.11	2875.00
渝北区	Yubei District	1905.51	2094.38	2232.48	2306.92	2404.35	2479.00	2622.23	2777.37
巴南区	Banan District	1850.00	2161.00	2281.00	2331.00	2371.00	2451.08	2579.57	2715.10
万盛区	Wansheng District	1820.00	2107.00	2240.00	2245.00	2300.00	2400.03	2524.03	2644.91
双桥区	Shuangqiao District	2072.00	2172.00	2297.00	2370.00	2470.00	2562.06	2710.86	2869.43
涪陵区	Fuling District	1339.20	1500.00	1691.80	1788.70	1822.00	1891.79	2005.67	2153.40
长寿区	Changshou District	1728.00	2077.00	2206.00	2260.00	2362.00	2434.96	2538.87	2678.86
江津区	Jiangjin District	1854.00	2117.00	2237.00	2317.00	2400.00	2492.22	2667.00	2841.99
合川区	Hechuan District	1929.00	2194.00	2350.00	2398.00	2453.00	2512.16	2625.25	2771.67
永川区	Yongchuan District	1975.00	2176.00	2323.00	2415.00	2455.00	2557.70	2685.39	2841.73
南川区	Nanchuan District	1582.25	1903.22	2001.16	2030.90	2082.16	2141.45	2242.79	2354.24
綦江县	Qijiang County	1771.00	2247.67	2256.25	2306.68	2367.83	2412.82	2526.22	2653.04
潼南县	Tongnan County	1485.00	1707.00	1863.00	1931.00	2103.00	2164.30	2282.64	2441.70
铜梁县	Tongliang County	1687.73	1908.14	2033.38	2237.00	2435.00	2552.24	2701.73	2867.08
大足县	Dazu County	1928.00	2195.00	2314.00	2389.00	2388.00	2485.17	2612.56	2752.12
荣昌县	Rongchang County	1925.00	2179.00	2353.00	2378.00	2392.00	2453.25	2555.03	2688.27
璧山县	Bishan County	1916.00	2189.00	2313.00	2411.00	2478.00	2560.29	2707.36	2875.41
渝东北翼	**Northeast of Chongqing**								
万州区	Wanzhou District	1302.74	1511.64	1635.55	1615.16	1651.24	1707.63	1802.06	1925.13
梁平县	Liangping County	1480.10	1721.93	1762.46	1804.28	1849.10	1906.03	2009.93	2135.27
城口县	Chengkou County	1145.00	1032.00	1136.00	1239.00	1337.00	1386.92	1467.85	1568.88
丰都县	Fengdu County	1255.86	1449.24	1549.53	1609.76	1640.35	1711.38	1810.22	1924.75
垫江县	Dianjiang County	1250.31	1519.31	1625.59	1678.54	1846.68	1938.46	2062.32	2223.28
忠县	Zhongxian County	1289.00	1505.00	1638.00	1686.00	1765.00	1731.00	1822.40	1928.72
开县	Kaixian County	1279.00	1481.00	1616.00	1596.00	1578.00	1621.23	1722.13	1851.13
云阳县	Yunyang County	1243.00	1445.00	1474.00	1482.00	1458.00	1445.97	1553.37	1684.19
奉节县	Fengjie County	1221.00	1331.00	1372.00	1225.00	1285.00	1337.86	1446.16	1589.55
巫山县	Wushan County	1139.39	1344.05	1415.32	1224.30	1261.15	1321.89	1453.20	1585.04
巫溪县	Wuxi County	1023.00	1124.00	1192.00	1224.00	1258.00	1299.26	1369.79	1485.00
渝东南翼	**Southeast of Chongqing**								
黔江区	Qianjiang District	1188.95	1381.90	1416.96	1364.69	1405.21	1509.98	1580.46	1715.57
武隆县	Wulong County	1215.00	1482.00	1452.00	1505.00	1615.00	1665.52	1802.35	1942.32
石柱县	Shizhu County	1090.00	1166.00	1206.00	1246.00	1308.00	1380.00	1530.00	1686.00
秀山县	Xiushan County	967.00	1094.00	1178.00	1213.00	1263.00	1354.41	1448.67	1552.35
酉阳县	Youyang County	907.00	1099.00	1169.00	1254.00	1298.00	1357.86	1403.00	1510.11
彭水县	Pengshui County	1092.00	1169.00	1233.00	1340.00	1375.00	1428.08	1536.52	1673.97

2-59 各区县农村居民纯收入（1996-2011 年）
Net Income of Rural Households by Region of Chongqing (1996-2011)

续表(continued) 单位：元 / 人 yuan/person

地　区	Region	2004 年	2005 年	2006 年	2007 年	2008 年	2009 年	2010 年	2011 年
重庆市	**Chongqing**	**2510.41**	**2809.32**	**2873.83**	**3509.29**	**4126.21**	**4478.35**	**5276.66**	**6480.41**
一小时经济圈	**One Hour Economic Sphere**	**3122.90**	**3536.09**	**3601.26**	**4378.86**	**5183.16**	**5780.36**	**6786.04**	**8339.35**
渝中区	Yuzhong District								
大渡口区	Dadukou District	3812.12	4320.64	4789.64	5888.67	6907.02	7611.54	8837.16	10473.55
江北区	Jiangbei District	3747.67	4280.27	4728.27	5692.58	6734.40	7444.00	8687.15	10473.55
沙坪坝区	Shapingba District	3814.30	4331.37	4796.37	5693.11	6734.32	7421.07	8638.10	10473.55
九龙坡区	Jiulongpo District	3760.09	4283.03	4743.03	5700.82	6726.97	7440.00	8648.26	10473.55
南岸区	Nan'an District	3965.19	4523.24	5004.24	6103.19	7196.52	7955.19	9235.99	10473.55
北碚区	Beibei District	3280.34	3670.27	3813.00	4627.39	5529.94	6179.16	7204.93	8826.04
渝北区	Yubei District	3168.10	3479.38	3604.38	4384.96	5216.79	5803.30	6774.24	8318.76
巴南区	Banan District	3124.49	3474.86	3606.86	4384.88	5207.92	5780.96	6740.60	8250.49
万盛区	Wansheng District	2998.00	3241.63	3267.63	3974.29	4629.61	5079.44	5917.55	7254.92
双桥区	Shuangqiao District	3275.08	3672.71	3742.71	4567.11	5380.06	5968.56	6965.31	8546.44
涪陵区	Fuling District	2528.52	2779.79	2853.94	3499.27	4168.43	4651.13	5548.79	6858.42
长寿区	Changshou District	3034.12	3369.06	3480.06	4158.57	4901.41	5437.08	6410.24	7897.42
江津区	Jiangjin District	3233.63	3629.03	3691.03	4535.37	5411.00	6041.04	7074.06	8694.01
合川区	Hechuan District	3149.55	3537.59	3594.59	4426.27	5267.38	5877.34	6929.38	8523.54
永川区	Yongchuan District	3234.19	3626.69	3681.69	4523.22	5380.06	5987.18	7058.56	8717.02
南川区	Nanchuan District	2717.48	3057.41	3165.61	3839.18	4561.98	5075.79	5943.82	7316.84
綦江县	Qijiang County	3031.06	3397.51	3418.51	4102.03	4760.73	5237.00	6158.71	7562.99
潼南县	Tongnan County	2804.70	3158.31	3199.31	3849.17	4508.53	4991.05	5889.44	7285.24
铜梁县	Tongliang County	3270.75	3663.04	3715.04	4552.53	5387.92	5953.55	7019.24	8696.84
大足县	Dazu County	3118.44	3483.39	3529.39	4230.69	5035.08	5604.03	6612.76	8100.63
荣昌县	Rongchang County	3048.42	3426.49	3488.49	4328.71	5156.08	5743.87	6754.79	8355.68
璧山县	Bishan County	3285.44	3681.75	3751.75	4601.83	5449.32	6047.11	7141.64	8862.77
渝东北翼	**Northeast of Chongqing**	2139.93	2409.71	2530.09	3077.29	3639.15	4036.48	4801.98	5977.62
万州区	Wanzhou District	2287.09	2582.13	2739.13	3334.61	3998.00	4469.81	5332.48	6590.95
梁平县	Liangping County	2521.37	2812.69	2919.81	3562.56	4210.95	4657.00	5527.86	6882.19
城口县	Chengkou County	1830.56	1965.57	2075.32	2383.89	2806.09	3096.11	3681.27	4576.35
丰都县	Fengdu County	2193.01	2430.34	2479.05	3027.64	3591.18	3992.00	4766.45	5991.43
垫江县	Dianjiang County	2614.32	2988.50	3099.50	3732.08	4332.94	4766.25	5662.30	7043.90
忠县	Zhongxian County	2281.85	2602.49	2750.49	3386.68	4056.90	4527.50	5396.69	6767.44
开县	Kaixian County	2186.40	2471.22	2607.22	3210.12	3832.67	4274.96	5078.65	6322.91
云阳县	Yunyang County	1973.87	2222.89	2336.89	2845.25	3349.44	3700.13	4418.05	5553.49
奉节县	Fengjie County	1885.81	2106.67	2231.67	2716.54	3178.08	3499.07	4153.39	5200.05
巫山县	Wushan County	1834.29	2030.94	2145.12	2578.50	2995.96	3306.64	3925.37	4867.48
巫溪县	Wuxi County	1703.22	1928.30	2028.96	2409.80	2803.08	3078.00	3647.43	4526.46
渝东南翼	**Southeast of Chongqing**	1932.93	2136.66	2271.69	2734.52	3242.16	3603.65	4284.74	5347.36
黔江区	Qianjiang District	1967.91	2128.73	2278.73	2828.33	3332.06	3696.17	4417.83	5451.61
武隆县	Wulong County	2203.37	2408.34	2456.80	2934.71	3474.99	3862.70	4604.33	5792.25
石柱县	Shizhu County	2002.00	2296.26	2457.26	3002.35	3579.10	3997.80	4765.38	5980.55
秀山县	Xiushan County	1836.52	1968.95	2172.17	2609.15	3101.58	3447.00	4088.15	5110.18
酉阳县	Youyang County	1744.53	1888.98	2030.98	2354.08	2778.05	3081.69	3654.88	4539.37
彭水县	Pengshui County	1961.82	2125.22	2232.22	2673.87	3174.28	3517.01	4181.73	5214.63

注：1.从 2011 年起，重庆发布使用以主城六区为总体的城镇居民人均可支配收入和农村居民人均纯收入统计监测数据。其中，渝中区无农村居民。下同。2.2011 年重庆市调整部分行政区划，撤销万盛区和綦江县，设立綦江区；撤销双桥区和大足县，设立大足区。调整区划后 2011 年綦江区农村居民人均纯收入为 7476.77 元，大足区农村居民人均纯收入为 8169.25 元。

"Note: 1.From 2011,six districts (Yuzhong,Dadukou,Jiangbei,Shapingba,Jiulongpo and Nan'an)are surveyed as a population to publish disposable income of urban households and net income of rural households.And there are no rural households in Yuzhong District. 2.In 2011,Chongqing adjusted some administrative divisions,revoked Wansheng District and Qijiang County,founded Qijiang District;revoked Shuangqiao District and Dazu County,founded Dazu District.According to the new division,in 2011,net income of rural households of Qijiang District is 7476.77 yuan per person; disposable income of urban households of Dazu District is 8169.25 yuan per person.

2-60 各区县农村居民纯收入构成（2010年）
Net Income Composition of Rural Households by Region of Chongqing (2010)

单位：元/人 yuan/person

地 区	Region	纯收入 Net Income	工资性收入 Income from Wages and Salaries	家庭经营性收入 Income from Household Operations	财产性收入 Income from Properties	转移性收入 Income from Transfer
重庆市	**Chongqing**	**5276.66**	**2335.23**	**2323.51**	**90.50**	**527.41**
一小时经济圈	**One Hour Economic Sphere**	**6786.04**	**3249.28**	**2770.22**	**244.74**	**521.81**
渝中区	Yuzhong District					
大渡口区	Dadukou District	8837.16	4714.02	3338.42	430.10	354.63
江北区	Jiangbei District	8687.15	4418.54	2858.50	704.25	705.86
沙坪坝区	Shapingba District	8638.10	4769.57	2088.15	911.87	868.51
九龙坡区	Jiulongpo District	8648.26	4984.06	1790.35	1257.07	616.78
南岸区	Nan′an District	9235.99	4179.53	3823.57	526.18	706.70
北碚区	Beibei District	7204.93	4681.50	1747.21	234.83	541.39
渝北区	Yubei District	6774.24	3299.45	2790.76	192.78	491.25
巴南区	Banan District	6740.60	3312.68	2717.25	242.01	468.66
万盛区	Wansheng District	5917.55	3321.36	1774.78	243.78	577.64
双桥区	Shuangqiao District	6965.31	4046.14	1599.41	421.18	898.58
涪陵区	Fuling District	5548.79	2431.42	2713.98	75.91	327.49
长寿区	Changshou District	6410.24	2978.86	2565.74	308.83	556.82
江津区	Jiangjin District	7074.06	3101.24	3246.51	243.36	482.96
合川区	Hechuan District	6929.38	3309.30	2626.22	235.60	758.26
永川区	Yongchuan District	7058.56	3728.77	2445.96	203.79	680.03
南川区	Nanchuan District	5943.82	2732.17	2695.20	137.55	378.90
綦江县	Qijiang County	6158.71	3619.74	1912.94	149.21	476.82
潼南县	Tongnan County	5889.44	2623.25	2755.69	60.10	450.40
铜梁县	Tongliang County	7019.24	2526.47	3610.39	278.29	604.09
大足县	Dazu County	6612.76	2866.66	3179.35	221.22	345.53
荣昌县	Rongchang County	6754.79	2561.28	3739.03	48.36	406.12
璧山县	Bishan County	7141.64	3146.24	3298.34	104.19	592.86
渝东北翼	**Northeast of Chongqing**	**4801.98**	**2247.32**	**2046.92**	**76.25**	**431.49**
万州区	Wanzhou District	5332.48	2541.55	2138.13	63.05	589.75
梁平县	Liangping County	5527.86	3199.94	1672.48	94.73	560.71
城口县	Chengkou County	3681.27	1725.05	1540.66	120.91	294.66
丰都县	Fengdu County	4766.45	2019.54	2183.94	106.54	456.43
垫江县	Dianjiang County	5662.30	2864.96	2365.19	89.48	342.67
忠县	Zhongxian County	5396.69	2051.37	2695.55	139.54	510.23
开县	Kaixian County	5078.65	2336.46	2318.13	47.48	376.58
云阳县	Yunyang County	4418.05	2173.61	1823.36	92.95	328.13
奉节县	Fengjie County	4153.39	1946.68	1770.40	47.51	388.81
巫山县	Wushan County	3925.37	1317.07	2187.34	29.10	391.86
巫溪县	Wuxi County	3647.43	1753.67	1536.59	39.55	317.62
渝东南翼	**Southeast of Chongqing**	**4284.74**	**1600.95**	**2311.38**	**100.64**	**271.78**
黔江区	Qianjiang District	4417.83	1508.39	2421.87	200.53	287.05
武隆县	Wulong County	4604.33	1486.94	2533.75	61.29	522.35
石柱县	Shizhu County	4765.38	1954.97	2470.90	139.84	199.68
秀山县	Xiushan County	4088.15	1506.27	2341.88	119.00	121.00
酉阳县	Youyang County	3654.88	1356.26	1914.29	75.17	309.15
彭水县	Pengshui County	4181.73	1651.49	2267.15	84.37	178.71

2-60 各区县农村居民纯收入构成（2011 年）
Net Income Composition of Rural Households by Region of Chongqing (2011)

单位：元 / 人　　yuan/person

地　区	Region	纯收入 Net Income	工资性收入 Income from Wages and Salaries	家庭经营性收入 Income from Household Operations	财产性收入 Income from Properties	转移性收入 Income from Transfer
重庆市	**Chongqing**	**6480.41**	**2894.53**	**2748.25**	**697.96**	**139.67**
一小时经济圈	**One Hour Economic Sphere**	**8339.35**	**4140.27**	**3191.53**	**683.98**	**323.57**
渝中区	Yuzhong District					
大渡口区	Dadukou District	10473.55	5754.32	2894.39	890.11	934.74
江北区	Jiangbei District	10473.55	5754.32	2894.39	890.11	934.74
沙坪坝区	Shapingba District	10473.55	5754.32	2894.39	890.11	934.74
九龙坡区	Jiulongpo District	10473.55	5754.32	2894.39	890.11	934.74
南岸区	Nan′an District	10473.55	5754.32	2894.39	890.11	934.74
北碚区	Beibei District	8826.04	5851.09	1939.67	705.25	330.04
渝北区	Yubei District	8318.76	4269.75	3118.65	693.41	236.95
巴南区	Banan District	8250.49	4143.00	3112.62	620.94	373.93
万盛区	Wansheng District	7254.92	4100.11	2148.77	713.30	292.72
双桥区	Shuangqiao District	8546.44	5116.75	1688.98	1169.05	571.54
涪陵区	Fuling District	6858.42	2822.27	3186.76	701.81	147.58
长寿区	Changshou District	7897.42	3565.59	3085.07	863.24	383.52
江津区	Jiangjin District	8694.01	4056.10	3760.40	594.61	282.90
合川区	Hechuan District	8523.54	4412.52	2913.93	906.56	290.52
永川区	Yongchuan District	8717.02	5572.74	2244.79	620.75	278.74
南川区	Nanchuan District	7316.84	3625.25	2957.54	622.09	111.96
綦江县	Qijiang County	7562.99	4749.23	2063.80	498.37	251.59
潼南县	Tongnan County	7285.24	3286.56	3356.22	561.30	81.16
铜梁县	Tongliang County	8696.84	3148.82	4428.02	761.00	358.99
大足县	Dazu County	8100.63	3434.39	3803.31	529.37	333.57
荣昌县	Rongchang County	8355.68	3343.95	4179.75	601.52	230.46
璧山县	Bishan County	8862.77	3859.46	4018.40	773.93	210.97
渝东北翼	**Northeast of Chongqing**	**5977.62**	**2782.05**	**2466.34**	**607.04**	**122.19**
万州区	Wanzhou District	6590.95	3028.00	2688.51	784.72	89.72
梁平县	Liangping County	6882.19	3806.67	2033.32	691.19	351.01
城口县	Chengkou County	4576.35	2073.61	1885.90	469.50	147.34
丰都县	Fengdu County	5991.43	2618.75	2646.91	582.25	143.52
垫江县	Dianjiang County	7043.90	3480.53	2959.22	481.69	122.46
忠县	Zhongxian County	6767.44	2625.83	3262.59	798.65	80.38
开县	Kaixian County	6322.91	3150.68	2514.27	585.97	72.00
云阳县	Yunyang County	5553.49	2681.40	2152.42	538.11	181.56
奉节县	Fengjie County	5200.05	2397.07	2188.43	538.51	76.03
巫山县	Wushan County	4867.48	1546.01	2795.72	495.26	30.49
巫溪县	Wuxi County	4526.46	2209.99	1820.00	455.20	41.28
渝东南翼	**Southeast of Chongqing**	**5347.36**	**1890.74**	**2958.94**	**377.06**	**120.62**
黔江区	Qianjiang District	5451.61	1838.73	3051.81	471.18	89.89
武隆县	Wulong County	5792.25	1814.37	3274.62	613.98	89.27
石柱县	Shizhu County	5980.55	2259.63	3309.00	253.17	158.75
秀山县	Xiushan County	5110.18	1876.86	2851.19	237.97	144.15
酉阳县	Youyang County	4539.37	1657.37	2367.58	402.68	111.74
彭水县	Pengshui County	5214.63	2054.70	2765.30	257.99	136.63

2-61 各区县农村居民生活消费支出（1996-2011 年）
Consumption Expenditure of Rural Households by Region of Chongqing (1996-2011)

单位：元 / 人　　yuan/person

地 区	Region	1996 年	1997 年	1998 年	1999 年	2000 年	2001 年	2002 年	2003 年
重庆市	**Chongqing**	**1328.18**	**1389.99**	**1417.08**	**1388.64**	**1395.53**	**1475.16**	**1497.72**	**1583.31**
一小时经济圈	**One Hour Economic Sphere**	**1567.86**	**1638.18**	**1671.46**	**1687.11**	**1724.44**	**1819.02**	**1872.78**	**1991.60**
渝中区	Yuzhong District								
大渡口区	Dadukou District	1537.00	1673.00	1613.00	1660.00	1623.00	1643.97	1801.29	2281.09
江北区	Jiangbei District	1689.00	1924.00	1687.00	1608.00	1756.00	2415.10	2478.88	2604.28
沙坪坝区	Shapingba District	1533.00	1820.00	2091.00	2616.00	2472.00	2753.16	2708.26	2645.83
九龙坡区	Jiulongpo District	1823.01	1900.42	1770.24	2063.61	2150.02	2213.95	2344.53	2604.07
南岸区	Nan´an District	1726.00	1682.00	1649.00	1953.00	1931.00	1887.09	2370.00	2652.00
北碚区	Beibei District	1813.00	1884.00	1819.00	1869.00	1762.00	1674.52	2486.00	2672.00
渝北区	Yubei District	1370.23	1595.33	1776.19	1647.90	1912.22	2321.79	2197.11	2248.03
巴南区	Banan District	1639.00	2058.00	1849.00	1603.00	1681.00	1959.47	1887.98	1991.63
万盛区	Wansheng District	1676.00	1696.00	1601.00	1730.00	1697.00	1734.48	1942.00	2058.00
双桥区	Shuangqiao District	1076.00	1234.00	1497.00	1786.00	2144.00	2350.55	2343.00	2422.00
涪陵区	Fuling District	1127.30	1109.90	1441.20	1238.90	1276.10	1419.19	1440.17	1481.07
长寿区	Changshou District	1706.00	1518.00	1851.00	1644.00	1840.00	2049.23	2027.81	2157.52
江津区	Jiangjin District	1637.00	1657.00	1590.00	1619.00	1701.00	1724.29	1791.45	1880.80
合川区	Hechuan District	1719.00	1797.00	1684.00	1583.00	1563.00	1816.21	1857.59	2019.22
永川区	Yongchuan District	1483.00	1587.00	1630.00	1792.00	1839.00	2043.65	1846.14	1832.49
南川区	Nanchuan District	1593.48	1723.56	1620.84	1755.63	1704.10	1747.47	1697.84	1612.69
綦江县	Qijiang County	1594.00	1764.00	1900.00	1657.00	1842.00	1810.00	1864.14	2086.94
潼南县	Tongnan County	1471.00	1402.00	1386.00	1494.00	1454.00	1408.87	1509.05	1559.90
铜梁县	Tongliang County	1439.71	1465.21	1462.77	1657.56	1824.23	1755.66	1896.86	2281.45
大足县	Dazu County	1543.46	1427.24	1733.72	1726.00	1581.93	1659.49	1617.90	1787.60
荣昌县	Rongchang County	1752.00	1722.00	1536.00	1739.00	1754.00	1408.58	1458.84	1527.45
璧山县	Bishan County	1749.00	2004.00	1865.00	2096.00	1835.00	2011.31	2008.00	2050.00
渝东北翼	**Northeast of Chongqing**								
万州区	Wanzhou District	1210.52	1203.15	1179.16	1083.89	1297.42	1492.14	1449.19	1410.62
梁平县	Liangping County	1170.63	1259.57	1473.55	1430.55	1238.03	1225.84	1532.30	1712.80
城口县	Chengkou County	993.00	987.00	960.00	948.00	904.00	1108.55	1283.84	1492.00
丰都县	Fengdu County	610.29	705.32	645.34	1167.50	1517.00	1668.40	1625.00	1678.00
垫江县	Dianjiang County	1031.57	1182.67	1274.67	1369.69	1297.60	1350.49	1633.12	1760.68
忠县	Zhongxian County	1142.00	1302.00	1300.00	1460.00	1407.00	1440.95	1468.72	1502.12
开县	Kaixian County	1049.00	1069.00	1259.00	1154.00	1305.00	1134.11	1284.97	1340.67
云阳县	Yunyang County	1153.00	1335.00	1458.00	1240.00	1254.00	1115.04	1208.84	1322.05
奉节县	Fengjie County	1081.00	1148.00	1112.00	908.00	981.00	1048.61	1074.42	1107.15
巫山县	Wushan County	981.25	966.56	961.75	991.89	1080.40	1179.34	1165.43	1277.53
巫溪县	Wuxi County	1085.00	1046.00	969.00	1067.00	1060.00	1283.63	1474.92	1612.25
渝东南翼	**Southeast of Chongqing**								
黔江区	Qianjiang District	1100.11	1322.08	1266.88	1186.18	1195.80	1382.71	1555.45	1602.20
武隆县	Wulong County	1058.00	1057.00	1118.00	1131.00	1031.00	1164.84	1402.78	1515.90
石柱县	Shizhu County	1265.00	1186.00	1189.00	1152.00	1091.00	1203.70	1480.65	1559.00
秀山县	Xiushan County	963.48	1015.93	1078.01	1110.75	1136.59	1042.93	1166.70	1291.84
酉阳县	Youyang County	1163.19	1242.74	1163.60	1036.00	1060.00	1381.76	1410.51	1530.60
彭水县	Pengshui County	1043.00	1213.00	1182.00	1065.00	1136.76	1345.41	1393.90	1402.69

2-61 各区县农村居民生活消费支出（1996-2011 年）
Consumption Expenditure of Rural Households by Region of Chongqing (1996-2011)

续表(continued) 单位：元 / 人 yuan/person

地 区	Region	2004 年	2005 年	2006 年	2007 年	2008 年	2009 年	2010 年	2011 年
重庆市	**Chongqing**	**1853.94**	**2142.12**	**2205.21**	**2526.70**	**2884.92**	**3142.14**	**3624.62**	**4502.06**
一小时经济圈	**One Hour Economic Sphere**	**2349.26**	**2655.44**	**2799.22**	**3185.58**	**3616.26**	**3891.67**	**4438.90**	**5432.93**
渝中区	Yuzhong District								
大渡口区	Dadukou District	2704.10	3208.83	3449.14	3517.37	3913.80	4462.95	4779.36	7683.07
江北区	Jiangbei District	2889.92	3336.04	3556.50	4182.98	4569.62	4979.74	5529.21	7683.07
沙坪坝区	Shapingba District	2972.40	3352.51	3715.85	4506.25	5311.37	5953.21	6630.69	7683.07
九龙坡区	Jiulongpo District	3143.83	3691.75	3829.22	4542.20	5097.67	5369.63	6760.84	7683.07
南岸区	Nan′an District	3092.00	3650.98	4153.90	4618.41	5357.22	6000.15	7498.64	7683.07
北碚区	Beibei District	3009.00	3336.94	3498.55	3912.76	4646.04	5116.43	5722.48	6621.80
渝北区	Yubei District	2557.15	3020.78	3509.51	3757.52	4168.49	4472.10	4762.97	5621.36
巴南区	Banan District	2319.21	2549.59	2587.65	3075.63	3683.13	4085.93	4482.73	5182.50
万盛区	Wansheng District	2490.00	2707.56	2747.53	3227.72	3594.24	3579.15	3816.00	4614.09
双桥区	Shuangqiao District	2751.00	3067.29	2903.44	3308.07	3607.52	3734.33	4357.16	5392.91
涪陵区	Fuling District	1773.12	1977.18	2049.62	2334.86	2721.26	2993.25	3679.77	4505.83
长寿区	Changshou District	2071.47	2409.33	2585.13	2947.44	3199.16	3251.36	3749.42	4556.09
江津区	Jiangjin District	2350.00	2656.89	2758.24	3242.44	3622.11	4071.50	4525.58	5271.49
合川区	Hechuan District	2372.00	2668.73	2847.76	3424.72	3845.03	4214.99	4712.07	5393.04
永川区	Yongchuan District	2401.33	2761.53	2765.49	3220.68	3816.04	3677.35	4300.27	5024.26
南川区	Nanchuan District	2208.18	2354.20	2390.47	2776.50	3085.66	3014.70	3626.60	4916.36
綦江县	Qijiang County	2460.60	2790.72	3006.58	3480.72	4053.31	4785.50	5251.78	5503.74
潼南县	Tongnan County	1960.52	2176.87	2180.40	2395.66	2767.81	2938.56	3479.44	4212.89
铜梁县	Tongliang County	2465.36	2676.68	2866.25	3026.92	3399.29	3588.57	3982.30	4606.95
大足县	Dazu County	2174.23	2456.43	2563.91	2880.05	3253.72	3235.22	3600.12	5921.30
荣昌县	Rongchang County	1996.00	2287.49	2462.75	2472.36	2610.85	2946.29	3769.48	5449.30
璧山县	Bishan County	2365.00	2697.89	2858.17	3599.17	3997.94	4137.87	4912.21	6601.38
渝东北翼	**Northeast of Chongqing**	1720.80	1976.82	2046.78	2418.37	2764.85	3065.10	3481.89	4328.49
万州区	Wanzhou District	1712.73	1897.57	2125.32	2651.16	3133.14	3645.80	4279.40	5275.47
梁平县	Liangping County	2117.85	2436.63	2493.49	3038.11	3792.66	3952.68	4425.10	5386.15
城口县	Chengkou County	1617.39	1822.30	1841.55	2194.72	2366.22	2442.25	2703.13	3910.06
丰都县	Fengdu County	1680.00	1881.55	1949.94	2125.19	2153.95	2212.88	2575.21	3610.76
垫江县	Dianjiang County	2197.14	2548.66	2513.53	2784.55	3090.87	3662.30	4257.60	4921.27
忠县	Zhongxian County	1757.33	2026.04	2116.56	2780.85	3305.22	3415.87	3957.69	4140.76
开县	Kaixian County	1561.38	1772.94	1877.96	2145.60	2341.93	2578.04	2904.36	4077.12
云阳县	Yunyang County	1579.09	1847.16	1883.93	2087.70	2346.70	2476.71	2806.17	3358.08
奉节县	Fengjie County	1368.69	1763.78	1737.78	1965.63	2296.81	2705.42	2980.81	4111.91
巫山县	Wushan County	1561.74	1801.23	1769.78	2076.84	2370.84	2757.05	3035.26	3987.39
巫溪县	Wuxi County	1879.20	2088.14	2184.17	2628.62	2790.55	3298.25	3454.67	3927.84
渝东南翼	**Southeast of Chongqing**	1829.72	1971.84	2057.04	2384.30	2729.66	3003.68	3520.24	4480.69
黔江区	Qianjiang District	1964.00	2138.26	2293.06	2721.30	3195.20	3342.95	4022.14	5031.91
武隆县	Wulong County	1548.97	1900.61	1899.97	2185.83	2385.31	2863.43	3534.84	4852.41
石柱县	Shizhu County	1984.00	2172.77	2370.71	2940.70	3377.75	3602.09	4213.98	5214.45
秀山县	Xiushan County	1585.74	1703.52	1723.61	1879.77	2205.38	2457.24	2792.17	3477.43
酉阳县	Youyang County	1889.00	2020.63	2036.80	2307.67	2649.34	2887.72	3288.08	4077.82
彭水县	Pengshui County	1755.64	1906.17	2030.12	2278.31	2582.51	2875.01	3399.44	4570.64

注：1.从 2011 年起，重庆发布使用以主城六区为总体的城镇居民人均可支配收入和农村居民人均纯收入统计监测数据。其中，渝中区无农村居民。2.2011 年重庆市调整部分行政区划，撤销万盛区和綦江县，设立綦江区；撤销双桥区和大足县，设立大足区。调整区划后 2011 年綦江区农村居民生活消费支出为 5254.75 元，大足区农村居民生活消费支出为 5839.97 元 。

Note: 1.From 2011, six districts (Yuzhong, Dadukou, Jiangbei, Shapingba, Jiulongpo and Nan′an) are surveyed as a population to publish disposable income of urban households and net income of rural households. And there are no rural households in Yuzhong District. 2.In 2011, Chongqing adjusted some administrative divisions, revoked Wansheng District and Qijiang County, founded Qijiang District; revoked Shuangqiao District and Dazu County, founded Dazu District. According to the new division, in 2011, consumption expenditure of rural households of Qijiang District is 5254.75 yuan per person; consumption expenditure of rural households of Dazu District is 5839.97 yuan per person.

2-62 各区县农村居民生活消费支出构成（2010年）
Composition of Consumption Expenditure of Rural Households by Region of Chongqing (2010)

单位：元/人 yuan/person

地 区	Region	生活消费总支出 Consumption Expenditure	食品支出 Food	衣着支出 Clothing	居住支出 Residence	家庭设备用品及服务支出 Household Facilities, Articles and Services
重庆市	**Chongqing**	**3624.62**	**1750.01**	**224.13**	**548.00**	**260.71**
一小时经济圈	**One Hour Economic Sphere**	**4438.90**	**2126.00**	**274.96**	**647.30**	**291.22**
渝中区	Yuzhong District					
大渡口区	Dadukou District	4779.36	2228.95	552.58	637.42	273.50
江北区	Jiangbei District	5529.21	2574.29	326.69	1129.01	167.07
沙坪坝区	Shapingba District	6630.69	2803.44	533.03	810.19	482.20
九龙坡区	Jiulongpo District	6760.84	2832.75	504.28	999.40	385.72
南岸区	Nan´an District	7498.64	2771.46	695.21	926.53	503.72
北碚区	Beibei District	5722.48	2535.89	541.95	661.63	394.25
渝北区	Yubei District	4762.97	2434.58	327.81	659.41	297.60
巴南区	Banan District	4482.73	2162.42	219.91	835.20	248.16
万盛区	Wansheng District	3816.00	1762.56	276.75	363.19	280.55
双桥区	Shuangqiao District	4357.16	2253.46	497.67	344.08	141.52
涪陵区	Fuling District	3679.77	1831.94	257.15	380.22	287.25
长寿区	Changshou District	3749.42	2095.79	231.72	364.16	167.56
江津区	Jiangjin District	4525.58	2166.30	305.96	589.15	319.25
合川区	Hechuan District	4712.07	2342.94	276.73	567.59	323.23
永川区	Yongchuan District	4300.27	1967.26	234.16	590.83	292.39
南川区	Nanchuan District	3626.60	1701.71	212.16	490.22	311.95
綦江县	Qijiang County	5251.78	2603.10	240.06	923.32	335.02
潼南县	Tongnan County	3479.44	1712.89	122.28	821.72	182.08
铜梁县	Tongliang County	3982.30	1903.99	219.41	609.15	232.41
大足县	Dazu County	3600.12	1788.00	176.19	631.03	192.68
荣昌县	Rongchang County	3769.48	1770.56	185.66	568.22	487.37
璧山县	Bishan County	4912.21	2369.58	237.66	662.49	326.64
渝东北翼	**Northeast of Chongqing**	**3481.89**	**1718.53**	**196.14**	**452.23**	**264.35**
万州区	Wanzhou District	4279.40	1849.52	238.48	787.01	280.60
梁平县	Liangping County	4425.10	2049.75	317.84	443.27	279.61
城口县	Chengkou County	2703.13	1438.65	140.05	243.11	135.95
丰都县	Fengdu County	2575.21	1285.64	122.16	360.81	136.68
垫江县	Dianjiang County	4257.60	2057.86	217.32	362.59	305.24
忠县	Zhongxian County	3957.69	2122.80	106.49	540.87	238.23
开县	Kaixian County	2904.36	1483.84	183.30	402.13	147.60
云阳县	Yunyang County	2806.17	1382.99	113.41	257.50	550.11
奉节县	Fengjie County	2980.81	1615.64	237.50	374.81	134.37
巫山县	Wushan County	3035.26	1623.09	206.71	414.17	209.48
巫溪县	Wuxi County	3454.67	1672.95	215.09	504.53	376.84
渝东南翼	**Southeast of Chongqing**	**3520.24**	**1709.34**	**192.57**	**541.98**	**258.82**
黔江区	Qianjiang District	4022.14	1925.83	231.77	583.19	250.96
武隆县	Wulong County	3534.84	1705.00	192.20	632.94	167.22
石柱县	Shizhu County	4213.98	2044.43	155.96	538.62	669.32
秀山县	Xiushan County	2792.17	1375.06	199.52	369.94	151.60
酉阳县	Youyang County	3288.08	1554.02	156.22	546.75	197.92
彭水县	Pengshui County	3399.44	1732.55	234.35	586.68	148.35

2-62 各区县农村居民生活消费支出构成（2010 年）
Composition of Consumption Expenditure of Rural Households by Region of Chongqing (2010)

续表 1(continued) 单位：元 / 人 yuan/person

地 区	Region	交通和通讯支出 Transports and Communications	文教娱乐用品及服务支出 Education, Culture and Recreation Services	医疗保健支出 Health Care and Medical Services	其他商品及服务支出 Miscellaneous Goods and Services
重庆市	**Chongqing**	**281.73**	**239.03**	**270.31**	**50.70**
一小时经济圈	**One Hour Economic Sphere**	**354.66**	**345.73**	**329.86**	**69.18**
渝中区	Yuzhong District				
大渡口区	Dadukou District	415.22	280.23	280.40	111.05
江北区	Jiangbei District	313.10	472.36	421.99	124.70
沙坪坝区	Shapingba District	611.20	838.09	458.18	94.35
九龙坡区	Jiulongpo District	466.87	687.98	713.52	170.31
南岸区	Nan'an District	714.41	986.63	816.37	84.32
北碚区	Beibei District	482.98	473.83	491.61	140.32
渝北区	Yubei District	335.99	374.28	262.09	71.20
巴南区	Banan District	251.41	265.57	418.86	81.20
万盛区	Wansheng District	407.94	282.00	393.74	49.26
双桥区	Shuangqiao District	293.34	381.95	408.50	36.63
涪陵区	Fuling District	344.90	219.64	280.79	77.86
长寿区	Changshou District	223.18	394.60	220.00	52.40
江津区	Jiangjin District	383.59	332.18	363.54	65.61
合川区	Hechuan District	396.79	389.18	349.18	66.43
永川区	Yongchuan District	447.53	393.01	335.90	39.20
南川区	Nanchuan District	408.12	244.36	198.62	59.47
綦江县	Qijiang County	422.99	344.39	327.29	55.63
潼南县	Tongnan County	152.68	265.14	179.73	42.91
铜梁县	Tongliang County	250.75	391.65	312.44	62.51
大足县	Dazu County	274.63	181.73	290.18	65.69
荣昌县	Rongchang County	258.50	222.34	238.35	38.49
璧山县	Bishan County	620.35	254.82	353.58	87.09
渝东北翼	**Northeast of Chongqing**	**297.85**	**260.17**	**241.95**	**50.65**
万州区	Wanzhou District	384.00	308.43	313.62	117.74
梁平县	Liangping County	595.12	390.91	309.26	39.35
城口县	Chengkou County	217.55	289.00	167.72	71.10
丰都县	Fengdu County	209.29	151.03	253.84	55.76
垫江县	Dianjiang County	350.41	506.76	374.53	82.88
忠县	Zhongxian County	231.30	376.81	299.96	41.24
开县	Kaixian County	239.46	202.63	220.88	24.52
云阳县	Yunyang County	190.37	124.10	163.06	24.63
奉节县	Fengjie County	221.19	196.25	179.86	21.21
巫山县	Wushan County	236.26	198.08	127.07	20.40
巫溪县	Wuxi County	309.07	136.25	187.83	52.11
渝东南翼	**Southeast of Chongqing**	**326.11**	**235.11**	**206.70**	**49.62**
黔江区	Qianjiang District	452.44	306.19	237.56	34.19
武隆县	Wulong County	345.12	254.29	212.75	25.33
石柱县	Shizhu County	334.25	186.72	257.87	26.81
秀山县	Xiushan County	248.00	201.72	165.27	81.08
酉阳县	Youyang County	298.53	257.35	209.52	67.79
彭水县	Pengshui County	291.85	194.94	157.56	53.16

2-62 各区县农村居民生活消费支出构成（2011 年）
Composition of Consumption Expenditure of Rural Households by Region of Chongqing (2011)

单位：元 / 人 yuan/person

地区	Region	生活消费总支出 Consumption Expenditure	食品支出 Food	衣着支出 Clothing	居住支出 Residence	家庭设备用品及服务支出 Household Facilities, Articles and Services
重庆市	**Chongqing**	**4502.06**	**2108.61**	**309.00**	**555.81**	**348.31**
一小时经济圈	**One Hour Economic Sphere**	**5432.93**	**2527.77**	**378.69**	**764.90**	**404.14**
渝中区	Yuzhong District					
大渡口区	Dadukou District	7683.07	3309.26	745.68	1246.78	484.99
江北区	Jiangbei District	7683.07	3309.26	745.68	1246.78	484.99
沙坪坝区	Shapingba District	7683.07	3309.26	745.68	1246.78	484.99
九龙坡区	Jiulongpo District	7683.07	3309.26	745.68	1246.78	484.99
南岸区	Nan´an District	7683.07	3309.26	745.68	1246.78	484.99
北碚区	Beibei District	6621.80	2876.31	621.64	742.68	459.49
渝北区	Yubei District	5621.36	2694.06	461.39	713.11	399.82
巴南区	Banan District	5182.50	2489.67	290.30	880.28	273.01
万盛区	Wansheng District	4614.09	1926.79	355.29	286.82	310.21
双桥区	Shuangqiao District	5392.91	2837.11	590.73	419.78	181.86
涪陵区	Fuling District	4505.83	2078.53	339.39	383.59	371.52
长寿区	Changshou District	4556.09	2193.54	367.65	395.41	371.38
江津区	Jiangjin District	5271.49	2530.33	411.49	625.12	436.66
合川区	Hechuan District	5393.04	2553.07	298.04	755.19	370.15
永川区	Yongchuan District	5024.26	2320.25	333.86	771.41	399.46
南川区	Nanchuan District	4916.36	2070.06	327.61	677.23	339.76
綦江县	Qijiang County	5503.74	2903.71	308.52	699.86	404.45
潼南县	Tongnan County	4212.89	1968.74	156.72	988.44	271.93
铜梁县	Tongliang County	4606.95	2220.96	253.21	663.30	286.75
大足县	Dazu County	5921.30	2757.38	496.08	763.57	473.27
荣昌县	Rongchang County	5449.30	2485.59	299.64	778.45	744.16
璧山县	Bishan County	6601.38	2995.86	290.17	900.65	511.68
渝东北翼	**Northeast of Chongqing**	**4328.49**	**2063.75**	**270.03**	**505.50**	**321.20**
万州区	Wanzhou District	5275.47	2088.99	294.67	1045.42	348.97
梁平县	Liangping County	5386.15	2446.95	326.90	674.83	449.09
城口县	Chengkou County	3910.06	2083.78	366.24	421.94	214.20
丰都县	Fengdu County	3610.76	1836.94	187.51	374.85	249.77
垫江县	Dianjiang County	4921.27	2322.63	238.45	444.68	345.50
忠县	Zhongxian County	4140.76	1963.18	159.36	377.11	244.33
开县	Kaixian County	4077.12	2065.03	282.67	297.83	326.88
云阳县	Yunyang County	3358.08	1740.22	247.61	295.97	272.88
奉节县	Fengjie County	4111.91	2110.45	321.92	326.29	294.93
巫山县	Wushan County	3987.39	2030.08	278.25	453.65	325.47
巫溪县	Wuxi County	3927.84	1976.62	252.60	505.18	377.42
渝东南翼	**Southeast of Chongqing**	**4480.69**	**2185.81**	**262.19**	**651.45**	**328.61**
黔江区	Qianjiang District	5031.91	2321.67	318.44	817.31	347.24
武隆县	Wulong County	4852.41	2298.15	333.45	666.66	404.60
石柱县	Shizhu County	5214.45	2891.97	255.13	455.90	535.63
秀山县	Xiushan County	3477.43	1644.93	235.65	468.44	234.13
酉阳县	Youyang County	4077.82	1927.77	216.42	637.53	273.55
彭水县	Pengshui County	4570.64	2257.08	237.83	875.98	223.23

2-62 各区县农村居民生活消费支出构成（2011 年）
Composition of Consumption Expenditure of Rural Households by Region of Chongqing (2011)

续表 1(continued) 单位：元 / 人　　yuan/person

地　区	Region	交通和通讯支出 Transports and Communications	文教娱乐用品及服务支出 Education, Culture and Recreation Services	医疗保健支出 Health Care and Medical Services	其他商品及服务支出 Miscellaneous Goods and Services
重庆市	**Chongqing**	**401.65**	**334.84**	**375.26**	**68.57**
一小时经济圈	**One Hour Economic Sphere**	**467.17**	**384.66**	**410.95**	**94.64**
渝中区	Yuzhong District				
大渡口区	Dadukou District	685.93	532.09	517.62	160.74
江北区	Jiangbei District	685.93	532.09	517.62	160.74
沙坪坝区	Shapingba District	685.93	532.09	517.62	160.74
九龙坡区	Jiulongpo District	685.93	532.09	517.62	160.74
南岸区	Nan′an District	685.93	532.09	517.62	160.74
北碚区	Beibei District	567.16	556.34	588.49	209.69
渝北区	Yubei District	474.94	320.19	439.90	117.95
巴南区	Banan District	336.05	332.79	481.39	99.02
万盛区	Wansheng District	835.13	389.73	428.37	81.76
双桥区	Shuangqiao District	368.44	460.25	489.79	44.95
涪陵区	Fuling District	430.31	420.92	373.95	107.62
长寿区	Changshou District	379.89	368.99	386.59	92.64
江津区	Jiangjin District	444.98	384.66	358.91	79.34
合川区	Hechuan District	439.59	483.73	414.99	78.27
永川区	Yongchuan District	505.50	217.51	420.64	55.63
南川区	Nanchuan District	584.67	394.83	436.35	85.85
綦江县	Qijiang County	434.12	318.22	352.22	82.65
潼南县	Tongnan County	292.83	228.91	254.68	50.65
铜梁县	Tongliang County	308.95	448.93	353.39	71.46
大足县	Dazu County	490.06	387.04	477.77	76.13
荣昌县	Rongchang County	402.75	384.31	294.03	60.37
璧山县	Bishan County	832.59	397.43	548.28	124.72
渝东北翼	**Northeast of Chongqing**	**412.00**	**317.59**	**367.92**	**70.49**
万州区	Wanzhou District	544.73	373.65	448.07	130.98
梁平县	Liangping County	446.61	390.38	581.12	70.27
城口县	Chengkou County	456.54	74.82	216.60	75.93
丰都县	Fengdu County	315.63	304.11	268.88	73.07
垫江县	Dianjiang County	385.14	606.62	476.74	101.50
忠县	Zhongxian County	340.71	441.04	521.38	93.67
开县	Kaixian County	389.35	248.64	403.37	63.35
云阳县	Yunyang County	311.83	201.53	268.26	19.77
奉节县	Fengjie County	429.56	321.70	272.65	34.43
巫山县	Wushan County	456.40	234.50	169.44	39.59
巫溪县	Wuxi County	380.64	172.77	210.07	52.54
渝东南翼	**Southeast of Chongqing**	**437.79**	**274.22**	**288.95**	**51.68**
黔江区	Qianjiang District	570.81	281.63	301.65	73.16
武隆县	Wulong County	491.23	339.10	290.61	28.62
石柱县	Shizhu County	412.78	250.56	368.36	44.12
秀山县	Xiushan County	361.48	286.02	203.52	43.25
酉阳县	Youyang County	400.30	265.52	277.76	78.98
彭水县	Pengshui County	416.38	220.49	309.95	29.70

2-63 全国各地区农村居民纯收入（1996-2011 年）
Net Income of Rural Households by Region of the Nation (1996-2011)

单位：元 / 人　　yuan/person

地 区	Region	1996 年	1997 年	1998 年	1999 年	2000 年	2001 年	2002 年	2003 年
全　国	**National Total**	**1926.07**	**2090.13**	**2161.98**	**2210.34**	**2253.30**	**2366.40**	**2475.63**	**2622.20**
东部地区	**Eastern Region**								
北 京	Beijing	3561.94	3661.68	3952.32	4226.59	4604.50	5025.50	5398.48	5601.50
天 津	Tianjin	2999.68	3243.68	3395.70	3411.11	3622.40	3947.72	4278.71	4566.00
河 北	Hebei	2054.95	2286.01	2405.32	2441.50	2478.90	2603.60	2685.16	2853.40
辽 宁	Liaoning	2149.98	2301.48	2579.79	2501.04	2355.60	2557.93	2751.34	2934.40
上 海	Shanghai	4846.13	5277.02	5406.84	5409.11	5596.40	5870.87	6223.55	6653.90
江 苏	Jiangsu	3029.32	3269.85	3376.78	3495.20	3595.10	3784.71	3979.79	4239.30
浙 江	Zhejiang	3462.99	3684.22	3814.56	3948.39	4253.70	4582.34	4940.36	5389.00
福 建	Fujian	2492.49	2785.67	2946.37	3091.39	3230.50	3380.72	3538.83	3733.90
山 东	Shandong	2086.31	2292.12	2452.83	2549.58	2659.20	2804.51	2947.65	3150.50
广 东	Guangdong	3183.46	3467.69	3527.14	3628.95	3654.50	3769.79	3911.90	4054.60
海 南	Hainan	1746.08	1916.90	2018.31	2087.46	2182.30	2226.47	2423.20	2588.10
中部地区	**Central Region**								
山 西	Shanxi	1557.19	1738.26	1858.60	1772.62	1905.60	1956.05	2149.82	2299.20
吉 林	Jilin	2125.56	2186.29	2383.60	2260.59	2022.50	2182.22	2300.99	2530.40
黑龙江	Heilongjiang	2181.86	2308.29	2253.10	2165.93	2148.20	2280.28	2405.24	2508.90
安 徽	Anhui	1607.72	1808.75	1863.06	1900.29	1934.60	2020.04	2117.56	2127.50
江 西	Jiangxi	1869.63	2107.28	2048.00	2129.45	2135.30	2231.60	2306.45	2457.50
河 南	Henan	1579.19	1733.89	1864.05	1948.36	1985.80	2097.86	2215.74	2235.70
湖 北	Hubei	1863.62	2102.23	2172.24	2217.08	2268.60	2352.16	2444.06	2566.80
湖 南	Hunan	1792.25	2037.06	2064.85	2127.46	2197.20	2299.46	2397.92	2532.90
西部地区	**Western Region**								
重 庆	Chongqing	1479.05	1692.36	1801.17	1835.54	1892.40	1971.18	2097.58	2214.60
四 川	Sichuan	1459.09	1680.69	1789.17	1843.47	1903.60	1986.99	2107.64	2229.90
贵 州	Guizhou	1276.67	1298.54	1334.46	1363.07	1374.20	1411.73	1489.91	1564.70
云 南	Yunnan	1229.28	1375.50	1387.25	1437.63	1478.60	1533.74	1608.64	1697.10
西 藏	Tibet	1353.26	1194.51	1231.50	1309.46	1330.80	1404.01	1462.27	1690.80
陕 西	Shaanxi	1165.10	1273.30	1405.59	1455.86	1443.90	1490.80	1596.25	1675.70
甘 肃	Gansu	1100.59	1185.07	1393.05	1357.28	1428.70	1508.61	1590.30	1673.10
青 海	Qinghai	1173.80	1320.63	1424.79	1466.67	1490.50	1557.32	1668.94	1794.10
宁 夏	Ningxia	1397.80	1512.50	1721.17	1754.15	1724.30	1823.05	1917.36	2043.30
新 疆	Xinjiang	1290.01	1504.43	1600.14	1473.17	1618.10	1710.44	1863.26	2103.20
内蒙古	Inner Mongolia	1602.34	1780.19	1981.48	2002.93	2038.20	1973.37	2086.02	2267.70
广 西	Guangxi	1703.13	1875.28	1971.90	2048.33	1864.50	1944.33	2012.60	2094.50

2-63 全国各地区农村居民纯收入（1996-2011 年）
Net Income of Rural Households by Region of the Nation (1996-2011)

续表(continued)单位：元 / 人 yuan/person

地 区	Region	2004 年	2005 年	2006 年	2007 年	2008 年	2009 年	2010 年	2011 年
全 国	**National Total**	**2936.00**	**3254.76**	**3587.04**	**4140.40**	**4760.62**	**5153.17**	**5919.01**	**6977.29**
东部地区	**Eastern Region**								
北 京	Beijing	6170.00	7346.26	8275.47	9439.63	10661.92	11668.59	13262.29	14735.68
天 津	Tianjin	5020.00	5579.87	6227.94	7010.06	7910.78	8687.56	10074.86	12321.22
河 北	Hebei	3171.00	3481.64	3801.82	4293.43	4795.46	5149.67	5957.98	7119.69
辽 宁	Liaoning	3307.00	3690.21	4090.40	4773.43	5576.48	5958.00	6907.93	8296.54
上 海	Shanghai	7066.00	8247.77	9138.65	10144.62	11440.26	12482.94	13977.96	16053.79
江 苏	Jiangsu	4754.00	5276.00	5813.23	6561.01	7356.47	8003.54	9118.24	10804.95
浙 江	Zhejiang	5944.00	6659.95	7334.81	8265.15	9257.93	10007.31	11302.55	13070.69
福 建	Fujian	4089.00	4450.36	4834.75	5467.08	6196.07	6680.18	7426.86	8778.55
山 东	Shandong	3507.00	3930.55	4368.33	4985.34	5641.43	6118.77	6990.28	8342.13
广 东	Guangdong	4366.00	4690.49	5079.78	5624.04	6399.79	6906.93	7890.25	9371.73
海 南	Hainan	2818.00	3003.91	3255.53	3791.37	4389.97	4744.36	5275.37	6446.01
中部地区	**Central Region**								
山 西	Shanxi	2590.00	2890.66	3180.92	3665.66	4097.24	4244.10	4736.25	5601.40
吉 林	Jilin	3000.00	3264.31	3641.13	4191.34	4932.74	5265.91	6237.44	7509.95
黑龙江	Heilongjiang	3005.00	3221.27	3552.43	4132.29	4855.59	5206.76	6210.72	7590.68
安 徽	Anhui	2499.00	2640.97	2969.08	3556.27	4202.49	4504.30	5285.17	6232.21
江 西	Jiangxi	2787.00	3128.89	3459.53	4044.70	4697.19	5075.01	5788.56	6891.63
河 南	Henan	2553.00	2870.58	3261.03	3851.60	4454.24	4806.95	5523.73	6604.03
湖 北	Hubei	2890.00	3099.22	3419.35	3997.48	4656.38	5035.26	5832.27	6897.92
湖 南	Hunan	2838.00	3117.74	3389.62	3904.20	4512.46	4909.04	5621.96	6567.06
西部地区	**Western Region**								
重 庆	Chongqing	2510.00	2809.32	2873.83	3509.29	4126.21	4478.35	5276.66	6480.41
四 川	Sichuan	2519.00	2802.78	3002.38	3546.69	4121.21	4462.05	5086.89	6128.55
贵 州	Guizhou	1722.00	1876.96	1984.62	2373.99	2796.93	3005.41	3471.93	4145.35
云 南	Yunnan	1864.00	2041.79	2250.46	2634.09	3102.60	3369.34	3952.03	4721.99
西 藏	Tibet	1861.00	2077.90	2434.96	2788.20	3175.82	3531.72	4138.71	4904.28
陕 西	Shaanxi	1867.00	2051.85	2260.19	2644.69	3136.45	3437.55	4104.98	5027.87
甘 肃	Gansu	1852.00	1979.88	2134.05	2328.92	2723.79	2980.10	3424.65	3909.37
青 海	Qinghai	1958.00	2151.20	2358.37	2683.78	3061.24	3346.15	3862.68	4608.46
宁 夏	Ningxia	2320.00	2508.89	2760.14	3180.84	3681.42	4048.33	4674.89	5409.95
新 疆	Xinjiang	2245.00	2482.15	2737.28	3182.97	3502.90	3883.10	4642.67	5442.15
内蒙古	Inner Mongolia	2606.00	2988.87	3341.88	3953.10	4656.18	4937.80	5529.59	6641.56
广 西	Guangxi	2305.00	2494.67	2770.50	3224.05	3690.34	3980.44	4543.41	5231.33

2-64 全国各地区农村居民纯收入及其构成（2011 年）
Net Income of Rural Households and Its Composition by Region of the Nation (2011)

单位：元 / 人、%　　yuan/person,%

地 区	Region	纯收入 Net Income	按来源分 By Source			
			工资性收入 Income from Wages and Salaries	家庭经营性收入 Income from Household Operations	财产性收入 Income from Properties	转移性收入 Income from Transfer
全　国	**National Total**	**6977.29**	**2963.43**	**3221.98**	**228.57**	**563.32**
东部地区	**Eastern Region**					
北 京	Beijing	14735.68	9578.85	1363.27	1537.01	2256.55
天 津	Tianjin	12321.22	6829.24	3908.07	742.43	841.48
河 北	Hebei	7119.69	3423.95	3006.20	206.36	483.18
辽 宁	Liaoning	8296.54	3179.75	4270.99	244.61	601.19
上 海	Shanghai	16053.79	10493.03	876.77	1244.05	3439.94
江 苏	Jiangsu	10804.95	5969.02	3490.26	414.30	931.37
浙 江	Zhejiang	13070.69	6721.32	4981.76	555.70	811.91
福 建	Fujian	8778.55	3889.54	4094.78	291.47	502.75
山 东	Shandong	8342.13	3715.25	3935.24	246.45	445.19
广 东	Guangdong	9371.73	5854.68	2498.11	490.43	528.51
海 南	Hainan	6446.01	2004.63	3826.99	85.77	528.62
中部地区	**Central Region**					
山 西	Shanxi	5601.40	2684.87	2140.83	170.41	605.30
吉 林	Jilin	7509.95	1469.19	4950.40	395.73	694.63
黑龙江	Heilongjiang	7590.68	1496.51	4784.08	545.24	764.85
安 徽	Anhui	6232.21	2723.17	2986.07	105.96	417.00
江 西	Jiangxi	6891.63	2994.49	3421.42	111.52	364.19
河 南	Henan	6604.03	2523.77	3601.12	108.14	370.99
湖 北	Hubei	6897.92	2703.05	3731.34	84.45	379.08
湖 南	Hunan	6567.06	3240.81	2725.20	112.19	488.86
西部地区	**Western Region**					
重 庆	Chongqing	6480.41	2894.53	2748.25	139.67	697.96
四 川	Sichuan	6128.55	2652.46	2761.69	140.38	574.02
贵 州	Guizhou	4145.35	1713.52	1980.21	59.50	392.13
云 南	Yunnan	4721.99	1138.55	2966.18	218.99	398.27
西 藏	Tibet	4904.28	1008.03	3142.62	113.60	640.03
陕 西	Shaanxi	5027.87	2395.45	2017.20	165.27	449.95
甘 肃	Gansu	3909.37	1561.97	1866.77	82.46	398.18
青 海	Qinghai	4608.46	1775.39	2088.80	93.69	650.59
宁 夏	Ningxia	5409.95	2164.24	2730.43	116.43	398.85
新 疆	Xinjiang	5442.15	804.73	3887.15	147.14	603.13
内蒙古	Inner Mongolia	6641.56	1310.86	4217.50	337.59	775.62
广 西	Guangxi	5231.33	1820.37	3007.93	41.22	361.80

2-64 全国各地区农村居民纯收入及其构成（2011 年）
Net Income of Rural Households and Its Composition by Region of the Nation (2011)

续表(continued) 单位：元 / 人、% yuan/person,%

地区	Region	收入构成 Composition of Income			
		工资性收入 Income from Wages and Salaries	家庭经营性收入 Income from Household Operations	财产性收入 Income from Properties	转移性收入 Income from Transfer
全　国	**National Total**	**42.5**	**46.2**	**3.3**	**8.1**
东部地区	**Eastern Region**				
北　京	Beijing	65.0	9.3	10.4	15.3
天　津	Tianjin	55.4	31.7	6.0	6.8
河　北	Hebei	48.1	42.2	2.9	6.8
辽　宁	Liaoning	38.3	51.5	2.9	7.2
上　海	Shanghai	65.4	5.5	7.7	21.4
江　苏	Jiangsu	55.2	32.3	3.8	8.6
浙　江	Zhejiang	51.4	38.1	4.3	6.2
福　建	Fujian	44.3	46.6	3.3	5.7
山　东	Shandong	44.5	47.2	3.0	5.3
广　东	Guangdong	62.5	26.7	5.2	5.6
海　南	Hainan	31.1	59.4	1.3	8.2
中部地区	**Central Region**				
山　西	Shanxi	47.9	38.2	3.0	10.8
吉　林	Jilin	19.6	65.9	5.3	9.2
黑龙江	Heilongjiang	19.7	63.0	7.2	10.1
安　徽	Anhui	43.7	47.9	1.7	6.7
江　西	Jiangxi	43.5	49.6	1.6	5.3
河　南	Henan	38.2	54.5	1.6	5.6
湖　北	Hubei	39.2	54.1	1.2	5.5
湖　南	Hunan	49.3	41.5	1.7	7.4
西部地区	**Western Region**				
重　庆	Chongqing	44.7	42.4	2.2	10.8
四　川	Sichuan	43.3	45.1	2.3	9.4
贵　州	Guizhou	41.3	47.8	1.4	9.5
云　南	Yunnan	24.1	62.8	4.6	8.4
西　藏	Tibet	20.6	64.1	2.3	13.1
陕　西	Shaanxi	47.6	40.1	3.3	8.9
甘　肃	Gansu	40.0	47.8	2.1	10.2
青　海	Qinghai	38.5	45.3	2.0	14.1
宁　夏	Ningxia	40.0	50.5	2.2	7.4
新　疆	Xinjiang	14.8	71.4	2.7	11.1
内蒙古	Inner Mongolia	19.7	63.5	5.1	11.7
广　西	Guangxi	34.8	57.5	0.8	6.9

2-65 全国各地区农村居民生活消费支出（1996-2011 年）
Expenses on Consumption of Rural Households by Region of the Nation (1996-2011)

单位：元/人 yuan/person

地 区	Region	1996 年	1997 年	1998 年	1999 年	2000 年	2001 年	2002 年	2003 年
全 国	**National Total**	**1572.08**	**1617.15**	**1590.33**	**1577.42**	**1670.11**	**1741.09**	**1834.31**	**1943.30**
东部地区	**Eastern Region**								
北 京	Beijing	2564.51	2692.62	2873.20	3122.13	3425.71	3552.07	3731.68	4147.30
天 津	Tianjin	1957.39	1882.32	1976.70	1905.18	1995.61	2050.89	2163.55	2319.50
河 北	Hebei	1398.94	1394.81	1298.54	1338.37	1365.23	1429.81	1476.42	1600.10
辽 宁	Liaoning	1763.57	1790.22	1702.68	1617.64	1753.54	1786.28	1781.26	1884.10
上 海	Shanghai	3867.86	4227.90	4206.89	3866.76	4137.61	4753.23	5301.82	5669.60
江 苏	Jiangsu	2414.43	2487.74	2336.78	2293.57	2337.46	2374.66	2620.29	2704.40
浙 江	Zhejiang	2701.69	2838.97	2890.65	2806.62	3230.88	3479.17	3692.89	4285.10
福 建	Fujian	1913.25	1994.26	2025.09	2038.57	2409.69	2503.07	2583.16	2715.50
山 东	Shandong	1652.51	1626.27	1595.09	1679.75	1770.75	1904.95	1997.83	2133.20
广 东	Guangdong	2584.16	2617.65	2683.18	2645.86	2646.02	2703.36	2825.01	2927.30
海 南	Hainan	1288.98	1287.03	1246.12	1260.93	1483.90	1357.43	1602.85	1644.80
中部地区	**Central Region**								
山 西	Shanxi	1174.29	1145.42	1056.45	1047.18	1149.01	1221.58	1354.64	1434.40
吉 林	Jilin	1513.19	1623.83	1471.46	1347.91	1553.35	1661.69	1680.20	1815.60
黑龙江	Heilongjiang	1537.30	1549.10	1464.64	1371.61	1540.35	1604.53	1674.20	1661.70
安 徽	Anhui	1309.35	1336.57	1333.05	1302.48	1321.50	1412.41	1475.80	1596.30
江 西	Jiangxi	1553.10	1569.16	1538.24	1607.43	1642.66	1720.01	1784.88	1907.60
河 南	Henan	1206.43	1270.52	1240.30	1163.98	1315.83	1375.60	1451.51	1444.50
湖 北	Hubei	1636.41	1660.13	1699.43	1572.90	1555.61	1649.18	1745.63	1801.60
湖 南	Hunan	1736.71	1815.79	1889.17	1903.81	1942.94	1990.33	2068.74	2139.20
西部地区	**Western Region**								
重 庆	Chongqing	1328.18	1389.99	1417.08	1388.64	1395.53	1475.16	1497.72	1583.31
四 川	Sichuan	1358.03	1440.48	1440.77	1426.07	1484.59	1497.52	1591.99	1747.00
贵 州	Guizhou	1068.09	1065.70	1094.39	1069.81	1096.64	1098.39	1137.57	1185.20
云 南	Yunnan	1209.16	1318.07	1312.31	1269.33	1270.83	1336.25	1381.54	1405.70
西 藏	Tibet	773.02	805.26	710.26	767.14	1116.59	1123.71	1000.29	1030.10
陕 西	Shaanxi	1097.59	1215.49	1181.38	1161.10	1251.21	1331.03	1490.76	1455.40
甘 肃	Gansu	986.34	976.27	939.55	880.65	1084.00	1127.37	1153.29	1336.80
青 海	Qinghai	1052.33	1085.38	1117.79	1133.63	1218.23	1330.45	1386.08	1563.10
宁 夏	Ningxia	1235.67	1249.57	1327.63	1269.68	1417.13	1388.79	1418.12	1637.10
新 疆	Xinjiang	1346.57	1395.03	1450.29	1282.49	1236.45	1350.23	1411.73	1465.30
内蒙古	Inner Mongolia	1437.62	1559.59	1577.12	1533.72	1614.91	1554.59	1647.04	1770.60
广 西	Guangxi	1399.07	1375.66	1414.76	1457.43	1487.96	1550.62	1686.11	1751.20

2-65 全国各地区农村居民生活消费支出（1996-2011 年）
Expenses on Consumption of Rural Households by Region of the Nation (1996-2011)

续表(continued)单位：元 / 人 yuan/person

地 区	Region	2004 年	2005 年	2006 年	2007 年	2008 年	2009 年	2010 年	2011 年
全　国	**National Total**	**2184.70**	**2555.40**	**2829.00**	**3223.85**	**3660.68**	**3993.45**	**4381.82**	**5221.13**
东部地区	**Eastern Region**								
北 京	Beijing	4616.90	5315.70	5724.50	6399.27	7284.65	8897.59	9254.77	11077.66
天 津	Tianjin	2642.10	3036.00	3341.10	3538.31	3825.43	4273.15	4936.73	6725.42
河 北	Hebei	1834.90	2165.70	2495.30	2786.77	3125.55	3349.74	3844.92	4711.16
辽 宁	Liaoning	2073.00	2805.90	3066.90	3368.16	3814.03	4254.03	4489.50	5406.41
上 海	Shanghai	6328.80	7277.90	8006.00	8844.88	9119.67	9804.37	10210.46	11049.32
江 苏	Jiangsu	2992.50	3567.10	4135.20	4786.15	5328.37	5804.45	6542.87	8094.57
浙 江	Zhejiang	4659.10	5433.00	6057.20	6801.60	7534.09	7731.70	8928.89	9965.08
福 建	Fujian	3015.60	3292.60	3591.40	4053.47	4661.94	5015.72	5498.33	6540.85
山 东	Shandong	2389.30	2735.80	3143.80	3621.57	4077.05	4417.18	4807.18	5900.57
广 东	Guangdong	3240.80	3707.70	3886.00	4202.32	4872.46	5019.81	5515.58	6725.55
海 南	Hainan	1745.40	1969.10	2232.20	2556.56	2883.1	3088.56	3446.24	4166.13
中部地区	**Central Region**								
山 西	Shanxi	1636.50	1877.70	2253.30	2682.57	3097.54	3304.76	3663.86	4586.98
吉 林	Jilin	1971.20	2306.00	2700.70	3065.44	3443.24	3902.90	4147.36	5305.75
黑龙江	Heilongjiang	1837.40	2544.60	2618.20	3117.44	3844.73	4241.27	4391.17	5333.61
安 徽	Anhui	1813.70	2196.20	2420.90	2754.04	3284.11	3655.02	4013.31	4957.29
江 西	Jiangxi	2095.50	2483.70	2676.60	2994.49	3309.21	3532.66	3911.61	4659.87
河 南	Henan	1664.10	1891.60	2229.30	2676.41	3044.21	3388.47	3682.21	4319.95
湖 北	Hubei	2089.00	2430.20	2732.50	3090.00	3652.57	3725.24	4090.78	5010.74
湖 南	Hunan	2472.30	2756.40	3013.30	3377.38	3804.97	4020.87	4310.37	5179.36
西部地区	**Western Region**								
重 庆	Chongqing	1853.92	2142.12	2205.21	2526.70	2884.92	3142.14	3624.62	4502.06
四 川	Sichuan	2015.70	2274.20	2395.00	2747.27	3127.94	4141.40	3897.53	4675.47
贵 州	Guizhou	1296.30	1552.40	1627.10	1913.71	2165.7	2421.95	2852.48	3455.78
云 南	Yunnan	1571.00	1789.00	2195.60	2637.18	2990.61	2924.85	3398.33	3999.87
西 藏	Tibet	1470.70	1723.80	2002.20	2217.62	2199.59	2399.47	2666.92	2741.60
陕 西	Shaanxi	1618.10	1896.50	2181.00	2559.59	2979.37	3349.23	3793.80	4491.71
甘 肃	Gansu	1464.30	1819.60	1855.50	2017.21	2400.95	2766.45	2941.99	3664.91
青 海	Qinghai	1676.40	1976.00	2179.00	2446.50	2896.62	3209.41	3774.50	4536.81
宁 夏	Ningxia	1926.80	2094.50	2247.00	2528.76	3094.86	3347.94	4013.17	4726.64
新 疆	Xinjiang	1689.90	1924.40	2032.40	2350.58	2691.79	2950.63	3457.88	4397.82
内蒙古	Inner Mongolia	2082.60	2446.20	2772.00	3256.15	3618.11	3968.42	4460.83	5507.72
广 西	Guangxi	1928.60	2349.60	2413.90	2747.47	2985.03	3231.14	3455.29	4210.89

2-66 全国各地区农村居民生活消费支出（2011年）
Consumption Expenditure of Rural Households by Region of the Nation (2011)

单位：元/人　　yuan/person

地区	Region	生活消费总支出 Consumption Expenditure	食品支出 Food	衣着支出 Clothing	居住支出 Residence	家庭设备用品及服务支出 Household Facilities, Articles and Services
全国	**National Total**	**5221.13**	**2107.34**	**341.34**	**961.45**	**308.88**
东部地区	**Eastern Region**					
北京	Beijing	11077.66	3593.48	862.58	2350.31	714.52
天津	Tianjin	6725.42	2375.97	611.73	1346.30	352.28
河北	Hebei	4711.16	1579.65	334.10	1090.29	316.90
辽宁	Liaoning	5406.41	2116.30	446.12	860.23	225.38
上海	Shanghai	11049.32	4517.16	644.52	1805.91	648.89
江苏	Jiangsu	8094.57	2839.93	554.81	1372.63	503.15
浙江	Zhejiang	9965.08	3714.82	717.54	1616.96	542.76
福建	Fujian	6540.85	3032.17	395.42	1033.15	357.12
山东	Shandong	5900.57	2107.07	399.82	1126.98	411.59
广东	Guangdong	6725.55	3301.14	277.34	1172.30	301.29
海南	Hainan	4166.13	2137.90	139.81	700.46	176.33
中部地区	**Central Region**					
山西	Shanxi	4586.98	1729.91	401.93	824.68	243.84
吉林	Jilin	5305.75	1872.09	397.48	951.93	232.29
黑龙江	Heilongjiang	5333.61	2072.44	473.78	824.72	209.70
安徽	Anhui	4957.29	2055.23	297.00	885.15	304.25
江西	Jiangxi	4659.87	2106.27	233.58	888.80	277.51
河南	Henan	4319.95	1559.74	362.82	846.86	328.13
湖北	Hubei	5010.74	1954.62	272.12	1086.86	359.57
湖南	Hunan	5179.36	2343.06	260.44	969.74	330.73
西部地区	**Western Region**					
重庆	Chongqing	4502.06	2108.61	309.00	555.81	348.31
四川	Sichuan	4675.47	2161.65	281.87	727.39	300.95
贵州	Guizhou	3455.78	1646.53	186.22	639.32	192.78
云南	Yunnan	3999.87	1883.95	209.05	702.41	208.24
西藏	Tibet	2741.60	1384.65	331.21	328.02	186.01
陕西	Shaanxi	4491.71	1344.99	285.37	1108.58	279.86
甘肃	Gansu	3664.91	1548.19	246.67	596.58	198.08
青海	Qinghai	4536.81	1716.39	347.47	1090.74	272.26
宁夏	Ningxia	4726.64	1762.53	380.00	935.22	264.64
新疆	Xinjiang	4397.82	1589.46	372.10	1025.28	198.57
内蒙古	Inner Mongolia	5507.72	2067.03	395.21	880.26	243.27
广西	Guangxi	4210.89	1844.94	123.93	1018.56	241.61

2-66 全国各地区农村居民生活消费支出（2011 年）
Consumption Expenditure of Rural Households by Region of the Nation (2011)

续表(continued) 单位：元 / 人 yuan/person

地 区	Region	交通和通讯支出 Transports and Communications	文教娱乐用品及服务支出 Education, Culture and Recreation Services	医疗保健支出 Health Care and Medicial Services	其他商品及服务支出 Miscellaneous Goods and Services
全　国	**National Total**	**547.03**	**396.36**	**436.75**	**121.99**
东部地区	**Eastern Region**				
北　京	Beijing	1228.19	1003.67	1035.18	289.72
天　津	Tianjin	781.55	542.12	571.65	143.82
河　北	Hebei	520.18	315.41	434.67	119.95
辽　宁	Liaoning	577.71	549.96	482.85	147.86
上　海	Shanghai	1308.92	916.07	908.63	299.21
江　苏	Jiangsu	923.89	1044.64	645.59	209.93
浙　江	Zhejiang	1380.56	846.10	921.31	225.03
福　建	Fujian	728.49	506.71	321.20	166.60
山　东	Shandong	753.05	482.66	508.38	111.02
广　东	Guangdong	682.54	404.15	398.54	188.27
海　南	Hainan	370.34	224.91	290.13	126.25
中部地区	**Central Region**				
山　西	Shanxi	458.76	448.44	349.29	130.13
吉　林	Jilin	564.26	456.75	673.57	157.38
黑龙江	Heilongjiang	576.31	464.71	573.59	138.36
安　徽	Anhui	475.19	376.18	440.53	123.75
江　西	Jiangxi	393.34	319.39	346.68	94.30
河　南	Henan	427.86	278.20	399.71	116.62
湖　北	Hubei	414.36	341.87	438.20	143.14
湖　南	Hunan	421.67	346.62	396.54	110.55
西部地区	**Western Region**				
重　庆	Chongqing	401.65	334.84	375.26	68.57
四　川	Sichuan	431.14	276.64	413.12	82.71
贵　州	Guizhou	304.51	183.03	246.28	57.10
云　南	Yunnan	393.04	241.13	309.25	52.80
西　藏	Tibet	348.86	40.91	65.78	56.16
陕　西	Shaanxi	406.68	405.56	533.44	127.24
甘　肃	Gansu	366.56	292.71	339.28	76.85
青　海	Qinghai	450.88	265.43	308.08	85.57
宁　夏	Ningxia	483.40	324.36	444.69	131.79
新　疆	Xinjiang	530.59	229.66	376.87	75.28
内蒙古	Inner Mongolia	728.94	525.89	534.18	132.92
广　西	Guangxi	384.81	218.72	301.25	77.07

2-67 全国各地区农村居民生活消费支出构成（2011 年）
Composition of Consumption Expenditure of Rural Households by Region of the Nation (2011)

单位：元 / 人 yuan/person

地 区	Region	生活消费总支出 Consumption Expenditure	食品支出 Food	衣着支出 Clothing	居住支出 Residence	家庭设备用品及服务支出 Household Facilities, Articles and Services
全 国	**National Total**	**100.0**	**40.4**	**6.5**	**18.4**	**5.9**
东部地区	**Eastern Region**					
北 京	Beijing	100.0	32.4	7.8	21.2	6.5
天 津	Tianjin	100.0	35.3	9.1	20.0	5.2
河 北	Hebei	100.0	33.5	7.1	23.1	6.7
辽 宁	Liaoning	100.0	39.1	8.3	15.9	4.2
上 海	Shanghai	100.0	40.9	5.8	16.3	5.9
江 苏	Jiangsu	100.0	35.1	6.9	17.0	6.2
浙 江	Zhejiang	100.0	37.3	7.2	16.2	5.4
福 建	Fujian	100.0	46.4	6.0	15.8	5.5
山 东	Shandong	100.0	35.7	6.8	19.1	7.0
广 东	Guangdong	100.0	49.1	4.1	17.4	4.5
海 南	Hainan	100.0	51.3	3.4	16.8	4.2
中部地区	**Central Region**					
山 西	Shanxi	100.0	37.7	8.8	18.0	5.3
吉 林	Jilin	100.0	35.3	7.5	17.9	4.4
黑龙江	Heilongjiang	100.0	38.9	8.9	15.5	3.9
安 徽	Anhui	100.0	41.5	6.0	17.9	6.1
江 西	Jiangxi	100.0	45.2	5.0	19.1	6.0
河 南	Henan	100.0	36.1	8.4	19.6	7.6
湖 北	Hubei	100.0	39.0	5.4	21.7	7.2
湖 南	Hunan	100.0	45.2	5.0	18.7	6.4
西部地区	**Western Region**					
重 庆	Chongqing	100.0	46.8	6.9	12.3	7.7
四 川	Sichuan	100.0	46.2	6.0	15.6	6.4
贵 州	Guizhou	100.0	47.6	5.4	18.5	5.6
云 南	Yunnan	100.0	47.1	5.2	17.6	5.2
西 藏	Tibet	100.0	50.5	12.1	12.0	6.8
陕 西	Shaanxi	100.0	29.9	6.4	24.7	6.2
甘 肃	Gansu	100.0	42.2	6.7	16.3	5.4
青 海	Qinghai	100.0	37.8	7.7	24.0	6.0
宁 夏	Ningxia	100.0	37.3	8.0	19.8	5.6
新 疆	Xinjiang	100.0	36.1	8.5	23.3	4.5
内蒙古	Inner Mongolia	100.0	37.5	7.2	16.0	4.4
广 西	Guangxi	100.0	43.8	2.9	24.2	5.7

2-67 全国各地区农村居民生活消费支出构成（2011 年）
Consumption of Consumption Expenditure of Rural Households by Region of the Nation (2011)

续表(continued) 单位：元 / 人 yuan/person

地区	Region	交通和通讯支出 Transports and Communications	文教娱乐用品及服务支出 Education, Culture and Recreation Services	医疗保健支出 Health Care and Medical Services	其他商品及服务支出 Miscellaneous Goods and Services
全国	**National Total**	**10.5**	**7.6**	**8.4**	**2.3**
东部地区	**Eastern Region**				
北京	Beijing	11.1	9.1	9.3	2.6
天津	Tianjin	11.6	8.1	8.5	2.1
河北	Hebei	11.0	6.7	9.2	2.5
辽宁	Liaoning	10.7	10.2	8.9	2.7
上海	Shanghai	11.8	8.3	8.2	2.7
江苏	Jiangsu	11.4	12.9	8.0	2.6
浙江	Zhejiang	13.9	8.5	9.2	2.3
福建	Fujian	11.1	7.7	4.9	2.5
山东	Shandong	12.8	8.2	8.6	1.9
广东	Guangdong	10.1	6.0	5.9	2.8
海南	Hainan	8.9	5.4	7.0	3.0
中部地区	**Central Region**				
山西	Shanxi	10.0	9.8	7.6	2.8
吉林	Jilin	10.6	8.6	12.7	3.0
黑龙江	Heilongjiang	10.8	8.7	10.8	2.6
安徽	Anhui	9.6	7.6	8.9	2.5
江西	Jiangxi	8.4	6.9	7.4	2.0
河南	Henan	9.9	6.4	9.3	2.7
湖北	Hubei	8.3	6.8	8.7	2.9
湖南	Hunan	8.1	6.7	7.7	2.1
西部地区	**Western Region**				
重庆	Chongqing	8 9	7.4	8.3	1.5
四川	Sichuan	9.2	5.9	8.8	1.8
贵州	Guizhou	8.8	5.3	7.1	1.7
云南	Yunnan	9.8	6.0	7.7	1.3
西藏	Tibet	12.7	1.5	2.4	2.0
陕西	Shaanxi	9.1	9.0	11.9	2.8
甘肃	Gansu	10.0	8.0	9.3	2.1
青海	Qinghai	9.9	5.9	6.8	1.9
宁夏	Ningxia	10.2	6.9	9.4	2.8
新疆	Xinjiang	12.1	5.2	8.6	1.7
内蒙古	Inner Mongolia	13.2	9.5	9.7	2.4
广西	Guangxi	9.1	5.2	7.2	1.8

主要指标解释

城市居民家庭就业人口 指城市居民从事社会劳动并取得劳动报酬或经营收入的人口。就业人口包括通过国家统筹规划和指导由劳动部门介绍就业,自愿组织起来就业和自谋职业等方式,在国有、集体所有制、中外合资、中外合作、外资在华独资的企事业单位和私营企业单位工作或从事个体劳动的有固定性职业或临时性职业的人口。被聘用和留用的离退休人员也计入就业人口。本指标可以反映城市居民的就业情况,是计算就业面,负担系数的重要资料。

城市居民家庭总收入 指家庭成员得到的工薪收入、经营净收入、财产性收入、转移性收入之和,不包括出售财物收入和借贷收入。

城市居民家庭可支配收入 指家庭成员得到可用于最终消费支出和其它非义务性支出以及储蓄的总和, 即居民家庭可以用来自由支配的收入。它是家庭总收入扣除交纳的所得税、个人交纳的社会保障支出以及记账补贴后的收入。计算公式为:

可支配收入 = 家庭总收入 - 交纳所得税 - 个人交纳的社会保障支出 - 记帐补贴

城市居民家庭总支出 指除借贷支出以外的全部家庭支出。包括消费性支出、购房建房支出、转移性支出、财产性支出、社会保障支出。

城市居民家庭消费性支出 指家庭用于日常生活的支出,包括食品、衣着、家庭设备用品及服务、医疗保健、交通和通信、娱乐教育文化服务、居住、杂项商品和服务等八大类支出。

城市居民家庭人均服务性消费支出 指调查户用于本家庭支付社会提供的各种文化和生活方面的非商品性服务费用。服务性消费的特点在于其劳动过程和消费过程在时间与空间上的统一。在居民家庭八大类消费中,服务性消费支出包括: 1、食品类中加工服务费和部分在外饮食费用;2、衣着类中衣着加工服务费; 3、家庭设备用品及服务类中家庭服务(如家政服务费用); 4、医疗保健类中医疗费(如诊疗费、上门出诊费、护工费用); 5、交通和通信类中交通工具服务费(如汽车使用、维修费用)、交通费中使用飞机、轮船、火车等交通工具费用、通信服务费(如电信费、邮费); 6、教育文化娱乐服务类中文化娱乐服务费(如参观、游览费用、健身活动费、团体旅游、其他文娱活动费)、文娱用品修理服务费、教育费(如义务、非义务教育支出)、成人教育支出、家教费、培训班费用、择校费; 7、居住类中租赁费用、部分房屋装潢费用(人工费用)、居住服务费(如物业管理、维修费用); 8、杂项商品和服务(如美容、洗澡、理发费用,旅馆住宿等费用)。

城市居民家庭收入分组方法 将所有调查户依户人均可支配收入由低到高排队, 按 10%,10%,20%,20%,20%,10%,10%的比例依次分成:最低收入户、低收入户、中等偏下收入户、中等收入户、中等偏上收入户、高收入户、最高收入户等七组。总体中最低 5%的户为困难户。

恩格尔系数 指食物支出金额在消费性总支出金额中所占的比例。计算公式为:

恩格尔系数 = 食物支出总额 / 消费性总支出总额 × 100%

农村居民家庭整半劳动力 整劳动力指男子 18 周岁到 50 周岁,女子 18 周岁到 45 周岁;半劳动力指男子 16 周岁到 17 周岁,51 周岁到 60 周岁;女子 16 周岁到 17 周岁,46 周岁到 55 周岁,同时具有劳动能力的人。虽然在劳动年龄之内,但已丧失劳动能力的人,不应算为劳动力;超过劳动年龄,但能经常参加劳动,计入半劳动力数内。常住人口中的职工,若这些职工为劳动力,就包括在本户的整半劳动力中。

农村居民家庭总收入 指调查期内农村住户和住户成员从各种来源渠道得到的收入总和。按收入的性质划分为工资性收入、家庭经营收入、财产性收入和转移性收入。

农村居民家庭现金收入 指农村住户和住户成员在调查期内得到以现金形态表现的收入。按来源分成工资性收入、家庭经营现金收入、财产性收入、转移性收入。

农村居民家庭纯收入 指农村住户当年从各个来源得到的总收入相应地扣除所发生的费用后的收入总和。计算方法:

纯收入= 总收入-家庭经营费用支出-税费支出-生产性固定资产折旧-调查补贴-赠送农村内部亲友支出

纯收入主要用于再生产投入和当年生活消费支出,也可用于储蓄和各种非义务性支出。“农民人均纯收入”按人口平均的纯收入水平,反映的是一个地区或一个农户农村居民的平均收入水平。

农村居民家庭总支出 指农村住户用于生产、生活和再分配的全部支出。家庭经营费用支出、购置生产性固定资产支出、生产性固定资产折旧、税费支出、生活消费支出、财产性支出和转移性支出。

农村居民家庭生活消费支出 指农村住户用于物质生活和精神生活方面的支出。生活消费支出包括食品、衣着、居住、家庭设备用品及服务、医疗保健、交通和通讯、文化教育娱乐用品及服务、其他商品和服务等消费。

农村居民家庭现金支出 指农村住户用于生产、生活和再分配所支付的现金。包括家庭经营费用支出、缴纳的税费、购买生产性固定资产、生活消费、财产性和转移性支出。

Explanatory Notes on Main Statistical Indicators

Employed Population in Urban Households refers to urban residents engaged in certain work and receiving payment for their labor or income from their business operation, including those who work in state–owned or collective units, joint ventures, foreign–owned units and private units with permanent or temporary jobs. The self – employed individuals and reemployed retirees are also basic data for calculating employment rate and dependency ratio.

Total Income of Urban Households refers to the sum of wage and salary, net business income, income from properties, and income from transfers of members of the households, excluding income from selling of properties and income from borrowings.

Disposable Income of Urban Households refers to the actual income at the disposal of members of the households which can be used for final consumption, other non–compulsory expenditure and savings. This equals to total income minus income tax, personal contribution to social security and sample household's subsidy for keeping dairies. Following formula is used:

Disposable income = total household income – income tax – personal contribution to social security –sample household's subsidy for keeping dairies

Total expenditure of Urban Households refers to all expenditure of households except expenditure on lending. It includes expenditure in consumption; on purchasing or building houses; on transfers; on properties; and on social security.

Consumption Expenditure of Urban Households refers to total expenditure of households for consumption in daily life, including expenditure on eight categories such as food, clothing, household appliances and services, health care and medical services, transport and communications, recreation, education and cultural services, housing, miscellaneous goods and services.

Expenditure of Urban Households on Consumption of Services refers to expenditure of households on various kinds of non–commercial services provided by the society. Services are offered and consumed at the same time and place. The service spending for an urban family falls into the following eight types: 1. money paid for food processing and money spent while eating out; 2. money paid for clothing processing; 3. domestic services and services for home amenities; 4. medical cost (including medical diagnosis and treatment, in–home medical services and nursing cost); 5. transport tool service fees (such as for the use of a car and the maintenance fee thereby arising), transport tools (plane, ship, train) fees, post and telecommunications fees; 6. fees for culture and entertainment services (such as tour and fitness building), fees for repair of sports and entertainment items, education cost (spending on obligatory and non–obligatory education), adult education cost, tutor fees, training courses fees and extra money paid as sponsorship fee to a school where a student study outside his or her education community; 7. house rents, some interior decoration cost (for labor), and residence service fees (such as for property management and repairs); 8. fees for other services (such as at a beauty salon, bathhouse, hairdresser′s and hotels).

Urban Households by Income Group All households in the sample are grouped, by per capita disposable income of the household, into groups of lowest income, low income, lower middle income, middle income, upper middle income, high income and highest income, each group consisting of 10%, 10%, 20%, 20%, 20%, 10% and 10% of all households respectively. The lowest 5% of households are also referred to as poor households.

Engel Coefficient refers to the percentage of expenditure on food in the total consumption expenditure, using the following formula:

Engel Coefficient = (expenditure on food / total consumption expenditure) x 100%

Full/Semi Labour Force Full labor force refers to persons capable of work, aged 18-50 for males and 18-45 for females. Semi labor force refers to persons capable of work, aged 16-17 and 51-60 for males and 16-17 and 46-55 for females. Persons at their working ages but not capable of work are not to be included as labor force. Persons not at working ages but participating regularly in work are included in semi labor force. For staff and workers as resident population of the household, they are included as full or semi labor force of the household if they are in the labor force.

Total Income of Rural Households refers to the sum of income earned from various sources by the rural households and their members during the reference period, and is classified as income from wages and salaries, income from household operations, income from properties and income from transfers.

Cash Income of Rural Households refers to income received by rural households and their members in the form of cash during the reference period. It is classified, by source of income, into income from wages and salaries, cash income from household operations, income from properties and income from transfers.

Net Income of Rural Households refers to the total income of rural households from all sources minus all corresponding expenses. The formula for calculation is as follows:

Net income = total income -household operation expenses - taxes and fees paid - depreciation of fixed assets for production - subsidy for participating in household survey - gifts to rural relatives

Net income is mainly used as input for reproduction and as consumption expenditure of the year, and also used for savings and non-compulsory expenses of various forms. "Per capita net income of farmers" is the level of net income averaged by population which reflects the average income level of rural households in a given area.

Total Expenditure of Rural Households refers to total expenses of rural households on production, consumption and redistribution, including expenditure on household operations, on purchase of productive fixed assets, depreciation of productive fixed assets, taxes and fees, expenses on household consumption, expenses on properties and expenses on transfers.

Expenditure on Household Consumption of Rural Households refers to expenditure by rural households on their material and cultural life, including expenditure on food, clothing, housing, household appliances, articles and services, health and medical service, transportation and communications, articles and services on culture, education and recreation; and other goods and services.

Cash Expenditure of Rural Households refers to cash expenditure by rural households for production, consumption and redistribution during the reference period, including cash expenses on household operations, taxes and fees, purchase of productive fixed assets, household consumption, and expenses on properties and transfers.

(三) 市场物价

Market Price

3-1 各种消费价格指数（1951-2011 年）
Price Indices（1951-2011）

上年 =100　　　　preceding year=100

年份 Year	居民消费价格总指数 Consumer Price Index	服务项目价格指数 Price Index of Service Items	商品零售价格总指数 Retail Price Index
1951	109.1	87.6	111.8
1952	97.3	97.8	97.2
1953	98.7	103.5	97.9
1954	100.2	97.6	100.6
1955	101.4	100.9	101.5
1956	102.4	96.7	103.2
1957	104.6	107.6	103.9
1958	99.3	108.2	98.3
1959	99.8	102.8	99.5
1960	99.9	100.0	99.9
1961	135.6	95.0	146.2
1962	95.2	96.7	95.0
1963	91.9	99.2	90.6
1964	95.3	99.3	94.6
1965	98.0	96.7	98.2
1966	101.5	100.0	101.7
1967	102.1	100.0	102.4
1968	100.3	100.0	100.3
1969	99.7	100.0	99.7
1970	99.6	100.3	99.5
1971	100.5	99.9	100.6
1972	100.1	100.0	100.1
1973	100.4	100.0	100.4
1974	100.3	100.0	100.3
1975	100.3	100.0	100.3
1976	100.2	100.0	100.2
1977	100.1	100.0	100.1

3-1 各种消费价格指数（1951-2011 年）
Price Indices（1951-2011）

续表 (continued)上年 =100 preceding year=100

年份 Year	居民消费价格总指数 Consumer Price Index	服务项目价格指数 Price Index of Service Items	商品零售价格总指数 Retail Price Index
1978	102.9	100.0	103.2
1979	101.5	100.1	101.6
1980	107.9	100.2	108.6
1981	101.3	100.5	101.4
1982	102.7	102.6	102.7
1983	102.8	102.6	102.8
1984	102.9	114.6	101.7
1985	109.9	108.5	110.0
1986	104.2	104.2	104.2
1987	109.8	103.9	110.5
1988	122.7	117.6	123.3
1989	117.1	122.2	116.5
1990	101.4	112.8	100.1
1991	107.0	114.0	106.1
1992	111.2	120.8	109.8
1993	118.7	132.4	116.3
1994	129.7	113.6	126.5
1995	119.4	120.2	116.3
1996	109.7	122.8	106.1
1997	103.3	105.3	101.7
1998	96.4	104.8	94.5
1999	99.3	115.0	96.5
2000	96.7	112.3	95.5
2001	101.7	113.6	99.0
2002	99.6	105.7	98.9
2003	100.6	100.6	99.5
2004	103.7	104.3	101.4
2005	100.8	105.0	98.7
2006	102.4	103.8	101.6
2007	104.7	100.7	103.7
2008	105.6	101.4	105.0
2009	98.4	98.4	97.3
2010	103.2	104.6	101.7
2011	105.3	102.5	104.7

3-2 居民消费价格总指数（1951-2011 年）
Consumer Price Indices (CPI) (1951-2011)

年份 Year	以不同基期计算的价格指数 CPI Calculated by Different Base Period			
	上年 =100 Preceding Year = 100	2000 年 =100 2000 Year=100	1978 年 =100 1978 Year=100	1950 年 =100 1950 Year=100
1951	109.1			109.1
1952	97.3			106.2
1953	98.7			104.8
1954	100.2			105.0
1955	101.4			106.5
1956	102.4			109.1
1957	104.6			114.1
1958	99.3			113.3
1959	99.8			113.0
1960	99.9			112.9
1961	135.6			153.1
1962	95.2			145.8
1963	91.9			134.0
1964	95.3			127.7
1965	98.0			125.1
1966	101.5			127.0
1967	102.1			129.7
1968	100.3			130.1
1969	99.7			129.7
1970	99.6			129.2
1971	100.5			129.8
1972	100.1			129.9
1973	100.4			130.4
1974	100.3			130.8
1975	100.3			131.2
1976	100.2			131.5
1977	100.1			131.6

3-2 居民消费价格总指数（1951-2011 年）
Consumer Price Indices (CPI)　(1951-2011)

续表 continued

年份 Year	以不同基期计算的价格指数 CPI Calculated by Different Base Period			
	上年 =100 Preceding Year = 100	2000 年 =100 2000 Year=100	1978 年 =100 1978 Year=100	1950 年 =100 1950 Year=100
1978	102.9		100.0	135.4
1979	101.5		101.5	137.5
1980	107.9		109.5	148.3
1981	101.3		110.9	150.3
1982	102.7		113.9	154.3
1983	102.8		117.1	158.6
1984	102.9		120.5	163.2
1985	109.9		132.4	179.4
1986	104.2		138.0	186.9
1987	109.8		151.5	205.2
1988	122.7		185.9	251.8
1989	117.1		217.7	294.9
1990	101.4		220.7	299.0
1991	107.0		236.1	319.9
1992	111.2		262.5	355.7
1993	118.7		311.6	422.2
1994	129.7		404.1	547.6
1995	119.4		482.5	653.8
1996	109.7		529.3	717.2
1997	103.3		546.8	741.2
1998	96.4		527.1	714.5
1999	99.3		523.4	709.5
2000	96.7	100.0	506.1	686.1
2001	101.7	101.7	514.7	697.8
2002	99.6	101.3	512.6	695.0
2003	100.6	101.9	515.7	699.2
2004	103.7	105.6	534.8	725.1
2005	100.8	106.5	539.1	730.9
2006	102.4	109.0	552.0	748.4
2007	104.7	114.2	577.9	783.6
2008	105.6	120.6	610.3	827.5
2009	98.4	118.7	600.5	814.3
2010	103.2	122.5	619.8	840.3
2011	105.3	129.0	652.6	884.9

3-3 商品零售价格指数（1951-2011 年）
Retail Price Indices (1951-2011)

年份 Year	以不同基期计算的价格指数 RPI calculated by different base period			
	上年 =100 Preceding Year = 100	2000 年 =100 2000 Year=100	1978 年 =100 1978 Year=100	1950 年 =100 1950 Year=100
1951	111.8			111.7
1952	97.2			108.6
1953	97.9			106.3
1954	100.6			107.0
1955	101.5			108.6
1956	103.2			112.1
1957	103.9			116.4
1958	98.3			114.4
1959	99.5			113.9
1960	99.9			113.8
1961	146.2			166.3
1962	95.0			158.0
1963	90.6			143.2
1964	94.6			135.4
1965	98.2			133.0
1966	101.7			135.2
1967	102.4			138.5
1968	100.3			138.9
1969	99.7			138.5
1970	99.5			137.8
1971	100.6			138.6
1972	100.1			138.8
1973	100.4			139.3
1974	100.3			139.7
1975	100.3			140.2
1976	100.2			140.4
1977	100.1			140.6

3-3 商品零售价格指数（1951-2011 年）
Retail Price Indices (1951-2011)

续表 continued

年份 Year	以不同基期计算的价格指数 RPI calculated by different base period			
	上年 =100 Preceding Year = 100	2000 年 =100 2000 Year=100	1978 年 =100 1978 Year=100	1950 年 =100 1950 Year=100
1978	103.2		100.0	145.1
1979	101.6		101.6	147.4
1980	108.6		110.3	160.1
1981	101.4		111.9	162.3
1982	102.7		114.9	166.7
1983	102.8		118.1	171.4
1984	101.7		120.1	174.3
1985	110.0		132.0	191.7
1986	104.2		137.5	199.8
1987	110.5		151.9	220.7
1988	123.3		187.3	272.2
1989	116.5		218.2	317.1
1990	100.1		218.4	317.4
1991	106.1		231.7	336.7
1992	109.8		254.4	369.7
1993	116.3		295.9	430.0
1994	126.5		374.3	544.0
1995	116.3		435.3	632.6
1996	106.1		461.9	671.2
1997	101.7		470.4	682.6
1998	94.5		444.5	645.1
1999	96.5		428.9	622.5
2000	95.5	100.0	409.6	594.5
2001	99.0	99.0	405.5	588.6
2002	98.9	97.9	401.0	582.1
2003	99.5	97.4	399.0	579.2
2004	101.4	98.8	404.6	587.3
2005	98.7	97.5	399.3	579.7
2006	101.6	99.1	405.7	589.0
2007	103.7	102.7	420.7	610.8
2008	105.0	107.8	441.7	641.3
2009	97.3	104.9	429.8	624.0
2010	101.7	106.7	437.1	634.6
2011	104.7	111.7	457.5	664.2

3-4 居民消费价格分类指数（2001-2011 年）
Consumer Price Indices by Category (2001-2011)

上年 =100 preceding year=100

项 目	Item	2001 年	2002 年	2003 年	2004 年	2005 年
居民消费价格总指数	**Consumer Price Index**	**101.7**	**99.6**	**100.6**	**103.7**	**100.8**
非食品价格指数	Non-food Price Index	103.1	100.0	98.5	99.5	101.1
服务项目价格指数	Price Index of Service Item	113.6	105.7	100.6	104.3	105.0
工业品价格指数	Industrial Price Index					
扣除食品烟酒和能源价格指数	Excluding Food Tobacco Liquor and Energy Price Index					
消费品价格指数	Consumer Goods Price Index	98.2	97.5	100.6	103.4	99.3
食品	**Food**	**99.2**	**98.7**	**104.3**	**111.0**	**100.1**
粮食	Grain	96.3	103.0	100.5	127.1	102.7
大米	Rice	94.4	105.3	101.0	130.3	98.8
油脂	Oil or Fat	91.7	99.3	114.2	121.4	83.8
肉禽及其制品	Meal, Poultry and Processed Products	97.8	103.8	99.2	121.5	101.4
食用畜肉及副产品	Meat and its Subsidiary Products	99.2	102.3	98.0	126.1	96.3
猪肉	Pork	99.4	104.6	98.5	131.6	93.8
禽	Poultry	95.1	109.2	103.4	118.1	109.4
蛋	Eggs	104.2	104.2	98.3	117.2	104.8
水产品	Aquatic Products	98.4	97.8	104.7	111.6	104.1
菜	Vegetables	108.9	88.9	120.6	112.6	98.7
鲜菜	Fresh Vegetables	110.8	88.3	122.8	114.5	98.7
调味品	Flavoring	97.1	100.0	97.5	102.5	98.8
糖	Carbohydrate	102.3	95.3	100.3	103.1	102.9
茶及饮料	Tea and Beverages	96.3	99.3	98.5	101.9	97.6
干鲜瓜果	Dried and Fresh Melons and Fruits	103.1	89.7	122.6	99.6	96.0
糕点饼干面包	Cake, Biscuit and Bread	104.4	100.3	99.5	101.4	101.1
液体乳及乳制品	Milk and Its Products	95.1	97.9	100.5	100.1	97.0
在外用膳食品	Dining Out	98.2	98.0	101.3	100.1	101.4
其他食品	Other Foods and Manufacturing Services	97.7	100.5	102.6	101.2	99.1
烟酒	**Tobacco and Liquor**	**96.8**	**98.4**	**98.2**	**100.4**	**101.2**
烟草	Tobacco	95.4	98.0	97.0	98.5	101.8
酒	Liquor	99.9	99.2	101.1	106.0	99.8
吸烟、饮酒用品	Articles for Smoking and Drinking	97.1	98.5	98.2	98.6	100.3

注：根据国家统计局城市司 2011 年新的调查制度，2011 年数据中，原指标“扣除食品和能源价格指数”改为“扣除食品烟酒和能源价格指数”；原指标“烟酒及用品”改为“烟酒”，原“吸烟、饮酒用品”指标取消。下同。

Note: According to the new survey system of 2011 from Department of Urban Surveys National Bureau of Statistics, in the data of 2011, the original " Excluding Food and Energy Price Index" changed to "Excluding Food Tobacco Liquor and Energy Price Index", the original index "Tobacco, Liquor and Articles" changed to "Tobacco and Liquor", the original "Articles for Smoking and Drinking" index canceled. (the same below)

3-4 居民消费价格分类指数（2001-2011 年）
Consumer Price Indices by Category (2001-2011)

续表 1 (continued) 上年 =100 preceding year=100

项 目	Item	2006 年	2007 年	2008 年	2009 年	2010 年	2011 年
居民消费价格总指数	**Consumer Price Index**	**102.4**	**104.7**	**105.6**	**98.4**	**103.2**	**105.3**
非食品价格指数	Non-food Price Index	102.0	100.0	100.1	97.5	101.7	101.5
服务项目价格指数	Price Index of Service Item	103.8	100.7	101.4	98.4	104.6	102.5
工业品价格指数	Industrial Price Index	100.8	99.5	99.3	96.9	100.0	100.8
扣除食品烟酒和能源价格指数	Excluding Food Tobacco Liquor and Energy Price Index	101.6	99.7	100.0	97.5	101.4	101.0
消费品价格指数	Consumer Goods Price Index	101.9	106.2	107.1	98.4	102.8	106.5
食品	**Food**	**103.1**	**114.1**	**115.7**	**100.0**	**106.5**	**114.1**
粮食	Grain	101.3	107.9	112.0	106.2	113.1	115.4
大米	Rice	101.6	108.5	109.7	108.4	117.7	115.8
油脂	Oil or Fat	98.8	132.3	128.5	80.9	105.2	116.0
肉禽及其制品	Meal, Poultry and Processed Products	99.6	136.7	122.7	86.7	104.7	130.1
食用畜肉及副产品	Meat and its Subsidiary Products	99.6	143.5	126.5	80.5	102.8	135.6
猪肉	Pork	98.7	149.8	122.4	76.4	103.1	140.2
禽	Poultry	98.8	134.3	111.7	92.8	106.8	121.5
蛋	Eggs	97.7	120.5	103.2	98.8	106.4	120.2
水产品	Aquatic Products	98.7	109.8	125.0	102.3	106.0	107.2
菜	Vegetables	114.2	110.5	108.2	115.0	109.3	103.5
鲜菜	Fresh Vegetables	114.7	111.1	107.4	116.6	108.7	103.8
调味品	Flavoring	101.9	103.5	105.5	104.1	112.3	110.1
糖	Carbohydrate	105.7	104.9	109.6	103.5	106.3	109.4
茶及饮料	Tea and Beverages	100.5	103.2	105.6	100.7	104.4	108.2
干鲜瓜果	Dried and Fresh Melons and Fruits	116.2	99.3	118.1	113.2	114.9	116.4
糕点饼干面包	Cake, Biscuit and Bread	99.6	107.4	111.0	101.6	102.3	109.2
液体乳及乳制品	Milk and Its Products	103.6	101.6	114.2	101.0	103.3	107.5
在外用膳食品	Dining Out	100.9	107.2	110.2	103.9	104.2	107.1
其他食品	Other Foods and Manufacturing Services	102.3	102.1	112.6	98.9	96.7	106.8
烟酒	**Tobacco and Liquor**	**100.3**	**102.4**	**102.8**	**101.6**	**104.3**	**103.7**
烟草	Tobacco	99.3	99.8	99.4	100.0	101.4	99.8
酒	Liquor	102.6	109.6	112.4	105.3	112.7	112.7
吸烟、饮酒用品	Articles for Smoking and Drinking	100.9	100.3	96.3	100.6	101.1	

注：根据国家统计局城市司 2011 年新的调查制度，2011 年数据中，原指标"扣除食品和能源价格指数"改为"扣除食品烟酒和能源价格指数"；原指标"烟酒及用品"改为"烟酒"，原"吸烟、饮酒用品"指标取消。(下同)

Note: According to the new survey system of 2011 from Department of Urban Surveys National Bureau of Statistics, in the data of 2011, the original "Excluding Food and Energy Price Index" changed to "Excluding Food Tobacco Liquor and Energy Price Index", the original index "Tobacco, Liquor and Articles" changed to "Tobacco and Liquor", the original "Articles for Smoking and Drinking" index canceled. (the same below)

3-4 居民消费价格分类指数（2001-2011 年）
Consumer Price Indices by Category (2001-2011)

续表 2（continued）上年 =100 | preceding year=100

项 目	Item	2001 年	2002 年	2003 年	2004 年	2005 年
衣着	**Clothing**	**97.4**	**93.5**	**94.2**	**91.2**	**92.1**
服装	Garments	98.2	92.3	93.9	93.4	94.0
衣着材料	Clothing Material	101.0	98.9	103.1	101.8	96.3
鞋袜帽	Footgear and Hats	94.8	96.0	94.3	84.4	86.1
衣着加工服务费	Clothing Manufacturing Services	100.0	101.3	98.9	98.8	101.0
家庭设备用品及维修服务	**Household Facilities, Articles and Services**	**95.7**	**96.8**	**95.5**	**98.5**	**100.1**
耐用消费品	Durable Consumer Goods	92.6	93.8	94.2	95.6	99.1
室内装饰品	Interior Decorations	91.5	99.9	99.6	99.1	100.3
床上用品	Bed Articles	99.7	100.4	99.0	99.1	99.1
家庭日用杂品	Daily Use Household Articles	98.8	97.4	94.0	103.8	100.3
家庭服务及加工维修服务	Household Services and Maintenance and Renovation	101.7	105.3	99.8	100.8	104.6
医疗保健和个人用品	**Health Care and Personal Articles**	**98.9**	**95.6**	**99.3**	**99.4**	**102.5**
医疗保健	Health Care	98.7	94.4	99.2	98.7	104.0
西药	Western Medicine	93.7	89.5	97.7	91.9	101.5
医疗保健服务	Health Care Services	100.0	101.2	104.3	116.0	107.2
个人用品及服务	Personal Articles and Services	99.3	99.1	99.8	101.2	98.1
交通和通信	**Transportation and Communication**	**102.4**	**99.4**	**98.7**	**99.2**	**99.9**
交通	Transportation	106.7	100.7	100.2	100.8	102.3
市区公共交通费	Incity Traffic Fare	120.8	103.6	99.2	100.0	100.0
城市间交通费	Intercity Traffic Fare	101.4	99.0	102.2	101.1	103.9
通信	Communication	99.5	98.4	97.7	98.0	98.1
娱乐教育文化用品及服务	**Recreation, Education and Culture Articles**	**114.8**	**105.5**	**99.6**	**103.2**	**104.1**
文娱用耐用消费品及服务	Durable Consumer Goods for Cultural and Recreational Use and Services	91.2	91.4	93.0	93.0	90.4
教育	Education	133.5	111.8	102.2	107.2	112.2
文化娱乐类	Cultural and Recreational Articles	104.0	103.2	98.8	99.0	100.7
旅游	Touring and Outing	91.4	94.3	98.7	105.5	90.5
居住	**Residence**	**102.6**	**104.1**	**102.2**	**100.9**	**103.0**
建房及装修材料	Building and Building Decoration Materials	99.1	99.9	100.0	97.6	101.2
租房	Renting	108.5	115.6	99.9	100.5	100.0
自有住房	Private Housing	100.0	92.4	98.5	103.1	106.1
水、电、燃料	Water, Electricity and Fuels	104.4	109.0	106.1	102.1	103.6
水	Water	121.0	149.3	105.4	101.9	107.8
电	Electricity	103.9	100.7	108.0	102.8	103.9
管道燃气	Pipeline Gas	100.0	103.7	100.9	100.0	100.0

3-4 居民消费价格分类指数（2001-2011 年）
Consumer Price Indices by Category (2001-2011)

续表 3（continued）上年 =100 preceding year=100

项　目	Item	2006 年	2007 年	2008 年	2009 年	2010 年	2011 年
衣着	**Clothing**	**98.2**	**94.2**	**94.2**	**94.7**	**98.4**	**101.3**
服装	Garments	100.4	95.7	94.5	98.7	99.6	101.6
衣着材料	Clothing Material	100.0	100.0	100.0	100.3	100.5	114.1
鞋袜帽	Footgear and Hats	91.3	89.0	92.9	82.2	94.8	100.1
衣着加工服务费	Clothing Manufacturing Services	102.5	100.3	102.1	100.0	100.0	102.4
家庭设备用品及维修服务	**Household Facilities, Articles and Services**	**100.3**	**101.8**	**102.5**	**97.2**	**100.2**	**102.2**
耐用消费品	Durable Consumer Goods	99.8	102.5	101.3	94.4	96.0	97.3
室内装饰品	Interior Decorations	98.2	97.0	96.6	96.2	99.6	95.3
床上用品	Bed Articles	92.7	95.0	102.4	96.5	100.6	109.9
家庭日用杂品	Daily Use Household Articles	99.4	102.3	102.8	102.4	104.9	104.6
家庭服务及加工维修服务	Household Services and Maintenance and Renovation	109.5	104.0	108.6	100.5	107.4	110.6
医疗保健和个人用品	**Health Care and Personal Articles**	**100.8**	**99.1**	**101.9**	**99.4**	**102.5**	**102.0**
医疗保健	Health Care	100.1	98.8	101.4	99.8	103.4	101.5
西药	Western Medicine	101.1	98.5	101.9	100.9	100.4	98.8
医疗保健服务	Health Care Services	99.8	98.2	100.0	100.3	101.0	100.3
个人用品及服务	Personal Articles and Services	102.8	100.0	103.1	97.9	101.0	102.7
交通和通信	**Transportation and Communication**	**98.7**	**99.0**	**99.3**	**98.2**	**99.5**	**99.1**
交通	Transportation	102.1	100.4	102.7	100.7	103.6	103.2
市区公共交通费	Incity Traffic Fare	100.0	100.0	100.0	100.3	105.7	102.7
城市间交通费	Intercity Traffic Fare	98.2	99.6	102.5	109.0	98.3	103.3
通信	Communication	96.6	98.0	97.3	96.5	96.4	95.5
娱乐教育文化用品及服务	**Recreation, Education and Culture Articles**	**104.3**	**99.4**	**100.3**	**98.5**	**102.7**	**98.9**
文娱用耐用消费品及服务	Durable Consumer Goods for Cultural and Recreational Use and Services	94.8	93.4	93.4	88.8	86.6	86.8
教育	Education	106.4	103.6	101.2	102.8	105.9	101.8
文化娱乐类	Cultural and Recreational Articles	102.1	102.0	101.5	102.3	101.6	100.3
旅游	Touring and Outing	109.3	88.4	104.6	88.3	112.5	104.2
居住	**Residence**	**106.0**	**105.5**	**101.8**	**95.9**	**105.4**	**103.7**
建房及装修材料	Building and Building Decoration Materials	107.5	108.2	104.5	100.9	101.4	104.0
租房	Renting	100.0	101.5	103.8	99.9	103.2	106.5
自有住房	Private Housing	102.7	105.5	101.7	81.4	107.0	103.1
水、电、燃料	Water, Electricity and Fuels	108.0	105.1	100.4	100.0	106.9	103.6
水	Water	102.6	102.6	100.0	100.0	124.3	101.9
电	Electricity	105.4	105.0	100.0	100.0	100.0	100.0
管道燃气	Pipeline Gas	117.4	107.4	100.0	100.0	109.1	112.6

3-5 商品零售价格分类指数（2003-2011 年）
Retail Price Indices by Category (2003-2011)

上年 =100 preceding year=100

项 目	Item	2003 年	2004 年	2005 年	2006 年
商品零售价格总指数	**Retail Price Index**	**99.5**	**101.4**	**98.7**	**101.6**
食品	Food	104.4	111.2	100.2	103.1
饮料烟酒	Beverages, Tobacco and Liquor	98.6	101.4	100.4	100.4
服装鞋帽	Garments, Shoes and Hats	94.0	91.1	92.2	98.4
纺织品	Textiles	100.5	99.8	98.7	93.6
家用电器及音像器材	Household Appliances, Music and Video Equipment	93.5	93.0	95.6	96.3
文化办公用品	Cultural and Office Appliances	98.2	98.2	99.8	100.0
日用品	Articles for Daily Use	94.9	99.9	100.0	101.0
体育娱乐用品	Sports and Recreation Articles	98.9	96.7	94.1	98.1
交通、通信用品	Transportation and Communication Appliances	90.8	89.6	88.9	88.8
家具	Furniture	98.2	99.7	101.3	100.5
化妆品	Cosmetics	97.1	101.8	100.8	98.5
金银珠宝	Gold, Silver and Jewelry	110.5	106.5	104.0	123.5
中西药品及医疗保健用品	Traditional Chinese and Western Medicines and Health Care Articles	97.8	93.2	102.6	100.2
书报杂志及电子出版物	Books, Newspapers, Magazines and Electronic Publications	100.2	101.1	99.7	100.5
燃料	Fuels	105.3	106.2	107.9	116.5
建筑材料及五金电料	Building Materials and Hardware	100.1	99.0	101.3	106.4

3-5 商品零售价格分类指数（2003–2011 年）
Retail Price Indices by Category (2003–2011)

续表（continued）上年 =100 preceding year=100

项 目	Item	2007 年	2008 年	2009 年	2010 年	2011 年
商品零售价格总指数	**Retail Price Index**	**103.7**	**105.0**	**97.3**	**101.7**	**104.7**
食品	Food	114.4	116.0	100.1	106.5	113.6
饮料烟酒	Beverages, Tobacco and Liquor	103.0	103.9	101.6	104.5	105.6
服装鞋帽	Garments, Shoes and Hats	94.2	94.1	94.7	98.4	101.4
纺织品	Textiles	95.8	102.2	96.9	100.6	111.9
家用电器及音像器材	Household Appliances, Music and Video Equipment	97.6	97.8	91.0	88.4	90.5
文化办公用品	Cultural and Office Appliances	99.3	97.9	96.3	95.0	93.2
日用品	Articles for Daily Use	101.7	103.3	100.5	99.5	104.5
体育娱乐用品	Sports and Recreation Articles	95.0	98.2	99.1	96.8	96.9
交通、通信用品	Transportation and Communication Appliances	88.6	89.4	91.5	92.3	93.2
家具	Furniture	101.0	100.4	96.8	101.0	99.8
化妆品	Cosmetics	99.0	101.1	100.6	100.1	102.0
金银珠宝	Gold, Silver and Jewelry	106.5	119.7	91.0	119.2	113.3
中西药品及医疗保健用品	Traditional Chinese and Western Medicines and Health Care Articles	98.9	102.0	99.7	104.3	102.4
书报杂志及电子出版物	Books, Newspapers, Magazines and Electronic Publications	100.0	100.4	103.4	100.6	101.0
燃料	Fuels	106.0	107.0	95.3	109.2	111.3
建筑材料及五金电料	Building Materials and Hardware	109.2	105.1	99.7	103.1	105.1

3-6 各月居民消费价格指数（2010 年）
Consumer Price Indices by Month (2010)

上年 =100　　preceding year=100

类 别	Item	1 月 January	2 月 February	3 月 March	4 月 April	5 月 May	6 月 June
居民消费价格总指数	**General Consumer Price Index**	**99.9**	**101.6**	**101.4**	**102.4**	**103.8**	**103.8**
非食品价格指数	Non-food Price Index	99.8	100.6	100.7	101.6	102.4	102.4
服务项目价格指数	Price Indices of Service Item	100.4	103.1	102.8	104.8	105.8	105.4
工业品价格指数	Industrial Products Price Index	99.3	99.1	99.4	99.7	100.5	100.7
扣除食品和能源价格指数	Excluding Food and Energy Price Index	99.6	100.4	100.5	101.5	102.3	102.4
消费品价格指数	Consumer Goods Price Index	99.7	101.1	101.0	101.7	103.1	103.3
食品	**Food**	**100.3**	**103.7**	**103.0**	**104.1**	**106.5**	**106.7**
粮食	Grain	107.7	109.8	111.6	110.3	111.2	111.5
大米	Rice	111.1	114.4	117.0	114.7	115.5	115.0
油脂	Oil or Fat	93.1	94.1	96.7	103.0	103.5	100.0
肉禽及其制品	Meal, Poultry and Processed Products	92.0	94.7	95.4	97.6	102.5	107.2
食用畜肉及副产品	Meat and its Subsidiary Products	84.9	88.2	90.2	94.5	102.6	108.1
猪肉	Pork	82.6	85.9	88.0	93.2	103.3	110.5
禽	Poultry	102.1	103.4	102.3	100.4	101.1	106.7
蛋	Eggs	104.2	108.3	107.3	105.7	102.3	101.9
水产品	Aquatic Products	105.4	109.9	109.4	108.5	106.4	106.5
菜	Vegetables	100.0	111.2	105.1	111.1	114.2	107.6
鲜菜	Fresh Vegetables	98.6	110.9	104.2	110.7	113.8	106.6
调味品	Flavoring	103.5	107.7	108.1	106.2	108.2	109.6
糖	Carbohydrate	101.9	102.9	103.5	105.3	106.7	105.5
茶及饮料	Tea and Beverages	100.4	100.6	99.8	101.2	102.0	102.4
干鲜瓜果	Dried and Fresh Melons and Fruits	111.2	119.1	118.5	119.6	126.3	126.0
糕点饼干	Cake and Biscuit	98.2	98.5	99.8	100.8	101.9	102.9
液体乳及乳制品	Milk and Its Products	101.1	104.5	102.1	99.6	102.4	102.0
在外用膳食品	Dining Out	103.1	103.7	103.1	102.8	103.2	103.7
其他食品	Other Foods and Manufacturing Services	91.5	91.8	93.9	95.2	99.8	97.4
烟酒及用品	**Tobacco, Liquor and Articles**	**102.5**	**103.4**	**104.1**	**104.1**	**104.1**	**104.3**
烟草	Tobacco	101.1	101.1	102.0	102.0	101.3	101.1
酒	Liquor	106.2	109.5	109.9	110.0	111.6	113.5
吸烟、饮酒用品	Articles for Smoking and Drinking	102.3	102.3	102.3	102.3	102.3	100.2

3-6 各月居民消费价格指数（2010 年）
Consumer Price Indices by Month (2010)

续表 1(continued)上年 =100 preceding year=100

类 别	Item	7 月 July	8 月 August	9 月 September	10 月 October	11 月 November	12 月 December
居民消费价格总指数	**General Consumer Price Index**	**103.8**	**104.3**	**104.0**	**104.1**	**105.3**	**104.5**
非食品价格指数	Non-food Price Index	102.3	103.0	102.3	101.7	101.6	101.8
服务项目价格指数	Price Indices of Service Item	105.8	106.7	106.1	104.5	104.7	105.1
工业品价格指数	Industrial Products Price Index	100.3	100.9	100.1	100.1	99.9	100.0
扣除食品和能源价格指数	Excluding Food and Energy Price Index	102.3	102.7	101.8	101.3	101.2	101.4
消费品价格指数	Consumer Goods Price Index	103.2	103.6	103.3	104.0	105.5	104.3
食品	**Food**	**106.9**	**107.1**	**107.5**	**109.1**	**113.0**	**110.1**
粮食	Grain	111.9	114.8	116.2	115.5	117.0	119.1
大米	Rice	115.5	120.2	122.4	120.4	121.3	124.4
油脂	Oil or Fat	101.8	105.9	108.0	113.8	126.8	120.1
肉禽及其制品	Meal, Poultry and Processed Products	108.5	108.1	108.7	111.5	115.8	116.9
食用畜肉及副产品	Meat and its Subsidiary Products	109.7	108.8	107.8	111.5	116.8	118.9
猪肉	Pork	112.2	110.5	109.4	113.3	119.0	120.7
禽	Poultry	108.5	106.9	109.7	112.2	115.4	113.4
蛋	Eggs	103.2	105.4	108.1	105.8	110.4	114.2
水产品	Aquatic Products	106.6	107.2	102.8	103.4	103.5	102.5
菜	Vegetables	114.1	112.5	110.5	115.6	118.1	93.4
鲜菜	Fresh Vegetables	113.5	112.1	110.2	115.8	118.9	91.8
调味品	Flavoring	113.5	114.7	118.2	117.4	120.2	119.5
糖	Carbohydrate	105.6	106.6	106.3	105.9	112.0	112.9
茶及饮料	Tea and Beverages	105.0	106.3	109.5	108.6	108.3	108.2
干鲜瓜果	Dried and Fresh Melons and Fruits	109.0	105.7	107.2	107.4	112.8	117.4
糕点饼干	Cake and Biscuit	101.9	103.9	103.6	104.4	105.9	106.3
液体乳及乳制品	Milk and Its Products	102.9	103.2	105.1	103.9	106.1	106.6
在外用膳食品	Dining Out	103.4	103.1	103.2	104.3	109.2	107.4
其他食品	Other Foods and Manufacturing Services	98.3	97.9	98.7	98.6	99.0	99.3
烟酒及用品	**Tobacco, Liquor and Articles**	**104.7**	**104.6**	**104.8**	**105.5**	**105.0**	**104.9**
烟草	Tobacco	101.1	101.1	101.1	101.6	101.6	101.6
酒	Liquor	115.0	114.5	115.4	116.8	115.0	114.6
吸烟、饮酒用品	Articles for Smoking and Drinking	100.2	100.2	100.2	100.2	100.6	100.2

3-6 各月居民消费价格指数（2010年）
Consumer Price Indices by Month (2010)

续表 2(continued)上年 =100 　　　　preceding year=100

类 别	Item	1月 January	2月 February	3月 March	4月 April	5月 May	6月 June
衣着	**Clothing**	**99.4**	**98.5**	**99.4**	**99.1**	**100.1**	**100.1**
服装	Garments	99.3	99.3	100.0	99.9	101.0	100.9
衣着材料	Clothing Material	100.0	98.3	98.3	98.3	98.3	99.8
鞋袜帽	Footgear and Hats	99.7	96.0	97.5	96.5	97.3	97.5
衣着加工服务费	Clothing Manufacturing Services	100.0	100.0	100.0	100.0	100.0	100.0
家庭设备用品及维修服务	**Household Facilities, Articles and Services**	**98.3**	**98.9**	**98.7**	**99.4**	**100.2**	**101.5**
耐用消费品	Durable Consumer Goods	96.1	96.7	95.5	97.0	96.7	97.9
室内装饰品	Interior Decorations	103.1	99.0	101.2	100.0	100.0	100.0
床上用品	Bed Articles	94.9	97.0	100.3	98.4	98.1	99.6
家庭日用杂品	Daily Use Household Articles	101.6	101.7	101.3	102.0	103.9	106.2
家庭服务及加工维修服务	Household Services and Maintenance and Renovation	102.6	104.3	104.7	104.7	108.7	108.7
医疗保健和个人用品	**Health Care and Personal Articles**	**101.1**	**101.0**	**101.4**	**101.6**	**102.6**	**102.8**
医疗保健	Health Care	101.4	101.4	101.8	102.0	103.1	103.4
西药	Western Medicine	100.3	100.3	100.3	99.4	99.8	100.6
医疗保健服务	Health Care Services	101.3	101.3	101.3	101.3	101.3	101.0
个人用品及服务	Personal Articles and Services	100.7	100.3	100.6	101.2	101.6	101.7
交通和通信	**Transportation and Communication**	**99.9**	**99.0**	**99.1**	**98.9**	**100.1**	**99.3**
交通	Transportation	104.8	103.6	103.9	103.3	104.3	102.9
市区公共交通费	Incity Traffic Fare	102.7	102.7	102.7	102.7	102.7	102.7
城市间交通费	Intercity Traffic Fare	104.7	99.1	100.4	98.6	102.3	101.0
通信	Communication	96.7	95.9	95.7	95.8	97.0	96.6
娱乐教育文化用品及服务	**Recreation, Education and Culture Articles**	**98.0**	**102.1**	**101.6**	**104.4**	**105.2**	**104.3**
文娱用耐用消费品及服务	Durable Consumer Goods for Cultural and Recreational Use and Services	90.0	86.3	85.4	88.6	89.6	89.8
教育	Education	101.4	101.4	103.2	108.2	108.5	108.5
文化娱乐类	Cultural and Recreational Articles	100.2	100.8	105.9	102.9	102.1	102.0
旅游	Touring and Outing	93.1	127.2	111.5	112.3	116.9	110.2
居住	**Residence**	**101.2**	**102.1**	**102.1**	**104.0**	**104.9**	**105.2**
建房及装修材料	Building and Building Decoration Materials	99.8	100.5	101.1	101.6	100.6	100.8
租房	Renting	99.9	101.1	100.0	100.0	100.0	102.4
自有住房	Private Housing	100.0	100.0	100.0	106.4	110.4	110.4
水、电、燃料	Water, Electricity and Fuels	103.0	104.6	104.6	104.6	104.6	104.6
水	Water	116.7	125.0	125.0	125.0	125.0	125.0
电	Electricity	100.0	100.0	100.0	100.0	100.0	100.0
管道燃气	Pipeline Gas	100.0	100.0	100.0	100.0	100.0	100.0

3-6 各月居民消费价格指数（2010年）
Consumer Price Indices by Month (2010)

续表 3(continued)上年=100 preceding year=100

类别	Item	7月 July	8月 August	9月 September	10月 October	11月 November	12月 December
衣着	**Clothing**	**99.3**	**99.1**	**97.4**	**96.9**	**95.9**	**96.1**
服装	Garments	100.1	99.9	99.0	99.1	98.3	98.4
衣着材料	Clothing Material	99.8	99.8	99.8	99.8	102.8	111.1
鞋袜帽	Footgear and Hats	96.6	97.1	92.5	90.5	88.5	88.6
衣着加工服务费	Clothing Manufacturing Services	100.0	100.0	100.0	100.0	100.0	100.0
家庭设备用品及维修服务	**Household Facilities, Articles and Services**	**101.7**	**101.4**	**100.2**	**100.3**	**100.4**	**101.2**
耐用消费品	Durable Consumer Goods	97.6	96.8	93.7	94.6	94.5	94.3
室内装饰品	Interior Decorations	99.2	99.2	99.2	98.4	98.4	97.4
床上用品	Bed Articles	99.9	101.1	103.4	101.6	105.5	108.2
家庭日用杂品	Daily Use Household Articles	107.6	107.4	107.4	107.1	106.5	106.4
家庭服务及加工维修服务	Household Services and Maintenance and Renovation	108.7	108.7	108.7	108.7	107.2	113.1
医疗保健和个人用品	**Health Care and Personal Articles**	**103.1**	**103.6**	**103.5**	**103.6**	**103.5**	**102.7**
医疗保健	Health Care	103.8	105.0	105.0	105.0	104.9	103.8
西药	Western Medicine	100.6	100.6	100.9	100.7	100.9	100.9
医疗保健服务	Health Care Services	101.0	101.0	101.0	101.0	101.0	100.0
个人用品及服务	Personal Articles and Services	101.6	101.0	100.7	100.6	101.0	100.6
交通和通信	**Transportation and Communication**	**100.2**	**100.1**	**99.5**	**99.9**	**99.4**	**99.1**
交通	Transportation	104.6	104.5	103.3	104.1	102.6	101.6
市区公共交通费	Incity Traffic Fare	109.4	109.4	109.4	109.4	108.4	106.5
城市间交通费	Intercity Traffic Fare	102.1	99.5	94.1	96.8	91.5	90.4
通信	Communication	96.6	96.6	96.4	96.6	96.7	96.8
娱乐教育文化用品及服务	**Recreation, Education and Culture Articles**	**103.8**	**105.5**	**104.1**	**100.8**	**101.3**	**101.8**
文娱用耐用消费品及服务	Durable Consumer Goods for Cultural and Recreational Use and Services	88.4	88.3	83.6	83.1	83.2	82.9
教育	Education	108.5	108.5	105.5	105.5	105.5	105.5
文化娱乐类	Cultural and Recreational Articles	100.8	99.2	101.4	101.2	101.1	101.8
旅游	Touring and Outing	108.1	122.1	126.6	105.5	108.6	111.9
居住	**Residence**	**105.1**	**107.4**	**107.5**	**107.8**	**108.5**	**109.1**
建房及装修材料	Building and Building Decoration Materials	100.8	101.2	101.5	101.7	102.7	104.5
租房	Renting	105.8	105.8	105.8	105.8	105.8	105.8
自有住房	Private Housing	109.0	109.3	107.9	108.8	110.3	111.1
水、电、燃料	Water, Electricity and Fuels	104.6	109.5	110.7	110.7	110.7	110.7
水	Water	125.0	125.0	125.0	125.0	125.0	125.0
电	Electricity	100.0	100.0	100.0	100.0	100.0	100.0
管道燃气	Pipeline Gas	100.0	118.3	122.9	122.9	122.9	122.9

3-6 各月居民消费价格指数（2011 年）
Consumer Price Indices by Month (2011)

上年 =100　　preceding year=100

类别	Item	1 月 January	2 月 February	3 月 March	4 月 April	5 月 May	6 月 June
居民消费价格总指数	**General Consumer Price Index**	**105.0**	**105.4**	**105.5**	**104.8**	**104.6**	**105.5**
非食品价格指数	Non-food Price Index	101.5	101.4	101.6	101.2	101.1	101.3
服务项目价格指数	Price Indices of Service Item	105.0	103.9	104.2	102.7	101.3	101.1
工业品价格指数	Industrial Products Price Index	99.1	99.7	99.8	100.2	100.9	101.4
扣除食品烟酒和能源价格指数	Excluding Food Tobacco Liquor and Energy Price Index	100.9	100.8	101.0	100.5	100.4	100.6
消费品价格指数	Consumer Goods Price Index	105.0	106.0	106.0	105.6	105.9	107.3
食品	**Food**	**113.3**	**114.8**	**114.6**	**113.1**	**112.8**	**115.5**
粮食	Grain	117.2	116.5	115.0	115.7	115.1	115.9
大米	Rice	121.9	120.9	117.5	117.5	117.0	116.5
油脂	Oil or Fat	117.8	116.7	118.0	119.1	117.8	119.0
肉禽及其制品	Meal, Poultry and Processed Products	118.7	122.1	126.0	131.2	131.7	138.0
食用畜肉及副产品	Meat and its Subsidiary Products	120.4	125.1	130.9	137.6	138.0	147.1
猪肉	Pork	121.4	127.4	135.9	144.9	144.6	155.1
禽	Poultry	117.4	118.0	118.6	122.3	123.4	125.2
蛋	Eggs	117.6	117.8	116.1	119.7	119.8	122.7
水产品	Aquatic Products	106.5	102.0	103.2	106.2	109.1	109.8
菜	Vegetables	117.0	128.4	118.8	90.8	86.9	92.4
鲜菜	Fresh Vegetables	117.9	130.6	120.2	89.5	85.5	92.4
调味品	Flavoring	117.2	114.2	113.2	116.3	112.9	113.0
糖	Carbohydrate	109.3	108.4	108.2	108.7	109.2	110.3
茶及饮料	Tea and Beverages	108.8	108.5	108.6	109.7	110.7	111.3
干鲜瓜果	Dried and Fresh Melons and Fruits	121.5	120.0	119.7	124.4	121.8	124.0
糕点饼干面包	Cake, Biscuit and Bread	107.4	108.9	108.7	110.1	109.8	109.8
液体乳及乳制品	Milk and Its Products	107.9	107.4	105.7	107.4	106.1	106.5
在外用膳食品	Dining Out	106.2	105.7	106.8	106.8	108.5	108.3
其他食品	Other Foods and Manufacturing Services	99.7	100.9	101.8	102.4	103.2	106.6
烟酒	**Tobacco and Liquor**	**103.4**	**102.7**	**103.1**	**103.4**	**103.2**	**102.8**
烟草	Tobacco	99.9	100.0	99.8	99.8	99.8	99.8
酒	Liquor	112.0	109.3	110.9	112.0	111.2	109.7

3-6 各月居民消费价格指数（2011 年）
Consumer Price Indices by Month (2011)

续表 1(continued)上年 =100 preceding year=100

类别	Item	7 月 July	8 月 August	9 月 September	10 月 October	11 月 November	12 月 December
居民消费价格总指数	**General Consumer Price Index**	**105.6**	**105.7**	**106.1**	**105.8**	**104.8**	**104.9**
非食品价格指数	Non-food Price Index	101.2	101.2	101.5	101.9	101.8	102.1
服务项目价格指数	Price Indices of Service Item	100.8	101.3	101.6	103.3	101.8	102.8
工业品价格指数	Industrial Products Price Index	101.4	101.1	101.4	100.9	101.7	101.6
扣除食品烟酒和能源价格指数	Excluding Food Tobacco Liquor and Energy Price Index	100.5	100.8	101.3	101.7	101.4	101.8
消费品价格指数	Consumer Goods Price Index	107.6	107.5	107.9	106.8	106.0	105.8
食品	**Food**	**116.1**	**116.0**	**116.4**	**114.5**	**111.3**	**111.1**
粮食	Grain	117.4	115.5	115.7	115.4	114.3	111.6
大米	Rice	117.1	112.9	112.4	113.1	114.0	110.7
油脂	Oil or Fat	117.4	119.9	120.3	116.9	106.8	105.9
肉禽及其制品	Meal, Poultry and Processed Products	142.9	140.0	137.2	131.5	124.0	120.7
食用畜肉及副产品	Meat and its Subsidiary Products	153.6	147.2	144.0	136.8	127.9	123.7
猪肉	Pork	163.2	153.9	149.2	139.9	129.8	125.2
禽	Poultry	126.1	128.7	125.6	122.5	116.5	115.4
蛋	Eggs	125.1	125.0	120.8	124.7	119.0	114.3
水产品	Aquatic Products	109.8	108.6	107.7	107.1	107.7	108.8
菜	Vegetables	92.1	95.9	107.0	102.7	101.9	111.8
鲜菜	Fresh Vegetables	92.2	95.6	107.7	102.9	102.2	113.3
调味品	Flavoring	109.4	109.5	104.7	104.8	104.5	104.5
糖	Carbohydrate	110.1	110.3	111.1	111.9	108.3	106.5
茶及饮料	Tea and Beverages	108.6	108.5	105.5	106.1	106.0	106.3
干鲜瓜果	Dried and Fresh Melons and Fruits	115.8	110.3	110.9	112.0	111.5	106.3
糕点饼干面包	Cake, Biscuit and Bread	110.6	110.4	110.1	108.9	108.5	107.9
液体乳及乳制品	Milk and Its Products	107.7	110.1	107.8	108.4	107.8	107.3
在外用膳食品	Dining Out	108.6	108.6	108.5	107.3	104.8	105.5
其他食品	Other Foods and Manufacturing Services	106.9	111.3	109.5	112.6	113.7	113.5
烟酒	**Tobacco and Liquor**	**102.6**	**103.0**	**103.2**	**103.6**	**106.5**	**107.3**
烟草	Tobacco	99.8	99.8	99.9	99.9	99.8	99.9
酒	Liquor	108.9	110.3	110.6	111.9	121.3	123.6

3-6 各月居民消费价格指数（2011 年）
Consumer Price Indices by Month (2011)

续表 2(continued)上年 =100 preceding year=100

类 别	Item	1月 January	2月 February	3月 March	4月 April	5月 May	6月 June
衣着	**Clothing**	**95.8**	**97.2**	**96.8**	**99.2**	**102.3**	**104.1**
服装	Garments	98.8	99.3	99.1	102.3	102.7	105.1
衣着材料	Clothing Material	109.8	113.5	114.9	116.2	117.1	115.4
鞋袜帽	Footgear and Hats	87.5	91.0	90.1	90.3	101.1	101.2
衣着加工服务费	Clothing Manufacturing Services	100.9	100.9	100.9	100.9	102.0	102.0
家庭设备用品及维修服务	**Household Facilities, Articles and Services**	**101.5**	**101.6**	**101.9**	**101.3**	**101.3**	**101.2**
耐用消费品	Durable Consumer Goods	95.5	96.2	95.9	95.1	96.0	95.0
室内装饰品	Interior Decorations	97.0	95.4	95.1	94.9	94.9	94.9
床上用品	Bed Articles	111.5	112.0	112.0	112.0	112.0	111.5
家庭日用杂品	Daily Use Household Articles	104.3	103.7	104.5	103.5	103.2	104.5
家庭服务及加工维修服务	Household Services and Maintenance and Renovation	111.2	110.5	112.6	112.8	108.8	108.9
医疗保健和个人用品	**Health Care and Personal Articles**	**101.9**	**102.1**	**102.0**	**102.1**	**101.6**	**101.5**
医疗保健	Health Care	102.7	102.7	102.4	101.9	101.3	101.3
西药	Western Medicine	100.9	101.2	100.7	98.7	98.5	97.8
医疗保健服务	Health Care Services	100.0	100.0	100.0	100.0	100.0	100.0
个人用品及服务	Personal Articles and Services	100.6	101.2	101.4	102.4	102.1	102.0
交通和通信	**Transportation and Communication**	**98.1**	**98.9**	**99.3**	**99.6**	**99.6**	**100.3**
交通	Transportation	102.0	102.5	103.0	103.8	103.7	104.5
市区公共交通费	Incity Traffic Fare	105.1	105.1	105.1	105.1	105.4	105.4
城市间交通费	Intercity Traffic Fare	95.0	97.8	98.2	101.4	102.3	103.9
通信	Communication	94.8	95.8	96.1	96.1	96.2	96.7
娱乐教育文化用品及服务	**Recreation, Education and Culture Articles**	**101.4**	**100.8**	**99.1**	**96.9**	**96.9**	**97.5**
文娱用耐用消费品及服务	Durable Consumer Goods for Cultural and Recreational Use and Services	82.9	85.6	85.8	84.9	85.0	84.9
教育	Education	108.6	108.7	106.1	99.9	99.3	99.3
文化娱乐类	Cultural and Recreational Articles	100.8	100.8	97.9	98.8	98.8	99.2
旅游	Touring and Outing	113.4	103.6	103.3	101.7	102.5	106.2
居住	**Residence**	**106.0**	**104.7**	**106.4**	**105.1**	**103.3**	**102.4**
建房及装修材料	Building and Building Decoration Materials	103.3	103.4	103.9	103.7	105.1	105.0
租房	Renting	107.5	107.5	109.8	109.8	109.8	107.0
自有住房	Private Housing	105.9	104.1	107.0	104.4	100.4	99.3
水、电、燃料	Water, Electricity and Fuels	106.8	105.4	105.4	105.4	105.9	105.9
水	Water	107.1	100.0	100.0	100.0	102.0	102.0
电	Electricity	100.0	100.0	100.0	100.0	100.0	100.0
管道燃气	Pipeline Gas	122.9	122.9	122.9	122.9	122.9	122.9

3-6 各月居民消费价格指数（2011 年）
Consumer Price Indices by Month (2011)

续表 3(continued)上年 =100　　same term of preceding year = 100

类 别	Item	7月 July	8月 August	9月 September	10月 October	11月 November	12月 December
衣着	**Clothing**	**102.5**	**103.1**	**103.7**	**102.9**	**104.1**	**103.8**
服装	Garments	102.7	102.2	102.4	101.6	101.7	101.7
衣着材料	Clothing Material	115.5	115.5	115.0	115.8	113.5	107.4
鞋袜帽	Footgear and Hats	102.0	105.7	107.3	106.4	111.3	109.9
衣着加工服务费	Clothing Manufacturing Services	102.0	102.2	103.4	104.7	104.7	104.3
家庭设备用品及维修服务	**Household Facilities, Articles and Services**	**101.3**	**101.8**	**104.0**	**103.9**	**103.8**	**102.6**
耐用消费品	Durable Consumer Goods	95.6	97.0	101.0	100.1	100.6	100.0
室内装饰品	Interior Decorations	94.9	95.0	94.3	94.1	95.7	96.7
床上用品	Bed Articles	111.1	109.1	107.8	110.7	106.7	103.5
家庭日用杂品	Daily Use Household Articles	104.1	104.2	105.8	105.7	105.8	105.6
家庭服务及加工维修服务	Household Services and Maintenance and Renovation	108.9	110.9	112.0	112.0	112.0	106.6
医疗保健和个人用品	**Health Care and Personal Articles**	**102.0**	**102.1**	**102.2**	**102.0**	**102.1**	**101.9**
医疗保健	Health Care	101.5	100.8	101.0	101.0	101.0	100.9
西药	Western Medicine	97.9	98.1	98.2	97.8	97.8	97.5
医疗保健服务	Health Care Services	100.0	100.6	100.6	100.6	100.6	100.6
个人用品及服务	Personal Articles and Services	102.9	104.4	104.3	103.8	104.1	103.7
交通和通信	**Transportation and Communication**	**100.0**	**99.6**	**98.5**	**98.4**	**98.5**	**98.3**
交通	Transportation	103.2	103.6	103.5	103.3	103.0	102.4
市区公共交通费	Incity Traffic Fare	100.3	100.3	100.3	100.3	100.3	100.3
城市间交通费	Intercity Traffic Fare	105.0	106.2	106.2	107.7	109.8	107.2
通信	Communication	97.1	96.1	94.1	94.1	94.5	94.7
娱乐教育文化用品及服务	**Recreation, Education and Culture Articles**	**98.1**	**97.8**	**98.2**	**100.4**	**99.9**	**99.8**
文娱用耐用消费品及服务	Durable Consumer Goods for Cultural and Recreational Use and Services	86.3	86.4	89.0	90.5	90.9	91.2
教育	Education	99.4	99.8	100.5	100.5	100.5	101.2
文化娱乐类	Cultural and Recreational Articles	101.1	101.0	101.1	101.3	101.5	101.5
旅游	Touring and Outing	103.7	100.7	97.6	110.1	105.7	102.8
居住	**Residence**	**102.5**	**102.3**	**102.7**	**103.3**	**101.9**	**103.9**
建房及装修材料	Building and Building Decoration Materials	105.0	104.5	105.0	99.8	104.8	104.6
租房	Renting	103.0	103.1	103.1	104.0	106.9	107.4
自有住房	Private Housing	99.9	102.1	103.3	105.7	101.2	105.0
水、电、燃料	Water, Electricity and Fuels	105.9	101.5	100.5	100.5	100.5	100.5
水	Water	102.0	102.0	102.0	102.0	102.0	102.0
电	Electricity	100.0	100.0	100.0	100.0	100.0	100.0
管道燃气	Pipeline Gas	122.9	103.8	100.0	100.0	100.0	100.0

3-7 各月商品零售价格分类指数（2010 年）
Retail Price Index by Month (2010)

上年 =100 | same term of preceding year = 100

项 目	Item	1 月 January	2 月 February	3 月 March	4 月 April	5 月 May	6 月 June
商品零售价格总指数	**Retail Price Index**	**99.6**	**100.2**	**100.0**	**100.6**	**102.1**	**101.9**
食品	Food	100.3	103.7	103.1	104.2	106.6	106.8
饮料烟酒	Beverages, Tobacco and Liquor	102.2	103.1	103.6	103.8	103.9	104.4
服装鞋帽	Garments, Shoes and Hats	99.3	98.5	99.3	99.1	100.1	100.1
纺织品	Textiles	95.4	97.1	100.0	98.4	98.1	99.6
家用电器及音像器材	Household Appliances, Music and Video Equipment	92.8	89.8	88.4	89.8	90.0	90.7
文化办公用品	Cultural and Office Appliances	95.4	95.4	94.2	96.2	97.3	97.3
日用品	Articles for Daily Use	98.3	98.3	99.4	99.1	99.5	99.7
体育娱乐用品	Sports and Recreation Articles	98.5	98.4	98.2	98.2	97.3	97.6
交通、通信用品	Transportation and Communication Appliances	93.5	91.9	91.4	91.0	93.2	92.3
家具	Furniture	101.1	101.1	101.1	101.1	101.1	101.1
化妆品	Cosmetics	100.0	100.0	100.0	100.0	100.0	100.0
金银珠宝	Gold, Silver and Jewelry	117.3	111.1	111.4	116.9	121.7	123.0
中西药品及医疗保健用品	Traditional Chinese and Western Medicines and Health Care Articles	101.4	101.4	102.0	102.2	103.8	104.4
书报杂志及电子出版物	Books, Newspapers, Magazines and Electronic Publications	101.0	101.0	101.0	101.1	101.1	101.1
燃料	Fuels	107.5	107.9	107.6	107.5	108.5	105.1
建筑材料及五金电料	Building Materials and Hardware	100.4	100.8	101.3	102.7	102.9	102.9

3-7 各月商品零售价格分类指数（2010年）
Retail Price Index by Month (2010)

续表（continued）上年=100　　same term of preceding year = 100

项目	Item	7月 July	8月 August	9月 September	10月 October	11月 November	12月 December
商品零售价格总指数	**Retail Price Index**	**101.5**	**102.4**	**102.1**	**103.0**	**104.1**	**103.3**
食品	Food	106.9	107.1	107.4	109.1	113.0	110.1
饮料烟酒	Beverages, Tobacco and Liquor	105.1	105.2	105.7	106.2	105.6	105.5
服装鞋帽	Garments, Shoes and Hats	99.2	99.1	97.3	96.9	95.8	96.0
纺织品	Textiles	99.9	101.0	103.0	101.4	105.2	108.5
家用电器及音像器材	Household Appliances, Music and Video Equipment	89.4	88.8	85.0	85.3	85.4	85.2
文化办公用品	Cultural and Office Appliances	96.8	95.8	92.7	93.2	92.9	92.9
日用品	Articles for Daily Use	99.7	98.3	99.1	99.7	101.2	102.2
体育娱乐用品	Sports and Recreation Articles	97.1	94.4	94.4	95.8	96.3	95.5
交通、通信用品	Transportation and Communication Appliances	92.2	92.0	91.9	92.4	92.7	93.1
家具	Furniture	101.1	101.1	101.1	101.1	101.1	100.0
化妆品	Cosmetics	100.0	100.0	100.0	100.6	100.6	100.6
金银珠宝	Gold, Silver and Jewelry	121.6	121.6	119.1	124.7	123.6	117.6
中西药品及医疗保健用品	Traditional Chinese and Western Medicines and Health Care Articles	105.0	106.6	106.7	106.7	106.5	105.3
书报杂志及电子出版物	Books, Newspapers, Magazines and Electronic Publications	100.2	100.2	100.2	100.2	100.2	100.2
燃料	Fuels	102.3	111.9	112.6	113.7	112.6	113.1
建筑材料及五金电料	Building Materials and Hardware	102.1	101.1	102.2	105.5	106.1	109.1

3-7 各月商品零售价格分类指数（2011 年）
Retail Price Index by Month (2011)

上年 =100 | same term of preceding year = 100

项　目	Item	1 月 January	2 月 February	3 月 March	4 月 April	5 月 May	6 月 June
商品零售价格总指数	**Retail Price Index**	**103.0**	**104.2**	**104.4**	**104.1**	**104.1**	**105.4**
食品	Food	111.0	113.1	113.0	111.3	111.0	114.3
饮料烟酒	Beverages, Tobacco and Liquor	105.6	105.1	105.4	106.0	106.2	106.2
服装鞋帽	Garments, Shoes and Hats	96.8	97.9	97.6	100.3	102.4	104.5
纺织品	Textiles	113.9	114.5	114.6	114.7	114.7	114.1
家用电器及音像器材	Household Appliances, Music and Video Equipment	85.2	88.4	88.6	88.4	89.6	88.9
文化办公用品	Cultural and Office Appliances	94.6	94.2	92.4	92.3	91.3	91.4
日用品	Articles for Daily Use	103.0	102.4	103.0	103.5	103.5	104.2
体育娱乐用品	Sports and Recreation Articles	96.3	96.1	96.5	95.7	95.9	95.8
交通、通信用品	Transportation and Communication Appliances	92.2	93.7	94.0	93.8	93.7	94.2
家具	Furniture	99.9	100.1	99.1	99.0	98.9	99.4
化妆品	Cosmetics	100.5	100.7	101.0	101.3	101.5	101.8
金银珠宝	Gold, Silver and Jewelry	116.9	116.8	118.0	116.4	112.2	111.3
中西药品及医疗保健用品	Traditional Chinese and Western Medicines and Health Care Articles	104.2	104.1	103.8	103.2	102.2	102.0
书报杂志及电子出版物	Books, Newspapers, Magazines and Electronic Publications	100.2	100.3	100.3	100.3	100.3	100.6
燃料	Fuels	114.2	114.7	117.2	116.1	115.8	117.3
建筑材料及五金电料	Building Materials and Hardware	105.3	105.6	106.6	105.7	105.7	105.4

3-7 各月商品零售价格分类指数（2011 年）
Retail Price Index by Month (2011)

续表（continued）上年 =100　　same term of preceding year = 100

项　目	Item	7 月 July	8 月 August	9 月 September	10 月 October	11 月 November	12 月 December
商品零售价格总指数	**Retail Price Index**	**105.8**	**105.8**	**105.8**	**104.7**	**104.5**	**104.2**
食品	Food	115.3	116.5	116.5	115.3	112.9	112.7
饮料烟酒	Beverages, Tobacco and Liquor	105.1	105.3	104.2	104.7	106.5	107.1
服装鞋帽	Garments, Shoes and Hats	102.6	102.8	103.2	102.4	103.2	103.0
纺织品	Textiles	113.5	111.9	111.6	111.5	106.7	102.8
家用电器及音像器材	Household Appliances, Music and Video Equipment	90.1	90.9	94.1	94.3	94.7	94.9
文化办公用品	Cultural and Office Appliances	91.4	91.0	94.9	94.6	95.3	95.5
日用品	Articles for Daily Use	104.5	107.0	106.7	106.9	105.2	103.9
体育娱乐用品	Sports and Recreation Articles	96.2	98.2	97.7	97.4	97.4	99.3
交通、通信用品	Transportation and Communication Appliances	94.8	95.1	91.7	91.5	91.5	91.8
家具	Furniture	99.8	100.1	100.4	100.5	100.7	99.2
化妆品	Cosmetics	102.1	102.5	102.7	103.2	103.2	103.2
金银珠宝	Gold, Silver and Jewelry	113.6	117.7	117.8	107.3	108.5	105.5
中西药品及医疗保健用品	Traditional Chinese and Western Medicines and Health Care Articles	102.2	101.1	101.4	101.5	101.6	101.3
书报杂志及电子出版物	Books, Newspapers, Magazines and Electronic Publications	102.1	101.4	101.7	101.7	101.7	101.7
燃料	Fuels	117.3	108.0	105.8	105.0	104.3	102.9
建筑材料及五金电料	Building Materials and Hardware	106.0	106.1	107.0	98.3	105.8	104.8

3-8 全国各地区居民消费价格指数（2005-2011 年）
Consumer Price Indices by Region of the Nation (2005-2011)

上年 =100　　preceding year=100

地　区	Region	2005 年	2006 年	2007 年	2008 年	2009 年	2010 年	2011 年
全　国	**National Total**	**101.8**	**101.5**	**104.8**	**105.9**	**99.3**	**103.3**	**105.4**
东部地区	**Eastern Region**							
北　京	Beijing	101.5	100.9	102.4	105.1	98.5	102.4	105.6
天　津	Tianjin	101.5	101.5	104.2	105.4	99.0	103.5	104.9
河　北	Hebei	101.8	101.7	104.7	106.2	99.3	103.1	105.7
辽　宁	Liaoning	101.4	101.2	105.1	104.6	100.0	103.0	105.2
上　海	Shanghai	101.0	101.2	103.2	105.8	99.6	103.1	105.2
江　苏	Jiangsu	102.1	101.6	104.3	105.4	99.6	103.8	105.3
浙　江	Zhejiang	101.3	101.1	104.2	105.0	98.5	103.8	105.4
福　建	Fujian	102.2	100.8	105.2	104.6	98.2	103.2	105.3
山　东	Shandong	101.7	101.0	104.4	105.3	100.0	102.9	105.0
广　东	Guangdong	102.3	101.8	103.7	105.6	97.7	103.1	105.3
海　南	Hainan	101.5	101.5	105.0	106.9	99.3	104.8	106.1
中部地区	**Central Region**							
山　西	Shanxi	102.3	102.0	104.6	107.2	99.6	103.0	105.2
吉　林	Jilin	101.5	101.4	104.8	105.1	100.1	103.7	105.2
黑龙江	Heilongjiang	101.2	101.9	105.4	105.6	100.2	103.9	105.8
安　徽	Anhui	101.4	101.2	105.3	106.2	99.1	103.1	105.6
江　西	Jiangxi	101.7	101.2	104.8	106.0	99.3	103.0	105.2
河　南	Henan	102.1	101.3	105.4	107.0	99.4	103.5	105.6
湖　北	Hubei	102.9	101.6	104.8	106.3	99.6	102.9	105.8
湖　南	Hunan	102.3	101.4	105.6	106.0	99.6	103.1	105.5
西部地区	**Western Region**							
重　庆	Chongqing	100.8	102.4	104.7	105.6	98.4	103.2	105.3
四　川	Sichuan	101.7	102.3	105.9	105.1	100.8	103.2	105.3
贵　州	Guizhou	101.0	101.7	106.4	107.6	98.7	102.9	105.1
云　南	Yunnan	101.4	101.9	105.9	105.7	100.4	103.7	104.9
西　藏	Tibet	101.5	102.0	103.4	105.7	101.4	102.2	105.0
陕　西	Shaanxi	101.2	101.5	105.1	106.4	100.5	104.0	105.7
甘　肃	Gansu	101.7	101.3	105.5	108.2	101.3	104.1	105.9
青　海	Qinghai	100.8	101.6	106.6	110.1	102.6	105.4	106.1
宁　夏	Ningxia	101.5	101.9	105.4	108.5	100.7	104.1	106.3
新　疆	Xinjiang	100.7	101.3	105.5	108.1	100.7	104.3	105.9
内蒙古	Inner Mongolia	102.4	101.5	104.6	105.7	99.7	103.2	105.6
广　西	Guangxi	102.4	101.3	106.1	107.8	97.9	103.0	105.9

3-9 全国各地区商品零售价格指数（2005-2011 年）
Retail Price Indices by Region of the Nation (2005-2011)

上年 =100　　　　preceding year=100

地　区	Region	2005 年	2006 年	2007 年	2008 年	2009 年	2010 年	2011 年
全　国	**National Total**	**100.8**	**101.0**	**103.8**	**105.9**	**98.8**	**103.1**	**104.9**
东部地区	**Eastern Region**							
北　京	Beijing	99.7	100.2	100.8	104.4	97.8	100.4	103.2
天　津	Tianjin	99.9	100.4	103.2	105.1	98.9	103.4	104.7
河　北	Hebei	101.1	101.5	104.1	106.7	99.0	103.1	105.0
辽　宁	Liaoning	100.1	101.3	104.4	105.3	99.8	103.2	105.0
上　海	Shanghai	99.4	100.2	102.4	105.3	99.4	101.7	104.1
江　苏	Jiangsu	100.3	100.8	102.9	104.9	98.9	103.2	104.6
浙　江	Zhejiang	100.9	100.8	103.8	106.3	98.8	103.9	105.5
福　建	Fujian	100.6	100.5	104.3	105.7	97.9	103.4	104.8
山　东	Shandong	100.6	100.6	103.6	104.9	99.4	102.7	104.7
广　东	Guangdong	101.8	101.5	103.4	106.0	96.8	103.3	105.1
海　南	Hainan	100.9	101.3	103.8	106.7	98.5	104.6	105.4
中部地区	**Central Region**							
山　西	Shanxi	100.3	101.2	104.2	107.2	99.1	102.3	104.9
吉　林	Jilin	101.1	101.5	103.3	106.2	99.3	104.1	104.9
黑龙江	Heilongjiang	100.4	101.5	105.6	105.8	98.9	103.1	104.5
安　徽	Anhui	100.6	100.8	104.5	106.3	99.0	103.2	105.3
江　西	Jiangxi	100.9	101.2	104.0	106.1	99.1	102.7	104.8
河　南	Henan	101.7	100.9	104.4	107.5	99.4	103.7	105.7
湖　北	Hubei	102.1	101.1	104.2	106.3	98.6	103.1	105.6
湖　南	Hunan	102.3	101.3	104.3	105.6	98.5	103.1	105.5
西部地区	**Western Region**							
重　庆	Chongqing	98.7	101.6	103.7	105.0	97.3	101.7	104.7
四　川	Sichuan	100.6	101.7	105.3	105.3	100.1	103.0	104.6
贵　州	Guizhou	101.3	100.9	104.2	107.2	97.6	103.0	105.5
云　南	Yunnan	100.1	100.8	104.4	106.1	100.1	103.6	105.1
西　藏	Tibet	100.8	100.2	101.7	103.9	99.5	101.0	103.7
陕　西	Shaanxi	100.1	101.8	105.0	106.9	99.9	103.6	104.8
甘　肃	Gansu	99.9	101.2	104.4	107.9	101.8	104.6	105.4
青　海	Qinghai	100.7	102.0	106.0	110.6	101.6	104.3	105.4
宁　夏	Ningxia	100.4	101.3	104.1	108.5	99.5	103.2	105.3
新　疆	Xinjiang	99.4	101.8	105.1	108.5	100.4	104.6	105.1
内蒙古	Inner Mongolia	101.5	101.4	103.6	104.7	99.5	103.0	104.9
广　西	Guangxi	101.1	100.3	104.8	107.6	98.0	103.0	106.0

3-10 全国36个大中城市居民消费价格指数（2006-2011年）
Consumer Price Indices in Thirty-Six Large and Medium Cities of the Nation (2006-2011)

上年=100 preceding year=100

地 区	Region	2006年	2007年	2008年	2009年	2010年	2011年
北 京	Beijing	100.9	102.4	105.1	98.5	102.4	105.6
天 津	Tianjin	101.5	104.2	105.4	99.0	103.5	104.9
石家庄	Shijiazhuang	101.8	104.3	106.7	100.3	103.0	105.7
太 原	Taiyuan	101.6	104.1	107.4	99.9	103.0	105.4
呼和浩特	Hohhot	101.7	103.7	104.6	100.1	102.6	105.5
沈 阳	Shenyang	101.8	104.5	104.4	99.9	102.9	105.4
大 连	Dalian	101.4	104.0	104.4	100.2	102.7	105.4
长 春	Changchun	101.3	103.7	104.4	99.8	103.6	105.5
哈尔滨	Harbin	101.1	104.1	104.7	100.2	103.7	105.6
上 海	Shanghai	101.2	103.2	105.8	99.6	103.1	105.2
南 京	Nanjing	101.7	103.7	106.2	100.1	104.2	105.4
杭 州	Hangzhou	101.2	103.5	104.9	98.6	103.9	104.8
宁 波	Ningbo	101.9	103.9	105.0	99.4	103.7	105.3
合 肥	Hefei	100.9	105.6	106.4	99.1	102.7	105.7
福 州	Fuzhou	100.3	104.1	104.2	98.7	103.5	104.9
厦 门	Xiamen	100.8	104.6	104.9	97.3	103.0	105.2
南 昌	Nanchang	101.9	104.3	106.1	99.7	103.3	105.0
济 南	Jinan	100.9	103.9	105.7	100.3	102.1	105.4
青 岛	Qingdao	100.9	104.5	104.7	100.5	102.2	105.0
郑 州	Zhengzhou	101.4	105.6	106.1	99.8	103.0	104.9
武 汉	Wuhan	101.4	104.1	105.7	99.4	103.0	105.2
长 沙	Changsha	101.1	104.9	105.2	99.4	102.9	105.5
广 州	Guangzhou	102.3	103.4	105.9	97.5	103.2	105.5
深 圳	Shenzhen	102.2	104.1	105.9	98.7	103.5	105.4
南 宁	Nanning	102.5	104.4	108.4	98.2	102.5	105.7
海 口	Haikou	101.3	104.4	105.8	99.9	104.2	105.4
重 庆	Chongqing	102.4	104.7	105.6	98.4	103.2	105.3
成 都	Chengdu	101.8	105.2	104.3	100.3	103.0	105.4
贵 阳	Guiyang	101.1	105.1	107.0	97.7	102.9	105.5
昆 明	Kunming	101.6	105.8	105.8	100.8	104.2	104.9
拉 萨	Lhasa	100.6	103.2	106.4	101.7	102.2	105.0
西 安	Xi'an	101.6	104.7	106.0	99.7	103.5	105.6
兰 州	Lanzhou	101.7	105.3	107.2	99.6	103.8	105.4
西 宁	Xining	101.8	106.4	108.2	102.2	104.5	105.7
银 川	Yinchuan	101.6	105.3	107.6	99.7	103.8	105.5
乌鲁木齐	Urumqi	100.1	104.6	107.0	100.4	102.7	104.5

3-11 全国36个大中城市商品零售价格指数（2006-2011年）

Retail Price Indices in Thirty-Six Large and Medium Cities of the Nation (2006-2011)

上年=100　　preceding year=100

地　区	Region	2006年	2007年	2008年	2009年	2010年	2011年
北　京	Beijing	100.2	100.8	104.4	97.8	100.4	103.2
天　津	Tianjin	100.4	103.2	105.1	98.9	103.4	104.7
石家庄	Shijiazhuang	101.8	104.4	107.7	100.1	103.4	104.9
太　原	Taiyuan	100.6	102.9	107.9	99.1	102.6	104.8
呼和浩特	Hohhot	101.6	102.7	105.4	99.9	102.6	104.7
沈　阳	Shenyang	101.9	103.2	105.0	97.9	102.6	105.2
大　连	Dalian	101.4	101.9	106.0	99.4	104.0	104.4
长　春	Changchun	101.5	102.1	105.6	99.6	104.6	104.8
哈尔滨	Harbin	100.3	103.7	105.3	98.5	101.9	104.4
上　海	Shanghai	100.2	102.4	105.3	99.4	101.7	104.1
南　京	Nanjing	98.9	99.9	103.7	98.7	103.5	104.2
杭　州	Hangzhou	100.2	103.1	106.0	98.6	103.7	104.4
宁　波	Ningbo	101.8	103.3	107.1	98.8	103.9	105.7
合　肥	Hefei	100.6	104.6	106.3	99.8	102.1	105.1
福　州	Fuzhou	99.9	103.1	104.4	99.1	102.9	104.0
厦　门	Xiamen	100.3	103.9	104.5	97.8	102.8	104.7
南　昌	Nanchang	101.9	103.5	106.2	99.4	103.0	105.2
济　南	Jinan	100.3	102.2	104.5	98.7	101.3	104.6
青　岛	Qingdao	99.7	102.7	103.9	98.6	101.4	104.5
郑　州	Zhengzhou	100.9	102.7	106.0	100.3	102.7	104.9
武　汉	Wuhan	100.7	103.0	105.1	98.4	103.1	104.7
长　沙	Changsha	101.1	102.3	103.9	97.7	103.8	105.4
广　州	Guangzhou	101.2	102.9	105.7	96.8	103.2	105.1
深　圳	Shenzhen	101.8	103.5	106.5	97.5	103.2	105.3
南　宁	Nanning	101.0	103.1	107.9	98.5	102.3	104.9
海　口	Haikou	100.6	103.4	105.6	99.2	103.7	105.0
重　庆	Chongqing	101.6	103.7	105.0	97.3	101.7	104.7
成　都	Chengdu	101.2	104.2	104.5	99.0	102.4	104.3
贵　阳	Guiyang	100.3	102.8	105.4	98.2	103.2	105.0
昆　明	Kunming	99.7	103.4	105.4	100.0	103.6	104.9
拉　萨	Lhasa	99.6	101.2	104.6	100.1	101.2	103.9
西　安	Xi'an	101.5	103.7	105.4	99.5	102.7	104.4
兰　州	Lanzhou	100.3	103.1	107.2	100.5	103.9	105.4
西　宁	Xining	102.6	105.7	110.1	102.3	104.6	106.0
银　川	Yinchuan	101.3	103.6	105.9	98.5	102.5	104.2
乌鲁木齐	Urumqi	99.9	104.6	108.7	100.1	103.4	104.1

3-12 农产品生产价格指数（2003-2011 年）
Producers´ Price Indices of Farm Products（2003-2011）

上年 =100

preceding year=100

指 数	Index	2003 年	2004 年	2005 年	2006 年
农产品生产价格指数	**Producers´ Price Indices of Farm Products**	**103.8**	**125.5**	**100.0**	**93.6**
农业产品	**Planting Products**	**105.5**	**120.3**	**102.2**	**100.4**
谷物	Cereal	105.4	129.5	101.3	97.3
小麦	Wheat	102.3	131.6	102.7	95.1
稻谷	Rice	106.0	141.5	101.2	97.8
玉米	Corn	102.3	130.4	101.7	94.9
薯类	Tubers	78.1	102.2	101.6	101.1
油料	Oil-bearing Crops	116.9	123.2	93.1	102.8
油菜籽	Rapeseeds	117.3	117.9	86.6	104.0
大豆	Beans	118.7	122.1	97.4	100.0
未加工烟草	Raw Tobacco	109.4	117.0	104.3	101.8
蔬菜	Vegetables	104.3	106.0	103.8	102.5
叶菜类	Leafy Vegetables	107.8	105.9	102.9	102.9
瓜菜类	Melons as Vegetables	103.2	110.1	103.1	108.1
根茎类	Root, Tuber Vegetables	104.7	105.6	104.5	100.6
茄果类	Eggplant Fruit	99.4	101.9	104.3	103.3
葱蒜类	Garlic & Chives Kind	105.8	105.9	102.3	101.7
豆类	Vegetable Bean	96.5	114.5	102.3	106.1
水生菜类	Water Lettuce	110.4	106.9	104.8	101.7
水果	Fruits	94.3	103.4	103.4	101.3
柑橘类	Citrus	94.3	100.0	102.4	100.6
林业产品	**Forestry Products**			**100.6**	**106.4**
饲养动物及其产品	**Animal Husbandry Products**	**103.2**	**128.8**	**98.8**	**89.8**
牛	Cattle and Buffaloes	104.6	101.7	103.9	101.6
羊	Sheep and Goats	102.3	111.1	102.8	101.2
活猪	Pig	103.6	131.2	97.5	86.9
活家禽	Poultry	98.5	117.2	104.3	100.2
禽蛋	Eggs	103.0	111.9	103.9	98.9
渔业产品	**Fishery Products**	**100.9**	**107.8**	**105.7**	**101.7**
养殖淡水鱼	Breeding Freshwater Fish				
捕捞淡水鱼	Fishing Freshwater Fish				

注：根据新《农业产值和价格综合统计报表制度》，原"肉禽（毛重）"指标替换为"活家禽"，原"淡水鱼"指标替换为"养殖淡水鱼"和"捕捞淡水鱼"。2011 年采用新指标指数，2010 年及以前采用旧指标指数。（下表同）

Note: According to the new "Farm Products Value and The Comprehensive Statistics Report Forms System of Price", the "Poultry (gross weight)" index changed to "Poultry", the original "Freshwater Fish" index changed to "Breeding Freshwater Fish" and "Fishing Freshwater Fish". The data of 2011 uses new index, 2010 and before use old index. (the same below)

3-12 农产品生产价格指数（2003-2011 年）
Producers´ Price Indices of Farm Products（2003-2011）

续表（continued）上年 =100 preceding year=100

指 数	Index	2007 年	2008 年	2009 年	2010 年	2011 年
农产品生产价格指数	**Producers´ Price Indices of Farm Products**	**121.8**	**120.4**	**89.0**	**103.2**	**120.2**
农业产品	**Planting Products**	**108.6**	**108.9**	**104.2**	**109.1**	**113.8**
谷物	Cereal	108.2	108.5	100.4	108.4	114.4
小麦	Wheat	103.9	106.4	103.5	104.3	110.6
稻谷	Rice	108.2	109.2	100.8	106.8	116.2
玉米	Corn	109.0	106.2	97.9	113.4	111.4
薯类	Tubers	104.2	109.1	109.9	113.2	111.5
油料	Oil-bearing Crops	120.1	118.9	80.3	108.8	109.0
油菜籽	Rapeseeds	123.7	119.2	70.8	108.3	110.0
大豆	Beans	107.9	115.4	98.9	106.6	111.5
未加工烟草	Raw Tobacco	106.8	107.7	110.4	114.0	118.0
蔬菜	Vegetables	109.8	106.6	110.5	107.9	111.1
叶菜类	Leafy Vegetables	108.0	108.3	110.7	104.5	110.7
瓜菜类	Melons as Vegetables	114.2	105.1	111.0	108.8	109.0
根茎类	Root, Tuber Vegetables	108.7	109.9	106.8	108.2	111.7
茄果类	Eggplant Fruit	113.7	98.4	121.4	107.6	106.0
葱蒜类	Garlic & Chives Kind	107.4	109.3	108.8	112.9	114.1
豆类	Vegetable Bean	111.7	104.0	115.2	108.8	117.1
水生菜类	Water Lettuce	108.8	110.0	109.7	119.0	93.4
水果	Fruits	104.5	109.2	107.0	111.2	118.1
柑橘类	Citrus	105.6	100.7	102.7	111.9	122.3
林业产品	**Forestry Products**	**110.7**	**116.1**	**111.4**	**104.3**	**113.5**
饲养动物及其产品	**Animal Husbandry Products**	**128.8**	**126.1**	**80.8**	**98.4**	**126.6**
牛	Cattle and Buffaloes	120.6	116.0	104.2	103.4	107.6
羊	Sheep and Goats	108.0	128.9	100.7	100.0	116.6
活猪	Pig	132.2	127.2	77.1	94.4	134.5
活家禽	Poultry	116.2	111.7	102.8	105.6	111.8
禽蛋	Eggs	110.1	112.1	101.9	104.2	105.6
渔业产品	**Fishery Products**	**105.9**	**110.3**	**104.7**	**102.2**	**108.2**
养殖淡水鱼	Breeding Freshwater Fish					108.6
捕捞淡水鱼	Fishing Freshwater Fish					110.5

3-13 农产品生产价格分季度指数（2010-2011 年）
Producers´ Price Indices of Farm Products by Quarter（2010-2011）

上年同期 =100　　same term of preceding year=100

指　数	Index	2010 年			
		1 季度 1st Quarter	2 季度 2nd Quarter	3 季度 3rd Quarter	4 季度 4th Quarter
农产品生产价格指数	**Producers´ Price Indices for Farm Products**	**97.1**	**104.2**	**105.8**	**106.2**
农业产品	**Planting Products**	**105.1**	**107.8**	**109.2**	**108.4**
谷物	Cereal	102.3	107.4	109.1	110.5
小麦	Wheat		105.6		
稻谷	Rice	102.3	107.5	108.5	109.6
玉米	Corn		116.4	116.0	112.8
薯类	Tubers	109.1	114.4	114.4	113.3
油料	Oil-bearing Crops		109.4	110.7	111.0
油菜籽	Rapeseeds	99.3	109.5	110.1	111.2
大豆	Beans	100.9	107.5	109.6	106.3
未加工烟草	Raw Tobacco				113.8
蔬菜	Vegetables	105.3	106.3	108.3	105.8
叶菜类	Leafy Vegetables	102.6	103.0	110.6	106.8
瓜菜类	Melons as Vegetables	100.7	105.9	110.1	100.4
根茎类	Root, Tuber Vegetables	109.5	107.9	104.3	107.6
茄果类	Eggplant Fruit	100.0	106.0	108.5	106.1
葱蒜类	Garlic & Chives Kind	113.2	109.3	113.2	106.4
豆类	Vegetable Bean	107.1	116.9	106.9	98.9
水生菜类	Water Lettuce	114.3		117.1	122.9
水果	Fruits		112.5	108.3	110.1
柑橘类	Citrus		107.8		113.5
林业产品	**Forestry Products**		**107.7**	**100.7**	
饲养动物及其产品	**Animal Husbandry Products**	**94.3**	**97.8**	**101.8**	**105.1**
牛	Cattle and Buffaloes	103.4			
羊	Sheep and Goats	100.0	100.0		
活猪	Pig	88.1	91.8	99.1	103.2
活家禽	Poultry	104.8	103.7	105.8	106.3
禽蛋	Eggs	102.7	102.7	103.4	106.7
渔业产品	**Fishery Products**	**101.0**	**107.5**	**102.4**	**98.5**
养殖淡水鱼	Breeding Freshwater Fish				
捕捞淡水鱼	Fishing Freshwater Fish				

3-13 农产品生产价格分季度指数（2010-2011 年）
Producers´ Price Indices of Farm Products by Quarter（2010-2011）

续表（continued）上年同期 =100　　　　same term of preceding year=100

指　数	Index	2011 年			
		1 季度 1st Quarter	2 季度 2nd Quarter	3 季度 3rd Quarter	4 季度 4th Quarter
农产品生产价格指数	**Producers´ Price Indices for Farm Products**	**118.3**	**116.0**	**123.5**	**119.5**
农业产品	**Planting Products**	**115.4**	**110.0**	**113.4**	**112.4**
谷物	Cereal	111.0	113.6	113.4	113.9
小麦	Wheat		113.3	109.1	113.8
稻谷	Rice	111.2	113.1	115.0	116.3
玉米	Corn	108.5	115.2	111.1	107.4
薯类	Tubers	111.2	114.2	118.5	102.3
油料	Oil-bearing Crops		107.7	111.8	110.6
油菜籽	Rapeseeds		108.2	110.3	112.5
大豆	Beans	108.5	111.4	115.1	110.6
未加工烟草	Raw Tobacco		120.5	112.8	118.3
蔬菜	Vegetables	115.6	110.0	113.6	109.6
叶菜类	Leafy Vegetables	113.8	114.4	107.9	117.7
瓜菜类	Melons as Vegetables		109.5	114.2	99.4
根茎类	Root, Tuber Vegetables	116.9	109.1	120.4	110.3
茄果类	Eggplant Fruit		108.8	111.4	115.7
葱蒜类	Garlic & Chives Kind	139.2	107.7	109.5	115.3
豆类	Vegetable Bean		109.7	112.9	109.3
水生菜类	Water Lettuce	106.8	100.5	97.8	91.2
水果	Fruits	111.9	112.3	118.1	117.7
柑橘类	Citrus	111.9	112.6	128.6	120.7
林业产品	**Forestry Products**	**105.9**	**117.3**	**108.2**	**114.3**
饲养动物及其产品	**Animal Husbandry Products**	**120.5**	**129.7**	**139.0**	**125.5**
牛	Cattle and Buffaloes	100.0	103.1	105.5	108.9
羊	Sheep and Goats	109.6	109.3	114.2	117.7
活猪	Pig	123.2	143.6	157.1	133.3
活家禽	Poultry	119.1	111.2	121.5	113.8
禽蛋	Eggs	111.4	106.2	107.1	112.4
渔业产品	**Fishery Products**	**101.4**	**104.7**	**109.0**	**108.1**
养殖淡水鱼	Breeding Freshwater Fish	101.4	105.1	109.0	106.7
捕捞淡水鱼	Fishing Freshwater Fish		104.2		111.5

3-14 全国各地区农产品生产价格指数（2002-2011 年）
Producers´ Price Indices of Farm Products by Region of the Nation (2002-2011)

上年 =100 preceding year=100

地 区	Region	2002 年	2003 年	2004 年	2005 年	2006 年
全 国	**National Total**	**99.7**	**104.4**	**113.1**	**101.4**	**101.2**
东部地区	**Eastern Region**					
北 京	Beijing	104.1	102.5	105.8	103.5	99.1
天 津	Tianjin	104.2	104.4	108.1	103.4	103.4
河 北	Hebei	97.7	107.5	110.1	102.5	100.2
辽 宁	Liaoning	99.4	103.3	120.4	101.5	105.8
上 海	Shanghai	100.0	102.1	110.8	105.7	101.9
江 苏	Jiangsu	97.3	107.2	122.7	100.3	99.9
浙 江	Zhejiang	101.2	101.9	116.8	105.9	102.7
福 建	Fujian	99.1	101.7	106.8	103.9	102.7
山 东	Shandong	102.2	108.5	112.3	102.9	103.4
广 东	Guangdong	98.5	101.3	110.7	103.5	102.6
海 南	Hainan	100.0	104.3	106.4	102.2	105.6
中部地区	**Central Region**					
山 西	Shanxi	94.7	103.9	110.6	103.5	100.2
吉 林	Jilin	98.6	136.9	118.1	100.3	104.6
黑龙江	Heilongjiang	102.4	110.2	117.3	101.0	100.0
安 徽	Anhui	99.8	106.4	117.8	98.7	99.3
江 西	Jiangxi	100.0	105.1	119.5	100.5	101.4
河 南	Henan	99.7	111.8	121.9	100.7	100.9
湖 北	Hubei	100.9	106.9	121.7	100.3	99.5
湖 南	Hunan	99.9	111.7	127.3	99.5	100.7
西部地区	**Western Region**					
重 庆	Chongqing	101.1	103.8	125.5	100.0	93.6
四 川	Sichuan	101.8	103.5	120.4	103.2	102.7
贵 州	Guizhou	103.9	101.9	111.1	101.8	101.4
云 南	Yunnan	108.1	100.3	112.9	104.0	106.6
西 藏	Tibet					
陕 西	Shaanxi	101.1	105.5	111.7	104.9	103.2
甘 肃	Gansu	97.8	103.4	113.1	103.1	102.6
青 海	Qinghai	101.2	105.7	108.8	103.3	104.5
宁 夏	Ningxia	93.4	104.4	114.2	103.3	101.2
新 疆	Xinjiang	100.9	126.2	100.8	108.3	98.4
内蒙古	Inner Mongolia	99.3	106.5	112.0	103.2	103.6
广 西	Guangxi	100.0	104.5	118.9	100.0	106.8

3-14 全国各地区农产品生产价格指数（2002-2011 年）
Producers´ Price Indices of Farm Products by Region of the Nation (2002-2011)

续表（continued）上年 =100　　preceding year=100

地 区	Region	2007 年	2008 年	2009 年	2010 年	2011 年
全　国	**National Total**	**118.5**	**114.1**	**97.6**	**110.9**	**116.5**
东部地区	**Eastern Region**					
北　京	Beijing	114.4	112.3	98.3	106.5	110.7
天　津	Tianjin	107.8	107.1	103.0	110.2	105.0
河　北	Hebei	116.2	109.0	99.7	115.1	110.9
辽　宁	Liaoning	116.6	109.8	102.9	110.6	114.2
上　海	Shanghai	110.2	109.7	102.2	107.1	110.9
江　苏	Jiangsu	112.6	114.3	99.9	108.8	112.1
浙　江	Zhejiang	108.6	112.9	100.3	114.8	113.6
福　建	Fujian	112.6	110.7	98.0	111.5	113.3
山　东	Shandong	114.0	112.5	101.2	118.8	109.7
广　东	Guangdong	109.7	113.9	95.0	107.6	112.4
海　南	Hainan	104.7	112.5	101.9	107.9	115.3
中部地区	**Central Region**					
山　西	Shanxi	113.0	109.2	100.4	110.2	111.0
吉　林	Jilin	114.0	104.5	103.8	111.8	116.8
黑龙江	Heilongjiang	119.9	117.0	98.1	109.2	116.5
安　徽	Anhui	114.1	114.7	99.1	110.8	112.8
江　西	Jiangxi	115.0	114.2	96.8	107.5	114.3
河　南	Henan	117.7	115.0	99.1	112.5	111.5
湖　北	Hubei	117.0	117.0	96.3	112.3	111.7
湖　南	Hunan	130.6	126.7	90.6	109.9	121.9
西部地区	**Western Region**					
重　庆	Chongqing	121.8	120.4	89.0	103.2	120.2
四　川	Sichuan	120.8	118.4	96.9	105.9	117.8
贵　州	Guizhou	113.0	115.5	96.1	106.7	120.3
云　南	Yunnan	117.5	115.5	96.5	112.5	117.9
西　藏	Tibet					
陕　西	Shaanxi	115.4	111.2	95.8	121.7	113.8
甘　肃	Gansu	111.4	114.0	100.2	113.8	111.3
青　海	Qinghai	119.0	114.9	94.6	124.3	117.3
宁　夏	Ningxia	115.0	118.7	99.4	117.0	111.3
新　疆	Xinjiang	114.7	119.8	92.9	131.5	103.7
内蒙古	Inner Mongolia	114.9	111.0	99.8	111.4	112.8
广　西	Guangxi	121.5	113.0	89.3	107.6	124.5

3-15 工业生产者出厂价格主要分组指数（2000-2011 年）
Producer Price Indices (PPI) by Main Classification (2000-2011 年)

上年 =100　　preceding year=100

项目名称	Item	2000 年	2001 年	2002 年	2003 年	2004 年	2005 年
总指数	**General Index**	**98.6**	**97.8**	**97.6**	**100.6**	**103.3**	**103.0**
按生产生活资料分	**By Means of Production and Consumer Goods**						
生产资料	Means of Production	99.5	101.5	98.6	101.9	104.6	104.0
采　掘	Mining & Quarrying Industry	93.4	105.7	104.3	102.7	122.5	127.7
原　料	Raw Materials Industry	102.3	104.0	99.2	103.0	107.8	106.1
加　工	Processing Industry	97.7	98.9	97.8	101.6	103.3	102.2
\生活资料	Consumer Goods	97.5	91.4	95.2	97.7	99.1	100.5
食　品	Food	97.9	97.6	99.6	102.0	104.1	101.6
衣　着	Clothing	106.6	99.1	96.3	96.9	100.2	103.5
一般日用品	Articles for Daily Use	98.9	99.2	97.3	99.6	100.3	101.6
耐用消费品	Durable Consumer Goods	95.1	88.4	92.7	93.9	96.1	99.7
按工业部门分	**By Sector**						
冶金工业	Metallurgical Industry	106.0	98.8	95.8	110.2	114.9	105.8
电力工业	Electric Power Industry	101.2	106.1	100.6	103.3	101.0	102.7
煤炭及炼焦工业	Coal Industry	93.2	108.6	105.1	101.4	118.3	137.2
石油工业	Petroleum Industry	100.9	99.7	99.4	105.4	102.6	102.9
化学工业	Chemical Industry	101.8	102.8	100.6	100.6	106.9	110.8
机械工业	Machine Manufacturing Industry	96.5	94.0	95.4	96.7	99.0	99.8
建筑材料工业	Building Materials Industry	92.6	103.0	100.3	100.8	100.7	103.6
森林工业	Timber Industry		91.9	93.0	101.7	99.5	102.2
食品工业	Food Industry	97.6	97.5	99.3	101.6	106.3	100.9
纺织工业	Textile Industry	107.2	92.4	90.0	106.0	112.9	103.4
缝纫工业	Tailoring Industry	90.5	98.3	93.2	96.3	100.6	108.9
皮革工业	Leather Industry	100.0	101.6	98.7	98.5	97.1	99.4
造纸工业	Paper Industry	82.5	100.1	95.5	99.4	100.6	100.2
文教艺术用品工业	Cultural,Educational& Handicrafts Articles		94.9	104.7	99.8	99.4	99.9
其它工业	Others	103.2	114.0	126.1	106.9	104.4	107.7

注:国家统计局从 2011 年 1 月开始实施新的工业生产者价格统计调查制度方法。“工业品价格统计”改称为“工业生产者价格统计”,相应地将“工业品出厂价格指数”改称为“工业生产者出厂价格指数”。(下同)

Note:Since January 2011,NBS begins to conduct new statistical system and survey methods on PPI."Prices Statistics on Industrial Goods" is renamed to "Prices Statistics on Industrial Producers". Accordingly,"Producer Price Index of Industrial Products" is renamed to "Producer Price Index (PPI) for Manufactured Goods".(the same below)

3-15 工业生产者出厂价格主要分组指数（2000-2011 年）
Producer Price Indices (PPI) by Main Classification (2000-2011 年)

续表（continued）上年 =100 preceding year=100

项目名称	Item	2006 年	2007 年	2008 年	2009 年	2010 年	2011 年
总指数	**General Index**	**102.2**	**103.5**	**105.8**	**95.5**	**103.1**	**103.8**
按生产生活资料分	**By Means of Production and Consumer Goods**						
生产资料	Means of Production	102.8	103.7	106.7	94.2	103.9	104.2
采　　掘	Mining & Quarrying Industry	103.6	107.1	130.4	97.5	112.2	110.8
原　　料	Raw Materials Industry	104.1	106.0	105.9	91.5	108.2	105.7
加　　工	Processing Industry	102.3	102.8	105.6	94.7	102.4	103.4
生活资料	Consumer Goods	100.7	102.8	103.3	99.0	100.5	102.5
食　　品	Food	101.3	107.8	110.3	98.8	102.5	107.2
衣　　着	Clothing	103.4	100.6	103.6	101.4	103.2	104.7
一般日用品	Articles for Daily Use	100.9	101.4	102.2	101.5	100.4	101.4
耐用消费品	Durable Consumer Goods	100.1	100.4	99.6	98.6	99.1	100.1
按工业部门分	**By Sector**						
冶金工业	Metallurgical Industry	105.5	108.9	107.9	83.5	108.5	104.9
电力工业	Electric Power Industry	103.6	103.7	102.2	102.1	104.6	101.2
煤炭及炼焦工业	Coal Industry	104.1	104.8	136.8	97.0	115.2	115.3
石油工业	Petroleum Industry	114.9	107.4	109.1	98.9	107.0	111.4
化学工业	Chemical Industry	100.6	105.1	111.3	90.7	105.5	105.4
机械工业	Machine Manufacturing Industry	101.1	100.9	101.5	97.6	99.7	101.2
建筑材料工业	Building Materials Industry	101.6	106.0	116.0	99.9	98.3	106.5
森林工业	Timber Industry	103.3	104.7	103.0	104.3	101.5	102.8
食品工业	Food Industry	101.5	108.6	113.3	97.9	102.5	106.9
纺织工业	Textile Industry	107.4	96.5	96.8	99.0	126.0	109.9
缝纫工业	Tailoring Industry	106.7	99.0	111.3	102.2	102.2	103.7
皮革工业	Leather Industry	99.9	100.4	96.8	100.5	104.3	104.3
造纸工业	Paper Industry	100.7	101.2	104.2	97.2	104.2	105.7
文教艺术用品工业	Cultural,Educational& Handicrafts Articles	99.7	99.7	99.7	99.5	102.3	101.2
其它工业	Others	103.2	103.0	104.0	99.4	107.6	105.0

3-16 工业生产者出厂价格分类指数（2002-2011 年）
Producer Price Indices (PPI) by Sector (2002-2011)

上年 =100

preceding year=100

项目名称	Item	2002 年	2003 年	2004 年	2005 年	2006 年
总指数	**General Index**	**97.6**	**100.6**	**103.3**	**103.0**	**102.2**
煤炭开采和洗选业	Mining and Washing of Coal	105.1	101.4	117.9	138.1	104.0
石油和天然气开采业	Extraction of Petroleum and Natural Gas	101.5	102.3	101.1	101.4	114.3
黑色金属矿采选业	Mining and Processing of Ferrous Metal Ores	98.8	159.0	200.0	110.9	88.0
有色金属矿采选业	Mining and Processing of Non-Ferrous Metal Ores	100.0	156.5	112.5	100.0	94.1
非金属矿采选业	Mining and Processing of Nonmetal Ores	100.6	100.0	102.1	103.3	99.5
农副食品加工业	Processing of Food from Agricultural Products	98.6	106.8	114.2	100.2	100.1
食品制造业	Processing of Foodstuff	100.1	99.5	110.9	102.5	105.1
饮料制造业	Manufacture of Beverages	97.9	99.8	102.6	101.9	103.3
烟草制品业	Manufacture of Tobacco	100.0	101.8	100.1	100.9	100.6
纺织业	Manufacture of Textile	90.7	106.0	112.9	103.4	107.4
纺织服装、鞋、帽制造业	Manufacture of Textile Wearing Apparel, Footware, and Caps	92.6	99.8	100.8	107.5	102.8
皮革、毛皮、羽毛(绒)及其制品业	Manufacture of Leather, Fur, Feather and Related Products	97.6	96.6	103.3	103.8	103.3
木材加工及木、竹、藤、棕、草制品业	Processing of Timber, Manufacture of Wood, Bamboo, Rattan, Palm and Straw Products	94.0	103.1	99.7	101.5	105.0
家具制造业	Manufacture of Furniture	96.6	99.9	100.7	104.4	101.1
造纸及纸制品业	Manufacture of Paper and Paper Products	92.5	99.4	100.6	100.2	100.7
印刷业和记录媒介的复制	Printing, Reproduction of Recording Media	98.6	98.3	99.2	99.8	99.7
文教体育用品制造业	Manufacture of Articles for Culture, Education and Sport Activities	100.0	100.0	100.0	103.3	100.0
石油加工、炼焦及核燃料加工业	Processing of Petroleum, Coking, Processing of Nuclear Fuel	99.3	107.1	119.2	115.2	111.7
化学原料及化学制品制造业	Manufacture of Raw Chemical Materials and Chemical Products	102.0	100.2	109.3	114.3	100.2
医药制造业	Manufacture of Medicines	97.2	101.7	99.4	101.6	99.2
化学纤维制造业	Manufacture of Chemical Fibers	102.0	98.4	99.1	103.2	102.7
橡胶制品业	Manufacture of Rubber	94.5	97.9	101.9	106.4	104.5
塑料制品业	Manufacture of Plastics	95.0	99.4	104.9	104.8	103.6
非金属矿物制品业	Manufacture of Non-metallic Mineral Products	100.7	100.8	100.5	103.7	101.7
黑色金属冶炼及压延加工业	Smelting and Pressing of Ferrous Metals	96.9	114.8	120.6	108.1	98.8
有色金属冶炼及压延加工业	Smelting and Pressing of Non-ferrous Metals	95.0	100.2	110.0	102.8	114.3
金属制品业	Manufacture of Metal Products	96.0	100.7	102.0	104.4	102.2
通用设备制造业	Manufacture of General Purpose Machinery	96.3	102.7	101.1	99.8	101.0
专用设备制造业	Manufacture of Special Purpose Machinery	100.6	108.1	104.4	101.2	101.4
交通运输设备制造业	Manufacture of Transport Equipment	95.1	96.0	98.1	99.3	100.0
电气机械及器材制造业	Manufacture of Electrical Machinery and Equipment	0.0	98.4	109.7	107.1	111.8
通信设备、计算机及其他电子设备制造业	Manufacture of Communication Equipment, Computers and Other Electronic Equipment	96.5	95.6	96.4	96.9	98.7
仪器仪表及文化、办公用机械制造业	Manufacture of Measuring Instruments and Machinery for Cultural Activity and Office Work	89.5	98.1	99.3	100.3	100.7
工艺品及其他制造业	Manufacture of Artwork and Other Manufacturing	99.3	108.5	109.5	103.4	105.1
废弃资源和废旧材料回收加工业	Recycling and Disposal of Waste	103.4				
电力、热力的生产和供应业	Production and Supply of Electric Power and Heat Power	100.5	103.3	101.0	102.7	103.6
燃气生产和供应业	Production and Supply of Gas	100.0	105.0	100.2	101.4	110.7
水的生产和供应业	Production and Supply of Water	130.1	109.5	103.1	108.4	102.6

3-16 工业生产者出厂价格分类指数（2002-2011 年）
Producer Price Indices (PPI) by Sector (2002-2011)

续表（continued）上年 =100 preceding year=100

项目名称	Item	2007 年	2008 年	2009 年	2010 年	2011 年
总指数	**General Index**	**103.5**	**105.8**	**95.5**	**103.1**	**103.8**
煤炭开采和洗选业	Mining and Washing of Coal	104.6	135.9	98.3	115.4	115.8
石油和天然气开采业	Extraction of Petroleum and Natural Gas	111.3	114.1	100.0	101.1	100.9
黑色金属矿采选业	Mining and Processing of Ferrous Metal Ores	130.9	112.4	94.9	102.9	105.3
有色金属矿采选业	Mining and Processing of Non-Ferrous Metal Ores	102.5	97.0	81.1	102.2	101.2
非金属矿采选业	Mining and Processing of Nonmetal Ores	103.2	106.6	93.4	105.9	104.8
农副食品加工业	Processing of Food from Agricultural Products	118.1	123.1	95.7	103.4	109.4
食品制造业	Processing of Foodstuff	104.6	110.6	101.4	105.3	106.9
饮料制造业	Manufacture of Beverages	102.5	103.4	100.0	101.2	103.9
烟草制品业	Manufacture of Tobacco	100.3	101.4	99.2	100.7	102.1
纺织业	Manufacture of Textile	96.6	96.9	98.8	125.5	109.5
纺织服装、鞋、帽制造业	Manufacture of Textile Wearing Apparel, Footware, and Caps	97.6	111.7	101.1	101.1	102.0
皮革、毛皮、羽毛(绒)及其制品业	Manufacture of Leather, Fur, Feather and Related Products	100.4	95.1	98.7	109.6	106.1
木材加工及木、竹、藤、棕、草制品业	Processing of Timber, Manufacture of Wood, Bamboo, Rattan, Palm and Straw Products	105.6	105.4	104.5	101.0	106.1
家具制造业	Manufacture of Furniture	102.9	103.1	102.9	102.8	102.5
造纸及纸制品业	Manufacture of Paper and Paper Products	101.2	104.2	97.2	104.2	105.7
印刷业和记录媒介的复制	Printing, Reproduction of Recording Media	99.7	99.4	99.5	102.1	101.0
文教体育用品制造业	Manufacture of Articles for Culture, Education and Sport Activities	100.0	100.0	100.0	100.5	105.8
石油加工、炼焦及核燃料加工业	Processing of Petroleum, Coking, Processing of Nuclear Fuel	105.0	130.0	87.5	116.2	113.4
化学原料及化学制品制造业	Manufacture of Raw Chemical Materials and Chemical Products	105.3	116.2	84.7	107.0	105.7
医药制造业	Manufacture of Medicines	105.4	104.1	101.8	102.5	105.1
化学纤维制造业	Manufacture of Chemical Fibers	109.9	115.5	80.6	101.3	98.5
橡胶制品业	Manufacture of Rubber	103.9	103.4	97.0	110.2	107.4
塑料制品业	Manufacture of Plastics	102.8	104.4	95.4	100.0	105.8
非金属矿物制品业	Manufacture of Non-metallic Mineral Products	106.1	116.3	100.1	98.3	106.2
黑色金属冶炼及压延加工业	Smelting and Pressing of Ferrous Metals	109.9	125.2	81.5	107.8	105.4
有色金属冶炼及压延加工业	Smelting and Pressing of Non-ferrous Metals	108.3	96.2	82.1	111.0	104.2
金属制品业	Manufacture of Metal Products	100.7	106.0	97.3	100.3	106.1
通用设备制造业	Manufacture of General Purpose Machinery	102.6	109.5	99.2	99.8	103.0
专用设备制造业	Manufacture of Special Purpose Machinery	100.6	103.1	102.0	100.2	101.9
交通运输设备制造业	Manufacture of Transport Equipment	100.2	100.3	98.2	99.0	99.5
电气机械及器材制造业	Manufacture of Electrical Machinery and Equipment	106.7	103.4	88.9	104.0	106.2
通信设备、计算机及其他电子设备制造业	Manufacture of Communication Equipment, Computers and Other Electronic Equipment	96.4	98.0	99.0	98.9	103.5
仪器仪表及文化、办公用机械制造业	Manufacture of Measuring Instruments and Machinery for Cultural Activity and Office Work	98.7	102.9	101.6	102.8	104.1
工艺品及其他制造业	Manufacture of Artwork and Other Manufacturing	104.6	110.1	96.5	109.3	106.8
废弃资源和废旧材料回收加工业	Recycling and Disposal of Waste	102.7				99.3
电力、热力的生产和供应业	Production and Supply of Electric Power and Heat Power	103.7	102.2	102.1	104.6	101.2
燃气生产和供应业	Production and Supply of Gas	106.7	107.2	100.9	106.3	110.3
水的生产和供应业	Production and Supply of Water	102.6	104.1	100.3	106.4	107.0

3-17 工业生产者出厂价格主要分组分月指数（2010 年）
Producer Price Indices (PPI) by Main Classification & Month (2010 年)

上年同期 =100 preceding year=100

项目名称	Item	1月 January	2月 February	3月 March	4月 April	5月 May	6月 June
总指数	**General Index**	**101.5**	**101.8**	**102.8**	**103.3**	**104.0**	**103.7**
按生产生活资料分	**By Means of Production and Consumer Goods**						
生产资料	Means of Production	102.4	102.4	103.7	104.1	105.2	104.7
采　掘	Mining & Quarrying Industry	107.4	108.5	110.1	112.1	113.0	114.7
原　料	Raw Materials Industry	106.2	106.5	108.4	108.6	108.6	108.0
加　工	Processing Industry	101.1	101.0	102.2	102.5	103.9	103.3
生活资料	Consumer Goods	98.7	100.0	99.9	100.7	100.2	100.4
食　品	Food	100.5	100.9	100.8	101.3	102.1	101.9
衣　着	Clothing	101.3	102.3	102.1	102.6	102.8	103.7
一般日用品	Articles for Daily Use	100.0	99.9	101.5	101.0	100.0	100.7
耐用消费品	Durable Consumer Goods	97.0	99.3	98.9	100.2	98.9	99.1
按工业部门分	**By Sector**						
冶金工业	Metallurgical Industry	106.5	106.1	108.1	109.5	113.0	109.9
电力工业	Electric Power Industry	103.9	104.2	104.1	104.8	104.4	105.6
煤炭及炼焦工业	Coal Industry	108.7	109.3	112.7	115.5	117.1	119.2
石油工业	Petroleum Industry	103.4	104.1	103.6	102.7	104.0	105.5
化学工业	Chemical Industry	103.0	103.8	105.0	104.0	103.9	104.4
机械工业	Machine Manufacturing Industry	99.0	99.4	100.0	100.5	100.7	100.4
建筑材料工业	Building Materials Industry	96.8	96.3	97.2	96.5	96.8	96.4
森林工业	Timber Industry	103.1	102.0	99.3	101.2	101.4	102.1
食品工业	Food Industry	100.6	100.7	100.8	101.6	101.8	102.1
纺织工业	Textile Industry	117.9	117.1	124.5	125.5	127.0	128.3
缝纫工业	Tailoring Industry	100.7	100.2	100.2	100.5	100.9	102.8
皮革工业	Leather Industry	101.9	104.3	103.7	105.0	104.9	105.0
造纸工业	Paper Industry	100.5	101.2	102.8	103.2	104.7	105.7
文教艺术用品工业	Cultural,Educational& Handicrafts Articles	101.4	103.1	103.8	101.3	103.4	102.2
其它工业	Others	101.1	103.1	105.8	107.5	108.1	110.0

3-17 工业生产者出厂价格主要分组分月指数（2010 年）
Producer Price Indices (PPI) by Main Classification & Month (2010 年)

续表（continued）上年同期=100　　same term of preceding year=100

项目名称	Item	7月 July	8月 August	9月 September	10月 October	11月 November	12月 December
总指数	**General Index**	**103.3**	**103.1**	**102.8**	**103.2**	**104.0**	**103.9**
按生产生活资料分	**By Means of Production and Consumer Goods**						
生产资料	Means of Production	104.1	103.7	103.5	104.0	104.8	104.6
采　掘	Mining & Quarrying Industry	113.2	112.8	113.3	113.3	114.0	113.6
原　料	Raw Materials Industry	107.4	106.7	108.1	109.1	110.6	109.7
加　工	Processing Industry	102.8	102.4	101.8	102.2	102.9	102.8
生活资料	Consumer Goods	100.5	101.1	100.6	100.9	101.6	101.6
食　品	Food	103.4	103.8	102.9	103.0	104.1	104.6
衣　着	Clothing	103.3	103.5	103.5	105.0	104.4	104.4
一般日用品	Articles for Daily Use	99.8	99.4	100.4	100.1	100.9	101.6
耐用消费品	Durable Consumer Goods	98.6	99.6	99.0	99.5	99.9	99.5
按工业部门分	**By Sector**						
冶金工业	Metallurgical Industry	108.9	107.7	106.6	109.1	109.1	107.5
电力工业	Electric Power Industry	105.3	104.9	105.4	105.2	104.5	102.9
煤炭及炼焦工业	Coal Industry	117.0	115.0	116.5	116.1	117.8	117.5
石油工业	Petroleum Industry	105.5	109.8	109.8	112.4	111.7	111.8
化学工业	Chemical Industry	105.1	104.4	105.2	106.4	110.1	110.9
机械工业	Machine Manufacturing Industry	99.8	99.8	99.5	98.9	99.2	99.2
建筑材料工业	Building Materials Industry	97.7	98.1	98.1	99.8	102.1	104.0
森林工业	Timber Industry	101.5	101.4	101.0	101.5	101.7	102.3
食品工业	Food Industry	103.0	103.7	102.9	103.5	104.7	105.0
纺织工业	Textile Industry	124.8	124.3	125.1	127.5	135.9	134.6
缝纫工业	Tailoring Industry	102.5	102.6	103.3	103.6	104.6	104.4
皮革工业	Leather Industry	104.5	104.5	103.6	106.3	104.1	103.5
造纸工业	Paper Industry	105.3	104.6	104.0	105.7	106.2	106.0
文教艺术用品工业	Cultural,Educational& Handicrafts Articles	103.5	102.1	102.2	100.8	101.6	102.7
其它工业	Others	109.5	109.6	108.5	109.6	109.2	108.8

3-17 工业生产者出厂价格主要分组分月指数（2011 年）
Producer Price Indices (PPI) by Main Classification & Month (2011 年)

上年同期=100　　preceding year=100

项目名称	Item	1月 January	2月 February	3月 March	4月 April	5月 May	6月 June
总指数	**General Index**	**103.0**	**103.3**	**103.5**	**103.7**	**104.1**	**104.4**
按生产生活资料分	**By Means of Production and Consumer Goods**						
生产资料	Means of Production	103.4	103.9	103.9	104.1	104.5	104.9
采　掘	Mining & Quarrying Industry	113.1	113.8	112.3	112.1	111.4	111.6
原　料	Raw Materials Industry	106.0	106.0	105.4	105.5	106.2	106.9
加　工	Processing Industry	102.2	102.8	103.0	103.2	103.6	104.0
生活资料	Consumer Goods	101.9	101.6	102.2	102.6	103.1	102.8
食　品	Food	104.5	104.9	106.1	107.3	107.6	108.3
衣　着	Clothing	105.0	105.7	105.4	104.7	105.2	105.2
一般日用品	Articles for Daily Use	103.3	102.7	103.3	103.5	102.5	101.5
耐用消费品	Durable Consumer Goods	99.7	99.1	99.4	99.7	100.6	100.1
按工业部门分	**By Sector**						
冶金工业	Metallurgical Industry	104.4	105.6	104.7	104.2	104.2	106.1
电力工业	Electric Power Industry	100.1	100.3	100.3	100.0	100.2	100.6
煤炭及炼焦工业	Coal Industry	117.1	118.1	117.6	117.4	116.4	116.3
石油工业	Petroleum Industry	113.9	113.9	114.3	115.6	115.5	115.2
化学工业	Chemical Industry	106.0	105.6	105.1	105.6	106.5	106.3
机械工业	Machine Manufacturing Industry	99.9	100.1	100.6	100.7	101.3	101.4
建筑材料工业	Building Materials Industry	103.6	103.5	104.0	106.7	108.3	109.7
森林工业	Timber Industry	102.8	102.4	102.5	102.5	102.4	102.6
食品工业	Food Industry	104.9	105.3	106.5	107.6	107.6	108.0
纺织工业	Textile Industry	121.0	122.3	121.0	117.0	114.0	111.6
缝纫工业	Tailoring Industry	102.4	105.1	105.0	104.0	104.1	104.1
皮革工业	Leather Industry	107.1	105.6	105.6	104.4	104.5	104.6
造纸工业	Paper Industry	105.9	106.9	106.7	106.8	106.2	105.5
文教艺术用品工业	Cultural,Educational& Handicrafts Articles	101.2	101.6	101.6	101.5	101.2	101.1
其它工业	Others	104.7	105.1	104.9	104.6	104.9	105.0

3-17 工业生产者出厂价格主要分组分月指数（2011年）
Producer Price Indices (PPI) by Main Classification & Month (2011年)

续表（continued）上年同期=100 same term of preceding year=100

项目名称	Item	7月 July	8月 August	9月 September	10月 October	11月 November	12月 December
总指数	**General Index**	**104.8**	**104.8**	**104.6**	**104.0**	**102.8**	**102.4**
按生产生活资料分	**By Means of Production and Consumer Goods**						
生产资料	Means of Production	105.3	105.3	105.1	104.5	103.2	102.6
采　掘	Mining & Quarrying Industry	111.9	111.4	109.9	109.7	107.6	105.3
原　料	Raw Materials Industry	107.7	107.2	106.4	105.3	103.2	103.2
加　工	Processing Industry	104.3	104.4	104.5	103.9	102.9	102.3
生活资料	Consumer Goods	103.3	103.2	103.1	102.5	101.9	102.0
食　品	Food	108.7	108.8	108.9	108.0	106.7	106.5
衣　着	Clothing	105.3	105.0	104.8	103.6	103.8	103.1
一般日用品	Articles for Daily Use	101.2	100.9	100.6	99.5	98.7	98.7
耐用消费品	Durable Consumer Goods	100.8	100.6	100.6	100.3	100.0	100.3
按工业部门分	**By Sector**						
冶金工业	Metallurgical Industry	107.2	107.3	106.7	104.4	102.4	102.4
电力工业	Electric Power Industry	101.1	101.4	101.4	102.1	102.1	105.4
煤炭及炼焦工业	Coal Industry	117.1	116.4	115.3	114.2	110.9	107.6
石油工业	Petroleum Industry	114.5	112.8	109.3	105.7	104.5	103.3
化学工业	Chemical Industry	106.8	106.7	106.5	105.6	103.0	101.8
机械工业	Machine Manufacturing Industry	101.9	101.9	102.1	101.9	101.6	101.5
建筑材料工业	Building Materials Industry	109.0	109.4	108.8	107.6	105.8	102.4
森林工业	Timber Industry	102.9	103.1	103.3	103.4	103.0	102.8
食品工业	Food Industry	108.0	108.1	108.2	107.2	105.8	105.5
纺织工业	Textile Industry	109.8	106.6	104.4	102.3	98.7	96.2
缝纫工业	Tailoring Industry	104.4	103.7	103.4	103.1	102.7	102.8
皮革工业	Leather Industry	104.4	104.6	104.6	102.0	102.4	102.6
造纸工业	Paper Industry	105.0	105.6	106.5	105.1	105.1	103.2
文教艺术用品工业	Cultural,Educational& Handicrafts Articles	100.8	100.8	101.0	101.0	101.2	101.0
其它工业	Others	105.7	105.7	105.7	104.8	104.6	104.1

3-18 各行业工业品出厂价格分月指数（2010 年）
Ex-Factory Price Indices of Industrial Products by Sector and Month (2010)

上年同期 =100 preceding year=100

行 业	Sector	1 月 January	2 月 February	3 月 March	4 月 April	5 月 May	6 月 June
工业品出厂价格指数	**Ex-Factory Price Indices of Industrial Products**	**101.5**	**101.8**	**102.8**	**103.3**	**104.0**	**103.7**
煤炭开采和洗选产品	Mining and Washing of Coal	109.3	110.3	112.0	115.0	116.3	118.6
石油和天然气开采产品	Extraction of Petroleum and Natural Gas	100.0	100.0	100.0	100.0	100.0	101.0
黑色金属矿采选产品	Mining and Processing of Ferrous Metal Ores	101.2	105.7	109.3	104.4	103.0	102.3
有色金属矿采选产品	MiningandProcessingofNon-FerrousMetalOres	100.0	98.8	98.6	103.1	102.7	102.7
非金属矿采选产品	Mining and Processing of Nonmetal Ores	104.1	106.2	106.4	107.9	107.2	106.2
其他采矿产品	Mining and Processing of Others						
农副食品加工产品	Processing of Food from Agricultural Products	99.4	98.9	100.4	102.1	102.8	102.7
食品	Processing of Foodstuff	105.3	106.7	105.3	103.8	104.5	105.3
饮料	Manufacture of Beverages	102.3	101.0	101.6	101.4	100.3	100.3
烟草制品	Manufacture of Tobacco	100.1	101.6	100.1	100.1	100.1	101.1
纺织产品	Manufacture of Textile	117.2	116.4	123.9	125.1	126.5	127.8
纺织服装、鞋、帽制品	Manufacture of Textile Wearing Apparel, Footware, and Caps	100.2	100.1	100.0	100.0	100.0	101.9
皮革、毛皮、羽毛(绒)及其制品	Manufacture of Leather, Fur, Feather and Related Products	100.5	103.2	105.7	109.5	111.9	112.3
木材加工及木、竹、藤、棕、草制品	Processing of Timber, Manufacture of Wood, Bamboo, Rattan, Palm and Straw Products	102.4	102.4	102.7	100.3	100.2	101.7
家俱制品	Manufacture of Furniture	104.5	104.4	99.5	103.5	101.5	102.2
造纸及纸制品	Manufacture of Paper and Paper Products	100.5	101.2	102.8	103.2	104.7	105.7
印刷业和记录媒介的复制	Printing, Reproduction of Recording Media	101.3	102.9	103.4	101.2	103.2	102.0
文教体育用品	Manufacture of Articles for Culture, Education and Sport Activities	91.5	91.5	94.7	93.0	93.0	100.0
石油加工、炼焦及核燃料加工产品	Processing of Petroleum, Coking, Processing of Nuclear Fuel	111.2	113.2	122.2	119.2	122.5	126.5
化学原料及化学制品	Manufacture of Raw Chemical Materials and Chemical Products	104.0	104.7	106.5	103.7	103.8	105.3
药品	Manufacture of Medicines	101.5	102.3	102.0	103.4	103.6	101.9
化学纤维产品	Manufacture of Chemical Fibers	95.7	101.6	104.2	100.8	103.6	101.3
橡胶制品	Manufacture of Rubber	104.4	105.7	106.5	111.2	110.6	110.5
塑料制品	Manufacture of Plastics	98.0	98.3	99.1	100.9	100.0	99.9
非金属矿物制品	Manufacture of Non-metallic Mineral Products	96.5	96.4	97.3	96.6	96.7	96.5
黑色金属冶炼及压延加工产品	Smelting and Pressing of Ferrous Metals	101.6	101.4	104.9	107.5	113.8	112.9
有色金属冶炼及压延加工产品	Smelting and Pressing of Non-ferrous Metals	112.6	111.5	112.5	113.4	115.4	109.6
金属制品	Manufacture of Metal Products	96.6	97.9	98.8	99.5	99.6	101.0
通用设备	Manufacture of General Purpose Machinery	95.9	96.7	98.0	98.3	100.3	101.3
专用设备	Manufacture of Special Purpose Machinery	102.3	101.6	100.4	99.2	100.9	100.2
交通运输设备	Manufacture of Transport Equipment	98.5	99.0	99.4	99.9	99.6	99.6
电器机械及器材	Manufacture of Electrical Machinery and Equipment	102.5	103.7	106.3	107.8	108.7	106.0
通信设备、计算机及其他电子设备	Manufacture of Communication Equipment, Computers and Other Electronic Equipment	100.5	96.5	96.0	96.4	99.3	100.4
仪器仪表及文化、办公用机械	Manufacture of Measuring Instruments and Machinery for Cultural Activity and Office Work	99.7	103.7	104.0	103.6	103.9	100.0
工艺品及其他制品	Manufacture of Artwork and Other Manufacturing	108.9	111.2	112.6	113.1	112.0	111.9
废弃资源和废旧材料回收加工	Recycling and Disposal of Waste						
电力、热力的生产和供应产品	ProductionandSupplyofElectricPowerandHeatPower	103.9	104.2	104.1	104.8	104.4	105.6
燃气生产和供应产品	Production and Supply of Gas	100.2	99.9	99.9	100.0	101.7	101.9
水的生产和供应产品	Production and Supply of Water	103.5	103.4	103.4	103.5	103.7	109.3

3-18 各行业工业品出厂价格分月指数（2010年）
Ex-Factory Price Indices of Industrial Products by Sector and Month (2010)

续表（continued）上年同期=100　　preceding year=100

行 业	Sector	7月 January	8月 February	9月 March	10月 April	11月 May	12月 June
工业品出厂价格指数	**Ex-Factory Price Indices of Industrial Products**	**103.3**	**103.1**	**102.8**	**103.2**	**104.0**	**103.9**
煤炭开采和洗选产品	Mining and Washing of Coal	116.7	116.0	117.0	117.2	118.5	117.8
石油和天然气开采产品	Extraction of Petroleum and Natural Gas	102.0	102.0	102.0	102.0	102.0	102.0
黑色金属矿采选产品	Mining and Processing of Ferrous Metal Ores	101.9	101.6	103.7	101.0	100.1	100.1
有色金属矿采选产品	MiningandProcessingofNon-FerrousMetalOres	102.7	102.7	102.7	102.7	104.6	104.6
非金属矿采选产品	Mining and Processing of Nonmetal Ores	104.4	106.0	106.3	106.9	104.5	104.7
其他采矿产品	Mining and Processing of Others						
农副食品加工产品	Processing of Food from Agricultural Products	103.8	105.5	104.1	105.2	107.6	107.9
食品	Processing of Foodstuff	104.6	106.1	104.9	105.8	106.5	104.6
饮料	Manufacture of Beverages	101.5	101.6	101.7	101.3	100.9	101.0
烟草制品	Manufacture of Tobacco	102.2	100.3	100.4	100.2	100.2	101.8
纺织产品	Manufacture of Textile	124.4	123.9	124.7	127.0	135.0	133.8
纺织服装、鞋、帽制品	Manufacture of Textile Wearing Apparel, Footware, and Caps	101.9	101.9	101.8	101.8	101.8	101.9
皮革、毛皮、羽毛(绒)及其制品	Manufacture of Leather, Fur, Feather and Related Products	112.6	112.4	111.0	113.6	111.2	110.8
木材加工及木、竹、藤、棕、草制品	Processing of Timber, Manufacture of Wood, Bamboo, Rattan, Palm and Straw Products	101.5	99.6	98.7	100.4	100.2	102.2
家俱制品	Manufacture of Furniture	102.2	102.7	101.9	103.4	103.2	104.1
造纸及纸制品	Manufacture of Paper and Paper Products	105.3	104.6	104.0	105.7	106.2	106.0
印刷业和记录媒介的复制	Printing, Reproduction of Recording Media	103.2	101.9	102.0	100.7	101.4	102.4
文教体育用品	Manufacture of Articles for Culture, Education and Sport Activities	102.6	106.7	106.7	106.7	109.7	109.7
石油加工、炼焦及核燃料加工产品	Processing of Petroleum, Coking, Processing of Nuclear Fuel	120.8	110.5	108.8	111.7	114.0	113.2
化学原料及化学制品	Manufacture of Raw Chemical Materials and Chemical Products	105.5	104.9	106.8	109.0	114.1	115.2
药品	Manufacture of Medicines	104.2	103.2	102.3	100.9	102.0	102.5
化学纤维产品	Manufacture of Chemical Fibers	106.9	104.3	98.8	97.3	102.1	99.1
橡胶制品	Manufacture of Rubber	110.4	108.4	106.8	112.2	117.6	117.8
塑料制品	Manufacture of Plastics	99.9	100.2	100.5	100.0	101.6	101.2
非金属矿物制品	Manufacture of Non-metallic Mineral Products	97.8	98.1	98.1	99.8	102.2	104.0
黑色金属冶炼及压延加工产品	Smelting and Pressing of Ferrous Metals	109.9	109.6	105.9	108.9	109.4	107.7
有色金属冶炼及压延加工产品	Smelting and Pressing of Non-ferrous Metals	110.4	108.0	108.5	110.9	110.5	108.2
金属制品	Manufacture of Metal Products	99.3	99.8	101.1	103.0	103.2	104.1
通用设备	Manufacture of General Purpose Machinery	101.0	100.8	100.9	101.2	101.6	101.8
专用设备	Manufacture of Special Purpose Machinery	99.6	100.2	100.0	99.6	99.2	99.9
交通运输设备	Manufacture of Transport Equipment	99.2	99.1	98.9	98.1	98.4	98.1
电器机械及器材	Manufacture of Electrical Machinery and Equipment	103.1	103.1	101.3	101.4	101.6	102.6
通信设备、计算机及其他电子设备	Manufacture of Communication Equipment, Computers and Other Electronic Equipment	99.7	99.6	99.3	99.6	99.6	100.0
仪器仪表及文化、办公用机械	Manufacture of Measuring Instruments and Machinery for Cultural Activity and Office Work	100.0	102.9	103.3	102.7	103.2	106.3
工艺品及其他制品	Manufacture of Artwork and Other Manufacturing	109.6	110.8	104.7	104.6	106.3	106.2
废弃资源和废旧材料回收加工	Recycling and Disposal of Waste						
电力、热力的生产和供应产品	ProductionandSupplyofElectricPowerandHeatPower	105.3	104.9	105.4	105.2	104.5	102.9
燃气生产和供应产品	Production and Supply of Gas	102.9	110.7	113.8	115.0	114.0	115.3
水的生产和供应产品	Production and Supply of Water	107.1	107.0	108.4	110.3	109.5	107.6

3-18 工业生产者出厂价格分类分月指数（2011 年）
Producer Price Indices (PPI) by Sector & Month (2011)

上年同期 =100 preceding year=100

项目名称	Item	1月 January	2月 February	3月 March	4月 April	5月 May	6月 June
总指数	**General Index**	**103.0**	**103.3**	**103.5**	**103.7**	**104.1**	**104.4**
煤炭开采和洗选业	Mining and Washing of Coal	117.9	119.0	118.6	118.4	117.3	116.9
石油和天然气开采业	Extraction of Petroleum and Natural Gas	101.5	101.5	101.5	101.5	101.5	100.5
黑色金属矿采选业	Mining and Processing of Ferrous Metal Ores	100.2	100.4	100.0	104.8	104.6	106.0
有色金属矿采选业	Mining and Processing of Non-Ferrous Metal Ores	102.0	101.8	103.2	102.5	102.1	101.5
非金属矿采选业	Mining and Processing of Nonmetal Ores	105.4	104.8	103.6	104.6	104.0	106.0
农副食品加工业	Processing of Food from Agricultural Products	107.0	107.7	109.6	111.3	111.3	111.6
食品制造业	Processing of Foodstuff	105.2	104.6	105.9	107.2	107.0	106.5
饮料制造业	Manufacture of Beverages	101.3	102.0	102.5	102.4	103.3	105.4
烟草制品业	Manufacture of Tobacco	101.8	101.8	101.8	101.8	101.8	101.8
纺织业	Manufacture of Textile	119.3	121.2	119.9	116.0	113.2	111.0
纺织服装、鞋、帽制造业	Manufacture of Textile Wearing Apparel, Footware, and Caps	101.4	102.3	102.2	102.2	102.0	101.9
皮革、毛皮、羽毛(绒)及其制品业	Manufacture of Leather, Fur, Feather and Related Products	110.3	109.1	108.6	106.7	106.6	106.7
木材加工及木、竹、藤、棕、草制品业	Processing of Timber, Manufacture of Wood, Bamboo, Rattan, Palm and Straw Products	106.8	106.7	106.9	106.1	105.6	106.0
家具制造业	Manufacture of Furniture	102.1	101.6	101.6	102.1	103.1	102.7
造纸及纸制品业	Manufacture of Paper and Paper Products	105.9	106.9	106.7	106.8	106.2	105.5
印刷业和记录媒介的复制	Printing, Reproduction of Recording Media	101.1	101.5	101.5	101.3	101.0	100.8
文教体育用品制造业	Manufacture of Articles for Culture, Education and Sport Activities	101.6	101.6	101.6	105.4	105.1	109.1
石油加工、炼焦及核燃料加工业	Processing of Petroleum, Coking, Processing of Nuclear Fuel	110.9	111.1	111.2	112.3	113.8	115.7
化学原料及化学制品制造业	Manufacture of Raw Chemical Materials and Chemical Products	107.2	106.3	105.2	106.2	107.3	106.9
医药制造业	Manufacture of Medicines	103.9	103.5	103.9	104.1	105.0	105.0
化学纤维制造业	Manufacture of Chemical Fibers	94.2	95.6	97.8	96.3	96.9	98.9
橡胶制品业	Manufacture of Rubber	109.1	112.9	111.5	108.2	107.7	107.7
塑料制品业	Manufacture of Plastics	103.2	104.5	105.5	105.8	105.5	106.1
非金属矿物制品业	Manufacture of Non-metallic Mineral Products	102.9	103.0	103.6	106.1	108.0	109.4
黑色金属冶炼及压延加工业	Smelting and Pressing of Ferrous Metals	107.0	107.3	105.1	104.4	103.5	105.0
有色金属冶炼及压延加工业	Smelting and Pressing of Non-ferrous Metals	102.6	104.6	104.2	103.3	104.0	107.1
金属制品业	Manufacture of Metal Products	104.2	105.7	106.3	106.5	106.7	106.8
通用设备制造业	Manufacture of General Purpose Machinery	102.9	103.5	104.2	103.5	102.9	102.9
专用设备制造业	Manufacture of Special Purpose Machinery	100.2	100.5	100.6	101.0	101.1	101.1
交通运输设备制造业	Manufacture of Transport Equipment	98.9	98.7	98.9	99.0	99.3	99.3
电气机械及器材制造业	Manufacture of Electrical Machinery and Equipment	103.3	103.5	103.7	103.8	107.0	107.5
通信设备、计算机及其他电子设备制造业	Manufacture of Communication Equipment, Computers and Other Electronic Equipment	99.7	100.8	102.7	103.6	104.7	104.7
仪器仪表及文化、办公用机械制造业	Manufacture of Measuring Instruments and Machinery for Cultural Activity and Office Work	100.1	102.2	103.7	103.9	104.6	105.1
工艺品及其他制造业	Manufacture of Artwork and Other Manufacturing	104.1	102.8	103.2	105.1	105.6	107.4
废弃资源和废旧材料回收加工业	Recycling and Disposal of Waste	99.4	98.8	100.2	100.5	100.5	99.4
电力、热力的生产和供应业	Production and Supply of Electric Power and Heat Power	100.1	100.3	100.3	100.0	100.2	100.6
燃气生产和供应业	Production and Supply of Gas	115.5	115.5	115.5	116.2	115.0	114.7
水的生产和供应业	Production and Supply of Water	109.4	109.6	109.5	109.7	109.0	105.4

3-18 工业生产者出厂价格分类分月指数（2011 年）
Producer Price Indices (PPI) by Sector & Month (2011)

上年同期 =100 preceding year=100

项目名称	Item	7 月 July	8 月 August	9 月 September	10 月 October	11 月 November	12 月 December
总指数	**General Index**	**104.8**	**104.8**	**104.6**	**104.0**	**102.8**	**102.4**
煤炭开采和洗选业	Mining and Washing of Coal	117.7	116.7	115.6	114.5	111.0	107.6
石油和天然气开采业	Extraction of Petroleum and Natural Gas	100.5	100.5	100.5	100.5	100.5	100.5
黑色金属矿采选业	Mining and Processing of Ferrous Metal Ores	109.4	109.1	108.0	107.0	107.0	107.5
有色金属矿采选业	Mining and Processing of Non-Ferrous Metal Ores	101.5	101.5	101.5	99.4	98.6	98.5
非金属矿采选业	Mining and Processing of Nonmetal Ores	107.2	105.8	104.5	104.3	104.2	103.2
农副食品加工业	Processing of Food from Agricultural Products	111.1	111.3	111.0	108.8	106.7	106.3
食品制造业	Processing of Foodstuff	107.7	108.0	109.4	107.8	106.8	106.6
饮料制造业	Manufacture of Beverages	105.2	104.9	105.0	105.1	104.3	105.2
烟草制品业	Manufacture of Tobacco	101.8	101.8	101.8	103.6	103.6	101.8
纺织业	Manufacture of Textile	109.5	106.4	104.4	102.4	99.0	96.7
纺织服装、鞋、帽制造业	Manufacture of Textile Wearing Apparel, Footware, and Caps	101.8	101.6	101.7	102.0	102.3	102.5
皮革、毛皮、羽毛(绒)及其制品业	Manufacture of Leather, Fur, Feather and Related Products	106.3	106.2	105.6	102.8	102.6	102.5
木材加工及木、竹、藤、棕、草制品业	Processing of Timber, Manufacture of Wood, Bamboo, Rattan, Palm and Straw Products	106.1	106.0	106.2	106.3	105.9	105.3
家具制造业	Manufacture of Furniture	102.8	103.2	103.2	103.2	102.8	101.8
造纸及纸制品业	Manufacture of Paper and Paper Products	105.0	105.6	106.5	105.1	105.1	103.2
印刷业和记录媒介的复制	Printing, Reproduction of Recording Media	100.6	100.6	100.7	100.8	100.9	100.8
文教体育用品制造业	Manufacture of Articles for Culture, Education and Sport Activities	108.2	107.4	107.4	107.4	107.4	107.4
石油加工、炼焦及核燃料加工业	Processing of Petroleum, Coking, Processing of Nuclear Fuel	116.3	117.0	116.5	114.3	111.3	110.0
化学原料及化学制品制造业	Manufacture of Raw Chemical Materials and Chemical Products	107.3	107.4	107.0	105.5	102.0	100.3
医药制造业	Manufacture of Medicines	105.7	105.2	106.5	106.8	106.0	105.9
化学纤维制造业	Manufacture of Chemical Fibers	99.7	100.6	99.6	100.1	99.1	103.0
橡胶制品业	Manufacture of Rubber	107.8	106.4	105.9	105.5	104.0	102.4
塑料制品业	Manufacture of Plastics	107.0	107.0	106.9	106.6	105.6	105.5
非金属矿物制品业	Manufacture of Non-metallic Mineral Products	108.7	109.1	108.7	107.4	105.6	102.5
黑色金属冶炼及压延加工业	Smelting and Pressing of Ferrous Metals	107.0	107.5	107.5	105.7	103.0	102.6
有色金属冶炼及压延加工业	Smelting and Pressing of Non-ferrous Metals	107.8	107.7	105.9	102.8	100.5	100.9
金属制品业	Manufacture of Metal Products	106.9	106.3	107.4	105.7	105.5	105.6
通用设备制造业	Manufacture of General Purpose Machinery	102.8	103.1	103.5	103.3	102.5	101.4
专用设备制造业	Manufacture of Special Purpose Machinery	103.0	103.1	103.2	102.9	103.1	103.2
交通运输设备制造业	Manufacture of Transport Equipment	99.8	100.0	100.1	100.1	99.8	100.0
电气机械及器材制造业	Manufacture of Electrical Machinery and Equipment	108.9	108.5	108.5	107.8	106.7	105.7
通信设备、计算机及其他电子设备制造业	Manufacture of Communication Equipment, Computers and Other Electronic Equipment	104.8	104.0	103.9	104.4	104.1	104.2
仪器仪表及文化、办公用机械制造业	Manufacture of Measuring Instruments and Machinery for Cultural Activity and Office Work	105.1	104.9	105.0	104.9	104.8	104.5
工艺品及其他制造业	Manufacture of Artwork and Other Manufacturing	107.7	109.2	109.1	109.1	108.9	109.3
废弃资源和废旧材料回收加工业	Recycling and Disposal of Waste	99.4	98.8	98.8	98.8	98.8	98.2
电力、热力的生产和供应业	Production and Supply of Electric Power and Heat Power	101.1	101.4	101.4	102.1	102.1	105.4
燃气生产和供应业	Production and Supply of Gas	113.2	111.1	105.9	102.0	102.0	100.7
水的生产和供应业	Production and Supply of Water	107.0	107.0	105.8	104.0	103.9	103.9

3-19 全国各地区工业品出厂价格指数（2001-2011 年）
Ex-Factory Price Indices of Industrial Products by Region of the Nation (2001-2011)

上年 =100 preceding year=100

地 区	Region	2001 年	2002 年	2003 年	2004 年	2005 年
全 国	**National Total**	**98.7**	**97.7**	**102.4**	**106.1**	**104.9**
东部地区	**Eastern Region**					
北 京	Beijing	99.4	96.6	101.5	103.0	101.3
天 津	Tianjin	95.8	95.4	102.5	104.1	100.1
河 北	Hebei	99.8	99.4	107.1	111.6	104.4
辽 宁	Liaoning	100.5	97.8	103.6	107.1	105.1
上 海	Shanghai	96.8	96.4	101.4	103.6	101.7
江 苏	Jiangsu	99.1	97.6	102.1	106.5	102.6
浙 江	Zhejiang	98.3	96.9	100.8	104.9	102.3
福 建	Fujian	98.1	97.2	100.7	102.6	100.2
山 东	Shandong	99.2	98.7	103.5	106.4	103.7
广 东	Guangdong	98.5	96.4	99.3	101.7	101.5
海 南	Hainan		98.7	99.2	100.0	99.4
中部地区	**Central Region**					
山 西	Shanxi	100.3	102.5	112.2	116.1	110.2
吉 林	Jilin	100.3	98.6	102.5	105.0	104.3
黑龙江	Heilongjiang	96.0	98.8	111.9	113.1	116.7
安 徽	Anhui	98.6	99.8	103.5	108.1	103.3
江 西	Jiangxi	98.1	98.5	104.0	109.7	108.8
河 南	Henan	100.5	98.6	105.0	110.2	106.1
湖 北	Hubei	98.9	98.2	103.5	105.6	104.5
湖 南	Hunan	99.7	99.5	102.6	108.0	106.0
西部地区	**Western Region**					
重 庆	Chongqing	97.8	97.6	100.6	103.3	103.0
四 川	Sichuan	99.3	97.7	100.5	105.4	104.0
贵 州	Guizhou	101.8	99.3	103.4	108.0	107.2
云 南	Yunnan	99.6	98.2	101.4	108.8	104.5
西 藏	Tibet					
陕 西	Shaanxi	100.4	100.6	105.6	107.5	110.4
甘 肃	Gansu	98.5	97.9	110.0	114.3	109.6
青 海	Qinghai	93.7	97.6	105.9	111.2	110.2
宁 夏	Ningxia	100.3	99.7	105.4	109.7	106.2
新 疆	Xinjiang	96.3	97.4	115.1	116.4	116.6
内蒙古	Inner Mongolia	101.1	99.3	103.2	105.1	105.1
广 西	Guangxi	106.5	95.6	102.8	109.7	104.9

3-19 全国各地区工业品出厂价格指数（2001-2011 年）
Ex-Factory Price Indices of Industrial Products by Region of the Nation (2001-2011)

续表（continued）上年 =100 preceding year=100

地 区	Region	2006 年	2007 年	2008 年	2009 年	2010 年	2011 年
全 国	**National Total**	**103.0**	**103.0**	**106.9**	**94.6**	**105.5**	**106.0**
东部地区	**Eastern Region**						
北 京	Beijing	99.0	99.6	103.3	94.4	102.2	102.3
天 津	Tianjin	100.6	101.2	104.1	92.5	105.1	103.8
河 北	Hebei	100.8	106.7	116.7	89.1	109.0	107.7
辽 宁	Liaoning	104.1	104.3	110.9	94.0	107.4	106.5
上 海	Shanghai	100.6	101.1	102.2	93.8	102.3	102.9
江 苏	Jiangsu	101.5	102.6	104.6	95.2	107.3	106.2
浙 江	Zhejiang	103.8	102.4	104.3	94.9	106.2	105.0
福 建	Fujian	99.2	100.8	102.7	95.5	103.2	103.9
山 东	Shandong	102.3	103.1	108.6	94.1	107.1	106.0
广 东	Guangdong	101.4	101.3	103.1	95.8	103.2	103.7
海 南	Hainan	100.8	102.6	104.5	90.6	107.7	108.8
中部地区	**Central Region**						
山 西	Shanxi	101.0	107.4	122.4	92.0	109.5	107.5
吉 林	Jilin	101.7	102.5	104.9	96.1	105.2	105.4
黑龙江	Heilongjiang	109.9	104.4	114.0	87.4	115.0	112.0
安 徽	Anhui	103.1	103.6	108.4	92.8	109.0	108.3
江 西	Jiangxi	109.7	106.1	106.4	93.0	115.2	111.3
河 南	Henan	104.3	105.1	112.1	94.9	107.8	107.2
湖 北	Hubei	102.9	103.8	106.1	95.6	104.9	106.6
湖 南	Hunan	104.3	106.0	109.3	94.3	106.9	108.5
西部地区	**Western Region**						
重 庆	Chongqing	102.2	103.5	105.8	95.5	103.1	103.8
四 川	Sichuan	101.9	103.9	109.3	96.5	105.0	107.3
贵 州	Guizhou	104.3	104.8	112.4	95.1	104.7	105.4
云 南	Yunnan	104.6	105.7	105.8	91.5	108.8	104.7
西 藏	Tibet			105.6	98.2	105.8	104.3
陕 西	Shaanxi	109.6	102.8	108.4	96.1	108.7	107.2
甘 肃	Gansu	109.8	105.2	104.9	91.0	115.0	111.0
青 海	Qinghai	110.0	103.9	107.6	91.3	109.3	107.4
宁 夏	Ningxia	106.2	103.6	112.9	93.9	109.1	109.5
新 疆	Xinjiang	114.4	105.4	116.4	85.5	125.2	114.8
内蒙古	Inner Mongolia	103.0	105.6	112.5	96.2	106.7	107.8
广 西	Guangxi	109.7	104.5	109.0	93.5	112.0	108.5

3-20 工业生产者购进价格主要分组指数（2000-2011 年）
Purchasing Price Indices for Industrial Producers by Main Classification (2000-2011)

上年 =100　　preceding year=100

项目名称	Item	2000 年	2001 年	2002 年	2003 年	2004 年	2005 年
总指数	**General Index**	**105.6**	**99.7**	**99.1**	**104.9**	**113.0**	**108.2**
燃料、动力类	Fuel and Power	101.8	102.3	102.0	103.6	109.4	113.8
黑色金属材料类	Ferrous Metals	104.4	98.6	97.5	109.3	125.1	110.8
钢材	Rolled Steel	105.4	98.9	98.2	107.2	122.6	110.5
其它	Others			97.3	111.8	128.1	111.1
有色金属材料和电线类	Nonferrous Metals and Electric Wires	118.8	93.9	96.5	106.8	128.4	109.5
化工原料类	Raw Chemical Materials	105.3	101.3	97.5	104.5	111.1	109.6
木材及纸浆类	Timber and Paper Pulp		100.3	99.1	100.5	104.6	101.8
建筑材料及非金属矿类	Building Materials and Non-metal Ore	101.0	97.1	98.7	101.2	102.3	110.2
其它工业原材料及半成品类	Other Industrial Raw Materials and Semi-finished Products	103.0	98.6	100.1	102.0	104.5	100.6
农副产品类	Agricultural Produces	104.1	102.0	97.4	108.1	116.3	102.4
纺织原料类	Textile Materials	108.0	102.5	94.2	100.7	101.9	105.7

注：国家统计局从 2011 年 1 月开始实施新的工业生产者价格统计调查制度方法。“工业品价格统计”改称为“工业生产者价格统计”，相应地将“原材料、燃料、动力价格指数”改称为“工业生产者购进价格指数”。(下同)

Note: Since January 2011, NBS begins to conduct new statistical system and survey methods on PPI. "Prices Statistics on Industrial Goods" is renamed to "Prices Statistics on Industrial Producers". Accordingly, "Purchasing Prices Index for Raw Material, Fuels and Power" is renamed to "Purchasing Price Index for Industrial Producers". (the same below)

3-20 工业生产者购进价格主要分组指数（2000-2011 年）
Purchasing Price Indices for Industrial Producers by Main Classification (2000-2011)

续表(continued)上年 =100　　preceding year=100

项目名称	Item	2006 年	2007 年	2008 年	2009 年	2010 年	2011 年
总指数	**General Index**	**104.8**	**106.2**	**112.2**	**95.0**	**106.9**	**105.7**
燃料、动力类	Fuel and Power	106.8	104.9	116.1	100.5	108.7	107.2
黑色金属材料类	Ferrous Metals	97.5	106.1	121.4	86.3	107.1	107.3
钢材	Rolled Steel	96.5	105.3	121.2	85.4	104.1	105.5
其它	Others	99.9	107.6	121.8	89.6	111.3	110.6
有色金属材料和电线类	Nonferrous Metals and Electric Wires	127.9	109.3	95.6	84.7	116.4	107.0
化工原料类	Raw Chemical Materials	103.9	104.3	106.7	89.6	108.6	108.0
木材及纸浆类	Timber and Paper Pulp	103.5	103.7	107.8	101.1	107.3	104.0
建筑材料及非金属矿类	Building Materials and Non-metal Ore	99.4	105.3	122.3	98.9	103.5	105.6
其它工业原材料及半成品类	Other Industrial Raw Materials and Semi-finished Products	102.1	107.8	112.3	97.3	103.0	103.2
农副产品类	Agricultural Produces	104.4	109.3	113.1	101.1	112.4	110.4
纺织原料类	Textile Materials	104.3	105.2	102.9	98.5	113.5	123.3

3-21 工业生产者购进价格分月指数（2010 年）
Purchasing Price Indices for Industrial Producers by Month (2010)

上年同期 =100 same term of preceding year=100

项目名称	Item	1 月 January	2 月 February	3 月 March	4 月 April	5 月 May	6 月 June
总指数	**General Index**	**104.8**	**105.7**	**106.0**	**107.6**	**107.5**	**106.8**
燃料、动力类	Fuel and Power	105.1	105.6	106.4	107.2	107.6	108.3
黑色金属材料类	Ferrous Metals	98.2	98.0	98.7	106.9	108.7	107.5
钢材	Rolled Steel	98.1	98.8	101.5	106.4	108.8	107.0
其它	Others	98.3	96.8	94.7	107.6	108.5	108.2
有色金属材料和电线类	Nonferrous Metals and Electric Wires	121.1	121.9	122.3	123.3	121.2	115.4
化工原料类	Raw Chemical Materials	105.2	109.7	109.2	110.1	108.6	108.8
木材及纸浆类	Timber and Paper Pulp	105.0	104.6	105.3	104.6	106.8	107.6
建筑材料及非金属矿类	Building Materials and Non -metal Ore	101.8	102.2	103.3	103.8	102.4	103.3
其它工业原材料及半成品类	Other Industrial Raw Materials and Semi-finished Products	101.7	102.5	102.5	102.9	102.9	103.0
农副产品类	Agricultural Produces	109.2	108.4	109.7	111.2	114.0	112.8
纺织原料类	Textile Materials	106.9	106.7	111.2	110.4	111.0	111.9

3-21 工业生产者购进价格分月指数（2010 年）
Purchasing Price Indices for Industrial Producers by Month (2010)

续表(continued) 上年同期 =100 same term of preceding year=100

项目名称	Item	7 月 July	8 月 August	9 月 September	10 月 October	11 月 November	12 月 December
总指数	**General Index**	**108.1**	**106.7**	**106.9**	**106.8**	**108.2**	**107.9**
燃料、动力类	Fuel and Power	109.8	110.3	110.2	111.1	111.1	111.1
黑色金属材料类	Ferrous Metals	112.6	110.7	111.0	109.2	112.0	112.0
钢材	Rolled Steel	105.4	102.2	102.5	105.0	107.2	106.8
其它	Others	122.6	122.6	122.8	115.1	118.6	119.2
有色金属材料和电线类	Nonferrous Metals and Electric Wires	115.0	112.7	112.3	111.2	111.6	109.2
化工原料类	Raw Chemical Materials	107.5	106.7	106.8	108.0	111.2	111.3
木材及纸浆类	Timber and Paper Pulp	107.9	110.9	108.6	108.8	109.9	107.4
建筑材料及非金属矿类	Building Materials and Non -metal Ore	103.4	103.0	103.1	104.4	105.7	105.3
其它工业原材料及半成品类	Other Industrial Raw Materials and Semi-finished Products	104.4	102.4	103.0	102.7	103.9	104.1
农副产品类	Agricultural Produces	113.5	112.3	112.8	114.4	115.5	115.4
纺织原料类	Textile Materials	116.8	109.1	112.8	122.1	125.4	118.1

3-21 工业生产者购进价格分月指数（2011 年）
Purchasing Price Indices for Industrial Producers by Month (2011)

上年同期 =100　　same term of preceding year=100

项目名称	Item	1 月 January	2 月 February	3 月 March	4 月 April	5 月 May	6 月 June
总指数	**General Index**	**105.2**	**105.2**	**105.5**	**105.4**	**106.0**	**106.6**
燃料、动力类	Fuel and Power	108.6	107.0	107.1	106.7	107.0	107.7
黑色金属材料类	Ferrous Metals	106.0	107.4	107.8	106.1	108.8	109.2
钢材	Rolled Steel	105.7	107.0	107.5	105.3	104.8	106.2
其它	Others	106.7	108.3	108.5	107.5	116.5	115.1
有色金属材料和电线类	Nonferrous Metals and Electric Wires	105.0	106.3	105.6	104.5	106.1	108.8
化工原料类	Raw Chemical Materials	107.4	107.2	107.7	108.6	108.5	109.1
木材及纸浆类	Timber and Paper Pulp	105.2	104.8	104.5	104.7	104.6	104.4
建筑材料及非金属矿类	Building Materials and Non -metal Ore	104.9	104.5	105.0	106.0	106.5	107.4
其它工业原材料及半成品类	Other Industrial Raw Materials and Semi-finished Products	102.3	102.2	102.8	103.1	103.3	103.5
农副产品类	Agricultural Produces	109.8	111.2	112.6	112.2	111.4	111.7
纺织原料类	Textile Materials	137.7	137.5	132.6	132.9	130.8	130.7

3-21 工业生产者购进价格分月指数（2011 年）
Purchasing Price Indices for Industrial Producers by Month (2011)

续表(continued) 上年同期 =100　　same term of preceding year=100

项目名称	Item	7 月 July	8 月 August	9 月 September	10 月 October	11 月 November	12 月 December
总指数	**General Index**	**107.3**	**107.2**	**106.7**	**105.9**	**104.2**	**103.3**
燃料、动力类	Fuel and Power	108.1	107.8	107.6	107.4	106.4	105.4
黑色金属材料类	Ferrous Metals	108.6	108.9	108.3	106.9	105.3	104.0
钢材	Rolled Steel	106.4	106.8	105.9	105.1	103.6	102.3
其它	Others	112.6	113.1	112.8	110.4	108.5	107.1
有色金属材料和电线类	Nonferrous Metals and Electric Wires	112.4	111.1	110.2	107.8	103.3	102.8
化工原料类	Raw Chemical Materials	110.1	110.4	109.9	108.8	105.4	103.4
木材及纸浆类	Timber and Paper Pulp	103.7	103.6	103.4	103.6	102.9	102.6
建筑材料及非金属矿类	Building Materials and Non -metal Ore	106.4	107.3	106.6	105.7	104.0	102.4
其它工业原材料及半成品类	Other Industrial Raw Materials and Semi-finished Products	103.9	104.0	103.9	103.8	103.3	102.7
农副产品类	Agricultural Produces	112.3	111.0	111.2	109.0	107.3	106.2
纺织原料类	Textile Materials	129.8	129.6	119.2	111.9	101.8	100.7

3-22 全国各地区原材料、燃料、动力购进价格指数（2001-2011年）
Purchasing Price Indices for Raw Materials, Fuels and Power by Region of the Nation (2001-2011)

上年=100 preceding year=100

地区	Region	2001年	2002年	2003年	2004年	2005年
全 国	**National Total**	**99.8**	**97.7**	**104.8**	**111.4**	**108.3**
东部地区	**Eastern Region**					
北 京	Beijing	100.4	97.1	104.7	114.2	111.4
天 津	Tianjin	98.8	95.9	108.7	115.4	104.9
河 北	Hebei	101.0	97.2	109.4	118.4	107.0
辽 宁	Liaoning	100.0	98.4	105.1	112.1	108.1
上 海	Shanghai	98.7	97.7	106.4	116.4	106.8
江 苏	Jiangsu	99.5	98.6	106.5	116.3	107.6
浙 江	Zhejiang	99.6	97.3	105.8	113.4	105.4
福 建	Fujian	96.6	97.6	106.3	113.3	108.1
山 东	Shandong	100.0	98.2	105.8	113.4	105.9
广 东	Guangdong	99.1	96.3	104.1	110.7	105.0
海 南	Hainan		101.5	102.2	105.9	104.2
中部地区	**Central Region**					
山 西	Shanxi	101.8	102.7	107.8	114.5	108.2
吉 林	Jilin	101.8	97.8	104.8	110.5	107.0
黑龙江	Heilongjiang	99.5	99.3	107.6	115.2	111.8
安 徽	Anhui	100.2	98.2	106.7	115.0	107.1
江 西	Jiangxi	99.3	98.6	106.5	114.5	110.0
河 南	Henan	101.8	97.6	107.8	115.7	108.3
湖 北	Hubei	100.2	97.7	108.2	113.1	107.0
湖 南	Hunan	101.1	99.3	106.7	114.4	109.4
西部地区	**Western Region**					
重 庆	Chongqing	99.7	99.1	104.9	113.0	108.2
四 川	Sichuan	100.2	99.2	101.6	110.3	109.3
贵 州	Guizhou	100.2	97.5	106.0	112.0	107.4
云 南	Yunnan	99.4	97.6	102.7	109.6	106.5
西 藏	Tibet					
陕 西	Shaanxi	100.5	98.6	104.8	110.4	107.5
甘 肃	Gansu	101.4	98.4	105.6	112.5	109.9
青 海	Qinghai	99.1	102.8	102.0	108.5	105.3
宁 夏	Ningxia	102.5	97.8	106.2	117.3	109.7
新 疆	Xinjiang	99.0	94.9	114.8	118.2	110.7
内蒙古	Inner Mongolia	101.3	99.4	102.9	109.2	109.8
广 西	Guangxi	103.7	95.6	101.2	116.3	108.2

3-22 全国各地区原材料、燃料、动力购进价格指数（2001-2011 年）
Purchasing Price Indices for Raw Materials, Fuels and Power by Region of the Nation (2001-2011)

上年 =100　　preceding year=100

地 区	Region	2006 年	2007 年	2008 年	2009 年	2010 年	2011 年
全 国	**National Total**	**106.0**	**104.4**	**110.5**	**92.1**	**109.6**	**109.1**
东部地区	**Eastern Region**						
北 京	Beijing	105.5	105.0	115.8	88.6	110.5	108.4
天 津	Tianjin	104.7	105.7	112.9	90.2	110.0	109.7
河 北	Hebei	105.0	107.8	115.9	93.5	110.9	110.9
辽 宁	Liaoning	104.2	104.8	111.5	93.3	108.6	108.3
上 海	Shanghai	104.7	104.1	110.3	89.8	111.2	107.5
江 苏	Jiangsu	106.4	105.0	115.0	91.9	112.8	108.9
浙 江	Zhejiang	105.6	105.3	110.6	92.6	112.0	108.3
福 建	Fujian	103.9	104.3	110.2	93.2	107.7	108.0
山 东	Shandong	104.3	104.8	113.1	95.5	109.3	109.2
广 东	Guangdong	103.6	103.3	107.9	93.8	107.3	107.3
海 南	Hainan	101.5	105.0	111.6	85.3	110.3	115.3
中部地区	**Central Region**						
山 西	Shanxi	102.6	105.3	118.3	96.6	109.0	108.1
吉 林	Jilin	103.8	105.2	111.3	95.3	108.6	106.1
黑龙江	Heilongjiang	105.6	105.0	114.1	93.4	114.5	111.1
安 徽	Anhui	103.9	105.1	112.4	95.3	111.8	110.8
江 西	Jiangxi	108.6	107.9	114.2	90.7	111.8	112.4
河 南	Henan	105.3	106.4	111.9	97.1	110.2	110.1
湖 北	Hubei	104.9	104.5	110.9	93.4	110.4	111.5
湖 南	Hunan	106.5	106.1	112.0	92.6	110.0	110.8
西部地区	**Western Region**						
重 庆	Chongqing	104.8	106.2	112.2	95.0	106.9	105.7
四 川	Sichuan	104.5	105.7	112.4	95.3	106.1	112.6
贵 州	Guizhou	107.3	107.5	112.5	93.5	109.8	115.0
云 南	Yunnan	107.6	108.2	111.6	95.0	109.0	108.0
西 藏	Tibet						
陕 西	Shaanxi	106.7	106.3	111.2	98.4	109.7	109.6
甘 肃	Gansu	108.8	104.3	110.2	90.5	112.9	115.1
青 海	Qinghai	102.8	104.4	110.4	99.8	108.6	107.0
宁 夏	Ningxia	108.5	107.1	121.8	94.7	114.1	112.8
新 疆	Xinjiang	111.1	103.8	117.8	90.6	123.9	117.8
内蒙古	Inner Mongolia	105.9	104.8	111.7	99.1	105.0	106.1
广 西	Guangxi	111.4	106.1	110.6	95.1	111.2	110.0

3-23 固定资产投资价格指数（1994-2011 年）
Price Indices for Investment in Fixed Assets (1994-2011)

上年 =100 preceding year=100

年份 Year	固定资产投资价格指数 Price Indices for Investment in Fixed Assets	建筑安装、装饰工程 Construction and Installation	设备、工器具 Equipments and Instruments	其他费用 Others
1994	108.9	109.4	107.4	109.8
1995	104.2	101.2	107.8	114.0
1996	108.1	108.5	100.4	129.1
1997	101.7	103.2	97.6	103.4
1998	98.7	100.0	94.9	99.5
1999	100.5	100.7	97.7	104.4
2000	102.5	103.1	97.0	108.7
2001	100.8	101.4	96.8	103.3
2002	100.7	101.9	96.2	100.4
2003	102.9	104.7	96.7	101.3
2004	105.1	107.0	98.8	102.7
2005	102.3	102.2	99.7	104.6
2006	101.7	101.1	100.7	104.3
2007	105.5	106.0	100.2	107.8
2008	110.2	113.7	100.6	106.6
2009	97.8	97.0	97.7	100.2
2010	102.1	102.7	99.6	101.9
2011	105.9	107.8	101.1	102.5

3-24 住宅销售价格指数（2011 年）
Sales Price Indices of Houses (2011)

上年 =100 preceding year=100

项目 Item	新建住宅销售价格指数 Sales Price Indices of New Houses	新建商品住宅 New Commercial-ized Houses	90 平方米以下 below 90㎡	90-144 平方米 90-144㎡	144 平方米以上 over 144㎡	二手住宅销售价格指数 Sales Price Indices of Second-hand Houses	90 平方米以下 below 90㎡	90-144 平方米 90-144㎡	144 平方米以上 over 144㎡
2011 年	104.1	104.2	105.5	103.7	103	100.6	98.7	102	102.5

主要指标解释

居民消费价格指数 居民消费价格指数是度量一组代表性消费商品及服务项目价格水平随着时间而变动的相对数，反映居民家庭购买的消费品及服务价格水平的变动情况。它是宏观经济分析和决策、价格总水平监测和调控以及国民经济核算的重要指标。其按年度计算的变动率通常被用来作为反映通货膨胀(或紧缩)程度的指标。

商品零售价格指数 商品的零售价格是商品在流通过程中最后一个环节的价格，是工业、商业、餐饮业和其他零售企业向城乡居民、机关团体出售生活消费品和办公用品的价格。通过系统地调查、搜集和整理市场商品零售价格资料，编制商品零售价格指数，以此反映市场商品零售价格的变动趋势和变动程度。其目的在于掌握商品价格的变动趋势，为国家宏观调控和国民经济核算提供参考依据。

工业生产者价格指数 即原来的工业品价格指数。它是反映工业产品价格变化趋势和变动幅度的统计指标，是工业企业的产品价格在不同时间和空间条件下平均变动的相对数。工业生产者价格包括工业品第一次出售时的出厂价格和企业作为中间投入的原材料、燃料、动力购进价格，简称为工业生产者出厂价格和工业生产者购进价格。工业生产者价格指数是进行国民经济核算和经济管理的重要依据。

固定资产投资价格指数 是反映全社会及各类工程固定资产投资中涉及的各类投资品和取费项目价格的变动趋势和变动幅度的相对数。编制固定资产投资价格指数可以消除按现价计算的固定资产投资指标中的价格变动因素。

住宅销售价格指数 是综合反映住宅商品价格水平总体变化趋势和变化幅度的相对数。中国住宅销售价格指数由 70 个大中城市的新建住宅销售价格指数和二手住宅销售价格指数组成。

Explanatory Notes on Main Statistical Indicators

Consumer Price Indices reflect the relative change in prices of consumer goods and services in a certain period of time. Formation of consumer price index aims to study the impact of consumer price changes on the actual living cost of urban and rural residents and to provide scientific basis for central government and relevant departments to draw up consumer policy, price policy, wage policy and monetary policy and to account the nation economy. It is also a key index reflecting the inflation rate.

Retail Price Indices refer to the prices at which industrial, commercial, catering and other retail enterprises sell daily consumer goods to urban and rural residents and products for office use to institutions and social organizations. It reflects the general change in prices of retail commodities in a certain period of time. Formation of retail price index aims to keep abreast of price fluctuation of retail commodities and provide the reference basis for the central government to work out economic policies.

Producer Price Indices the same as the original Industrial Products Price Indices. They are statistical indices reflecting industrial products prices change trend and range. They are relative numbers reflecting average change of industrial enterprise products prices in different time and space. Producer price of industrial products including first sale prices and the intermediate input raw materials, fuel, power purchase price, referred to as the Ex-Factory Price Indices and Purchasing Price Indices. Producer price indices are important basis for accounting system of national economy and economic management.

Price Indices for Investment in Fixed Assets reflect the trend and degree of relative changes in fixed assets involved in the various types of investment products and costs of project price of whole society and all kinds of engineering investment. Preparation of Price Indices for Investment in Fixed Assets can eliminate the price change factor of fixed assets investment index calculated at current price.

Sales Price Indices of Houses comprehensive reflect total change trend and amplitude of residential commodity price level. China's Sales Price Indices of Houses are formed by 70 large and medium-sized city's Sales Price Indices of New Houses and Sales Price Indices of Second-hand Houses.

（四）农业农村

Agriculture and Rural Areas

4-1 农村基层组织及人口（1978-2011 年）
Rural Primary-level Organizations and Population (1978-2011)

年份 Year	乡镇个数(个) Number of Township and Town Governments (unit)	# 镇个数 Towns	村委会个数 Number of Villagers' Committees (unit)	乡村户数（万户） Number of Rural Households (10 000 households)	乡村人口 (万人) Rural Population (10 000 persons)
1978	2072	71	21013	530.01	2316.54
1979	2071	72	21018	529.53	2307.28
1980	2100	111	21084	534.19	2294.08
1981	2100	74	21099	542.44	2336.67
1982	2100	74	21099	551.24	2351.77
1983	2107	78	21091	555.96	2276.10
1984	2096	82	21084	564.08	2276.50
1985	2088	123	21092	573.00	2355.39
1986	2085	143	21090	596.13	2365.34
1987	2081	147	21091	626.70	2391.29
1988	2081	151	21093	650.27	2412.04
1989	2073	167	21095	671.51	2427.70
1990	2069	171	21086	686.26	2446.38
1991	2069	180	21089	697.61	2471.48
1992	1683	360	21093	699.94	2476.10
1993	1477	521	21095	700.88	2463.53
1994	1415	574	21060	710.34	2482.05
1995	1452	623	20864	706.86	2454.17
1996	1268	636	20877	709.86	2464.23
1997	1440	649	20853	708.64	2452.75
1998	1483	653	20647	709.84	2445.12
1999	1452	624	20630	710.99	2442.47
2000	1472	650	20589	710.28	2440.32
2001	1237	663	18264	714.67	2438.79
2002	1233	664	16453	718.31	2443.21
2003	1183	642	14357	718.65	2436.47
2004	1035	614	10143	714.99	2425.25
2005	958	594	10015	718.84	2430.93
2006	905	586	9718	714.86	2418.40
2007	891	580	9035	717.49	2413.95
2008	872	569	8964	724.06	2405.64
2009	862	571	8743	723.55	2385.95
2010	931	577	8692	727.77	2366.66
2011	912	588	8592	721.14	2324.50

4-2 乡村从业人员及行业分布（1978-2011 年）
Rural Employed Persons and Its Distribution of Industry (1978-2011)

单位：万人 10 000 person

年份 Year	从业人员数 Number of Employment	按主要行业分 By Main Industry					
		农林牧渔业 Farming, Forestry, Animal Husbandry and Fishery	工业 Industry	建筑业 Construction Industry	交运仓储和邮政业 Transport, Storage and Telecommuni-ca-tion Industry	批发零售住宿餐饮业 Wholesale and Retail Trade, Hotel and Catering Service	其他 Others
1978	**926.32**	867.59	23.18	9.76	1.76	3.24	20.78
1979	**949.52**	892.74	23.34	9.10	1.89	3.38	19.07
1980	**980.75**	923.73	22.66	8.69	2.14	3.43	20.10
1981	**1006.17**	947.93	22.94	9.70	2.38	4.24	18.99
1982	**1031.39**	967.78	24.03	10.19	2.63	4.73	22.02
1983	**1063.45**	989.45	24.30	11.37	3.29	6.51	28.52
1984	**1087.42**	990.59	28.02	17.43	4.45	10.25	36.68
1985	**1114.34**	980.05	45.50	29.11	6.01	10.91	42.76
1986	**1154.26**	1001.27	48.53	34.43	6.76	12.34	50.93
1987	**1184.92**	1014.10	51.91	40.49	7.57	13.80	57.03
1988	**1218.03**	1038.31	53.95	42.60	7.85	14.75	60.58
1989	**1249.12**	1065.43	52.17	42.45	8.68	14.47	65.92
1990	**1273.06**	1085.57	50.09	42.93	9.07	15.39	70.00
1991	**1314.79**	1107.06	51.25	45.58	9.23	17.06	84.62
1992	**1350.71**	1107.18	53.99	49.78	9.82	19.26	110.67
1993	**1352.26**	1062.48	59.82	60.65	11.16	20.89	137.25
1994	**1356.59**	1039.95	56.89	62.62	12.25	22.36	162.53
1995	**1349.34**	1014.47	55.78	65.80	13.42	23.73	176.14
1996	**1330.44**	991.66	56.07	65.27	14.02	24.07	179.36
1997	**1320.91**	962.55	56.06	65.78	14.95	26.32	195.26
1998	**1316.95**	943.66	51.87	68.42	15.77	27.88	209.35
1999	**1342.99**	955.09	57.68	71.77	17.87	30.77	209.80
2000	**1352.60**	921.50	59.25	75.58	18.53	33.46	244.27
2001	**1345.15**	884.62	57.93	78.35	18.99	34.85	270.42
2002	**1342.17**	852.72	68.00	92.67	21.34	41.49	265.94
2003	**1340.25**	813.19	78.29	102.52	22.57	36.00	287.68
2004	**1361.54**	800.83	94.78	112.05	21.71	34.78	297.39
2005	**1366.91**	775.88	109.79	124.98	23.99	36.91	295.36
2006	**1382.62**	741.67	130.89	145.43	26.46	40.32	297.85
2007	**1378.29**	699.28	156.14	165.14	28.07	44.33	285.33
2008	**1379.90**	676.10	171.39	168.29	29.15	47.84	287.13
2009	**1379.94**	649.69	183.90	178.04	30.39	50.54	287.38
2010	**1379.35**	626.12	193.36	191.59	33.23	54.09	280.96
2011	**1369.98**	604.04	—	—	—	—	—

注：此表批发零售住宿餐饮业栏 2003 年开始未包含住宿餐饮业人员数据。
Note: From 2003 data of 'Sales and Retail Sales Trade and Catering Industry' does not contain hotels and catering services .

4-3 乡村从业人员从业结构（1978-2011 年）
Composition of Rural Employed Persons by Distribution of Industry（1978-2011）

单位：%　　　　%

年份 Year	从业人员数 Number of Employment	按主要行业分 By Main Industry					
		农林牧渔业 Farming, Forestry, Animal Husbandry and Fishery	工业 Industry	建筑业 Construction Industry	交运仓储和邮政业 Transport, Storage and Telecommunication Industry	批发零售住宿餐饮业 Wholesale and Retail Trade, Hotel and Catering Service	其他 Others
1978	**100.00**	93.66	2.50	1.05	0.19	0.35	2.24
1979	**100.00**	94.02	2.46	0.96	0.20	0.36	2.01
1980	**100.00**	94.19	2.31	0.89	0.22	0.35	2.05
1981	**100.00**	94.21	2.28	0.96	0.24	0.42	1.89
1982	**100.00**	93.83	2.33	0.99	0.26	0.46	2.13
1983	**100.00**	93.04	2.29	1.07	0.31	0.61	2.68
1984	**100.00**	91.10	2.58	1.60	0.41	0.94	3.37
1985	**100.00**	87.95	4.08	2.61	0.54	0.98	3.84
1986	**100.00**	86.75	4.20	2.98	0.59	1.07	4.41
1987	**100.00**	85.58	4.38	3.42	0.64	1.16	4.81
1988	**100.00**	85.24	4.43	3.50	0.64	1.21	4.97
1989	**100.00**	85.29	4.18	3.40	0.69	1.16	5.28
1990	**100.00**	85.27	3.93	3.37	0.71	1.21	5.50
1991	**100.00**	84.20	3.90	3.47	0.70	1.30	6.44
1992	**100.00**	81.97	4.00	3.69	0.73	1.43	8.19
1993	**100.00**	78.57	4.42	4.49	0.83	1.55	10.15
1994	**100.00**	76.66	4.19	4.62	0.90	1.65	11.98
1995	**100.00**	75.18	4.13	4.88	0.99	1.76	13.05
1996	**100.00**	74.54	4.21	4.91	1.05	1.81	13.48
1997	**100.00**	72.87	4.24	4.98	1.13	1.99	14.78
1998	**100.00**	71.65	3.94	5.20	1.20	2.12	15.90
1999	**100.00**	71.12	4.29	5.34	1.33	2.29	15.62
2000	**100.00**	68.13	4.38	5.59	1.37	2.47	18.06
2001	**100.00**	65.76	4.31	5.82	1.41	2.59	20.10
2002	**100.00**	63.53	5.07	6.90	1.59	3.09	19.81
2003	**100.00**	60.67	5.84	7.65	1.68	2.69	21.46
2004	**100.00**	58.82	6.96	8.23	1.59	2.55	21.84
2005	**100.00**	56.76	8.03	9.14	1.76	2.70	21.61
2006	**100.00**	53.64	9.47	10.52	1.91	2.92	21.54
2007	**100.00**	50.74	11.33	11.98	2.04	3.22	20.70
2008	**100.00**	49.00	12.42	12.20	2.11	3.47	20.81
2009	**100.00**	47.08	13.33	12.90	2.20	3.66	20.83
2010	**100.00**	45.39	14.02	13.89	2.41	3.92	20.37
2011	**100.00**	44.09	—	—	—	—	—

注：此表批发零售住宿餐饮业栏 2003 年开始未包含餐饮业人员数据。
Note: From 2003 data of 'Sales and Retail Sales Trade and Catering Industry' does not contain Catering Services.

4-4 农村基础设施情况（1996-2011 年）
Information of Rural Infrastructure（1996-2011）

单位：个、%　　unit,%

年份 Year	行政村个数 Number of Administrative Villages	自来水受益村 Villages Benefited from Tap-water		通汽车村 Number of Villages Accessible to Auto Vehicles		通电话村 Number of Villages Accessible to Telephones	
		数量 Number	比重 Proportion	数量 Number	比重 Proportion	数量 Number	比重 Proportion
1996	20877	5912	28.3	14497	69.4	2976	14.3
1997	20853	6051	29.0	15830	75.9	5050	24.2
1998	20647	7077	34.3	16550	80.2	8710	42.2
1999	20630	7721	37.4	17348	84.1	13190	63.9
2000	20589	7866	38.2	17993	87.4	16610	80.7
2001	18264	6556	35.9	16280	89.1	15586	85.3
2002	16453	6804	41.4	14990	91.1	14684	89.2
2003	14357	6690	46.6	13450	93.7	13213	92.0
2004	10143	5064	49.9	9755	96.2	9853	97.1
2005	10015	4982	49.7	9691	96.8	9688	96.7
2006	9718	5015	51.6	9512	97.9	9582	98.6
2007	9035	4991	55.2	8871	98.2	8965	99.2
2008	8964	5100	56.9	8872	99.0	8947	99.8
2009	8743	5379	61.5	8655	99.0	8726	99.8
2010	8692	5612	64.6	8660	99.6	8686	99.9
2011	8592	5864	68.2	8569	99.7	8581	99.9

4-5 农村经济总量（1996-2011 年）
Rural Economic Aggregate （1996-2011）

单位：亿元、元　　100 million yuan,yuan

年份 Year	农村经济总量 Rural Economic Aggregate				乡村人口人均农村经济总量 Rural Economic Aggregate per Rural Person			
	合计 Total	一产业 Primary Industry	二产业 Primary Industry	三产业 Primary Industry	合计 Total	一产业 Primary Industry	二产业 Primary Industry	三产业 Primary Industry
1996	**491.0**	285.0	105.0	101.0	**1992.5**	1156.5	426.1	409.9
1997	**534.0**	304.0	120.0	110.0	**2177.1**	1239.4	489.2	448.5
1998	**569.0**	299.0	140.0	130.0	**2327.1**	1222.8	572.6	531.7
1999	**582.0**	284.0	160.0	138.0	**2382.8**	1162.8	655.1	565.0
2000	**616.0**	283.0	186.0	147.0	**2524.3**	1159.7	762.2	602.4
2001	**667.0**	293.0	210.0	164.0	**2735.0**	1201.4	861.1	672.5
2002	**730.5**	315.8	229.2	185.6	**2989.9**	1292.5	937.9	759.5
2003	**802.1**	343.1	260.7	198.3	**3292.1**	1408.2	1070.0	813.9
2004	**986.0**	431.4	326.8	227.8	**4065.6**	1778.8	1347.5	939.3
2005	**1110.0**	463.5	390.2	256.3	**4566.2**	1906.7	1605.1	1054.3
2006	**1159.3**	386.3	473.6	299.3	**4793.5**	1597.3	1958.4	1237.7
2007	**1375.7**	482.4	557.5	335.8	**5699.2**	1998.4	2309.5	1391.3
2008	**1627.2**	575.4	668.2	383.6	**6764.1**	2391.8	2777.6	1594.6
2009	**1819.8**	606.8	776.4	436.6	**7579.9**	2527.4	3233.9	1818.6
2010	**2157.8**	685.4	967.9	504.5	**9117.4**	2896.0	4089.9	2131.6
2011	**2702.0**	844.5	1164.0	693.5	**11624.2**	3633.1	5007.6	2983.4

注：本表按当年价格计算。
Note: Data in this table are calculated at current prices.

4-6 农林牧渔业总产值（1978-2011 年）
Gross Output Value of Farming, Forestry, Animal Husbandry and Fishery (1978-2011)

单位：亿元 100 million yuan

年 份 Year	农林牧渔业总产值 Gross Output Value					
	合计 **Total**	农业 Farming	林业 Forestry	牧业 Animal Husbandry	渔业 Fishery	农林牧渔服务业 Serivces in Support of Agriculture, Forestry, animal Husbandry and Fishery
1978	**36.25**	26.29	2.12	7.57	0.27	
1979	**41.92**	29.22	2.80	9.53	0.36	
1980	**43.36**	29.68	2.93	10.25	0.49	
1981	**49.62**	33.37	3.85	11.71	0.69	
1982	**55.84**	37.33	4.35	13.25	0.90	
1983	**60.69**	39.59	4.20	15.72	1.19	
1984	**67.31**	44.36	4.09	17.43	1.43	
1985	**75.56**	47.76	4.97	20.88	1.96	
1986	**82.18**	51.70	4.93	23.11	2.44	
1987	**93.00**	56.41	5.53	28.28	2.78	
1988	**112.69**	64.18	6.00	39.34	3.17	
1989	**127.64**	70.68	7.10	46.33	3.53	
1990	**150.30**	85.81	7.75	51.88	4.86	
1991	**165.53**	93.84	8.70	56.52	6.48	
1992	**180.26**	99.50	10.67	61.25	8.84	
1993	**216.94**	119.77	11.33	74.98	10.86	
1994	**292.39**	155.27	11.63	112.74	12.76	
1995	**384.69**	227.89	12.28	130.42	14.10	
1996	**424.99**	271.38	11.55	131.17	10.89	
1997	**439.35**	267.89	11.73	146.89	12.84	
1998	**428.88**	254.94	15.09	144.48	14.38	
1999	**416.88**	249.62	11.56	140.95	14.74	
2000	**412.63**	244.74	10.82	141.99	15.08	
2001	**431.17**	250.40	11.20	154.40	15.16	
2002	**460.98**	264.08	13.51	166.20	17.19	
2003	**488.57**	270.12	14.58	177.64	18.33	7.90
2004	**612.77**	332.95	18.48	230.94	21.25	9.16
2005	**662.19**	358.30	19.97	249.50	23.80	10.63
2006	**575.24**	323.01	22.31	204.22	15.91	9.80
2007	**720.73**	409.55	17.85	264.48	18.44	10.40
2008	**871.39**	473.01	21.80	344.15	21.15	11.28
2009	**913.11**	531.17	25.81	319.42	24.27	12.44
2010	**1021.13**	623.33	30.40	326.55	27.21	13.63
2011	**1265.33**	751.22	38.09	425.33	34.94	15.75

注：1.本表按当年价格计算。2.2006 年及以后使用的是农普衔接数。

Note: 1. Data in this table are calculated at current prices. 2. Data after 2006 are adjusted according to the Second National Agricultural Census.

4-7 农林牧渔业总产值指数（1979-2011 年）
Gross Output Indices of Farming, Forestry, Animal Husbandry and Fishery (1979-2011)

单位：亿元 | 100 million yuan

年 份 Year	农林牧渔业总产值指数 Indices of Gross Output					
	合计 Total	农业 Farming	林业 Forestry	牧业 Animal Husbandry	渔业 Fishery	农林牧渔服务业 Serivces in Support of Farming, Forestry, animal Husbandry and Fishery
1979	**115.6**	111.2	132.3	125.9	132.7	
1980	**103.4**	101.6	104.7	107.5	137.7	
1981	**114.4**	112.4	131.3	114.2	140.4	
1982	**112.5**	111.9	113.1	113.2	130.8	
1983	**108.7**	106.0	96.6	118.6	131.2	
1984	**110.9**	112.1	97.4	110.9	120.2	
1985	**112.3**	107.7	121.3	119.8	137.2	
1986	**108.8**	108.3	99.3	110.7	124.8	
1987	**113.2**	109.1	112.1	122.4	113.9	
1988	**121.2**	113.8	108.6	139.1	114.0	
1989	**113.3**	110.1	118.2	117.8	111.5	
1990	**117.8**	121.4	109.2	112.0	137.4	
1991	**110.1**	109.3	112.2	109.0	133.4	
1992	**108.9**	106.0	122.7	108.4	136.4	
1993	**120.3**	120.4	106.2	122.4	122.8	
1994	**134.8**	129.6	102.6	150.4	117.5	
1995	**131.6**	146.8	105.5	115.7	110.5	
1996	**110.5**	119.1	94.1	100.6	77.3	
1997	**103.4**	98.7	101.6	112.0	117.9	
1998	**97.6**	95.2	128.7	98.4	112.0	
1999	**97.2**	97.9	76.6	97.6	102.5	
2000	**99.0**	98.0	93.6	100.7	102.3	
2001	**104.5**	102.3	103.5	108.7	100.6	
2002	**106.9**	105.5	120.6	107.6	113.4	
2003	**106.0**	102.3	107.9	106.9	106.6	
2004	**125.4**	123.3	126.7	130.0	115.9	115.8
2005	**108.1**	107.6	108.1	108.0	112.0	116.1
2006	**86.9**	90.1	111.7	81.9	66.9	92.2
2007	**125.3**	126.8	80.0	129.5	115.9	106.1
2008	**120.9**	115.5	122.1	130.1	114.7	108.5
2009	**104.8**	112.3	118.4	92.8	114.8	110.3
2010	**111.8**	117.4	117.8	102.2	112.1	109.6
2011	**123.9**	120.5	125.3	130.2	128.4	115.5

注：1.本表按当年价格计算。2.2006 年及以后使用农普衔接数计算。
Note:1. Data in this table are calculated at current prices. 2. Data after 2006 are adjusted according to the Second National FarmingCensus.

4-8 农林牧渔业总产值结构（1978-2011 年）
Composition of Gross Output Value of Farming, Forestry, Animal Husbandry and Fishery (1978-2011)

单位：%　　　　　　　　　　　　　　　　　　　　　　　　　　　　　　　　　　　%

年 份 Year	农林牧渔业总产值构成 Composition of Gross Output					
	合计 **Total**	农业 Farming	林业 Forestry	牧业 Animal Husbandry	渔业 Fishery	农林牧渔服务业 Serivces in Support of Agriculture, Forestry, animal Husbandry and Fishery
1978	**100.0**	72.5	5.8	20.9	0.7	
1979	**100.0**	69.7	6.7	22.7	0.9	
1980	**100.0**	68.5	6.8	23.6	1.1	
1981	**100.0**	67.2	7.8	23.6	1.4	
1982	**100.0**	66.9	7.8	23.7	1.6	
1983	**100.0**	65.2	6.9	25.9	2.0	
1984	**100.0**	65.9	6.1	25.9	2.1	
1985	**100.0**	63.2	6.6	27.6	2.6	
1986	**100.0**	62.9	6.0	28.1	3.0	
1987	**100.0**	60.7	5.9	30.4	3.0	
1988	**100.0**	56.9	5.3	34.9	2.8	
1989	**100.0**	55.4	5.6	36.3	2.8	
1990	**100.0**	57.1	5.2	34.5	3.2	
1991	**100.0**	56.7	5.3	34.1	3.9	
1992	**100.0**	55.2	5.9	34.0	4.9	
1993	**100.0**	55.2	5.2	34.6	5.0	
1994	**100.0**	53.1	4.0	38.6	4.4	
1995	**100.0**	59.2	3.2	33.9	3.7	
1996	**100.0**	63.9	2.7	30.9	2.6	
1997	**100.0**	61.0	2.7	33.4	2.9	
1998	**100.0**	59.4	3.5	33.7	3.4	
1999	**100.0**	59.9	2.8	33.8	3.5	
2000	**100.0**	59.3	2.6	34.4	3.7	
2001	**100.0**	58.1	2.6	35.8	3.5	
2002	**100.0**	57.3	2.9	36.1	3.7	
2003	**100.0**	55.3	3.0	36.4	3.8	1.6
2004	**100.0**	54.3	3.0	37.7	3.5	1.5
2005	**100.0**	54.1	3.0	37.7	3.6	1.6
2006	**100.0**	56.2	3.9	35.5	2.8	1.7
2007	**100.0**	56.8	2.5	36.7	2.6	1.4
2008	**100.0**	54.3	2.5	39.5	2.4	1.3
2009	**100.0**	58.2	2.8	35.0	2.7	1.4
2010	**100.0**	61.0	3.0	32.0	2.7	1.3
2011	**100.0**	59.4	3.0	33.6	2.8	1.2

注：1.本表按当年价格计算。2.2006 年及以后使用的是农普衔接数。

Note: 1. Data in this table are calculated at current prices. 2. Data after 2006 are adjusted according to the Second National Agricultural Census.

4-9 农林牧渔业增加值（1996-2011 年）
Value Added of Farming, Forestry, Animal Husbandry and Fishery（1996-2011）

单位：亿元　　100 million yuan

年份 Year	农林牧渔业增加值 Value Added					
	合计 Total	农业 Farming	林业 Forestry	牧业 Animal Husbandry	渔业 Fishery	农林牧渔服务业 Serivces in Support of Agriculture, Forestry, animal Husbandry and Fishery
1996	**284.89**					
1997	**304.51**					
1998	**298.67**					
1999	**284.28**					
2000	**283.00**					
2001	**293.03**					
2002	**315.78**	204.31	10.78	86.66	14.04	
2003	**336.36**	209.95	11.62	94.37	14.99	5.42
2004	**431.40**	265.69	14.59	126.60	16.82	7.68
2005	**459.83**	280.88	15.19	136.83	18.69	8.25
2006	**386.40**	243.80	16.30	107.20	12.40	6.70
2007	**482.40**	309.19	12.81	138.80	14.40	7.20
2008	**575.39**	357.10	15.69	178.05	16.51	8.04
2009	**606.80**	396.72	18.37	164.00	18.93	8.78
2010	**685.39**	465.30	22.21	167.04	21.22	9.62
2011	**844.52**	560.77	27.82	217.56	27.26	11.11

注：1.本表按当年价格计算。2.2006 年及以后使用的是农普衔接数。
Note: 1. Data in this table are calculated at current prices. 2. Data after 2006 are adjusted according to the Second National Agricultural Census.

4-10 农林牧渔业增加值指数（1997-2011 年）
Indices of Value Added of Farming, Forestry, Animal Husbandry and Fishery（1997-2011）

上年 =100　　　　preceding year=100

年 份 Year	农林牧渔业增加值指数 Indices of Value Added					
	合计 Total	农业 Farming	林业 Forestry	牧业 Animal Husbandry	渔业 Fishery	农林牧渔服务业 Serivces in Support of Agriculture, Forestry, animal Husbandry and Fishery
1997	**106.9**					
1998	**98.1**					
1999	**95.2**					
2000	**99.5**					
2001	**103.5**					
2002	**107.8**					
2003	**106.5**	102.8	107.8	108.9	106.8	
2004	**128.3**	126.5	125.6	134.1	112.2	141.7
2005	**106.6**	105.7	104.1	108.1	111.2	107.4
2006	**84.0**	86.8	107.3	78.3	66.3	81.2
2007	**124.8**	126.8	78.6	129.5	116.1	107.5
2008	**119.3**	115.5	122.5	128.3	114.7	111.6
2009	**105.5**	111.1	117.1	92.1	114.7	109.2
2010	**113.0**	117.3	120.9	101.9	112.1	109.6
2011	**123.2**	120.5	125.3	130.2	128.4	115.5

注：1.本表按当年价格计算。2.2006 年及以后使用的是农普衔接数。
Note: 1. Data in this table are calculated at current prices. 2 . Data after 2006 are adjusted according to the Second National Agricultural Census.

4-11 农林牧渔业增加值构成 (2002-2011 年)
Composition of Value Added of Farming, Forestry, Animal Husbandry and Fishery (2002-2011)

单位：% %

年 份 Year	农林牧渔业增加值构成 Composition of Value Added					
	合计 Total	农业 Farming	林业 Forestry	牧业 Animal Husbandry	渔业 Fishery	农林牧渔服务业 Serivces in Support of Agriculture, Forestry, animal Husbandry and Fishery
2002	100.00	64.70	3.41	27.44	4.45	
2003	100.00	62.42	3.45	28.06	4.46	1.61
2004	100.00	61.59	3.38	29.35	3.90	1.78
2005	100.00	61.08	3.30	29.76	4.07	1.79
2006	100.00	63.10	4.22	27.74	3.21	1.73
2007	100.00	64.09	2.65	28.77	2.99	1.49
2008	100.00	62.06	2.73	30.94	2.87	1.40
2009	100.00	65.38	3.03	27.03	3.12	1.45
2010	100.00	67.89	3.24	24.37	3.10	1.40
2011	100.00	66.40	3.29	25.76	3.23	1.32

注：1.本表按当年价格计算。2.2006 年及以后使用的是农普衔接数。
Note:1. Data in this table are calculated at current prices. 2. Data after 2006 are adjusted according to the Second National Agricultural Census.

4-12 农林牧渔业劳动生产率与增加值率（1978-2011 年）
Labor Productivity Rate and Value Added Rate of Farming, Forestry, Animal Husbandry and Fishery (1978-2011)

年 份 Year	农林牧渔业总产值（亿元） Gross Output Value of Farming, Forestry, Animal Husbandry and Fishery(100 million yuan)	农林牧渔业中间消耗（亿元） Mid-consumption of Farming, Forestry, Animal Husbandry and Fishery(100 million yuan)	农林牧渔业增加值（亿元） Value Added of Farming, Forestry, Animal Husbandry and Fishery(100 million yuan)	农林牧渔业增加值指数（上年 =100） Indices of Value Added of Farming, Forestry, Animal Husbandry and Fishery(preceding year=100)	农林牧渔业增加值率（%） Rate of Value Added of Farming, Forestry, Animal Husbandry and Fishery(%)	农林牧渔业从业人员人均增加值（元） Per Employee Value Added of Farming, Forestry, Animal Husbandry and Fishery(yuan)
1978	36.25	11.44	24.81		68.4	286
1979	41.92	13.16	28.76	115.9	68.6	322
1980	43.36	10.86	32.50	113.0	75.0	352
1981	49.62	13.42	36.20	111.4	73.0	382
1982	55.84	15.38	40.46	111.8	72.5	418
1983	60.69	15.46	45.23	111.8	74.5	457
1984	67.31	16.92	50.39	111.4	74.9	509
1985	75.56	22.17	53.39	106.0	70.7	545
1986	82.18	22.54	59.64	111.7	72.6	596
1987	93.00	30.76	62.24	104.4	66.9	614
1988	112.69	38.29	74.40	119.5	66.0	717
1989	127.64	46.32	81.32	109.3	63.7	763
1990	150.30	50.72	99.58	122.5	66.3	917
1991	165.53	56.93	108.60	109.1	65.6	981
1992	180.26	63.91	116.35	107.1	64.5	1051
1993	216.94	76.30	140.64	120.9	64.8	1324
1994	292.39	98.28	194.11	138.0	66.4	1867
1995	384.69	123.17	261.52	134.7	68.0	2578
1996	424.99	140.10	284.89	108.9	67.0	2873
1997	439.35	134.84	304.51	106.9	69.3	3164
1998	428.88	130.21	298.67	98.1	69.6	3165
1999	416.88	132.60	284.28	95.2	68.2	2976
2000	412.63	129.63	283.00	99.5	68.6	3071
2001	431.17	138.14	293.03	103.5	68.0	3312
2002	460.98	145.20	315.78	107.8	68.5	3703
2003	488.57	152.21	336.36	106.5	68.8	4136
2004	612.77	181.37	431.40	128.3	70.4	5387
2005	662.19	202.39	459.80	106.6	69.4	5926
2006	575.24	188.84	386.40	92.6	67.2	5210
2007	720.73	238.33	482.40	124.8	66.9	6898
2008	871.39	295.99	575.39	120.9	66.0	8511
2009	913.11	306.31	606.80	104.8	66.5	9340
2010	1021.13	335.75	685.39	113.0	67.1	10947
2011	1265.33	420.82	844.52	123.2	66.7	13981

注：1.本表按当年价格计算。2.2006 年及以后使用的是农普衔接数。
Note: 1. Data in this table are calculated at current prices. 2. Data after 2006 are adjusted according to the Second National Agricultural Census.

4-13 农林牧渔业商品产值（1996-2011 年）
Output Value of Farming, Forestry, Animal Husbandry and Fishery Commodities (1996-2011)

单位：亿元　　100 million yuan

年份 Year	林牧渔业商品产值 Output Value of Farming, Forestry, Animal Husbandry and Fishery Commodities				
	合计 Total	农业 Farming	林业 Forestry	牧业 Animal Husbandry	渔业 Fishery
1996	**198.22**	96.40	4.51	88.41	8.89
1997	**212.00**	98.18	4.87	98.31	10.64
1998	**207.65**	94.33	6.04	95.50	11.79
1999	**203.01**	93.61	4.55	92.75	12.10
2000	**224.27**	101.59	4.75	106.38	11.55
2001	**232.03**	100.24	4.74	115.37	11.68
2002	**251.07**	111.88	6.94	120.05	12.20
2003	**272.05**	118.97	7.70	132.19	13.19
2004	**342.68**	149.49	12.55	164.53	16.11
2005	**369.68**	164.70	13.05	173.55	18.37
2006	**332.49**	152.46	16.06	151.48	12.49
2007	**422.35**	192.82	10.75	204.20	14.57
2008	**518.48**	222.84	13.19	265.68	16.77
2009	**553.39**	269.30	16.52	247.42	19.30
2010	**620.21**	324.13	19.97	254.39	21.71
2011	**780.22**	392.89	25.75	333.46	28.13

注:1.本表按当年价格计算。2.2006 年及以后使用农普衔接数计算。
Note:1.Data in this table are calculated at current prices.2. Data after 2006 are adjusted according to the Second National Agricultural Census.

4-14 农林牧渔业商品率（1996-2011 年）
Corresponding Commodity Rate of Farming, Forestry, Animal Husbandry and Fishery (1996-2011)

单位：% %

年份 Year	农林牧渔业商品率 Corresponding Commodity Rate of Farming, Forestry, Animal Husbandry and Fishery				
	合计 Total	农业 Farming	林业 Forestry	牧业 Animal Husbandry	渔业 Fishery
1996	**47.9**	35.5	39.1	67.4	81.6
1997	**47.6**	36.6	41.5	66.9	82.9
1998	**48.4**	37.0	40.0	66.1	82.0
1999	**48.7**	37.5	39.4	65.8	82.1
2000	**49.7**	38.8	38.4	65.4	82.6
2001	**50.7**	38.7	47.6	66.6	75.6
2002	**54.5**	42.4	51.3	72.2	70.7
2003	**56.6**	44.0	52.8	74.4	72.0
2004	**57.0**	45.0	68.0	71.0	76.0
2005	**56.7**	46.0	65.3	69.6	77.2
2006	**57.8**	47.2	72.0	74.2	78.5
2007	**58.6**	47.1	60.2	77.2	79.0
2008	**59.5**	47.1	60.5	77.2	79.3
2009	**60.6**	50.7	64.0	77.5	79.5
2010	**60.7**	52.0	65.7	77.9	79.8
2011	**62.4**	52.3	67.6	78.4	80.5

4-15 农业生产条件 (1978-2011 年)
Conditions of Agricultural Production (1978-2011)

年份 Year	有效灌溉面积 (万亩) Effective Irrigated Area (10 000 mu)	农业机械总动力 (万千瓦) Total Power of Agricultural Machinery (10 000 kw)	农村用电量 (万千瓦小时) Electricity Consumption in Rural Areas (10 000 kwh)	化肥施用量 (折纯) (吨) Consumption of Chemical Fertilizer (net)(10 000 tons)	农膜使用量(吨) Consumption of Farm Plastic Film (tons)	农药使用量(吨) Consumption of Chemical Pesticides (tons)
1978	844.1	101	28542	216278	3371	6357
1979	878.4	124	33122	255515	3371	7027
1980	906.3	155	37953	292101	3718	7062
1981	908.0	172	45636	304544	3926	7226
1982	909.7	176	51322	303319	4285	7823
1983	911.3	192	56838	314770	4595	7542
1984	913.0	204	52804	315511	4683	7194
1985	914.7	219	63309	317583	5029	7275
1986	901.9	240	71471	366913	5121	7867
1987	889.0	259	83229	382551	5668	7785
1988	876.2	278	79637	382889	6111	8060
1989	863.4	291	89611	447162	6507	8078
1990	870.3	300	97091	481255	8028	8723
1991	878.3	316	104430	520805	9727	10105
1992	884.4	324	115831	527472	10672	10489
1993	888.9	343	134027	545141	11822	12709
1994	892.9	366	160197	585547	12828	12910
1995	896.9	386	174847	620165	14289	14628
1996	901.3	410	196788	655535	15314	16936
1997	917.1	454	227302	696375	15909	16831
1998	921.2	506	242934	711802	17712	18221
1999	930.7	558	260029	710327	18620	18418
2000	939.0	586	278728	720017	19575	18514
2001	947.9	628	301140	725794	19444	19065
2002	961.7	666	338717	733727	25337	19336
2003	974.5	696	366535	715935	24245	19540
2004	925.2	728	384627	770183	26834	19466
2005	927.2	776	428943	791951	27472	19541
2006	932.0	820	460291	805929	28226	19579
2007	950.6	860	484478	843203	30053	20372
2008	988.3	903	550949	881429	30914	20972
2009	1008.0	967	614832	911657	34712	22004
2010	1027.9	1071	647738	918186	36602	20854
2011	1039.3	1140	703706	959761	39332	20324

4-16 农作物播种面积及结构（1978-2011 年）

Sown Areas of Farm Crops and Its Composition (1978-2011)

单位：公顷、%、次　　　　hectares,%,times

年份 Year	农作物播种面积 **Sown Areas of Farm Crops**	其中 By purpose		农作物播种面积构成 Composition of Sown Areas of Farm Crops		耕地复种指数 Resown Index of Cultivated Areas
		粮食作物 Grain Crops	经济作物 Cash Crops	粮食作物 Grain Crops	经济作物 Cash Crops	
1978	**3498061**	3177221	219746	90.83	6.28	2.00
1979	**3503427**	3182736	216639	90.85	6.18	2.02
1980	**3345304**	3048196	195745	91.12	5.85	1.93
1981	**3426283**	3051138	263106	89.05	7.68	1.98
1982	**3420431**	3002794	309551	87.79	9.05	1.99
1983	**3274572**	2921223	243651	89.21	7.44	1.91
1984	**3219810**	2849537	273357	88.50	8.49	1.90
1985	**3214717**	2748498	360776	85.50	11.22	1.93
1986	**3232433**	2710205	421376	83.84	13.04	1.95
1987	**3241258**	2697509	439056	83.22	13.55	1.96
1988	**3287399**	2727164	446491	82.96	13.58	1.99
1989	**3381959**	2788700	472185	82.46	13.96	2.05
1990	**3438950**	2847370	473968	82.80	13.78	2.08
1991	**3526637**	2889404	519796	81.93	14.74	2.14
1992	**3522037**	2874889	522116	81.63	14.82	2.14
1993	**3513064**	2870480	510493	81.71	14.53	2.14
1994	**3493884**	2877837	487821	82.37	13.96	2.14
1995	**3526684**	2876853	512996	81.57	14.55	2.16
1996	**3585745**	2889834	558473	80.59	15.57	2.21
1997	**3605420**	2881902	578753	79.93	16.05	2.24
1998	**3614446**	2900656	558301	80.25	15.45	2.26
1999	**3592496**	2862143	580264	79.67	16.15	2.25
2000	**3590815**	2773404	647366	77.24	18.03	2.27
2001	**3555871**	2714600	672125	76.34	18.90	2.29
2002	**3464566**	2606866	697285	75.24	20.13	2.50
2003	**3307179**	2410369	733363	72.88	22.17	2.44
2004	**3435957**	2516507	746014	73.24	21.71	2.45
2005	**3444733**	2501263	770145	72.61	22.36	2.46
2006	**3073880**	2155500	730710	70.12	23.77	2.22
2007	**3134700**	2195800	751200	70.05	23.96	2.26
2008	**3215064**	2215407	836466	68.91	26.02	—
2009	**3308300**	2229493	942060	67.39	28.48	—
2010	**3359388**	2243888	994417	66.79	29.60	—
2011	**3413088**	2259413	1038835	66.20	30.44	—

4-17 粮食播种面积（1978-2011 年）
Sown Areas of Grain Crops (1978-2011)

单位：公顷 hectares

年份 Year	粮食播种面积 Sown Areas of Grain Crops	1.谷物 Cereal	稻谷 Rice	玉米 Corn	小麦 Wheat	2.薯类 Tubers	红苕 Sweet Potato	3.豆类 Soybeans
1978	**3177221**	1996228	849243	529908	499371	907719	499988	273274
1979	**3182736**	2036531	813766	558676	571185	872027	504295	274178
1980	**3048196**	2011466	828317	563021	548898	798054	483016	238676
1981	**3051138**	2036370	823186	582184	565063	786727	485645	228041
1982	**3002794**	2018351	812376	574167	568073	760521	476244	223922
1983	**2921223**	1973780	820755	549742	537813	737417	453573	210026
1984	**2849537**	1939272	824188	536836	512576	698867	430140	211398
1985	**2748498**	1881141	820140	509473	484987	658549	411822	208808
1986	**2710205**	1854051	819858	498179	474509	650827	409666	205327
1987	**2697509**	1840617	807797	497082	469040	656006	421156	200886
1988	**2727164**	1865190	821305	495840	480098	668028	420377	193946
1989	**2788700**	1914782	836231	496121	510960	686688	433931	187230
1990	**2847370**	1951433	821986	514534	541069	710665	440660	185272
1991	**2889404**	1972589	816684	519094	564016	730941	451382	185874
1992	**2874889**	1950332	819262	507808	560724	736846	448311	187711
1993	**2870480**	1934683	804560	506843	558338	756482	455085	179315
1994	**2877837**	1938787	800342	517136	545076	752030	467243	187020
1995	**2876853**	1923230	799482	514595	550291	767418	462391	186205
1996	**2889834**	1929946	802279	514835	555130	765959	460824	193929
1997	**2881902**	1918793	797955	510877	556235	770452	463488	192657
1998	**2900656**	1921857	794636	526068	548282	780473	469749	198326
1999	**2862143**	1892908	788576	519898	531598	774842	462575	194393
2000	**2773404**	1793481	776636	500658	466175	760801	451929	219122
2001	**2714600**	1722159	763964	488690	422131	773517	471069	218924
2002	**2606866**	1666042	757195	472433	388148	721823	414963	219001
2003	**2410369**	1539598	738486	429966	322734	666801	383808	203970
2004	**2516507**	1566568	749300	460415	280528	725660	419621	224279
2005	**2501263**	1537094	747949	460342	279667	729629	410369	234540
2006	**2155500**	1293270	672300	440500	164800	676000	361350	186230
2007	**2195800**	1322090	652130	453670	199700	680390	373540	193340
2008	**2215407**	1336239	673538	455553	188950	682038	371895	197130
2009	**2229493**	1331208	682041	459116	168210	693824	366664	204461
2010	**2243888**	1319670	683904	461886	150532	710264	374001	213954
2011	**2259413**	1316381	686485	466930	138362	718398	374200	224634

4-18 粮食产量（1978-2011 年）
Output of Grain Crops (1978-2011)

单位：万吨　　　　10 000 tons

年份 Year	**粮食产量 Output of Grain Crops**	1.谷物 Cereal	稻谷 Rice	玉米 Corn	小麦 Wheat	2.薯类 Tubers	红苕 Sweet Potato	3.豆类 Soybeans
1978	**814.71**	600.07	345.07	131.43	94.92	185.57	134.80	29.07
1979	**871.71**	629.47	341.30	153.42	114.45	216.22	169.20	26.01
1980	**835.43**	634.35	341.59	158.28	111.65	178.87	130.03	22.20
1981	**883.87**	679.97	387.40	177.41	115.15	179.28	127.17	24.61
1982	**974.02**	756.56	409.75	182.37	138.72	191.96	141.76	25.49
1983	**998.30**	780.64	455.23	162.57	138.62	191.21	145.97	26.45
1984	**1048.36**	843.50	500.30	186.78	132.98	180.57	133.57	24.28
1985	**948.97**	761.20	461.73	158.99	118.93	165.51	122.29	22.26
1986	**1004.92**	809.69	493.41	168.83	125.10	170.20	127.18	25.02
1987	**1004.51**	786.35	499.56	144.24	120.39	195.82	152.74	22.34
1988	**958.02**	770.84	503.00	144.01	105.56	166.64	126.43	20.53
1989	**1044.88**	831.67	541.81	165.14	107.30	195.96	149.34	17.25
1990	**1085.07**	888.08	550.40	192.59	130.81	177.05	123.19	19.93
1991	**1115.28**	881.49	535.90	192.23	142.28	212.25	155.17	21.53
1992	**1050.24**	835.57	509.07	168.35	150.17	196.18	137.46	18.48
1993	**1052.72**	816.19	479.90	180.87	153.66	214.63	146.87	21.90
1994	**1134.10**	882.09	523.13	192.13	148.50	226.06	157.03	25.94
1995	**1153.68**	888.21	532.63	185.74	156.86	235.09	165.72	30.38
1996	**1172.14**	900.41	542.64	197.91	143.85	251.63	167.09	20.10
1997	**1184.63**	920.57	552.44	208.87	144.49	242.17	157.81	21.90
1998	**1155.36**	876.07	519.38	196.64	145.65	257.11	171.57	22.17
1999	**1143.05**	871.04	533.01	202.73	121.49	250.07	169.82	21.93
2000	**1131.21**	850.39	525.43	196.24	121.38	256.23	171.31	24.60
2001	**1035.35**	768.03	466.45	190.20	99.97	244.00	164.59	23.32
2002	**1082.15**	790.45	484.42	202.48	93.83	263.92	188.61	27.78
2003	**1087.20**	796.17	494.30	206.26	83.84	258.82	184.17	32.21
2004	**1144.57**	828.26	509.55	227.80	78.38	278.20	185.36	38.11
2005	**1168.19**	845.77	521.43	233.13	78.65	282.36	180.47	40.06
2006	**808.40**	596.06	344.90	200.50	47.60	183.10	97.87	29.24
2007	**1088.00**	790.68	491.59	234.18	61.05	262.20	172.20	35.12
2008	**1153.21**	838.81	529.39	246.03	58.20	276.62	174.90	37.78
2009	**1137.20**	812.97	511.30	244.45	51.68	284.40	177.38	39.83
2010	**1156.13**	822.09	518.57	251.56	45.93	292.11	179.98	41.93
2011	**1126.90**	799.16	493.50	257.00	42.39	284.25	168.10	43.49

4-19 主要粮食作物单位面积产量（1978-2011 年）
Output of Grain Crops Per Mu (1978-2011)

单位：公斤 / 亩　　kg/mu

年份 Year	粮食产量 Output of Grain Crops	1.谷物 Cereal	稻谷 Rice	玉米 Corn	小麦 Wheat	2.薯类 Tubers	红苕 Sweet Potato	3.豆类 Soybeans
1978	**170.95**	200.40	270.89	165.35	126.72	136.29	179.74	70.92
1979	**182.59**	206.06	279.60	183.08	133.59	165.30	223.68	63.25
1980	**182.72**	210.25	274.93	187.42	135.61	149.42	179.47	62.01
1981	**193.12**	222.61	313.74	203.16	135.86	151.92	174.58	71.95
1982	**216.25**	249.89	336.26	211.75	162.80	168.27	198.44	75.90
1983	**227.83**	263.67	369.77	197.15	171.84	172.87	214.55	83.97
1984	**245.27**	289.97	404.68	231.95	172.96	172.25	207.02	76.57
1985	**230.18**	269.76	375.33	208.05	163.48	167.55	197.97	71.08
1986	**247.19**	291.14	401.22	225.93	175.76	174.35	206.97	81.24
1987	**248.26**	284.81	412.28	193.45	171.12	199.00	241.78	74.14
1988	**234.19**	275.52	408.29	193.63	146.59	166.30	200.51	70.57
1989	**249.79**	289.56	431.95	221.91	140.00	190.25	229.44	61.43
1990	**254.05**	303.39	446.40	249.54	161.18	166.09	186.38	71.73
1991	**257.33**	297.91	437.46	246.88	168.18	193.59	229.18	77.23
1992	**243.54**	285.62	414.25	221.02	178.55	177.50	204.42	65.64
1993	**244.49**	281.25	397.65	237.91	183.48	189.15	215.16	81.43
1994	**262.72**	303.31	435.76	247.69	181.63	200.40	224.05	92.48
1995	**267.35**	307.89	444.15	240.63	190.03	204.23	238.94	108.77
1996	**270.41**	311.03	450.91	256.28	172.75	219.01	241.73	69.08
1997	**274.04**	319.84	461.54	272.56	173.18	209.54	226.99	75.77
1998	**265.54**	303.90	435.74	249.19	177.10	219.62	243.49	74.53
1999	**266.24**	306.77	450.61	259.96	152.36	215.16	244.75	75.22
2000	**271.92**	316.10	451.03	261.31	173.58	224.53	252.70	74.83
2001	**254.27**	297.31	407.04	259.47	157.88	210.30	232.93	71.03
2002	**276.74**	316.30	426.50	285.72	161.15	243.75	303.01	84.56
2003	**300.70**	344.75	446.23	319.80	173.19	258.77	319.89	105.28
2004	**303.22**	352.47	453.35	329.85	186.27	255.59	294.49	113.28
2005	**311.36**	366.83	464.76	337.62	187.48	257.99	293.18	113.86
2006	**250.03**	307.26	342.01	303.44	192.56	180.57	180.56	104.67
2007	**330.33**	398.70	502.55	344.13	203.81	256.91	307.33	121.10
2008	**347.03**	418.49	523.99	360.05	205.35	270.39	313.53	127.77
2009	**340.05**	407.13	499.77	354.96	204.82	273.27	322.51	129.86
2010	**343.49**	415.30	505.50	363.09	203.41	274.18	320.82	130.66
2011	**332.51**	404.73	479.25	366.94	204.23	263.78	299.48	129.08

4-20 主要经济作物播种面积（1978-2011 年）
Sown Areas of Major Cash Crops (1978-2011)

单位：公顷 hectares

年份 Year	油料 Oil-bearing Crops	油菜籽 Rapeseeds	麻类 Fiber Crops	糖料 Sugar Crops	烟叶 Tobacco	烤烟 Flue-cured Tobacco	蔬菜 Vegetables
1978	92351	71374	3671	11149	26582		95954
1979	108335	81265	5129	10969	14782		90678
1980	116577	89369	5751	9907	10416		78400
1981	148986	118422	7100	9972	17635		105589
1982	162114	130770	4549	10678	30682		117805
1983	130527	102713	3852	10375	19449		114323
1984	130945	98232	3983	8292	22592		126918
1985	176866	137367	16396	8681	30956		140569
1986	183859	143792	29591	8195	40897		159811
1987	180579	143292	44245	7855	41729		160867
1988	185171	150612	30722	7774	54056		171444
1989	188593	154505	18923	7242	75726		177979
1990	203171	168751	12107	6628	66607		183873
1991	224412	188989	9316	6962	70859		197049
1992	215622	179402	7750	4969	81258		200686
1993	184964	147692	7154	4198	82461		222621
1994	174643	135505	8105	3396	54997		225902
1995	201550	162572	7539	3067	58939		236283
1996	202483	159584	7174	2784	77657	63859	257106
1997	191800	152222	6826	2145	99482	82561	267203
1998	192330	148896	5314	2009	56603	41648	290397
1999	197151	151801	4737	2096	63969	49650	301389
2000	226384	173185	6128	2332	70775	55212	327094
2001	225046	167911	6796	2481	55210	40056	366330
2002	236325	173930	6859	2881	56012	43463	373072
2003	236724	176836	7108	2829	57237	46605	386990
2004	244129	173815	7573	2800	52995	41361	390235
2005	252421	187333	8456	2789	51508	41530	399972
2006	187290	133680	10515	2791	48879	38500	417414
2007	192920	135370	11353	2892	43553	33415	432906
2008	215531	150170	11476	2981	47749	39453	503673
2009	237025	173643	11329	3069	52579	43890	552233
2010	254995	191849	10370	3131	42735	34914	589095
2011	257096	196200	9607	3382	46165	38911	618631

4-21 主要经济作物产量（1978-2011 年）
Output of Major Cash Crops (1978-2011)

单位：吨 ton

年份 Year	油料 Oil-bearing Crops	油菜籽 Rapeseeds	麻类 Fiber Crops	糖料 Sugar Crops	烟叶 Tobacco	烤烟 Flue-cured Tobacco	蔬菜 Vegetables
1978	77118	60310	1659	312034	22528	6855	2439529
1979	91314	70294	3433	406432	10239	5127	2344061
1980	115738	92841	6172	366448	8098	2992	2298578
1981	159868	124422	8530	291337	20686	4137	2922414
1982	220378	183808	7126	405414	37239	13626	3387654
1983	145813	115822	4931	310043	19628	8281	3376951
1984	145217	102829	8438	294537	24134	8396	3586734
1985	181214	136319	25787	302414	36239	20360	3908601
1986	209114	158537	21719	314239	46724	29183	4219393
1987	208934	161365	35995	294315	44992	25124	4390009
1988	192527	149418	31013	293233	68928	45585	4609285
1989	187824	143842	18932	244115	62093	52041	4693117
1990	220215	177399	12707	205543	74393	48868	4996119
1991	269213	228099	11487	260714	98156	74498	5330009
1992	251814	213975	9716	143328	124705	95961	5413806
1993	217034	172246	9257	123034	113208	86345	5582304
1994	192613	153138	11471	93947	68904	50168	5698265
1995	251217	205415	11092	87634	77981	57436	5939064
1996	236044	186629	10898	82660	132355	110446	6370253
1997	233414	183367	11175	80765	164736	134195	6684420
1998	251129	190331	7541	72824	79970	57522	7113007
1999	240859	173302	6826	75883	95653	72005	7371081
2000	310559	226055	8406	90557	104082	76921	7754156
2001	299617	219097	8857	100818	80064	53200	7799590
2002	350444	258443	12139	120586	87052	64355	8083098
2003	382742	285101	9620	113460	86048	68365	8401712
2004	417501	309876	10209	117734	85036	64470	8635651
2005	427121	318138	12362	114608	90173	71665	8904721
2006	289431	234687	11846	101574	91945	72576	7998819
2007	306773	231918	15399	112633	71513	48643	8553338
2008	357605	265430	16982	111844	85513	68992	9945191
2009	405388	309515	15869	115667	99905	82252	11774486
2010	444499	342193	14700	116833	81030	63880	13095385
2011	465073	351400	14455	118048	93608	75928	14079653

4-22 主要经济作物单位面积产量（1978-2011 年）
Output of Major Cash Crops Per Mu (1978-2011)

单位：公斤 / 亩 kg/mu

年份 Year	油料 Oil-bearing Crops	油菜籽 Rapeseeds	麻类 Fiber Crops	糖料 Sugar Crops	烟叶 Tobacco	烤烟 Flue-cured Tobacco	蔬菜 Vegetables
1978	55.7	56.3	30.1	1865.8	56.5		1694.9
1979	56.2	57.7	44.6	2470.2	46.2		1723.4
1980	66.2	69.3	71.5	2465.9	51.8		1954.6
1981	71.5	70.0	80.1	1947.7	78.2		1845.2
1982	90.6	93.7	104.4	2531.1	80.9		1917.1
1983	74.5	75.2	85.3	1992.2	67.3		1969.2
1984	73.9	69.8	141.2	2368.0	71.2		1884.0
1985	68.3	66.2	104.9	2322.4	78.0		1853.7
1986	75.8	73.5	48.9	2556.3	76.2		1760.2
1987	77.1	75.1	54.2	2497.9	71.9		1819.3
1988	69.3	66.1	67.3	2514.6	85.0		1792.3
1989	66.4	62.1	66.7	2247.2	54.7		1757.9
1990	72.3	70.1	70.0	2067.4	74.5		1811.4
1991	80.0	80.5	82.2	2496.5	92.3		1803.3
1992	77.9	79.5	83.6	1923.0	102.3		1798.4
1993	78.2	77.8	86.3	1953.9	91.5		1671.7
1994	73.5	75.3	94.4	1844.3	83.5		1681.6
1995	83.1	84.2	98.1	1904.9	88.2		1675.7
1996	77.7	78.0	101.3	1979.4	113.6	115.3	1651.8
1997	81.1	80.3	109.1	2510.2	110.4	108.4	1667.8
1998	87.0	85.2	94.6	2416.6	94.2	92.1	1632.9
1999	81.4	76.1	96.1	2413.6	99.7	96.7	1630.5
2000	91.5	87.0	91.4	2588.8	98.0	92.9	1580.4
2001	88.8	87.0	86.9	2709.1	96.7	88.5	1419.4
2002	98.9	99.1	118.0	2790.4	103.6	98.7	1444.4
2003	107.8	107.5	90.2	2673.7	100.2	97.8	1447.4
2004	114.0	118.9	89.9	2803.2	107.0	103.9	1475.3
2005	112.8	113.2	97.5	2739.5	116.7	115.0	1484.2
2006	103.0	117.0	75.1	2426.2	125.4	125.7	1277.5
2007	106.0	114.2	90.4	2596.4	109.5	97.0	1317.2
2008	110.6	117.8	98.7	2501.3	119.4	116.6	1316.4
2009	114.0	118.8	93.4	2512.6	126.7	124.9	1421.4
2010	116.2	118.9	94.5	2487.7	126.4	122.0	1482.0
2011	120.6	119.4	100.3	2326.8	135.2	130.1	1517.3

4-23 茶、桑、果生产情况（1978-2011 年）
Production of Tea, Silkworm Cocoons and Fruit (1978-2011)

单位：万吨、万亩　　　　10 000 tons,10 000 mu

年份 Year	茶叶产量 Tea	蚕茧产量 Silkworm Cocoons	水果产量 Fruits	柑桔 Citrus	果园面积 Area of Orchards	柑桔园 Citrus	茶园面积 Area of Tea Plantations
1978	0.80	1.5	7.9	5.4	20.5	14.4	47.5
1979	0.90	2.1	10.2	7.2	23.0	16.0	47.7
1980	0.92	2.6	15.7	12.4	27.0	19.0	48.5
1981	1.19	2.6	15.2	10.5	29.2	21.4	50.1
1982	1.20	3.1	13.2	9.4	33.2	25.8	48.4
1983	1.38	3.1	21.3	17.3	34.2	27.0	47.7
1984	1.53	3.3	23.0	18.0	41.7	34.0	46.5
1985	1.62	3.3	24.7	19.9	48.7	39.6	47.5
1986	1.69	3.3	28.6	22.1	58.8	48.4	46.3
1987	1.83	3.6	29.6	23.9	63.0	49.9	47.3
1988	1.87	4.2	20.5	14.1	68.0	53.0	47.7
1989	1.86	4.2	37.2	29.7	71.6	56.0	46.4
1990	1.81	4.4	35.1	27.9	70.5	55.3	43.9
1991	1.83	4.8	40.8	31.1	79.7	65.1	44.8
1992	1.72	5.1	41.4	33.5	84.0	68.6	42.5
1993	1.95	5.5	56.9	42.7	91.3	71.2	44.8
1994	2.19	5.7	52.9	42.2	94.3	73.0	41.1
1995	1.75	2.7	59.3	45.2	99.1	76.8	38.6
1996	1.55	2.7	56.6	43.3	106.7	81.7	38.9
1997	1.50	2.8	60.7	45.7	113.0	84.4	36.9
1998	1.53	2.9	74.1	54.6	133.5	90.3	34.7
1999	1.44	2.4	71.7	52.7	135.3	90.0	34.7
2000	1.45	2.9	81.7	58.4	146.4	94.7	35.7
2001	1.41	3.2	82.6	59.9	166.9	103.2	34.8
2002	1.41	3.4	91.0	65.7	221.1	138.9	36.2
2003	1.42	2.8	105.8	75.2	247.1	144.4	35.1
2004	1.61	2.9	137.2	80.0	247.1	147.1	36.0
2005	1.65	3.1	154.6	90.9	268.9	163.4	38.7
2006	1.71	2.7	145.7	84.7	284.0	164.9	40.3
2007	1.89	2.9	175.9	104.4	309.3	170.8	41.2
2008	2.17	2.4	193.28	113.7	325.1	180.4	42.7
2009	2.26	1.9	212.87	126.3	346.3	189.5	44.9
2010	2.52	2.0	238.47	139.0	373.0	207.0	48.4
2011	2.79		261.16		397.2	221.2	52.0

4-24 畜禽存栏情况（1978-2011 年）
Production of Livestock and Fowl in Stock (1978-2011)

单位：万头、万只 10 000 heads

年份 Year	大牲畜年末存栏头数 Large Animals (year-end)	牛 Cattle and Buffaloes	生猪 Hogs	能繁殖母猪 Productive Sow	羊 Sheep and Goats	家禽 Poultry	兔 Rabbits
1978	142.1	141.6	915.0		108.4	1212.1	171.9
1979	146.0	145.4	1088.8		115.5	1296.9	200.9
1980	141.8	141.2	1165.0		105.9	1421.4	137.8
1981	139.3	138.8	1160.4		99.4	1422.4	109.2
1982	136.7	136.0	1231.2		92.6	1493.5	114.0
1983	133.0	131.9	1275.5		78.0	1774.3	115.7
1984	131.0	129.7	1327.8		67.8	1866.6	157.1
1985	128.9	127.6	1353.0		57.6	1952.4	406.4
1986	129.4	128.1	1377.4		56.4	2069.6	385.3
1987	128.2	127.0	1418.7		62.6	2193.8	293.1
1988	128.4	127.1	1448.5		67.4	2226.7	243.3
1989	127.9	126.6	1471.7		71.2	2333.6	249.2
1990	129.2	127.6	1429.1		70.8	2370.9	242.2
1991	129.8	128.2	1440.6		70.2	2631.7	306.5
1992	130.8	128.8	1444.2		71.3	2842.2	409.9
1993	130.5	129.2	1439.0		75.4	2887.7	452.1
1994	132.5	132.4	1476.0		86.4	3404.6	433.6
1995	136.6	135.7	1489.6		104.0	3499.9	404.8
1996	140.4	137.9	1477.1	124.7	114.2	3912.9	454.6
1997	144.0	141.0	1475.3	131.5	131.3	4652.5	501.6
1998	152.5	149.2	1493.0	128.4	129.6	4657.1	587.8
1999	163.9	160.6	1512.2	123.2	149.6	4936.5	609.2
2000	167.5	164.1	1509.9	117.8	160.6	5171.4	675.5
2001	168.6	165.0	1533.6	120.7	177.2	5391.9	726.9
2002	170.5	166.8	1548.9	128.0	228.7	6328.0	746.0
2003	172.6	169.3	1583.0	131.6	233.2	7813.4	949.9
2004	173.6	170.1	1640.7	141.6	365.1	10560.4	995.5
2005	174.5	170.7	1708.8	140.6	378.3	10653.3	1030.4
2006	97.5	94.0	1377.4	128.8	121.9	8218.8	1059.7
2007	98.1	94.4	1422.9	145.5	121.3	9230.5	1073.0
2008	107.4	103.6	1566.5	153.5	129.5	9966.9	937.6
2009	122.9	119.4	1604.1	154.5	142.3	10813.3	1054.8
2010	131.4	128.1	1557.9	148.5	168.4	10883.6	1168.4
2011	127.9	124.5	1540.6	147.2	176.7	11627.5	1529.1

注：本表除兔存栏以外，其余数据从 2006 年始根据农普数据衔接。

Note: Data except for rabbits after 2006 are adjusted according to the Second National Agricultural Census.

4-25 畜禽出栏情况（1978-2011 年）
Production Condition of Livestock and Fowl out Stock (1978-2011)

单位：万头、万只 | 10 000 heads

年份 Year	牛 Cattle and Buffaloes	生猪 Hogs	羊 Sheep and Goats	家禽 Poultry	兔 Rabbits
1978	6.5	531.6	54.4	1124.3	86.6
1979	6.6	716.7	66.6	1214.3	108.8
1980	7.6	797.6	87.3	1347.9	80.2
1981	8.6	868.4	79.9	1369.4	76.0
1982	7.8	894.4	80.0	1437.9	89.9
1983	7.8	972.3	68.3	1619.1	93.1
1984	7.4	1036.4	54.4	1732.4	104.9
1985	6.1	1140.1	54.0	1966.3	213.7
1986	6.8	1190.2	41.0	2512.9	328.8
1987	7.6	1243.8	37.4	2540.6	407.9
1988	8.3	1345.8	41.5	2794.6	332.1
1989	9.5	1375.4	44.8	3074.1	307.7
1990	10.6	1375.8	46.4	3197.0	352.2
1991	12.5	1429.4	51.5	3603.1	356.7
1992	14.2	1469.5	53.3	4129.1	399.6
1993	17.0	1493.0	56.7	4496.6	428.8
1994	20.9	1555.7	63.9	6062.5	469.9
1995	24.3	1610.1	79.9	6232.3	494.7
1996	27.7	1637.5	97.8	7167.1	523.7
1997	31.6	1699.7	113.7	8557.5	566.3
1998	32.2	1720.1	13.0	8968.3	587.0
1999	36.3	1703.2	151.3	9452.3	646.1
2000	38.5	1725.0	167.9	10209.1	716.3
2001	41.3	1746.9	182.6	10821.9	767.6
2002	43.9	1781.7	209.0	11492.1	869.0
2003	48.9	1828.5	235.9	12731.6	1057.7
2004	51.8	1909.3	284.5	13737.4	1220.9
2005	53.8	2006.4	306.2	15087.6	1575.5
2006	34.8	1732.7	127.3	12328.2	1769.3
2007	36.5	1783.2	131.5	12997.5	1992.9
2008	41.0	1898.7	149.6	16363.7	2170.3
2009	46.9	2003.1	166.6	17918.3	2559.6
2010	49.1	2010.5	191.3	19674.2	3014.5
2011	51.9	2020.9	202.6	20863.4	3870.1

注:本表 2006 年始数据是农普衔接数。
Note:Data after 2006 are adjusted according to the Second National Agricultural Census.

4-26 畜禽产品产量（1978-2011 年）
Output of Livestock and Fowl Products (1978-2011)

单位：万吨 10 000 tons

年份 Year	肉类总产量 Output of Meat	猪肉 Pork	牛肉 Beef	羊肉 Mutton	禽肉 Meat of Poultry	兔肉 Meat of Rabbit	禽蛋产量 Poultry Eggs	牛奶产量 Cow Milk
1978	40.51	37.38	0.72	0.61	1.70	0.10	4.46	1.59
1979	53.83	50.38	0.73	0.75	1.83	0.13	4.98	1.66
1980	59.89	55.92	0.85	0.98	2.03	0.10	5.51	1.73
1981	64.93	60.90	0.96	0.90	2.06	0.10	5.97	1.96
1982	66.91	62.73	0.87	0.90	2.17	0.11	6.69	2.22
1983	72.53	68.19	0.87	0.77	2.46	0.12	7.57	2.40
1984	77.04	72.69	0.82	0.61	2.63	0.14	8.31	2.62
1985	84.45	79.95	0.68	0.61	2.77	0.26	8.77	2.97
1986	88.56	83.15	0.75	0.46	3.53	0.46	9.44	3.27
1987	92.76	86.89	0.85	0.42	3.57	0.53	9.98	3.65
1988	99.85	94.02	0.92	0.47	3.93	0.44	10.17	3.91
1989	102.41	96.09	1.06	0.50	4.32	0.39	11.24	4.03
1990	102.92	96.12	1.18	0.52	4.49	0.46	12.01	4.63
1991	107.45	99.87	1.39	0.58	5.06	0.46	12.94	5.20
1992	111.47	102.66	1.58	0.60	5.80	0.52	14.61	5.66
1993	113.73	104.30	1.90	0.64	6.32	0.57	15.71	5.49
1994	121.61	108.48	2.33	0.72	8.52	0.57	17.32	4.85
1995	127.22	112.27	2.70	0.90	8.76	0.59	19.18	3.92
1996	133.22	114.18	3.08	1.10	10.07	0.61	20.85	4.03
1997	141.86	119.66	3.54	1.29	11.98	0.73	23.50	4.51
1998	140.00	121.61	3.50	1.52	12.56	0.79	24.46	4.66
1999	140.50	120.61	3.97	1.80	13.23	0.87	26.29	4.66
2000	143.91	122.45	4.40	1.88	14.19	0.95	27.89	5.60
2001	147.88	124.87	4.73	2.05	15.15	1.02	29.79	6.78
2002	152.40	127.48	5.03	2.37	16.09	1.26	31.58	8.06
2003	159.51	131.82	5.30	2.75	17.92	1.52	35.36	9.06
2004	167.01	136.43	5.91	3.39	19.36	1.68	36.55	8.51
2005	178.39	144.46	6.32	3.69	21.44	2.19	39.15	8.61
2006	151.50	124.80	3.90	1.50	18.70	2.34	30.30	8.35
2007	159.30	130.30	4.20	1.60	20.10	2.79	32.30	8.61
2008	177.59	140.65	5.19	1.94	26.12	3.05	33.11	7.78
2009	187.72	146.52	5.93	2.06	28.51	3.90	35.97	7.94
2010	192.46	147.55	6.27	2.45	30.97	4.46	37.22	7.98
2011	196.28	148.55	6.65	2.61	32.62	5.08	37.42	8.00

注：本表 2006 年始数据是农普衔接数。
Note:Data after 2006 in this table are adjusted according to the Second National Agricultural Census.

4-27 水产品养殖面积与产量（1978-2011 年）
Aquatic Breeding Area and Products (1978-2011)

单位：万亩、万吨　　10 000 mu,10 000 tons

年份 Year	水产品养殖面积 Culture Area				水产品产量 Aquatic Products		
	合计 Total	池塘 Ponds	水库 Reservoirs	河沟 Brooks	**合计 Total**	养殖产量 Breeding Production	捕捞产量 Halieutics Output
1978	**51.45**	20.97	24.33	0.47	**1.44**	1.25	0.18
1979	**52.44**	20.96	25.29	0.66	**1.59**	1.43	0.16
1980	**56.16**	21.56	25.75	0.83	**1.77**	1.57	0.20
1981	**56.67**	20.45	25.68	0.84	**1.98**	1.74	0.24
1982	**60.29**	23.00	26.15	0.66	**2.42**	2.13	0.29
1983	**64.77**	25.75	25.39	1.07	**2.98**	2.68	0.30
1984	**69.01**	27.40	25.95	1.37	**3.52**	3.15	0.36
1985	**85.00**	30.39	39.29	1.35	**4.28**	3.88	0.40
1986	**86.81**	32.40	26.78	1.42	**4.78**	4.37	0.41
1987	**85.22**	32.45	27.16	1.36	**5.19**	4.71	0.48
1988	**88.99**	32.28	27.10	1.48	**5.84**	5.29	0.55
1989	**94.17**	33.86	27.61	1.73	**6.57**	5.99	0.58
1990	**94.52**	34.38	27.63	1.75	**6.55**	5.94	0.61
1991	**100.21**	33.34	27.28	1.86	**7.18**	6.53	0.65
1992	**100.44**	34.42	28.26	1.82	**7.45**	6.79	0.66
1993	**107.55**	36.36	26.54	2.01	**8.92**	8.20	0.73
1994	**105.92**	38.28	26.93	1.99	**10.35**	9.37	0.72
1995	**140.26**	49.15	30.32	2.42	**12.13**	11.01	0.86
1996	**153.40**	52.41	31.96	2.81	**14.07**	12.91	0.90
1997	**143.22**	53.17	34.31	2.70	**16.07**	14.99	1.06
1998	**80.76**	43.85	32.42	3.12	**17.86**	16.37	1.49
1999	**82.13**	44.91	32.45	3.21	**19.13**	17.85	1.28
2000	**84.75**	44.45	35.90	3.29	**20.03**	18.75	1.28
2001	**102.59**	45.18	32.37	21.77	**19.70**	18.44	1.26
2002	**103.82**	46.07	32.37	21.89	**21.16**	19.93	1.23
2003	**102.84**	47.54	34.82	18.20	**22.49**	21.27	1.22
2004	**103.32**	48.59	34.71	18.18	**23.93**	22.63	1.29
2005	**104.52**	49.25	35.24	18.21	**25.06**	23.76	1.30
2006	**52.29**	27.45	24.60	0.15	**16.40**	15.50	0.90
2007	**55.71**	29.33	24.86	0.78	**18.52**	17.54	0.98
2008	**49.39**	26.95	16.22	0.53	**19.06**	18.07	0.99
2009	**79.29**	43.01	24.47	3.07	**20.39**	19.40	0.99
2010	**114.59**	62.64	39.83	11.23	**22.43**	21.33	1.10
2011	**121.87**	68.10	41.14	11.81	**27.56**	26.26	1.30

4-28 主要农副产品产量（1978-2011 年）
Output of Major Agricultural and Subsidiary Products (1978-2011)

单位：吨 ton

年份 Year	粮食 Grain	稻谷 Rice	蔬菜 Vegetables	油料 Oil-bearing Crops	水果 Fruits	肉类 Meat	猪肉 Pork	禽肉 Poultry Meat	水产品 Aquatic Products	禽蛋 Poultry Eggs	牛奶 Cow Milk
1978	8147124	3450743	2439529	77118	79148	405098	373754	16954	14362	44594	15891
1979	8717105	3412959	2344061	91314	102035	538257	503821	18310	15877	49793	16560
1980	8354304	3415928	2298578	115738	156943	598882	559241	20324	17734	55073	17277
1981	8838662	3874043	2922414	159868	151724	649250	609013	20649	19841	59737	19566
1982	9740178	4097533	3387654	220378	131617	669122	627283	21681	24233	66874	22214
1983	9983024	4552317	3376951	145813	212635	725299	681857	24615	29773	75669	24025
1984	10483598	5003031	3586734	145217	230047	770366	726860	26338	35152	83086	26156
1985	9489734	4617324	3908601	181214	247034	844483	799546	27655	42838	87735	29677
1986	10049167	4934142	4219393	209114	286134	885631	831528	35343	47805	94402	32665
1987	10045128	4995618	4390009	208934	295728	927631	868947	35732	51854	99787	36474
1988	9580177	5030015	4609285	192527	205033	998541	940201	39305	58419	101708	39126
1989	10448847	5418132	4693117	187824	371924	1024092	960885	43196	65707	112361	40308
1990	10850650	5504018	4996119	220215	350842	1029216	961173	44924	65482	120098	46293
1991	11152754	5359013	5330009	269213	407533	1074536	998659	50629	71813	129412	51988
1992	10502382	5090735	5413806	251814	413834	1114681	1026621	58021	74459	146138	56579
1993	10527245	4799036	5582304	217034	568527	1137296	1043047	63185	89227	157056	54880
1994	11340991	5231338	5698265	192613	528743	1216106	1084769	85173	103492	173154	48514
1995	11536828	5326334	5939064	251217	592936	1272212	1122736	87558	121289	191837	39153
1996	11721384	5426385	6370253	236044	566177	1332212	1141823	100692	140656	208460	40297
1997	11846286	5524370	6684420	233414	607242	1418622	1196634	119824	160692	234996	45129
1998	11553604	5193805	7113007	251129	740977	1399958	1216096	125576	178607	244581	46587
1999	11430451	5330086	7371081	240859	717046	1405025	1206142	132269	191313	262866	46614
2000	11312145	5254279	7754156	310559	816841	1439102	1224544	141906	200345	278919	55989
2001	10353518	4664508	7799590	299617	826121	1478788	1248734	151498	196967	297922	67791
2002	10821456	4844176	8083098	350444	1134114	1523969	1274843	160891	211568	315797	80592
2003	10872037	4942970	8401712	382742	1285880	1595097	1318198	179242	224893	353554	90608
2004	11445661	5095471	8635651	417501	1372247	1670064	1364335	193581	239255	365516	85143
2005	11681864	5214283	8904721	427121	1546266	1783896	1444599	214393	250568	391482	86076
2006	8084000	3449000	7998819	289431	1457446	1515000	1248000	187000	164046	303000	83456
2007	10880000	4915900	8553338	306773	1758938	1593000	1303000	201000	185260	323000	86095
2008	11532076	5293898	9945191	357605	1932800	1775876	1406538	261209	190600	331076	77842
2009	11372000	5112954	11774486	405388	2128709	1877226	1465247	285368	203900	359661	79422
2010	11561300	5185738	13095385	444499	2384711	1924588	1475548	309659	224300	372177	79819
2011	11269032	4935000	14079653	465073	2611604	1962848	1485523	326209	275600	374198	80003

注：本表 2006 年始畜牧业数据根据农普数据衔接。

Note: Data of animal husbandry after 2006 in this table are adjusted according to the Second National Agricultural Census.

4-29 主要农副产品年增长率（1978-2011 年）
Annual Growth Rate of Major Agriculturaland Subsidiary Products (1978-2011)

单位：上年 =100 preceding year=100

年份 Year	粮食 Grain	稻谷 Rice	蔬菜 Vegetables	油料 Oil-bearing Crops	水果 Fruits	肉类 Meat	猪肉 Pork	禽肉 Poultry Meat	水产品 Aquatic Products	禽蛋 Poultry Eggs	牛奶 Cow Milk
1978	100.00	100.00	100.00	100.00	100.00	100.00	100.00	100.00	100.00	100.00	100.00
1979	107.00	98.91	96.09	118.41	128.92	132.87	134.80	108.00	110.55	111.66	104.21
1980	95.84	100.09	98.06	126.75	153.81	111.26	111.00	111.00	111.70	110.60	104.33
1981	105.80	113.41	127.14	138.13	96.67	108.41	108.90	101.60	111.88	108.47	113.25
1982	110.20	105.77	115.92	137.85	86.75	103.06	103.00	105.00	122.14	111.95	113.53
1983	102.49	111.10	99.68	66.16	161.56	108.40	108.70	113.53	122.86	113.15	108.15
1984	105.01	109.90	106.21	99.59	108.19	106.21	106.60	107.00	118.07	109.80	108.87
1985	90.52	92.29	108.97	124.79	107.38	109.62	110.00	105.00	121.87	105.60	113.46
1986	105.90	106.86	107.95	115.40	115.83	104.87	104.00	127.80	111.59	107.60	110.07
1987	99.96	101.25	104.04	99.91	103.35	104.74	104.50	101.10	108.47	105.70	111.66
1988	95.37	100.69	104.99	92.15	69.33	107.64	108.20	110.00	112.66	101.93	107.27
1989	109.07	107.72	101.82	97.56	181.40	102.56	102.20	109.90	112.48	110.47	103.02
1990	103.85	101.59	106.46	117.25	94.33	100.50	100.03	104.00	99.66	106.89	114.85
1991	102.78	97.37	106.68	122.25	116.16	104.40	103.90	112.70	109.67	107.76	112.30
1992	94.17	94.99	101.57	93.54	101.55	103.74	102.80	114.60	103.68	112.92	108.83
1993	100.24	94.27	103.11	86.19	137.38	102.03	101.60	108.90	119.83	107.47	97.00
1994	107.73	109.01	102.08	88.75	93.00	106.93	104.00	134.80	115.99	110.25	88.40
1995	101.73	101.82	104.23	130.43	112.14	104.61	103.50	102.80	117.20	110.79	80.70
1996	101.60	101.88	107.26	93.96	95.49	104.72	101.70	115.00	115.97	108.67	102.92
1997	101.07	101.81	104.93	98.89	107.25	106.49	104.80	119.00	114.24	112.73	111.99
1998	97.53	94.02	106.41	107.59	122.02	98.68	101.63	104.80	111.15	104.08	103.23
1999	98.93	102.62	103.63	95.91	96.77	100.36	99.18	105.33	107.11	107.48	100.06
2000	98.96	98.58	105.20	128.94	113.92	102.43	101.53	107.29	104.72	106.11	120.11
2001	91.53	88.78	100.59	96.48	101.14	102.76	101.98	106.76	98.31	106.81	121.08
2002	104.52	103.85	103.63	116.96	137.28	103.06	102.09	106.20	107.41	106.00	118.88
2003	100.47	102.04	103.94	109.22	113.38	104.67	103.40	111.41	106.30	111.96	112.43
2004	105.28	103.09	102.78	109.08	106.72	104.70	103.50	108.00	106.39	103.38	93.97
2005	102.06	102.33	103.12	102.30	112.68	106.82	105.88	110.75	104.73	107.10	101.10
2006	69.20	66.15	89.83	67.76	94.26	84.93	86.39	87.22	65.47	77.40	96.96
2007	134.59	142.53	106.93	105.99	120.69	105.15	104.41	107.49	112.93	106.60	103.16
2008	105.99	107.69	116.27	116.57	109.88	111.48	107.95	129.95	102.88	102.50	90.41
2009	98.61	96.58	118.39	113.36	110.14	105.71	104.17	109.25	106.98	108.63	102.03
2010	101.66	101.42	111.22	109.64	112.03	102.52	100.70	108.51	110.00	103.48	100.50
2011	97.47	95.16	107.52	104.63	109.51	101.99	100.67	105.34	122.87	100.54	100.23

注：本表 2006 年始畜牧业和渔业数据根据农普数据衔接。
Note:Data of animal husbandry and fishery after 2006 in this table are adjusted according to the Second National Agricultural Census.

4-30 主要农副产品人均占有量（1978-2011 年）
Per Capita Possesion of Major Agricultural and Subsidiary Products (1978-2011)

单位：公斤 kg

年份 YeaR	粮食 Grain	稻谷 Rice	蔬菜 Vegetables	油料 Oil-bearing Crops	水果 Fruits	肉类 Meat	猪肉 Pork	禽肉 Poultry Meat	水产品 Aquatic Products	禽蛋 Poultry Eggs	牛奶 Cow Milk
1978	309.1	130.9	92.6	2.9	3.0	15.4	14.2	0.6	0.5	1.7	0.6
1980	313.5	128.2	86.3	4.3	5.9	22.5	21.0	0.8	0.7	2.1	0.6
1985	342.8	166.8	141.2	6.5	8.9	30.5	28.9	1.0	1.5	3.2	1.1
1986	357.9	175.7	150.3	7.4	10.2	31.5	29.6	1.3	1.7	3.4	1.2
1987	353.1	175.6	154.3	7.3	10.4	32.6	30.5	1.3	1.8	3.5	1.3
1988	333.4	175.1	160.4	6.7	7.1	34.8	32.7	1.4	2.0	3.5	1.4
1989	360.7	187.0	162.0	6.5	12.8	35.3	33.2	1.5	2.3	3.9	1.4
1990	371.5	188.4	171.0	7.5	12.0	35.2	32.9	1.5	2.2	4.1	1.6
1991	379.5	182.3	181.4	9.2	13.9	36.6	34.0	1.7	2.4	4.4	1.8
1992	355.9	172.5	183.5	8.5	14.0	37.8	34.8	2.0	2.5	5.0	1.9
1993	355.1	161.9	188.3	7.3	19.2	38.4	35.2	2.1	3.0	5.3	1.9
1994	379.9	175.2	190.9	6.5	17.7	40.7	36.3	2.9	3.5	5.8	1.6
1995	384.3	177.4	197.9	8.4	19.8	42.4	37.4	2.9	4.0	6.4	1.3
1996	387.8	179.5	210.7	7.8	18.7	44.1	37.8	3.3	4.7	6.9	1.3
1997	389.3	181.5	219.7	7.7	20.0	46.6	39.3	3.9	5.3	7.7	1.5
1998	377.6	169.7	232.5	8.2	24.2	45.8	39.7	4.1	5.8	8.0	1.5
1999	372.0	173.5	239.9	7.8	23.3	45.7	39.3	4.3	6.2	8.6	1.5
2000	366.0	170.0	250.9	10.0	26.4	46.6	39.6	4.6	6.5	9.0	1.8
2001	334.2	150.6	251.8	9.7	26.7	47.7	40.3	4.9	6.4	9.6	2.2
2002	347.5	155.6	259.6	11.3	36.4	48.9	40.9	5.2	6.8	10.1	2.6
2003	347.3	157.9	268.4	12.2	41.1	51.0	42.1	5.7	7.2	11.3	2.9
2004	364.0	162.1	274.7	13.3	43.6	53.1	43.4	6.2	7.6	11.6	2.7
2005	368.6	164.5	281.0	13.5	48.8	56.3	45.6	6.8	7.9	12.4	2.7
2006	252.7	107.8	250.1	9.0	45.6	47.4	39.0	5.8	5.1	9.5	2.6
2007	336.3	151.9	264.4	9.5	54.4	49.2	40.3	6.2	5.7	10.0	2.7
2008	354.1	162.5	305.3	11.0	59.3	54.5	43.2	8.0	5.8	10.2	2.4
2009	347.2	156.1	359.5	12.4	65.0	57.3	44.7	8.7	6.2	11.0	2.4
2010	350.0	157.0	396.4	13.5	72.2	58.3	44.7	9.4	6.8	11.3	2.4
2011	338.4	148.2	422.8	14.0	78.4	58.9	44.6	9.8	8.3	11.2	2.4

注：1.本表人均产量按户籍人口计算。2.2006 年始粮食、油料、肉类、水产品、禽蛋采用农普衔接数计算。

Note:1. Per capita output in this table are calculated by the household population. 2. Data of grain, oil-bearing crops, meat, aquatic products and poultry eggs after 2006 are adjusted according to the Second National Agricultural Census.

4-31 各区县基层组织及人口 (2010 年)
Primary-level Organizations and Population by Region of Chongqing (2010)

地 区	Region	乡镇个数(个) Number of Township and Town Governments (unit)	行政村个数(个) Number of Villagers' Committees (unit)	乡村人口(万人) Rural Population (10 000 persons)	乡村从业人员(万人) Rural Employees (10 000 persons)	一产业 Primary Industry (10 000 persons)
重庆市	**Chongqing**	**931**	**8692**	**2366.66**	**1379.35**	**626.12**
一小时经济圈	**One Hour Economic Sphere**	**387**	**3761**	**1154.74**	**693.86**	**290.24**
渝中区	Yuzhong District					
大渡口区	Dadukou District	3	32	3.93	2.50	0.98
江北区	Jiangbei District	3	51	5.11	3.31	1.50
沙坪坝区	Shapingba District	11	87	16.63	9.51	2.57
九龙坡区	Jiulongpo District	11	102	20.89	12.75	4.62
南岸区	Nan'an District	8	62	23.36	6.17	2.27
北碚区	Beibei District	15	118	32.15	21.49	7.76
渝北区	Yubei District	18	217	49.63	31.99	16.09
巴南区	Banan District	22	197	57.09	35.11	13.72
万盛区	Wansheng District	8	57	13.17	8.35	3.64
双桥区	Shuangqiao District	3	12	1.74	1.01	0.51
涪陵区	Fuling District	25	335	83.24	52.98	23.31
长寿区	Changshou District	18	226	66.53	42.65	15.64
江津区	Jiangjin District	27	185	119.26	71.69	27.46
合川区	Hechuan District	30	331	118.94	75.41	35.54
永川区	Yongchuan District	23	209	75.73	38.47	12.12
南川区	Nanchuan District	34	192	59.66	34.38	13.07
綦江县	Qijiang County	20	314	78.24	42.66	17.21
潼南县	Tongnan County	22	281	82.01	49.10	23.83
铜梁县	Tongliang County	28	269	67.17	40.43	14.52
大足县	Dazu County	24	242	71.42	38.98	24.27
荣昌县	Rongchang County	21	92	63.16	41.93	17.96
璧山县	Bishan County	13	150	45.68	33.00	11.65
渝东北翼	**Northeast of Chongqing**	**355**	**3596**	**892.17**	**490.68**	**219.56**
万州区	Wanzhou District	51	448	128.96	73.15	34.16
梁平县	Liangping County	34	316	79.05	46.77	20.82
城口县	Chengkou County	25	188	22.45	11.29	5.40
丰都县	Fengdu County	30	277	67.51	38.64	19.10
垫江县	Dianjiang County	24	243	80.10	50.42	23.31
忠县	Zhongxian County	27	318	79.65	44.10	16.82
开县	Kaixian County	40	439	140.32	77.60	31.18
云阳县	Yunyang County	42	429	105.29	53.63	23.76
奉节县	Fengjie County	29	332	91.44	43.05	18.62
巫山县	Wushan County	24	308	52.15	28.21	14.56
巫溪县	Wuxi County	29	298	45.25	23.82	11.83
渝东南翼	**Southeast of Chongqing**	**189**	**1335**	**319.74**	**194.81**	**116.32**
黔江区	Qianjiang District	27	156	48.62	28.41	17.16
武隆县	Wulong County	25	186	36.31	22.77	12.16
石柱县	Shizhu County	31	214	43.44	27.57	19.47
秀山县	Xiushan County	31	235	55.90	35.77	19.01
酉阳县	Youyang County	37	270	75.10	45.28	30.53
彭水县	Pengshui County	38	274	60.37	34.99	17.99

4-31 各区县基层组织及人口 (2011 年)
Primary-level Organizations and Population by Region of Chongqing (2011)

续表 continued

地 区	Region	乡镇个数(个) Number of Township and Town Governments (unit)	行政村个数(个) Number of Villagers' Committees (unit)	乡村人口(万人) Rural Population (10 000 persons)	乡村从业人员(万人) Rural Employees (10 000 persons)	一产业 Primary Industry (10 000 persons)
重庆市	**Chongqing**	**912**	**8616**	**2324.50**	**1369.98**	
一小时经济圈	**One Hour Economic Sphere**	**381**	**3702**	**1135.77**	**680.32**	**276.73**
渝中区	Yuzhong District					
大渡口区	Dadukou District	3	32	3.36	2.08	0.87
江北区	Jiangbei District	3	51	4.12	2.29	1.22
沙坪坝区	Shapingba District	11	86	14.18	8.69	2.59
九龙坡区	Jiulongpo District	11	100	21.04	12.85	4.30
南岸区	Nan´an District	8	60	26.63	5.96	2.15
北碚区	Beibei District	12	118	31.38	20.85	6.97
渝北区	Yubei District	17	216	45.42	29.74	14.48
巴南区	Ba´nan District	22	197	55.78	34.79	13.02
涪陵区	Fuling District	25	319	80.95	52.78	22.68
长寿区	Changshou District	18	226	66.33	42.62	15.32
江津区	Jiangjin District	23	184	116.16	69.48	26.58
合川区	Hechuan District	30	331	118.83	75.36	35.51
永川区	Yongchuan District	23	208	72.60	36.74	11.46
南川区	Nanchuan District	34	185	61.83	34.95	14.44
綦江区	Qijiang District	28	365	91.13	49.42	19.99
大足区	Dazu District	27	232	68.98	37.44	18.86
潼南县	Tongnan County	22	281	81.55	49.16	23.30
铜梁县	Tongliang County	28	269	65.42	40.00	13.89
荣昌县	Rongchang County	21	92	64.51	41.99	17.86
璧山县	Bishan County	15	150	45.58	33.12	11.24
渝东北翼	**Northeast of Chongqing**	**347**	**3555**	**879.95**	**493.29**	**215.80**
万州区	Wanzhou District	51	448	127.55	72.85	33.60
梁平县	Liangping County	34	316	80.28	47.42	19.96
城口县	Chengkou County	25	184	22.15	11.04	5.19
丰都县	Fengdu County	30	277	65.55	36.54	19.56
垫江县	Dianjiang County	24	243	75.23	50.44	23.31
忠县	Zhongxian County	27	318	78.17	43.28	16.51
开县	Kaixian County	33	435	140.69	78.63	30.53
云阳县	Yunyang County	38	396	102.13	52.02	22.47
奉节县	Fengjie County	29	332	90.14	43.88	18.69
巫山县	Wushan County	24	308	53.42	30.41	14.12
巫溪县	Wuxi County	32	298	44.64	26.80	11.86
渝东南翼	**Southeast of Chongqing**	**184**	**1359**	**308.78**	**196.37**	**111.52**
黔江区	Qianjiang District	27	156	48.21	28.64	15.97
武隆县	Wulong County	25	186	37.48	23.21	11.90
石柱县	Shizhu County	31	214	43.22	27.43	19.37
秀山县	Xiushan County	24	235	45.77	34.43	15.22
酉阳县	Youyang County	38	270	72.97	45.31	30.36
彭水县	Pengshui County	39	298	61.14	37.34	18.70

4-32 各区县主要农副产品产量 (2010 年)
Output of Major Agricultural and Subsidiary Products by Region of Chongqing (2010)

续表 (continued)单位：吨 tons

地 区	Region	粮食 Grain	稻谷 Rice	蔬菜 Vegetables	油料 Oil-bearing Crops	水果 Fruits	肉类 Meat	猪肉 Pork	水产品 Aquatic Products
重庆市	**Chongqing**	**11561300**	**5185738**	**13095385**	**444499**	**2384711**	**1924588**	**1475548**	**224300**
一小时经济圈	**One Hour Economic Sphere**	**5875795**	**3171346**	**8666401**	**179106**	**1047439**	**998895**	**723732**	**167250**
渝中区	Yuzhong District								
大渡口区	Dadukou District	410	410	62230	0	671	1552	1203	732
江北区	Jiangbei District	15116	7141	19459	82	4154	3239	2229	740
沙坪坝区	Shapingba District	16490	11208	117148	62	4819	3123	2156	3525
九龙坡区	Jiulongpo District	35991	22854	130324	846	14957	8210	5599	3581
南岸区	Nan′an District	12580	5150	57826	0	5681	2825	2360	3049
北碚区	Beibei District	93098	42700	201805	1191	15346	11824	9306	3581
渝北区	Yubei District	224666	90684	416800	2736	85508	37880	24445	4973
巴南区	Banan District	368279	187706	465249	2143	38971	56512	45614	10742
万盛区	Wansheng District	53697	23658	145295	1243	4113	7443	6093	1298
双桥区	Shuangqiao District	6322	4132	4135	120	663	704	637	159
涪陵区	Fuling District	440348	212600	1526042	5500	96400	68821	56272	12843
长寿区	Changshou District	368539	188747	249140	8335	131661	61583	46774	15914
江津区	Jiangjin District	663917	375487	617303	10837	170853	88546	69506	12665
合川区	Hechuan District	711135	337418	541986	16776	65751	90286	75472	17585
永川区	Yongchuan District	500050	336769	465025	14935	118339	102125	62936	19893
南川区	Nanchuan District	340889	200174	305882	17905	45225	61454	47361	6795
綦江县	Qijiang County	385758	166555	472819	6261	24529	60832	50806	5968
潼南县	Tongnan County	373093	195970	1300707	31898	50683	55299	50054	8355
铜梁县	Tongliang County	359682	225640	438706	8981	26854	82869	45943	10344
大足县	Dazu County	430418	243114	268900	26122	32898	57742	46717	8753
荣昌县	Rongchang County	300053	176260	363460	19839	29230	67129	51688	6366
璧山县	Bishan County	175264	116969	496160	3294	80133	68897	20561	9389
渝东北翼	**Northeast of Chongqing**	**4020914**	**1476740**	**3011842**	**169602**	**1195212**	**647211**	**524078**	**50457**
万州区	Wanzhou District	517889	240386	747956	15287	206935	73610	62762	13925
梁平县	Liangping County	381550	216663	362568	13031	66894	65974	50398	5761
城口县	Chengkou County	98039	7675	36310	2800	1851	22153	16044	342
丰都县	Fengdu County	345904	139112	239374	17321	30778	56265	33841	4138
垫江县	Dianjiang County	380242	194824	250107	14383	54937	63327	55151	7957
忠县	Zhongxian County	411041	215433	191201	27502	170387	58754	48597	3899
开县	Kaixian County	585732	202879	311060	23322	277128	93705	73465	9151
云阳县	Yunyang County	430198	138148	320165	15044	109560	72226	59061	2252
奉节县	Fengjie County	440422	76520	211380	18815	227015	58622	51560	1910
巫山县	Wushan County	227815	27200	179021	13307	43430	38108	34558	462
巫溪县	Wuxi County	202082	17900	162700	8790	6297	44467	38641	660
渝东南翼	**Southeast of Chongqing**	**1664591**	**537652**	**1417142**	**95791**	**142060**	**278482**	**227738**	**6593**
黔江区	Qianjiang District	249984	71691	150238	13517	37088	61393	55308	995
武隆县	Wulong County	171691	45949	340117	6045	16396	36451	31358	1571
石柱县	Shizhu County	259849	92717	264623	9680	11689	35579	24753	1512
秀山县	Xiushan County	312203	143621	219801	26738	56165	39290	31787	1194
酉阳县	Youyang County	370709	119683	200495	22132	15676	58350	46001	939
彭水县	Pengshui County	300155	63991	241868	17679	5046	47419	38531	382

4-32 各区县主要农副产品产量 (2011 年)
Output of Major Agricultural and Subsidiary Products by Region of Chongqing (2011)

续表 (continued)单位：吨 tons

地 区	Region	粮食 Grain	稻谷 Rice	蔬菜 Vegetables	油料 Oil-bearing Crops	水果 Fruits	肉类 Meat	猪肉 Pork	水产品 Aquatic Products
重庆市	**Chongqing**	**11269032**	**4935000**	**14079653**	**465073**	**2611604**	**1962848**	**1485523**	**275600**
一小时经济圈	**One Hour Economic Sphere**	**5620110**	**2980204**	**9326213**	**189476**	**1121917**	**1007517**	**721398**	**203089**
渝中区	Yuzhong District								
大渡口区	Dadukou District	223	223	63400	0	660	1161	847	533
江北区	Jiangbei District	8180	3412	15737	62	2885	2881	1870	468
沙坪坝区	Shapingba District	14070	8876	94756	35	2592	2390	1904	3998
九龙坡区	Jiulongpo District	27038	15286	122925	805	13138	7600	5038	3696
南岸区	Nan´an District	12690	4700	47094	0	5714	2583	2170	3309
北碚区	Beibei District	60963	23356	394104	1052	17711	12062	9444	4169
渝北区	Yubei District	206972	76733	229240	2880	100435	37341	22084	5415
巴南区	Ba´nan District	360580	174595	507121	2092	41253	51000	40649	13752
涪陵区	Fuling District	431541	207605	1639685	5349	104800	68932	56744	16502
长寿区	Changshou District	365881	185040	261597	8619	142913	63355	47143	20714
江津区	Jiangjin District	647618	358943	678551	10950	186625	91697	71531	13408
合川区	Hechuan District	711842	330582	571795	17989	78026	90599	75284	22776
永川区	Yongchuan District	487576	329432	495252	15320	110698	104177	63380	24491
南川区	Nanchuan District	329994	191837	323317	18221	50358	63260	47967	7649
綦江区	Qijiang District	342221	134649	636948	7418	31193	67670	56832	6962
大足区	Dazu District	441494	247906	286471	31951	38358	59687	47851	11689
潼南县	Tongnan County	359005	190798	1524226	33135	51496	56914	51342	10314
铜梁县	Tongliang County	346410	209980	509125	9412	27081	85317	46671	14182
荣昌县	Rongchang County	2334554	171622	378028	20881	29250	68530	52123	8043
璧山县	Bishan County	172953	114629	546841	3305	86731	70361	20524	11019
渝东北翼	**Northeast of Chongqing**	**4016365**	**1438250**	**3230890**	**175018**	**1339500**	**667793**	**531081**	**64642**
万州区	Wanzhou District	520748	237587	778592	15556	244795	75056	63495	16769
梁平县	Liangping County	374961	212045	375983	13157	71106	68418	50921	7323
城口县	Chengkou County	99565	6919	37944	3005	2051	23431	16287	408
丰都县	Fengdu County	335966	126545	271929	17930	47904	58050	34200	5071
垫江县	Dianjiang County	380033	192092	287619	15750	53905	64603	55890	10744
忠县	Zhongxian County	400273	210844	205159	28086	204194	61980	49195	4813
开县	Kaixian County	590372	199504	341544	23558	309430	96449	74281	12892
云阳县	Yunyang County	427623	134049	346098	15431	119632	73820	59675	2849
奉节县	Fengjie County	445199	75185	228925	19216	226737	59713	52219	2364
巫山县	Wushan County	233926	27090	187077	13696	52815	40816	35800	567
巫溪县	Wuxi County	207700	16390	170022	9633	6931	45457	39118	842
渝东南翼	**Southeast of Chongqing**	**1632557**	**516546**	**1522549**	**100579**	**150187**	**287538**	**233044**	**7869**
黔江区	Qianjiang District	243271	66276	154895	14524	30115	63416	57214	1186
武隆县	Wulong County	166359	42755	392239	7296	20554	38446	32663	1775
石柱县	Shizhu County	259649	91708	268592	9896	13007	36952	25183	1805
秀山县	Xiushan County	306928	139631	232110	27462	65336	40264	32212	1719
酉阳县	Youyang County	356321	112417	219542	23088	15781	59861	46645	1083
彭水县	Pengshui County	300029	63759	255171	18313	5394	48599	39127	301

4-33 各区县主要农副产品人均产量 (2010 年)
Per Capita Output of Major Agricultural and Subsidiary Products by Region of Chongqing (2010)

单位：公斤 / 人　　　　kg/person

地区	Region	粮食 Grain	稻谷 Rice	蔬菜 Vegetables	油料 Oil-bearing Crops	水果 Fruits	肉类 Meat	猪肉 Pork	水产品 Aquatic Products
重庆市	**Chongqing**	**488.5**	**219.1**	**553.3**	**18.8**	**100.8**	**81.3**	**62.4**	**9.5**
一小时经济圈	**One Hour Economic Sphere**	**508.8**	**274.6**	**750.5**	**15.5**	**90.7**	**86.5**	**62.7**	**14.5**
渝中区	Yuzhong District	0.0	0.0	0.0	0.0	0.0	0.0	0.0	0.0
大渡口区	Dadukou District	10.4	10.4	1582.1	0.0	17.1	39.5	30.6	18.6
江北区	Jiangbei District	296.1	139.9	381.2	1.6	81.4	63.4	43.7	14.5
沙坪坝区	Shapingba District	99.1	67.4	704.4	0.4	29.0	18.8	13.0	21.2
九龙坡区	Jiulongpo District	172.3	109.4	623.8	4.0	71.6	39.3	26.8	17.1
南岸区	Nan´an District	53.9	22.1	247.6	0.0	24.3	12.1	10.1	13.1
北碚区	Beibei District	289.6	132.8	627.7	3.7	47.7	36.8	29.0	11.1
渝北区	Yubei District	452.7	182.7	839.8	5.5	172.3	76.3	49.3	10.0
巴南区	Banan District	645.1	328.8	815.0	3.8	68.3	99.0	79.9	18.8
万盛区	Wansheng District	407.6	179.6	1102.9	9.4	31.2	56.5	46.3	9.9
双桥区	Shuangqiao District	363.7	237.7	237.9	6.9	38.1	40.5	36.7	9.1
涪陵区	Fuling District	529.0	255.4	1833.2	6.6	115.8	82.7	67.6	15.4
长寿区	Changshou District	553.9	283.7	374.5	12.5	197.9	92.6	70.3	23.9
江津区	Jiangjin District	556.7	314.9	517.6	9.1	143.3	74.3	58.3	10.6
合川区	Hechuan District	597.9	283.7	455.7	14.1	55.3	75.9	63.5	14.8
永川区	Yongchuan District	660.3	444.7	614.0	19.7	156.3	134.9	83.1	26.3
南川区	Nanchuan District	571.4	335.5	512.7	30.0	75.8	103.0	79.4	11.4
綦江县	Qijiang County	493.1	212.9	604.3	8.0	31.4	77.8	64.9	7.6
潼南县	Tongnan County	454.9	239.0	1586.1	38.9	61.8	67.4	61.0	10.2
铜梁县	Tongliang County	535.4	335.9	653.1	13.4	40.0	123.4	68.4	15.4
大足县	Dazu County	602.6	340.4	376.5	36.6	46.1	80.8	65.4	12.3
荣昌县	Rongchang County	475.1	279.1	575.4	31.4	46.3	106.3	81.8	10.1
璧山县	Bishan County	383.7	256.1	1086.3	7.2	175.4	150.8	45.0	20.6
渝东北翼	**Northeast of Chongqing**	**450.7**	**165.5**	**337.6**	**19.0**	**134.0**	**72.5**	**58.7**	**5.7**
万州区	Wanzhou District	401.6	186.4	580.0	11.9	160.5	57.1	48.7	10.8
梁平县	Liangping County	482.7	274.1	458.7	16.5	84.6	83.5	63.8	7.3
城口县	Chengkou County	436.6	34.2	161.7	12.5	8.2	98.7	71.5	1.5
丰都县	Fengdu County	512.4	206.1	354.6	25.7	45.6	83.3	50.1	6.1
垫江县	Dianjiang County	474.7	243.2	312.3	18.0	68.6	79.1	68.9	9.9
忠县	Zhongxian County	516.0	270.3	240.0	34.5	213.9	73.8	61.0	4.9
开县	Kaixian County	417.4	144.6	221.7	16.6	197.5	66.8	52.4	6.5
云阳县	Yunyang County	408.6	131.2	304.1	14.3	104.1	68.6	56.1	2.1
奉节县	Fengjie County	481.6	83.7	231.2	20.6	248.3	64.1	56.4	2.1
巫山县	Wushan County	436.8	52.2	343.3	25.5	83.3	73.1	66.3	0.9
巫溪县	Wuxi County	446.5	39.6	359.5	19.4	13.9	98.3	85.4	1.5
渝东南翼	**Southeast of Chongqing**	**520.6**	**168.2**	**443.2**	**30.0**	**44.4**	**87.1**	**71.2**	**2.1**
黔江区	Qianjiang District	514.2	147.5	309.0	27.8	76.3	126.3	113.8	2.0
武隆县	Wulong County	472.8	126.5	936.7	16.6	45.2	100.4	86.4	4.3
石柱县	Shizhu County	598.2	213.4	609.2	22.3	26.9	81.9	57.0	3.5
秀山县	Xiushan County	558.5	256.9	393.2	47.8	100.5	70.3	56.9	2.1
酉阳县	Youyang County	493.6	159.4	267.0	29.5	20.9	77.7	61.3	1.3
彭水县	Pengshui County	497.2	106.0	400.6	29.3	8.4	78.5	63.8	0.6

注：本表数据按乡村人口计算。
Note:Data in this table are calculated by rural population.

4-33 各区县主要农副产品人均产量 (2011 年)

Per Capita Output of Major Agricultural and Subsidiary Products by Region of Chongqing（2011）

续表 (continued)单位：公斤 / 人 kg/person

地 区	Region	粮食 Grain	稻谷 Rice	蔬菜 Vegetables	油料 Oil-bearing Crops	水果 Fruits	肉类 Meat	猪肉 Pork	水产品 Aquatic Products
重庆市	**Chongqing**	**484.8**	**212.3**	**605.7**	**20.0**	**112.4**	**84.4**	**63.9**	**11.9**
一小时经济圈	**One Hour Economic Sphere**	**494.8**	**262.4**	**821.1**	**16.7**	**98.8**	**88.7**	**63.5**	**17.9**
渝中区	Yuzhong District	0.0	0.0	0.0	0.0	0.0	0.0	0.0	0.0
大渡口区	Dadukou District	6.6	6.6	1889.4	0.0	19.7	34.6	25.2	15.9
江北区	Jiangbei District	198.4	82.7	381.6	1.5	70.0	69.9	45.3	11.3
沙坪坝区	Shapingba District	99.2	62.6	668.2	0.2	18.3	16.9	13.4	28.2
九龙坡区	Jiulongpo District	128.5	72.7	584.3	3.8	62.5	36.1	23.9	17.6
南岸区	Nan´an District	47.7	17.6	176.8	0.0	21.5	9.7	8.1	12.4
北碚区	Beibei District	194.3	74.4	1256.0	3.4	56.4	38.4	30.1	13.3
渝北区	Yubei District	455.7	168.9	504.7	6.3	221.1	82.2	48.6	11.9
巴南区	Ba´nan District	646.4	313.0	909.1	3.8	74.0	91.4	72.9	24.7
涪陵区	Fuling District	533.1	256.5	2025.6	6.6	129.5	85.2	70.1	20.4
长寿区	Changshou District	551.6	279.0	394.4	13.0	215.5	95.5	71.1	31.2
江津区	Jiangjin District	557.5	309.0	584.2	9.4	160.7	78.9	61.6	11.5
合川区	Hechuan District	599.1	278.2	481.2	15.1	65.7	76.2	63.4	19.2
永川区	Yongchuan District	671.6	453.8	682.2	21.1	152.5	143.5	87.3	33.7
南川区	Nanchuan District	533.7	310.3	522.9	29.5	81.4	102.3	77.6	12.4
綦江区	Qijiang District	375.5	147.8	699.0	8.1	34.2	74.3	62.4	7.6
大足区	Dazu District	640.0	359.4	415.3	46.3	55.6	86.5	69.4	16.9
潼南县	Tongnan County	440.2	234.0	1869.0	40.6	63.1	69.8	63.0	12.6
铜梁县	Tongliang County	529.5	321.0	778.2	14.4	41.4	130.4	71.3	21.7
荣昌县	Rongchang County	3619.1	266.1	586.0	32.4	45.3	106.2	80.8	12.5
璧山县	Bishan County	379.4	251.5	1199.7	7.3	190.3	154.4	45.0	24.2
渝东北翼	**Northeast of Chongqing**	**456.4**	**163.4**	**367.2**	**19.9**	**152.2**	**75.9**	**60.4**	**7.3**
万州区	Wanzhou District	408.3	186.3	610.4	12.2	191.9	58.8	49.8	13.1
梁平县	Liangping County	467.1	264.1	468.3	16.4	88.6	85.2	63.4	9.1
城口县	Chengkou County	449.4	31.2	171.3	13.6	9.3	105.8	73.5	1.8
丰都县	Fengdu County	512.5	193.1	414.9	27.4	73.1	88.6	52.2	7.7
垫江县	Dianjiang County	505.2	255.3	382.3	20.9	71.7	85.9	74.3	14.3
忠县	Zhongxian County	512.0	269.7	262.4	35.9	261.2	79.3	62.9	6.2
开县	Kaixian County	419.6	141.8	242.8	16.7	219.9	68.6	52.8	9.2
云阳县	Yunyang County	418.7	131.3	338.9	15.1	117.1	72.3	58.4	2.8
奉节县	Fengjie County	493.9	83.4	254.0	21.3	251.5	66.2	57.9	2.6
巫山县	Wushan County	437.9	50.7	350.2	25.6	98.9	76.4	67.0	1.1
巫溪县	Wuxi County	465.3	36.7	380.9	21.6	15.5	101.8	87.6	1.9
渝东南翼	**Southeast of Chongqing**	**528.7**	**167.3**	**493.1**	**32.6**	**48.6**	**93.1**	**75.5**	**2.5**
黔江区	Qianjiang District	504.6	137.5	321.3	30.1	62.5	131.6	118.7	2.5
武隆县	Wulong County	443.9	114.1	1046.6	19.5	54.8	102.6	87.2	4.7
石柱县	Shizhu County	600.8	212.2	621.5	22.9	30.1	85.5	58.3	4.2
秀山县	Xiushan County	670.6	305.1	507.1	60.0	142.8	88.0	70.4	3.8
酉阳县	Youyang County	488.3	154.1	300.9	31.6	21.6	82.0	63.9	1.5
彭水县	Pengshui County	490.7	104.3	417.4	30.0	8.8	79.5	64.0	0.5

注:本表数据按乡村人口计算。
Note:Data in this table are calculated by rural population.

主要指标解释

农林牧渔业总产值 指以货币表现的农、林、牧、渔业全部产品和对农林牧渔业生产活动进行的各种支持性服务活动的价值总量,它反映一定时期内农林牧渔业生产总规模和总成果。1957 年以前的农林牧渔业总产值中包括了厩肥和农民自给性手工业(如农民自制衣服、鞋、袜,自己从事粮食初步加工等)。1958 年及以后,林业中增加了村及村以下竹木采伐产值;牧业中取消了厩肥产值;副业中取消了农民自给性手工业产值,增加了村及村以下办的工业产值;渔业中增加了海洋捕捞水产品产值。1980 年及以后,在副业中增加了农民家庭兼营工业商品部分的产值。从 1984 年起村及村以下工业产值划归工业。从 1993 年起取消副业,将野生动物的捕猎划入牧业、野生植物采集和农民家庭兼营商品性工业划归农业。从 2003 年起,执行新的国民经济行业分类标准,农林牧渔业总产值中包括了农林牧渔服务业产值。林业中增加了森林采运业产值。农业中取消了家庭兼营商品性工业产值,将野生林产品的采集划归林业。第一次农业普查以后,由于畜牧业产品年报数据与普查数据之间存在一定的差距,国家统计局农调总队对畜牧业年报数据与普查数据进行衔接,相应的畜牧业产值进行调整。第二次农业普查后,国家统计局再次对种植业、畜牧业、林业、渔业、服务业数据进行了衔接与调整。

农林牧渔业总产值的计算方法通常是按农、林、牧、渔业产品及其副产品的产量分别乘以各自单位产品价格求得;少数生产周期较长,当年没有产品或产品产量不易统计的,则采用间接方法匡算其产值;然后将四业产品产值相加并加上农林牧渔服务业产值即为农林牧渔业总产值。

粮食产量 指全社会的产量。包括国有经济经营的、集体统一经营的和农民家庭经营的粮食产量,还包括工矿企业办的农场和其他生产单位的产量。粮食除包括稻谷、小麦、玉米、高粱、谷子及其他杂粮外,还包括薯类和豆类。其产量计算方法,豆类按去豆荚后的干豆计算;薯类(包括甘薯和马铃薯,不包括芋头和木薯)1963 年以前按每 4 公斤鲜薯折 1 公斤粮食计算,从 1964 年开始及以后改为按 5 公斤鲜薯折 1 公斤粮食计算。城市郊区作为蔬菜的薯类(如:马铃薯等)按鲜品计算,并且不作粮食统计。其他粮食一律按脱粒后的原粮计算。1989 年以前全国粮食产量数据主要靠全面报表取得,1989 年开始使用抽样调查数据。

油料产量 指全部油料作物的生产量。包括花生、油菜籽、芝麻、向日葵籽,胡麻籽(亚麻籽)和其他油料。不包括大豆,也不包括木本油料和野生油料。花生以带壳干花生计算。

水产品产量 指人工养殖的水产品和天然生长的水产品的捕捞量。包括海水的鱼类、虾蟹类、贝类和藻类以及内陆水域的鱼类、虾蟹类和贝类,不包括淡水生植物。水产品产量是通过各级水产和统计部门逐级上报取得数据。1995 年及以前,贝类中牡蛎按鲜肉计算;蚶、蛤、蛙按 5 斤鲜品折 1 斤计算。1996 年以后则统一按鲜品计算。

猪、牛、羊肉产量 指当年出栏并已屠宰后除去头蹄下水后带骨肉(即胴体重)的重量。

期初(末)畜禽存栏头(只)数 指报告期初(末)农村各种合作经济组织和国营农场、农民个人、机关、团体、学校、工矿企业,部队等单位以及城镇居民饲养的大牲畜、猪、羊、家禽等畜禽的存栏头(只)数。

农作物播种面积 指实际播种或移植有农作物的面积,凡是实际种植有农作物的面积,不论种植在耕地上还是种植在非耕地上,均包括在农作物播种面积中。在播种季节基本结束后,因遭灾而重新改种和补种的农作物面积,也包括在内。它是反映我国耕地面积利用情况的一个重要指标。目前,农作物播种面积主要包括粮食、棉花、油料、糖料、麻类、烟叶、蔬菜和瓜类、药材和其它农作物九大类。

常用耕地 指耕地总资源中专门种植农作物并经常进行耕种、能够正常收获的土地。包括当地实际耕种的熟地;弃耕、休闲不满三年,随时可以复耕的地;开荒利用三年以上的地。不包括临时种植农作物的坡度在 25 度以上的陡坡地;在河套、湖畔、库区临时开发的成片或零星土地;也不包括已列为国家和省(区、市)退耕计划但临时耕种的土地。

有效灌溉面积 指具有一定的水源,地块比较平整,灌溉工程或设备已经配套,在一般年景下当年能够进行正常灌溉的耕地面积。在一般情况下,有效灌溉面积应等于灌溉工程或设备已经配备,能够进行正常灌溉的水田和水浇地面积之和。它是反映我国耕地抗旱能力的一个重要指标。

农用化肥施用量 指本年内实际用于农业生产的化肥数量,包括氮肥、磷肥,钾肥和复合肥。化肥施用量要求按折纯量计算数量。折纯法化肥施用量是把氮肥、磷肥和钾肥分别按含氮、含五氧化二磷、含氧化钾的百分之一百成份折算后的数量。复合肥按其所含主要成分折算。公式为:

折纯量 = 实物量 × 某种化肥有效成份含量的百分比

农业机械总动力 指主要用于农、林、牧、渔业的各种动力机械的动力总和。包括耕作机械、排灌机械、收获机械、农用运输机械、植物保护机械、牧业机械、林业机械、渔业机械和其他农业机械[内燃机按引擎马力折成瓦(特)计算,电动机按功率折成瓦(特)计算]。不包括专门用于乡、镇、村、组办工业、基本建设、非农业运输、科学试验和教学等非农业生产方面用的动力机械与作业机械。

乡村从业人员 指乡村人口中劳动年龄在16周岁以上实际参加生产经营活动并取得实物或货币收入的人员,包括劳动年龄内经常参加劳动的人员,也包括超过劳动年龄但经常参加劳动的人员,但不包括户口在家的在外学生、现役军人和丧失劳动能力的人,也不包括待业人员和家务劳动者。从业人员按从事主业时间最长(时间相同按收入)分为农业从业人员、工业从业人员、建筑业从业人员、交通运输业、仓储及邮电通信业从业人员、批零贸易及餐饮业从业人员、其他非农行业从业人员。

Explanatory Notes on Main Statistical Indicators

Gross Output Value of Farming, Forestry, Animal Husbandry and Fishery refers to the total value of products of farming, forestry, animal husbandry and fishery, and total value of services rendered to support farming, forestry, animal husbandry and fishery activities. It reflects the total scale and results of agricultural production during a given period. Prior to 1957, China's gross agricultural output value included barnyard manure and handicraft products for self-consumption (clothes, shoes, stockings, and initial grain processing undertaken by peasants). Since 1958, cutting and felling of bamboo and trees by villages and other cooperative organizations under villages have been included in forestry; value of barnyard manure has been excluded from animal husbandry; self consumed handicrafts has been excluded from sideline occupations, while the output value of industries run by villages and cooperative organizations under village had been included in sideline occupations and the output value of fish catches by motor fishing boats has been added to fishery. Since 1980, the value of handicraft products made for sale by individuals in households had been added to sideline occupations. Since 1984, industries run by villages and under villages have been included in the sector of industry. Since 1993, the subdivision of sideline occupations has been cancelled, and the hunting of wild animals has been classified into animal husbandry, and the gathering of wild plants and commodity industry run by rural household have been included in farming. A new industrial classification of economic activities was introduced in 2003. Under the new classification, value of services to farming, forestry, animal husbandry and fishery is included in the gross output value of agriculture, value of wood felling and transport is included in forestry, value of industrial output by rural households is not included in agriculture, and the collection of wild forest products is taken from agriculture and included in the forestry. The First Agriculture Census of China revealed some discrepancy between the production of animal products from the annual reports and that from the census. Efforts were made by the Rural Socio-economic Survey Organization of NBS to adjust the output value of animal husbandry to make the figures from the annual reports consistent with the census data. After The Second Agriculture Census of China, NBS adjusted data of farming, forestry, animal husbandry and fishery again.

Gross output value of agriculture is obtained by multiplying the output of each product or by product by its price, resulting in the output value of each single item. For a small number of products, annual output of which is not available or difficult to get due to the long production (growing) process involved, the output value is estimated through an indirect approach. The sum of output value of all products of farming, forestry, animal husbandry and fishery and value of services to farming, forestry, animal husbandry and fishery is then equal to the gross output value of agriculture.

Grain Yield refers to the total output in the whole country including grains produced by state farms, collective units, rural households, as well as by farms affiliated to industrial and mining enterprises and other production units. Grain includes rice, wheat, corn, sorghum, millet and other miscellaneous grains as well as tubers and beans. Output of beans refers to dry beans without pods. The output of tubers (sweet potatoes and potatoes, not including taros and cassava) were converted into that of grain at the ratio 4:1, i.e. 4 kilograms of fresh tubers was equivalent to 1 kilogram of grain up to 1963. Since 1964 the ratio for conversion has been 5:1. Tubers supplied as vegetables (such as potatoes) in cities and suburbs are calculated as fresh vegetables and their output is not included in the output of grain. Output of all other grains refers to husked grain. Data on grain production before 1989 were obtained through Comprehensive Statistical Reporting System. Since 1989, data from sample surveys are used.

Yield of Oil–bearing Crops refers to the total yield of oil–bearing crops of various kinds, including peanuts (dry, in shell), rapeseeds, sesame, sunflower seeds, flax seeds, and other oil–bearing crops. Soybeans, oil–bearing woody plants, and oil–bearing crops are not included.

Output of Aquatic Products refers to catches of both artificially cultured and naturally grown aquatic products, including fish, shrimps, crabs and shellfish in sea and inland water as well as seaweed. Freshwater plants are not included. Data on output of aquatic products are reported by aquatic product and statistical agencies level by level. Before 1995, among the shellfish, the oyster was counted as fresh meat; 5 kilograms of ark shell, clams and frogs are equivalent to 1 kilogram of fresh aquatic products; they have all been counted as fresh aquatic products since 1996.

Output of Pork, Beef and Mutton refers to the meat of slaughtered hogs, cattle, sheep and goats with head, feet, and offal taken away.

Number of Livestock or Poultry in Hand at the Beginning (or End) of the Reference Period refers to the total number of large animals, pigs, sheep, fowls, etc., raised by rural cooperative organizations, state farms, rural individuals, government agencies, schools, industrial and mining enterprises, army, and urban residents at the beginning (or end) of the reference period.

Sown Area of Crops refers to area of land sown or trans–planted with crops regardless of being in cultivated area or non–cultivated area. Area of land sown due to natural disasters is also included. At present, the sown area of crops mainly include the following 9 categories of crops: grain, cotton, oil–bearing crops, sugar crops, fiber crops, tobacco, vegetables and melons, medicinal materials and other farm crops.

Regularly Cultivated Land refers to farmland among the total land resources which is exclusively used for farming and is under regular cultivation with harvest in normal years. Included are currently cultivated land, land that has been abandoned or put in idle for less than 3 years and could be re–used for cultivation at any time, and new–claimed land that has been put into cultivation for more than 3 years. Excluded under temporary cultivation, land (large or small plots) that is claimed along river bends, lake sides or banks of reservoirs, as well as land that has been designated under the "Green for Grain" programs of the state and provincial governments but is still temporarily under cultivation.

Irrigated Area refers to areas that are effectively irrigated, i.e. level land, which has water source and complete sets of irrigation facilities to lift and move adequate water for irrigation purpose under normal conditions. Under normal conditions, irrigated area is the sum of watered fields and irrigated fields where irrigation systems or equipment have been installed for regular irrigation purpose. This important indicator reflects drought resistance capacity of the cultivated land in China.

Consumption of Chemical Fertilizers for Farming refers to the quantity of chemical fertilizers applied in agriculture in the year, including nitrogenous fertilizer, phosphate fertilizer, potash fertilizer, and compound fertilizer. The consumption of chemical fertilizers is required in calculation to convert the gross weight into weight containing 100% effective component (e.g. 100% nitrogen content in nitrogenous fertilizer, 100% phosphorous pentoxide content in phosphate fertilizer, 100% potassium oxide content in potash fertilizer). Compound fertilizer is converted with its major component. The formula is:

Volume of effective component= physical quantity × effective component of certain chemical fertilizer (%)

Total Power of Farm Machinery refers to total mechanical power of machinery used in farming, forestry, animal husbandry, and fishery, including plough, irrigation and drainage, harvesting, transport, plant protection, stockbreeding, forestry and fishery. The power of internal combustion engines is required to convert horsepower into watts and the power of electric motors is required to be converted into watts. Machinery employed for non-agricultural purposes, such as the machines used in township-run and village-run industry, construction, non-agricultural transport, scientific experiments and teaching, is excluded.

Rural Employed Persons refer to rural labor forces aged over 16 years old who are engaged in real production and management activities and receive payment in kind or wages, including those covered within the age frame and regularly participating in production activities, and those who are out of the range of age frame and also participating in production activities regularly. Excluding students studying in other places with their permanent residence registered in local areas, servicemen and persons incapable of working; also excluding those who are waiting for jobs and those engaged in household work. Persons employed are classified as rural employed persons; industrial employed persons; construction industry employed persons; transport, storage and telecommunications industries employed persons; whole sales and retail sales trade and catering industry employed persons and other non-agriculture employed persons according to the longest period of employment in major activities (or using income indicator when period of employment is the same).

(五)

企业景气

Enterprise Survey Index

5-1 企业生产经营景气指数（2001-2011 年）
Business Survey Index of Production and Management (2001-2011)

季 度	Quarter	企业家信心指数 Entrepreneur Expectation Index	企业景气指数 Business Survey Index	生产总量 Total Production Quantity	盈亏变化 Changes in Profits (Losses)	流动资金 Circulating Funds
2001 年 1 季度	1st. Quarter of 2001	**107.1**	**104.8**	96.6	94.4	58.3
2001 年 2 季度	2nd. Quarter of 2001	**100.9**	**105.3**	119.3	105.5	60.3
2001 年 3 季度	3rd. Quarter of 2001	**101.2**	**100.5**	107.6	93.5	57.1
2001 年 4 季度	4th. Quarter of 2001	**101.3**	**106.8**	116.4	112.0	59.9
2002 年 1 季度	1st. Quarter of 2002	**108.7**	**102.0**	103.2	89.5	68.7
2002 年 2 季度	2nd. Quarter of 2002	**105.6**	**105.6**	121.2	107.2	68.7
2002 年 3 季度	3rd. Quarter of 2002	**113.2**	**112.0**	116.7	110.4	70.6
2002 年 4 季度	4th. Quarter of 2002	**113.7**	**118.1**	125.8	120.1	69.0
2003 年 1 季度	1st. Quarter of 2003	**122.4**	**115.6**	106.1	106.4	75.0
2003 年 2 季度	2nd. Quarter of 2003	**108.3**	**103.5**	103.1	101.0	73.1
2003 年 3 季度	3rd. Quarter of 2003	**116.0**	**119.8**	125.2	119.8	75.6
2003 年 4 季度	4th. Quarter of 2003	**126.8**	**125.7**	130.3	127.0	80.1
2004 年 1 季度	1st. Quarter of 2004	**125.0**	**117.5**	112.4	108.4	81.2
2004 年 2 季度	2nd. Quarter of 2004	**119.6**	**119.3**	121.6	117.0	80.6
2004 年 3 季度	3rd. Quarter of 2004	**119.3**	**118.9**	116.1	112.3	73.8
2004 年 4 季度	4th. Quarter of 2004	**121.1**	**124.2**	124.8	120.8	72.4
2005 年 1 季度	1st. Quarter of 2005	**123.4**	**120.7**	99.1	98.5	74.8
2005 年 2 季度	2nd. Quarter of 2005	**119.4**	**118.9**	122.0	107.0	70.2
2005 年 3 季度	3rd. Quarter of 2005	**120.5**	**117.0**	113.4	106.2	73.5
2005 年 4 季度	4th. Quarter of 2005	**121.8**	**126.2**	129.4	119.2	76.4
2006 年 1 季度	1st. Quarter of 2006	**128.6**	**120.2**	102.7	103.8	81.6
2006 年 2 季度	2nd. Quarter of 2006	**125.6**	**128.1**	124.2	123.9	82.6
2006 年 3 季度	3rd. Quarter of 2006	**124.5**	**121.7**	108.8	110.7	78.7
2006 年 4 季度	4th. Quarter of 2006	**132.1**	**138.6**	133.2	126.0	81.8
2007 年 1 季度	1st. Quarter of 2007	**134.7**	**130.0**	109.0	109.2	86.6
2007 年 2 季度	2nd. Quarter of 2007	**139.0**	**134.8**	131.7	121.1	86.8
2007 年 3 季度	3rd. Quarter of 2007	**137.3**	**135.7**	129.5	117.3	89.4
2007 年 4 季度	4th. Quarter of 2007	**136.2**	**140.0**	130.7	122.7	87.6
2008 年 1 季度	1st. Quarter of 2008	**133.9**	**127.1**	103.5	100.1	83.1
2008 年 2 季度	2nd. Quarter of 2008	**130.5**	**128.5**	120.4	110.4	83.7
2008 年 3 季度	3rd. Quarter of 2008	**118.1**	**120.5**	107.5	100.0	77.4
2008 年 4 季度	4th. Quarter of 2008	**92.0**	**100.5**	83.5	79.8	73.0
2009 年 1 季度	1st. Quarter of 2009	**103.1**	**105.8**	87.9	92.4	80.7
2009 年 2 季度	2nd. Quarter of 2009	**114.7**	**116.9**	119.8	114.3	85.1
2009 年 3 季度	3rd. Quarter of 2009	**125.6**	**126.6**	121.8	119.5	93.8
2009 年 4 季度	4th. Quarter of 2009	**130.6**	**133.3**	127.7	125.8	93.2
2010 年 1 季度	1st. Quarter of 2010	**140.3**	**136.1**	115.0	117.2	98.5
2010 年 2 季度	2nd. Quarter of 2010	**132.8**	**131.6**	127.7	122.8	97.5
2010 年 3 季度	3rd. Quarter of 2010	**133.2**	**130.4**	119.3	118.8	99.9
2010 年 4 季度	4th. Quarter of 2010	**139.8**	**141.5**	140.3	131.8	99.4
2011 年 1 季度	1st. Quarter of 2011	**140.4**	**132.2**	106.3	102.1	99.6
2011 年 2 季度	2nd. Quarter of 2011	**129.3**	**130.1**	127.9	119.5	98.0
2011 年 3 季度	3rd. Quarter of 2011	**127.6**	**127.0**	114.8	111.4	92.6
2011 年 4 季度	4th. Quarter of 2011	**122.9**	**127.9**	123.5	114.5	92.0

5-1 企业生产经营景气指数（2001-2011 年）
Business Survey Index of Production and Management (2001-2011)

续表 continued

季 度	Quarter	货款拖欠 Payment Delinquent	劳动力需求 Labor Demand	固定资产投资 Investment in Fixed Assets	产品订货 Production Order	企业融资 Fundraising
2001 年 1 季度	1st. Quarter of 2001	99.5	80.2	102.8		
2001 年 2 季度	2nd. Quarter of 2001	98.9	85.2	108.4		
2001 年 3 季度	3rd. Quarter of 2001	98.3	85.8	103.7		
2001 年 4 季度	4th. Quarter of 2001	104.9	91.7	113.8		
2002 年 1 季度	1st. Quarter of 2002	98.2	89.8	98.5		
2002 年 2 季度	2nd. Quarter of 2002	92.9	95.1	114.0		
2002 年 3 季度	3rd. Quarter of 2002	92.8	98.2	116.9		
2002 年 4 季度	4th. Quarter of 2002	99.2	98.5	114.3		
2003 年 1 季度	1st. Quarter of 2003	104.2	95.2	107.0		
2003 年 2 季度	2nd. Quarter of 2003	97.1	89.4	110.4		
2003 年 3 季度	3rd. Quarter of 2003	97.7	106.9	116.8		
2003 年 4 季度	4th. Quarter of 2003	105.3	106.2	117.9		
2004 年 1 季度	1st. Quarter of 2004	102.5	100.5	108.3	114.5	80.1
2004 年 2 季度	2nd. Quarter of 2004	102.4	101.6	117.2	112.8	72.2
2004 年 3 季度	3rd. Quarter of 2004	101.8	103.6	115.5	110.0	72.0
2004 年 4 季度	4th. Quarter of 2004	108.0	102.3	117.0	110.5	73.5
2005 年 1 季度	1st. Quarter of 2005	103.0	100.6	99.5	108.3	72.6
2005 年 2 季度	2nd. Quarter of 2005	97.7	106.4	115.0	106.1	69.9
2005 年 3 季度	3rd. Quarter of 2005	98.9	103.8	115.9	105.7	71.5
2005 年 4 季度	4th. Quarter of 2005	103.8	108.4	113.2	113.1	69.3
2006 年 1 季度	1st. Quarter of 2006	104.8	99.4	98.6	104.0	76.8
2006 年 2 季度	2nd. Quarter of 2006	102.0	103.4	113.0	114.7	79.5
2006 年 3 季度	3rd. Quarter of 2006	105.2	103.8	106.8	112.2	75.6
2006 年 4 季度	4th. Quarter of 2006	108.0	103.7	115.4	121.9	81.7
2007 年 1 季度	1st. Quarter of 2007	101.9	107.3	98.2	116.4	79.9
2007 年 2 季度	2nd. Quarter of 2007	102.9	113.7	116.5	121.4	83.1
2007 年 3 季度	3rd. Quarter of 2007	98.8	110.7	120.8	121.9	81.0
2007 年 4 季度	4th. Quarter of 2007	104.0	112.1	122.1	127.2	77.3
2008 年 1 季度	1st. Quarter of 2008	98.2	105.8	106.5	109.4	75.9
2008 年 2 季度	2nd. Quarter of 2008	98.4	105.9	116.2	112.1	76.8
2008 年 3 季度	3rd. Quarter of 2008	99.5	99.2	110.9	102.5	75.9
2008 年 4 季度	4th. Quarter of 2008	100.3	76.3	99.3	77.2	71.8
2009 年 1 季度	1st. Quarter of 2009	94.6	87.3	95.8	88.9	75.4
2009 年 2 季度	2nd. Quarter of 2009	92.3	102.0	110.9	102.2	79.6
2009 年 3 季度	3rd. Quarter of 2009	91.3	112.2	112.1	113.1	83.6
2009 年 4 季度	4th. Quarter of 2009	101.5	115.6	115.9	117.7	87.0
2010 年 1 季度	1st. Quarter of 2010	102.1	123.7	105.0	118.1	90.2
2010 年 2 季度	2nd. Quarter of 2010	99.6	118.5	118.6	121.8	90.1
2010 年 3 季度	3rd. Quarter of 2010	98.5	118.8	113.5	117.0	92.7
2010 年 4 季度	4th. Quarter of 2010	102.1	125.3	119.7	132.6	95.0
2011 年 1 季度	1st. Quarter of 2011	98.8	121.3	108.6	112.6	91.0
2011 年 2 季度	2nd. Quarter of 2011	89.1	117.6	113.9	117.7	85.5
2011 年 3 季度	3rd. Quarter of 2011	92.9	113.1	110.6	109.5	82.4
2011 年 4 季度	4th. Quarter of 2011	100.2	113.0	109.1	112.6	83.8

5-2 不同行业的企业家信心指数（2001-2011 年）
Entrepreneur Expectation Index by Sector (2001-2011)

季 度	Quarter	企业家信心指数 **Entrepreneur Expectation Index**	工业 Industry	建筑业 Construction	交通运输、仓储及邮电通信业 Transportation, Storage, Post and Telecommunication	批发和零售业 Wholesale and Retail Trade
2001 年 1 季度	1st. Quarter of 2001	**107.1**	108.4	103.3	100.8	82.5
2001 年 2 季度	2nd. Quarter of 2001	**100.9**	103.2	88.0	77.3	79.6
2001 年 3 季度	3rd. Quarter of 2001	**101.2**	104.0	98.1	67.1	76.3
2001 年 4 季度	4th. Quarter of 2001	**101.3**	103.7	105.1	78.1	66.5
2002 年 1 季度	1st. Quarter of 2002	**108.7**	111.1	110.8	79.8	86.9
2002 年 2 季度	2nd. Quarter of 2002	**105.6**	107.0	108.1	85.2	81.2
2002 年 3 季度	3rd. Quarter of 2002	**113.2**	115.5	108.4	88.6	89.9
2002 年 4 季度	4th. Quarter of 2002	**113.7**	117.0	112.8	88.0	85.5
2003 年 1 季度	1st. Quarter of 2003	**122.4**	127.7	128.0	87.5	94.8
2003 年 2 季度	2nd. Quarter of 2003	**108.3**	119.1	124.2	52.6	78.1
2003 年 3 季度	3rd. Quarter of 2003	**116.0**	121.8	123.0	70.0	89.4
2003 年 4 季度	4th. Quarter of 2003	**126.8**	134.6	126.0	88.3	96.0
2004 年 1 季度	1st. Quarter of 2004	**125.0**	128.3	131.7	98.7	95.4
2004 年 2 季度	2nd. Quarter of 2004	**119.6**	118.0	131.0	93.9	96.9
2004 年 3 季度	3rd. Quarter of 2004	**119.3**	123.7	125.5	93.7	93.1
2004 年 4 季度	4th. Quarter of 2004	**121.1**	123.2	133.9	98.8	91.9
2005 年 1 季度	1st. Quarter of 2005	**123.4**	120.7	133.0	103.5	110.3
2005 年 2 季度	2nd. Quarter of 2005	**119.4**	115.8	135.7	96.2	104.3
2005 年 3 季度	3rd. Quarter of 2005	**120.5**	116.4	136.5	98.5	111.1
2005 年 4 季度	4th. Quarter of 2005	**121.8**	121.1	127.5	95.6	108.3
2006 年 1 季度	1st. Quarter of 2006	**128.6**	128.2	137.5	108.8	110.5
2006 年 2 季度	2nd. Quarter of 2006	**125.6**	125.5	132.2	105.0	108.3
2006 年 3 季度	3rd. Quarter of 2006	**124.5**	126.2	129.8	97.4	105.7
2006 年 4 季度	4th. Quarter of 2006	**132.1**	134.8	133.0	97.4	111.8
2007 年 1 季度	1st. Quarter of 2007	**134.7**	136.4	139.9	118.5	125.0
2007 年 2 季度	2nd. Quarter of 2007	**139.0**	140.2	148.3	131.3	121.3
2007 年 3 季度	3rd. Quarter of 2007	**137.3**	137.8	139.5	125.8	121.7
2007 年 4 季度	4th. Quarter of 2007	**136.2**	137.9	136.9	124.3	124.0
2008 年 1 季度	1st. Quarter of 2008	**133.9**	135.4	139.9	134.5	122.7
2008 年 2 季度	2nd. Quarter of 2008	**130.5**	133.7	125.9	134.4	127.0
2008 年 3 季度	3rd. Quarter of 2008	**118.1**	120.5	121.5	118.2	111.1
2008 年 4 季度	4th. Quarter of 2008	**92.0**	90.6	98.0	76.2	95.7
2009 年 1 季度	1st. Quarter of 2009	**103.1**	103.7	113.7	86.2	94.6
2009 年 2 季度	2nd. Quarter of 2009	**114.7**	114.3	124.0	98.6	106.3
2009 年 3 季度	3rd. Quarter of 2009	**125.6**	125.0	130.7	110.3	115.9
2009 年 4 季度	4th. Quarter of 2009	**130.6**	132.9	136.1	115.2	118.3
2010 年 1 季度	1st. Quarter of 2010	**140.3**	136.2	159.2	142.2	136.8
2010 年 2 季度	2nd. Quarter of 2010	**132.8**	132.4	143.5	124.4	126.5
2010 年 3 季度	3rd. Quarter of 2010	**133.2**	128.9	150.0	129.1	135.4
2010 年 4 季度	4th. Quarter of 2010	**139.8**	135.8	157.9	132.6	139.8
2011 年 1 季度	1st. Quarter of 2011	**140.4**	137.7	152.8	156.8	136.9
2011 年 2 季度	2nd. Quarter of 2011	**129.3**	128.0	131.8	134.8	125.4
2011 年 3 季度	3rd. Quarter of 2011	**127.6**	126.9	138.0	132.7	118.7
2011 年 4 季度	4th. Quarter of 2011	**122.9**	121.6	121.7	131.3	119.2

5-2 不同行业的企业家信心指数 (2001-2011 年)
Entrepreneur Expectation Index by Sector (2001-2011)

续表 continued

季度	Quarter	房地产业 Real Estate	社会服务业 Social Service	信息传输、计算机服务和软件 Data Transmission, Computer Service and Software	住宿和餐饮业 Hotel and Catering Service
2001 年 1 季度	1st. Quarter of 2001	138.2	123.9	125.5	106.3
2001 年 2 季度	2nd. Quarter of 2001	137.3	136.1	125.5	97.5
2001 年 3 季度	3rd. Quarter of 2001	140.0	135.9	125.5	90.7
2001 年 4 季度	4th. Quarter of 2001	130.8	127.9	125.5	107.6
2002 年 1 季度	1st. Quarter of 2002	134.7	126.1	124.6	113.1
2002 年 2 季度	2nd. Quarter of 2002	137.9	117.4	130.8	106.8
2002 年 3 季度	3rd. Quarter of 2002	142.5	127.5	130.8	134.8
2002 年 4 季度	4th. Quarter of 2002	149.5	122.6	145.1	117.3
2003 年 1 季度	1st. Quarter of 2003	158.1	132.0	131.6	115.4
2003 年 2 季度	2nd. Quarter of 2003	157.7	95.1	130.3	58.3
2003 年 3 季度	3rd. Quarter of 2003	152.6	112.2	130.5	128.8
2003 年 4 季度	4th. Quarter of 2003	169.1	121.2	136.2	140.0
2004 年 1 季度	1st. Quarter of 2004	177.9	114.5	142.4	120.6
2004 年 2 季度	2nd. Quarter of 2004	162.2	122.1	142.4	123.8
2004 年 3 季度	3rd. Quarter of 2004	149.6	109.8	134.1	120.7
2004 年 4 季度	4th. Quarter of 2004	156.2	112.0	135.1	125.2
2005 年 1 季度	1st. Quarter of 2005	158.7	122.0	144.0	121.7
2005 年 2 季度	2nd. Quarter of 2005	133.0	118.5	142.2	140.9
2005 年 3 季度	3rd. Quarter of 2005	145.0	114.6	147.0	122.3
2005 年 4 季度	4th. Quarter of 2005	139.8	124.5	145.3	132.7
2006 年 1 季度	1st. Quarter of 2006	159.5	128.0	134.1	129.7
2006 年 2 季度	2nd. Quarter of 2006	145.2	129.4	125.5	143.2
2006 年 3 季度	3rd. Quarter of 2006	155.2	130.1	125.9	120.9
2006 年 4 季度	4th. Quarter of 2006	153.6	139.1	145.7	140.3
2007 年 1 季度	1st. Quarter of 2007	150.9	138.1	130.7	147.1
2007 年 2 季度	2nd. Quarter of 2007	157.2	133.7	141.4	152.5
2007 年 3 季度	3rd. Quarter of 2007	167.7	142.9	144.4	141.6
2007 年 4 季度	4th. Quarter of 2007	156.3	132.8	151.0	140.5
2008 年 1 季度	1st. Quarter of 2008	132.7	131.7	138.1	134.8
2008 年 2 季度	2nd. Quarter of 2008	133.7	109.7	140.9	109.6
2008 年 3 季度	3rd. Quarter of 2008	100.5	114.4	139.8	109.6
2008 年 4 季度	4th. Quarter of 2008	77.7	83.2	143.9	105.8
2009 年 1 季度	1st. Quarter of 2009	92.3	102.5	147.6	111.8
2009 年 2 季度	2nd. Quarter of 2009	123.9	119.9	133.3	123.5
2009 年 3 季度	3rd. Quarter of 2009	139.4	132.5	155.6	128.9
2009 年 4 季度	4th. Quarter of 2009	150.0	132.5	131.6	121.6
2010 年 1 季度	1st. Quarter of 2010	148.7	142.6	155.3	133.3
2010 年 2 季度	2nd. Quarter of 2010	121.2	138.6	150.0	137.7
2010 年 3 季度	3rd. Quarter of 2010	133.9	132.1	153.6	143.1
2010 年 4 季度	4th. Quarter of 2010	138.9	142.9	164.3	147.1
2011 年 1 季度	1st. Quarter of 2011	112.2	147.6	156.0	141.4
2011 年 2 季度	2nd. Quarter of 2011	97.4	147.3	160.9	145.7
2011 年 3 季度	3rd. Quarter of 2011	94.3	137.0	145.3	150.5
2011 年 4 季度	4th. Quarter of 2011	85.0	142.2	149.1	157.5

5-3 不同行业的企业景气指数 (2001-2011 年)
Business Survey Index by Sector (2001-2011)

季 度	Quarter	企业景气指数 **Business Survey Index**	工业 Industry	建筑业 Construction	交通运输、仓储及邮电通信业 Transportation, Storage, Posts and Telecommunications
2001 年 1 季度	1st. Quarter of 2001	**104.8**	106.7	88.1	118.4
2001 年 2 季度	2nd. Quarter of 2001	**105.3**	108.5	89.6	96.5
2001 年 3 季度	3rd. Quarter of 2001	**100.5**	103.0	95.4	78.6
2001 年 4 季度	4th. Quarter of 2001	**106.8**	107.7	104.4	89.6
2002 年 1 季度	1st. Quarter of 2002	**102.0**	104.1	94.7	79.1
2002 年 2 季度	2nd. Quarter of 2002	**105.6**	108.9	104.5	86.0
2002 年 3 季度	3rd. Quarter of 2002	**112.0**	118.1	106.9	88.7
2002 年 4 季度	4th. Quarter of 2002	**118.1**	127.2	114.3	81.9
2003 年 1 季度	1st. Quarter of 2003	**115.6**	119.4	108.1	92.1
2003 年 2 季度	2nd. Quarter of 2003	**103.5**	118.5	107.0	52.5
2003 年 3 季度	3rd. Quarter of 2003	**119.8**	126.7	113.8	97.7
2003 年 4 季度	4th. Quarter of 2003	**125.7**	132.6	123.8	89.0
2004 年 1 季度	1st. Quarter of 2004	**117.5**	118.2	110.2	93.8
2004 年 2 季度	2nd. Quarter of 2004	**119.3**	119.8	121.7	96.0
2004 年 3 季度	3rd. Quarter of 2004	**118.9**	122.0	126.9	94.1
2004 年 4 季度	4th. Quarter of 2004	**124.2**	129.3	131.0	102.1
2005 年 1 季度	1st. Quarter of 2005	**120.7**	121.0	121.3	108.7
2005 年 2 季度	2nd. Quarter of 2005	**118.9**	118.0	126.5	104.0
2005 年 3 季度	3rd. Quarter of 2005	**117.0**	114.4	124.9	101.7
2005 年 4 季度	4th. Quarter of 2005	**126.2**	128.5	125.4	105.8
2006 年 1 季度	1st. Quarter of 2006	**120.2**	119.1	118.7	97.2
2006 年 2 季度	2nd. Quarter of 2006	**128.1**	131.5	127.7	83.4
2006 年 3 季度	3rd. Quarter of 2006	**121.7**	121.0	125.3	95.2
2006 年 4 季度	4th. Quarter of 2006	**138.6**	145.7	128.9	90.3
2007 年 1 季度	1st. Quarter of 2007	**130.0**	129.2	128.5	116.9
2007 年 2 季度	2nd. Quarter of 2007	**134.8**	135.3	134.6	119.3
2007 年 3 季度	3rd. Quarter of 2007	**135.7**	137.4	135.8	116.9
2007 年 4 季度	4th. Quarter of 2007	**140.0**	142.0	151.7	116.3
2008 年 1 季度	1st. Quarter of 2008	**127.1**	126.4	125.7	119.2
2008 年 2 季度	2nd. Quarter of 2008	**128.5**	134.6	122.8	113.7
2008 年 3 季度	3rd. Quarter of 2008	**120.5**	121.0	124.6	112.3
2008 年 4 季度	4th. Quarter of 2008	**100.5**	95.4	116.6	80.3
2009 年 1 季度	1st. Quarter of 2009	**105.8**	105.4	113.2	82.5
2009 年 2 季度	2nd. Quarter of 2009	**116.9**	116.6	125.1	100.9
2009 年 3 季度	3rd. Quarter of 2009	**126.6**	124.7	133.7	104.1
2009 年 4 季度	4th. Quarter of 2009	**133.3**	130.1	149.5	117.2
2010 年 1 季度	1st. Quarter of 2010	**136.1**	130.7	140.3	137.0
2010 年 2 季度	2nd. Quarter of 2010	**131.6**	127.2	146.1	128.6
2010 年 3 季度	3rd. Quarter of 2010	**130.4**	123.0	142.7	136.3
2010 年 4 季度	4th. Quarter of 2010	**141.5**	137.7	155.1	135.6
2011 年 1 季度	1st. Quarter of 2011	**132.2**	127.4	141.5	141.8
2011 年 2 季度	2nd. Quarter of 2011	**130.1**	125.2	134.3	128.3
2011 年 3 季度	3rd. Quarter of 2011	**127.0**	122.8	135.1	125.0
2011 年 4 季度	4th. Quarter of 2011	**127.9**	124.2	135.8	126.5

5-3 不同行业的企业景气指数 (2001-2011 年)
Business Survey Index by Sector (2001-2011)

续表 continued

季 度	Quarter	批发和零售业 Wholesale and Retail Trade	房地产业 Real Estate	社会服务业 Social Service	信息传输、计算机服务和软件 Data Transmission, Computer Service and Software	住宿和餐饮业 Hotel and Catering Service
2001 年 1 季度	1st. Quarter of 2001	86.6	124.4	108.1	125.5	113.9
2001 年 2 季度	2nd. Quarter of 2001	89.8	124.7	124.1	125.5	105.4
2001 年 3 季度	3rd. Quarter of 2001	81.3	129.2	112.1	125.5	105.4
2001 年 4 季度	4th. Quarter of 2001	86.4	134.4	124.1	125.5	115.8
2002 年 1 季度	1st. Quarter of 2002	90.0	132.1	124.5	108.0	96.1
2002 年 2 季度	2nd. Quarter of 2002	84.7	136.8	112.3	107.3	113.1
2002 年 3 季度	3rd. Quarter of 2002	87.1	136.0	124.3	116.5	115.3
2002 年 4 季度	4th. Quarter of 2002	93.9	139.9	108.8	157.1	108.4
2003 年 1 季度	1st. Quarter of 2003	105.8	140.8	118.8	125.6	119.3
2003 年 2 季度	2nd. Quarter of 2003	89.9	142.1	69.6	118.1	39.8
2003 年 3 季度	3rd. Quarter of 2003	95.1	150.0	114.8	129.1	128.8
2003 年 4 季度	4th. Quarter of 2003	100.9	162.6	120.4	146.3	130.3
2004 年 1 季度	1st. Quarter of 2004	107.7	156.8	117.7	145.2	118.7
2004 年 2 季度	2nd. Quarter of 2004	108.8	149.2	123.7	130.7	114.6
2004 年 3 季度	3rd. Quarter of 2004	106.1	152.5	103.3	130.0	102.2
2004 年 4 季度	4th. Quarter of 2004	109.0	134.8	102.1	135.5	128.7
2005 年 1 季度	1st. Quarter of 2005	121.6	147.3	102.8	118.8	120.4
2005 年 2 季度	2nd. Quarter of 2005	114.0	143.1	107.0	123.5	117.2
2005 年 3 季度	3rd. Quarter of 2005	113.5	140.5	109.8	132.3	115.5
2005 年 4 季度	4th. Quarter of 2005	114.7	135.5	120.4	135.3	145.2
2006 年 1 季度	1st. Quarter of 2006	127.1	154.8	117.3	121.2	109.3
2006 年 2 季度	2nd. Quarter of 2006	130.0	152.8	119.3	122.3	125.4
2006 年 3 季度	3rd. Quarter of 2006	123.8	137.1	135.7	129.5	104.7
2006 年 4 季度	4th. Quarter of 2006	139.8	154.8	138.7	134.3	127.0
2007 年 1 季度	1st. Quarter of 2007	135.0	144.8	134.2	126.4	137.3
2007 年 2 季度	2nd. Quarter of 2007	134.7	146.5	133.7	141.4	148.3
2007 年 3 季度	3rd. Quarter of 2007	133.1	161.2	127.3	140.4	134.9
2007 年 4 季度	4th. Quarter of 2007	138.1	154.2	115.8	151.0	146.8
2008 年 1 季度	1st. Quarter of 2008	133.5	144.2	114.4	138.1	112.5
2008 年 2 季度	2nd. Quarter of 2008	133.6	126.8	97.2	141.0	115.9
2008 年 3 季度	3rd. Quarter of 2008	121.9	125.0	114.4	135.2	99.8
2008 年 4 季度	4th. Quarter of 2008	110.3	94.3	96.4	149.2	108.0
2009 年 1 季度	1st. Quarter of 2009	119.8	100.4	99.1	108.6	116.0
2009 年 2 季度	2nd. Quarter of 2009	125.6	118.5	113.6	103.9	121.6
2009 年 3 季度	3rd. Quarter of 2009	140.8	120.8	137.3	143.4	124.8
2009 年 4 季度	4th. Quarter of 2009	143.0	131.5	143.1	136.8	127.5
2010 年 1 季度	1st. Quarter of 2010	149.0	139.3	148.2	160.7	137.0
2010 年 2 季度	2nd. Quarter of 2010	138.9	132.9	138.6	138.8	130.2
2010 年 3 季度	3rd. Quarter of 2010	142.6	139.7	139.3	149.5	135.3
2010 年 4 季度	4th. Quarter of 2010	148.4	138.7	137.5	160.2	152.9
2011 年 1 季度	1st. Quarter of 2011	144.7	118.7	140.8	131.2	137.7
2011 年 2 季度	2nd. Quarter of 2011	148.0	115.8	140.5	160.3	134.6
2011 年 3 季度	3rd. Quarter of 2011	140.7	102.4	139.0	138.4	152.4
2011 年 4 季度	4th. Quarter of 2011	142.6	102.7	125.5	138.4	159.5

5-4 不同注册类型的企业家信心指数（2001-2011 年）
Entrepreneur Expectation Index by Registrated Type (2001-2011)

季 度	Quarter	国有企业 State-owned Enterprises	集体企业 Collec-tive-owned Enterprises	有限责任公司 Limited-lia-bility Corporations	股份有限公司 Share-holding Limited Companies	私营企业 Private Enterprises	港、澳、台商投资企业 Enterprises Funded by Hong Kong, Macao and Taiwan Entrepreneurs	外商投资企业 Enterprises Funded by Foreign Entrepreneurs
2001 年 1 季度	1st. Quarter of 2001	98.0	81.7	105.1	109.3	143.5	135.9	
2001 年 2 季度	2nd. Quarter of 2001	88.5	78.9	106.0	107.9	119.4	128.6	
2001 年 3 季度	3rd. Quarter of 2001	85.9	82.3	103.8	105.3	132.9	132.6	
2001 年 4 季度	4th. Quarter of 2001	91.4	74.5	99.4	112.2	118.2	119.3	
2002 年 1 季度	1st. Quarter of 2002	98.6	88.3	115.8	105.8	121.7	133.8	
2002 年 2 季度	2nd. Quarter of 2002	93.0	76.6	112.0	117.6	117.4	136.7	
2002 年 3 季度	3rd. Quarter of 2002	103.0	88.3	122.4	118.1	121.9	141.5	
2002 年 4 季度	4th. Quarter of 2002	102.8	89.9	118.7	124.4	132.8	142.7	
2003 年 1 季度	1st. Quarter of 2003	105.2	92.3	124.0	142.3	144.4	156.5	
2003 年 2 季度	2nd. Quarter of 2003	93.5	87.0	111.7	108.5	128.6	146.9	
2003 年 3 季度	3rd. Quarter of 2003	105.5	89.1	118.8	126.2	130.3	144.7	
2003 年 4 季度	4th. Quarter of 2003	116.6	98.4	126.8	141.3	144.9	153.2	
2004 年 1 季度	1st. Quarter of 2004	112.3	98.8	121.9	142.2	143.1	152.1	
2004 年 2 季度	2nd. Quarter of 2004	114.4	104.8	123.0	117.9	126.3	144.8	
2004 年 3 季度	3rd. Quarter of 2004	113.3	97.6	121.0	128.2	127.9	131.2	
2004 年 4 季度	4th. Quarter of 2004	119.0	104.8	116.5	124.1	131.6	143.2	
2005 年 1 季度	1st. Quarter of 2005	111.8	100.0	127.8	130.8	122.7	138.8	
2005 年 2 季度	2nd. Quarter of 2005	118.3	100.3	121.1	125.0	116.4	131.3	
2005 年 3 季度	3rd. Quarter of 2005	108.2	93.3	123.4	122.0	125.9	136.4	
2005 年 4 季度	4th. Quarter of 2005	117.0	95.4	122.4	127.2	117.8	144.5	
2006 年 1 季度	1st. Quarter of 2006	129.3	90.2	124.2	123.9	142.7	147.5	
2006 年 2 季度	2nd. Quarter of 2006	121.3	87.4	124.0	119.2	131.4	148.4	
2006 年 3 季度	3rd. Quarter of 2006	121.2	85.3	124.0	129.3	125.6	142.4	
2006 年 4 季度	4th. Quarter of 2006	123.3	74.3	127.5	139.1	141.9	152.5	
2007 年 1 季度	1st. Quarter of 2007	132.6	97.4	133.7	150.0	134.6	159.2	
2007 年 2 季度	2nd. Quarter of 2007	133.9	87.9	138.8	160.3	130.4	163.4	
2007 年 3 季度	3rd. Quarter of 2007	129.2	92.4	135.3	158.5	142.3	161.1	
2007 年 4 季度	4th. Quarter of 2007	138.4	99.9	133.0	146.2	145.3	162.7	
2008 年 1 季度	1st. Quarter of 2008	132.8	90.9	132.2	153.0	133.1	153.4	
2008 年 2 季度	2nd. Quarter of 2008	134.4	96.4	132.2	143.3	121.7	133.9	
2008 年 3 季度	3rd. Quarter of 2008	118.2	88.5	119.0	135.2	109.0	125.6	
2008 年 4 季度	4th. Quarter of 2008	97.8	63.4	90.5	108.3	86.5	104.9	
2009 年 1 季度	1st. Quarter of 2009	94.9	69.3	101.9	118.2	106.5	108.4	
2009 年 2 季度	2nd. Quarter of 2009	102.5	64.9	115.3	136.4	118.7	124.8	
2009 年 3 季度	3rd. Quarter of 2009	124.7	66.1	125.1	137.0	126.0	141.9	
2009 年 4 季度	4th. Quarter of 2009	120.5	93.5	132.1	136.9	135.6	145.4	
2010 年 1 季度	1st. Quarter of 2010	129.1	113.6	140.3	140.5	149.2	139.3	146.6
2010 年 2 季度	2nd. Quarter of 2010	126.3	104.6	133.3	130.9	136.6	133.0	141.4
2010 年 3 季度	3rd. Quarter of 2010	127.6	109.1	134.9	138.5	132.4	129.4	139.6
2010 年 4 季度	4th. Quarter of 2010	140.6	119.1	141.3	135.8	141.1	147.2	148.0
2011 年 1 季度	1st. Quarter of 2011	138.4	110.5	140.8	129.9	141.8	148.4	150.5
2011 年 2 季度	2nd. Quarter of 2011	132.7	94.7	130.9	125.5	122.7	139.1	145.6
2011 年 3 季度	3rd. Quarter of 2011	120.2	116.7	129.6	125.5	122.7	134.5	142.0
2011 年 4 季度	4th. Quarter of 2011	112.8	133.3	127.4	117.9	111.0	124.3	135.9

注:2010 年开始，根据国家统计局新的企业类型划分标准，将"外商及港、澳、台商投资企业"拆分为"港、澳、台商投资企业"和"外商投资企业"。

Note: 'Enterprises Funded by Overseas, and Hong Kong, Macao and Taiwan Entrepreneurs' has been divided to 'Enterprises Funded by Hong Kong, Macao and Taiwan Entrepreneurs' and 'Enterprises Funded by Foreign Entrepreneurs' according to new standards to enterprises' registrated type of NBS from 2010.

5-5 不同注册类型的企业景气指数 (2001-2011 年)
Business Survey Index by Registrated Type (2001-2011)

季 度	Quarter	国有企业 State-owned Enterprises	集体企业 Collec-tive-owned Enterprises	有限责任公司 Limited-lia-bility Corporations	股份有限公司 Share-holding Limited Companies	私营企业 Private Enterprises	港、澳、台商投资企业 Enterprises Funded by Hong Kong, Macao and Taiwan Entrepreneurs	外商投资企业 Enterprises Funded by Foreign Entrepreneurs
2001 年 1 季度	1st. Quarter of 2001	90.3	80.0	108.8	122.4	138.9	117.3	
2001 年 2 季度	2nd. Quarter of 2001	91.7	84.1	111.8	124.8	125.5	124.1	
2001 年 3 季度	3rd. Quarter of 2001	92.9	79.6	100.6	109.4	128.1	121.4	
2001 年 4 季度	4th. Quarter of 2001	104.5	94.0	106.2	118.8	99.9	131.9	
2002 年 1 季度	1st. Quarter of 2002	94.9	86.8	104.5	117.6	110.4	122.1	
2002 年 2 季度	2nd. Quarter of 2002	91.0	85.0	114.1	125.6	114.1	119.9	
2002 年 3 季度	3rd. Quarter of 2002	100.7	88.6	119.3	128.5	122.2	134.5	
2002 年 4 季度	4th. Quarter of 2002	105.7	96.3	122.9	134.4	135.1	134.0	
2003 年 1 季度	1st. Quarter of 2003	109.3	87.7	117.6	133.9	131.1	143.9	
2003 年 2 季度	2nd. Quarter of 2003	88.0	75.0	105.4	126.0	121.7	121.3	
2003 年 3 季度	3rd. Quarter of 2003	111.7	95.3	119.7	140.5	134.1	142.9	
2003 年 4 季度	4th. Quarter of 2003	114.3	103.1	124.9	144.3	142.8	149.2	
2004 年 1 季度	1st. Quarter of 2004	109.8	93.9	118.2	140.7	130.5	139.7	
2004 年 2 季度	2nd. Quarter of 2004	106.3	99.8	123.3	141.4	121.5	137.6	
2004 年 3 季度	3rd. Quarter of 2004	111.5	93.9	121.0	137.2	122.2	132.5	
2004 年 4 季度	4th. Quarter of 2004	114.2	98.5	125.4	144.7	128.2	143.0	
2005 年 1 季度	1st. Quarter of 2005	109.9	98.4	125.1	142.0	117.6	130.0	
2005 年 2 季度	2nd. Quarter of 2005	117.8	97.1	118.8	134.0	110.3	141.8	
2005 年 3 季度	3rd. Quarter of 2005	117.7	86.7	121.9	124.3	115.4	121.0	
2005 年 4 季度	4th. Quarter of 2005	126.5	101.9	125.9	138.4	123.7	137.0	
2006 年 1 季度	1st. Quarter of 2006	135.8	86.1	109.7	135.3	142.3	143.3	
2006 年 2 季度	2nd. Quarter of 2006	136.4	89.7	125.9	134.1	133.9	145.7	
2006 年 3 季度	3rd. Quarter of 2006	132.1	93.5	118.4	125.2	122.0	145.6	
2006 年 4 季度	4th. Quarter of 2006	138.3	95.9	131.3	157.7	157.5	164.2	
2007 年 1 季度	1st. Quarter of 2007	130.8	94.7	129.1	145.3	135.0	149.7	
2007 年 2 季度	2nd. Quarter of 2007	131.7	92.9	132.8	170.2	130.0	159.8	
2007 年 3 季度	3rd. Quarter of 2007	131.4	89.9	131.4	174.8	142.7	156.3	
2007 年 4 季度	4th. Quarter of 2007	135.7	105.2	137.9	160.9	151.3	159.3	
2008 年 1 季度	1st. Quarter of 2008	127.4	90.9	122.1	152.5	136.0	146.8	
2008 年 2 季度	2nd. Quarter of 2008	131.9	85.3	128.9	155.3	125.5	134.2	
2008 年 3 季度	3rd. Quarter of 2008	126.7	65.0	118.7	151.4	116.1	123.1	
2008 年 4 季度	4th. Quarter of 2008	98.9	53.4	102.0	121.0	95.0	123.4	
2009 年 1 季度	1st. Quarter of 2009	104.9	69.3	105.8	126.4	102.6	110.3	
2009 年 2 季度	2nd. Quarter of 2009	109.9	97.0	117.5	143.3	106.4	124.1	
2009 年 3 季度	3rd. Quarter of 2009	120.1	79.9	129.0	143.8	117.9	136.1	
2009 年 4 季度	4th. Quarter of 2009	123.9	112.2	134.8	147.0	131.3	138.0	
2010 年 1 季度	1st. Quarter of 2010	124.4	104.6	137.6	146.9	138.5	148.7	143.5
2010 年 2 季度	2nd. Quarter of 2010	128.1	109.1	132.0	140.6	134.5	128.6	136.8
2010 年 3 季度	3rd. Quarter of 2010	131.1	90.9	133.4	144.2	120.2	121.4	136.4
2010 年 4 季度	4th. Quarter of 2010	137.1	123.8	143.5	143.2	138.4	142.9	157.3
2011 年 1 季度	1st. Quarter of 2011	130.0	115.8	135.7	135.6	125.0	136.1	138.7
2011 年 2 季度	2nd. Quarter of 2011	126.5	115.8	133.2	139.2	116.7	146.6	142.7
2011 年 3 季度	3rd. Quarter of 2011	117.6	127.8	130.5	131.7	121.9	132.7	140.3
2011 年 4 季度	4th. Quarter of 2011	125.5	111.1	131.2	130.7	120.0	144.1	139.5

注:2010 年开始,根据国家统计局新的企业类型划分标准,将“外商及港、澳、台商投资企业”拆分为“港、澳、台商投资企业”和“外商投资企业”。
Note: 'Enterprises Funded by Overseas, and Hong Kong, Macao and Taiwan Entrepreneurs' has been divided to 'Enterprises Funded by Hong Kong, Macao and Taiwan Entrepreneurs' and 'Enterprises Funded by Foreign Entrepreneurs' according to new standards to enterprises' registrated type of NBS from 2010.

5-6 不同企业规模及特殊分组的企业家信心指数（2001-2011 年）
Entrepreneur Expectation Index by Enterprise-size and Special Group（2001-2011）

季度	Quarter	大型及特大型 Large and Extra Large-size Enterprises	中小型 Medium and Small-size Enterprises	中型 Medium-size Enterprises"	小型 Small-size Enterprises	上市公司 Share Listed Companies	国有控股企业 State Holding Enterprises
2001 年 1 季度	1st. Quarter of 2001	113.7	101.6	107.5	90.4	108.3	100.0
2001 年 2 季度	2nd. Quarter of 2001	107.2	96.7	103.7	83.7	106.5	100.0
2001 年 3 季度	3rd. Quarter of 2001	112.1	95.0	99.1	87.0	107.3	100.0
2001 年 4 季度	4th. Quarter of 2001	108.6	94.1	98.1	86.6	108.6	100.0
2002 年 1 季度	1st. Quarter of 2002	116.3	106.4	112.5	98.7	109.0	102.1
2002 年 2 季度	2nd. Quarter of 2002	110.2	104.2	112.5	93.9	107.5	102.6
2002 年 3 季度	3rd. Quarter of 2002	119.9	111.5	116.3	105.5	119.1	111.1
2002 年 4 季度	4th. Quarter of 2002	118.9	112.2	118.4	104.4	116.6	107.5
2003 年 1 季度	1st. Quarter of 2003	146.3	117.5	125.8	107.7	153.9	121.4
2003 年 2 季度	2nd. Quarter of 2003	119.7	106.4	115.8	95.4	82.1	102.9
2003 年 3 季度	3rd. Quarter of 2003	134.3	113.2	120.9	104.2	116.9	118.5
2003 年 4 季度	4th. Quarter of 2003	153.1	121.8	131.2	110.8	165.2	128.7
2004 年 1 季度	1st. Quarter of 2004	150.8	119.6	127.9	109.9	162.5	123.8
2004 年 2 季度	2nd. Quarter of 2004	133.3	117.2	123.5	109.7	111.9	121.3
2004 年 3 季度	3rd. Quarter of 2004	140.1	114.2	122.7	104.0	132.4	119.6
2004 年 4 季度	4th. Quarter of 2004	130.4	118.1	125.9	108.7	112.1	119.6
2005 年 1 季度	1st. Quarter of 2005	135.3	119.8	126.0	111.9	127.9	121.5
2005 年 2 季度	2nd. Quarter of 2005	127.2	116.2	119.9	111.4	123.6	120.9
2005 年 3 季度	3rd. Quarter of 2005	124.9	118.4	122.4	113.2	113.1	117.2
2005 年 4 季度	4th. Quarter of 2005	125.6	120.1	124.0	114.9	128.0	121.9
2006 年 1 季度	1st. Quarter of 2006	134.8	118.4	118.5	116.0	114.7	127.9
2006 年 2 季度	2nd. Quarter of 2006	136.8	109.8	109.4	116.7	115.6	128.5
2006 年 3 季度	3rd. Quarter of 2006	137.5	120.4	129.6	108.3	132.1	127.2
2006 年 4 季度	4th. Quarter of 2006	140.2	117.8	117.5	122.7	147.1	132.4
2007 年 1 季度	1st. Quarter of 2007	151.5	129.2	131.6	122.6	138.7	139.7
2007 年 2 季度	2nd. Quarter of 2007	160.2	131.0	133.4	124.2	157.0	145.0
2007 年 3 季度	3rd. Quarter of 2007	156.7	130.3	132.8	123.2	156.8	140.0
2007 年 4 季度	4th. Quarter of 2007	158.9	128.2	129.5	124.4	131.1	140.3
2008 年 1 季度	1st. Quarter of 2008	152.9	127.1	129.6	120.2	156.9	140.9
2008 年 2 季度	2nd. Quarter of 2008	151.5	122.7	124.3	118.2	143.4	139.5
2008 年 3 季度	3rd. Quarter of 2008	133.7	112.4	115.0	105.0	119.5	124.8
2008 年 4 季度	4th. Quarter of 2008	93.3	91.8	94.4	84.1	78.1	98.1
2009 年 1 季度	1st. Quarter of 2009	103.2	102.1	107.4	96.3	132.1	100.5
2009 年 2 季度	2nd. Quarter of 2009	122.1	113.7	121.1	105.8	129.2	112.8
2009 年 3 季度	3rd. Quarter of 2009	135.2	124.0	132.0	115.6	123.1	127.8
2009 年 4 季度	4th. Quarter of 2009	150.9	127.6	135.1	119.4	131.3	132.2
2010 年 1 季度	1st. Quarter of 2010	153.5	137.2	145.5	126.6	132.1	139.6
2010 年 2 季度	2nd. Quarter of 2010	147.1	128.8	135.9	119.8	123.5	135.2
2010 年 3 季度	3rd. Quarter of 2010	149.2	129.8	136.4	121.1	132.8	137.0
2010 年 4 季度	4th. Quarter of 2010	159.1	136.2	144.4	125.7	143.1	143.3
2011 年 1 季度	1st. Quarter of 2011	149.5	136.7	146.2	124.5	109.2	140.6
2011 年 2 季度	2nd. Quarter of 2011	125.2	130.7	135.6	124.3	113.9	127.0
2011 年 3 季度	3rd. Quarter of 2011	137.7	125.5	129.5	120.3	126.4	125.8
2011 年 4 季度	4th. Quarter of 2011	125.7	123.3	124.4	122.0	104.7	122.2

5-7 不同企业规模及特殊分组的企业景气指数（2001-2011 年）
Business Survey Index by Enterprise-size and Special Group (2001-2011)

季 度	Quarter	大型及特大型 Large and Extra Large-size Enterprises	中小型 Medium and Small-size Enterprises	中型 Medium-size Enterprises	上市公司 Share Listed Companies	小型 Small-size Enterprises	国有控股企业 State Holding Enterprises
2001 年 1 季度	1st. Quarter of 2001	119.8	97.5	100.9	91.0	136.6	100.0
2001 年 2 季度	2nd. Quarter of 2001	131.3	95.7	100.0	87.6	142.6	100.0
2001 年 3 季度	3rd. Quarter of 2001	125.2	90.5	95.1	81.6	130.2	100.0
2001 年 4 季度	4th. Quarter of 2001	123.7	98.8	101.9	93.0	120.9	100.0
2002 年 1 季度	1st. Quarter of 2002	108.3	100.8	107.2	92.8	110.8	98.1
2002 年 2 季度	2nd. Quarter of 2002	118.4	102.5	109.9	93.3	121.8	100.1
2002 年 3 季度	3rd. Quarter of 2002	131.2	106.9	112.3	100.3	146.3	109.2
2002 年 4 季度	4th. Quarter of 2002	148.7	109.6	115.0	102.8	153.4	116.2
2003 年 1 季度	1st. Quarter of 2003	154.2	108.2	116.1	99.0	161.1	118.7
2003 年 2 季度	2nd. Quarter of 2003	137.5	96.2	104.6	86.4	152.6	106.0
2003 年 3 季度	3rd. Quarter of 2003	151.8	113.2	120.0	105.4	157.5	122.9
2003 年 4 季度	4th. Quarter of 2003	150.7	121.0	128.1	112.8	158.1	126.1
2004 年 1 季度	1st. Quarter of 2004	155.3	111.4	120.4	100.7	170.1	125.3
2004 年 2 季度	2nd. Quarter of 2004	159.7	110.9	120.3	99.8	163.4	128.6
2004 年 3 季度	3rd. Quarter of 2004	154.7	111.2	118.7	102.3	162.9	125.9
2004 年 4 季度	4th. Quarter of 2004	162.3	115.7	121.8	108.5	158.4	127.8
2005 年 1 季度	1st. Quarter of 2005	161.3	111.1	118.4	101.8	165.0	128.5
2005 年 2 季度	2nd. Quarter of 2005	142.9	112.1	118.5	103.9	157.1	123.5
2005 年 3 季度	3rd. Quarter of 2005	131.7	113.6	119.1	106.4	132.0	118.4
2005 年 4 季度	4th. Quarter of 2005	146.1	120.9	124.3	116.5	174.8	128.6
2006 年 1 季度	1st. Quarter of 2006	136.1	104.6	104.9	100.0	138.3	124.9
2006 年 2 季度	2nd. Quarter of 2006	147.2	106.7	106.3	112.5	127.1	135.1
2006 年 3 季度	3rd. Quarter of 2006	136.8	117.5	124.8	108.0	126.1	124.7
2006 年 4 季度	4th. Quarter of 2006	156.6	118.6	118.6	118.2	188.7	144.0
2007 年 1 季度	1st. Quarter of 2007	154.5	122.2	125.7	112.8	138.7	137.9
2007 年 2 季度	2nd. Quarter of 2007	160.7	126.4	130.0	116.4	179.7	143.4
2007 年 3 季度	3rd. Quarter of 2007	164.3	126.2	129.0	118.3	181.3	145.4
2007 年 4 季度	4th. Quarter of 2007	172.8	128.6	132.5	117.7	162.5	147.1
2008 年 1 季度	1st. Quarter of 2008	153.3	117.9	121.6	107.7	152.5	133.3
2008 年 2 季度	2nd. Quarter of 2008	165.7	115.1	119.1	104.2	167.9	140.8
2008 年 3 季度	3rd. Quarter of 2008	145.2	111.0	114.2	101.9	153.2	128.5
2008 年 4 季度	4th. Quarter of 2008	114.0	96.9	100.2	87.3	102.7	108.0
2009 年 1 季度	1st. Quarter of 2009	118.4	103.8	110.9	96.3	116.6	106.4
2009 年 2 季度	2nd. Quarter of 2009	127.9	114.7	122.5	106.3	146.7	115.7
2009 年 3 季度	3rd. Quarter of 2009	152.1	122.0	129.1	114.5	141.7	130.9
2009 年 4 季度	4th. Quarter of 2009	159.1	128.7	135.6	121.1	134.3	134.6
2010 年 1 季度	1st. Quarter of 2010	161.2	131.0	137.5	122.8	132.9	141.9
2010 年 2 季度	2nd. Quarter of 2010	159.3	125.7	132.9	116.7	137.6	135.6
2010 年 3 季度	3rd. Quarter of 2010	152.4	126.3	135.9	114.1	143.7	139.1
2010 年 4 季度	4th. Quarter of 2010	169.0	136.0	144.7	125.1	149.6	146.1
2011 年 1 季度	1st. Quarter of 2011	157.9	126.1	135.7	113.7	127.9	135.3
2011 年 2 季度	2nd. Quarter of 2011	147.1	127.6	135.6	117.1	129.8	135.0
2011 年 3 季度	3rd. Quarter of 2011	153.4	121.9	127.2	115.0	126.9	133.1
2011 年 4 季度	4th. Quarter of 2011	150.7	123.6	129.2	116.3	131.6	131.8

5-8 生产总量景气指数 (2001-2011年)
Total Production Quantity Survey Index (2001-2011)

季 度	Quarter	总体 Comprehensive Index	工业 Industry	建筑业 Construction	交通运输、仓储及邮电通信业 Transportation, Storage, Post and elecommunication
2001年1季度	1st. Quarter of 2001	**96.6**	88.8	94.7	137.6
2001年2季度	2nd. Quarter of 2001	**119.3**	129.4	115.4	91.5
2001年3季度	3rd. Quarter of 2001	**107.6**	102.7	122.7	116.1
2001年4季度	4th. Quarter of 2001	**116.4**	108.5	142.4	109.1
2002年1季度	1st. Quarter of 2002	**103.2**	99.8	95.8	107.5
2002年2季度	2nd. Quarter of 2002	**121.2**	126.8	133.2	94.9
2002年3季度	3rd. Quarter of 2002	**116.7**	118.1	127.5	109.4
2002年4季度	4th. Quarter of 2002	**125.8**	132.7	129.8	105.1
2003年1季度	1st. Quarter of 2003	**106.1**	106.3	98.2	111.5
2003年2季度	2nd. Quarter of 2003	**103.1**	115.4	127.9	62.2
2003年3季度	3rd. Quarter of 2003	**125.2**	123.2	134.5	120.0
2003年4季度	4th. Quarter of 2003	**130.3**	139.9	134.1	93.8
2004年1季度	1st. Quarter of 2004	**112.4**	113.3	102.4	122.7
2004年2季度	2nd. Quarter of 2004	**121.6**	121.6	140.9	100.2
2004年3季度	3rd. Quarter of 2004	**116.1**	112.4	127.5	132.8
2004年4季度	4th. Quarter of 2004	**124.8**	131.0	136.3	93.7
2005年1季度	1st. Quarter of 2005	**99.1**	90.8	102.3	138.5
2005年2季度	2nd. Quarter of 2005	**122.0**	124.9	134.4	103.4
2005年3季度	3rd. Quarter of 2005	**113.4**	118.5	120.2	111.2
2005年4季度	4th. Quarter of 2005	**129.4**	132.4	125.5	102.7
2006年1季度	1st. Quarter of 2006	**102.7**	103.5	85.3	110.1
2006年2季度	2nd. Quarter of 2006	**124.2**	127.3	141.9	100.3
2006年3季度	3rd. Quarter of 2006	**108.8**	105.7	127.0	81.2
2006年4季度	4th. Quarter of 2006	**133.2**	132.2	158.6	94.8
2007年1季度	1st. Quarter of 2007	**109.0**	101.7	111.5	115.5
2007年2季度	2nd. Quarter of 2007	**131.7**	134.7	148.2	118.7
2007年3季度	3rd. Quarter of 2007	**129.5**	133.3	151.0	112.4
2007年4季度	4th. Quarter of 2007	**130.7**	132.6	149.8	130.9
2008年1季度	1st. Quarter of 2008	**103.5**	99.2	90.2	109.5
2008年2季度	2nd. Quarter of 2008	**120.4**	130.5	138.1	94.7
2008年3季度	3rd. Quarter of 2008	**107.5**	106.6	128.2	109.7
2008年4季度	4th. Quarter of 2008	**83.5**	65.4	125.8	90.7
2009年1季度	1st. Quarter of 2009	**87.9**	91.4	75.0	80.1
2009年2季度	2nd. Quarter of 2009	**119.8**	126.4	128.4	93.5
2009年3季度	3rd. Quarter of 2009	**121.8**	123.0	138.6	112.4
2009年4季度	4th. Quarter of 2009	**127.7**	128.3	139.1	113.3
2010年1季度	1st. Quarter of 2010	**115.0**	110.0	115.4	118.5
2010年2季度	2nd. Quarter of 2010	**127.7**	131.6	141.4	113.0
2010年3季度	3rd. Quarter of 2010	**119.3**	112.7	146.1	142.7
2010年4季度	4th. Quarter of 2010	**140.3**	143.8	144.3	121.9
2011年1季度	1st. Quarter of 2011	**106.3**	101.4	99.8	137.7
2011年2季度	2nd. Quarter of 2011	**127.9**	128.9	147.0	115.8
2011年3季度	3rd. Quarter of 2011	**114.8**	114.0	129.3	129.5
2011年4季度	4th. Quarter of 2011	**123.5**	128.2	128.9	114.1

5-8 生产总量景气指数 (2001–2011 年)
Total Production Quantity Survey Index (2001–2011)

续表 continued

季 度	Quarter	批发和零售业 Wholesale and Retail Trade	房地产业 Real Estate	社会服务业 Social Service	信息传输、计算机服务和软件 Data Transmission, Computer Service and Software	住宿和餐饮业 Hotels and Catering Service
2001 年 1 季度	1st. Quarter of 2001	91.2	120.5	88.0	133.3	91.6
2001 年 2 季度	2nd. Quarter of 2001	83.9	142.4	132.0	133.3	102.5
2001 年 3 季度	3rd. Quarter of 2001	93.3	126.0	112.0	133.3	97.0
2001 年 4 季度	4th. Quarter of 2001	93.4	138.7	132.0	166.7	121.2
2002 年 1 季度	1st. Quarter of 2002	94.3	120.0	122.6	171.4	75.0
2002 年 2 季度	2nd. Quarter of 2002	95.2	127.0	113.7	159.4	110.7
2002 年 3 季度	3rd. Quarter of 2002	96.0	127.5	127.4	104.5	117.2
2002 年 4 季度	4th. Quarter of 2002	105.3	134.0	113.8	145.1	119.3
2003 年 1 季度	1st. Quarter of 2003	104.1	123.5	114.8	109.9	87.9
2003 年 2 季度	2nd. Quarter of 2003	91.3	126.8	54.0	117.5	24.3
2003 年 3 季度	3rd. Quarter of 2003	109.8	129.7	123.7	138.0	156.6
2003 年 4 季度	4th. Quarter of 2003	116.1	147.7	98.4	127.7	139.2
2004 年 1 季度	1st. Quarter of 2004	114.5	133.2	92.4	136.1	92.1
2004 年 2 季度	2nd. Quarter of 2004	96.8	149.0	121.3	129.0	120.1
2004 年 3 季度	3rd. Quarter of 2004	102.6	133.6	111.2	147.4	87.7
2004 年 4 季度	4th. Quarter of 2004	110.7	127.5	105.6	127.9	128.0
2005 年 1 季度	1st. Quarter of 2005	108.7	126.0	99.2	91.5	77.0
2005 年 2 季度	2nd. Quarter of 2005	109.3	131.8	114.8	128.4	99.7
2005 年 3 季度	3rd. Quarter of 2005	89.7	119.6	118.8	115.8	79.3
2005 年 4 季度	4th. Quarter of 2005	134.6	126.0	116.7	127.0	154.4
2006 年 1 季度	1st. Quarter of 2006	108.7	119.0	113.5	109.5	86.4
2006 年 2 季度	2nd. Quarter of 2006	100.3	144.8	114.3	128.9	98.6
2006 年 3 季度	3rd. Quarter of 2006	111.0	124.2	124.6	112.6	76.3
2006 年 4 季度	4th. Quarter of 2006	128.1	138.0	109.2	137.2	140.6
2007 年 1 季度	1st. Quarter of 2007	127.2	108.0	129.0	80.7	122.0
2007 年 2 季度	2nd. Quarter of 2007	128.9	132.9	130.0	117.7	100.6
2007 年 3 季度	3rd. Quarter of 2007	132.8	123.7	121.4	101.9	100.3
2007 年 4 季度	4th. Quarter of 2007	130.5	130.2	85.2	120.2	121.1
2008 年 1 季度	1st. Quarter of 2008	120.3	116.8	87.2	115.3	111.5
2008 年 2 季度	2nd. Quarter of 2008	106.1	126.0	99.4	129.8	51.3
2008 年 3 季度	3rd. Quarter of 2008	97.3	119.5	111.6	98.7	63.4
2008 年 4 季度	4th. Quarter of 2008	81.3	99.9	88.9	135.5	99.6
2009 年 1 季度	1st. Quarter of 2009	91.3	89.1	87.4	93.5	73.8
2009 年 2 季度	2nd. Quarter of 2009	118.2	113.3	107.8	112.5	96.7
2009 年 3 季度	3rd. Quarter of 2009	119.5	109.0	125.0	120.2	105.6
2009 年 4 季度	4th. Quarter of 2009	136.5	108.6	120.2	129.6	131.9
2010 年 1 季度	1st. Quarter of 2010	139.6	116.4	111.1	133.4	105.3
2010 年 2 季度	2nd. Quarter of 2010	108.4	117.0	137.0	131.6	100.0
2010 年 3 季度	3rd. Quarter of 2010	105.6	117.4	141.3	150.0	90.7
2010 年 4 季度	4th. Quarter of 2010	134.3	124.4	123.4	150.0	159.9
2011 年 1 季度	1st. Quarter of 2011	122.4	94.7	112.2	118.6	92.1
2011 年 2 季度	2nd. Quarter of 2011	109.8	98.8	146.4	149.9	132.7
2011 年 3 季度	3rd. Quarter of 2011	93.2	98.2	129.0	133.6	109.4
2011 年 4 季度	4th. Quarter of 2011	93.9	100.0	109.8	168.8	151.5

5-9 盈利（亏损）变化景气指数（2001-2011年）
Survey Index of Changes in Profits (Losses) (2001-2011)

季度	Quarter	总体 **Comprehensive Index**	工业 Industry	建筑业 Construction	交通运输、仓储及邮电通信业 Transportation, Storage, Post and Telecommunication
2001年1季度	1st. Quarter of 2001	**94.4**	86.5	84.5	134.3
2001年2季度	2nd. Quarter of 2001	**105.5**	112.7	97.0	77.8
2001年3季度	3rd. Quarter of 2001	**93.5**	94.0	87.2	96.7
2001年4季度	4th. Quarter of 2001	**112.0**	105.0	127.0	126.8
2002年1季度	1st. Quarter of 2002	**89.5**	84.4	97.3	101.5
2002年2季度	2nd. Quarter of 2002	**107.2**	109.1	114.6	95.6
2002年3季度	3rd. Quarter of 2002	**110.4**	117.6	101.8	80.8
2002年4季度	4th. Quarter of 2002	**120.1**	129.1	114.4	108.3
2003年1季度	1st. Quarter of 2003	**106.4**	107.2	99.9	98.2
2003年2季度	2nd. Quarter of 2003	**101.0**	118.6	105.2	47.0
2003年3季度	3rd. Quarter of 2003	**119.8**	127.0	109.7	100.3
2003年4季度	4th. Quarter of 2003	**127.0**	137.0	116.9	106.0
2004年1季度	1st. Quarter of 2004	**108.4**	112.9	82.0	113.4
2004年2季度	2nd. Quarter of 2004	**117.0**	119.3	121.5	92.9
2004年3季度	3rd. Quarter of 2004	**112.3**	118.3	117.1	100.5
2004年4季度	4th. Quarter of 2004	**120.8**	122.0	137.9	107.6
2005年1季度	1st. Quarter of 2005	**98.5**	89.4	108.9	119.1
2005年2季度	2nd. Quarter of 2005	**107.0**	108.3	124.4	91.5
2005年3季度	3rd. Quarter of 2005	**106.2**	106.7	111.0	104.3
2005年4季度	4th. Quarter of 2005	**119.2**	120.9	120.9	92.7
2006年1季度	1st. Quarter of 2006	**103.8**	109.2	106.1	79.5
2006年2季度	2nd. Quarter of 2006	**123.9**	132.8	129.0	70.0
2006年3季度	3rd. Quarter of 2006	**110.7**	115.4	118.5	72.2
2006年4季度	4th. Quarter of 2006	**126.0**	134.2	125.4	62.2
2007年1季度	1st. Quarter of 2007	**109.2**	111.8	108.3	92.5
2007年2季度	2nd. Quarter of 2007	**121.1**	131.1	128.7	98.5
2007年3季度	3rd. Quarter of 2007	**117.3**	126.5	117.0	84.7
2007年4季度	4th. Quarter of 2007	**122.7**	134.6	116.7	90.0
2008年1季度	1st. Quarter of 2008	**100.1**	103.7	92.5	88.0
2008年2季度	2nd. Quarter of 2008	**110.4**	125.4	97.9	76.8
2008年3季度	3rd. Quarter of 2008	**100.0**	107.5	89.7	96.4
2008年4季度	4th. Quarter of 2008	**79.8**	73.9	106.1	65.4
2009年1季度	1st. Quarter of 2009	**92.4**	94.3	112.5	62.1
2009年2季度	2nd. Quarter of 2009	**114.3**	124.6	112.8	81.2
2009年3季度	3rd. Quarter of 2009	**119.5**	122.8	123.2	107.5
2009年4季度	4th. Quarter of 2009	**125.8**	128.8	139.8	102.1
2010年1季度	1st. Quarter of 2010	**117.2**	115.2	121.8	114.2
2010年2季度	2nd. Quarter of 2010	**122.8**	125.0	132.6	121.0
2010年3季度	3rd. Quarter of 2010	**118.8**	114.1	137.9	122.4
2010年4季度	4th. Quarter of 2010	**131.8**	134.9	130.0	111.2
2011年1季度	1st. Quarter of 2011	**102.1**	99.8	95.0	113.2
2011年2季度	2nd. Quarter of 2011	**119.5**	122.5	110.4	101.8
2011年3季度	3rd. Quarter of 2011	**111.4**	116.6	97.0	110.9
2011年4季度	4th. Quarter of 2011	**114.5**	118.8	119.1	96.1

5-9 盈利（亏损）变化景气指数 (2001-2011 年)

Survey Index of Changes in Profits (Losses) (2001-2011)

续表 continued

季 度	Quarter	批发和零售业 Wholesale and Retail Trade	房地产业 Real Estate	社会服务业 Social Service	信息传输、计算机服务和软件 Data Transmission, Computer Service and Software	住宿和餐饮业 Hotels and Catering Service
2001 年 1 季度	1st. Quarter of 2001	86.4	104.1	87.9	200.0	81.7
2001 年 2 季度	2nd. Quarter of 2001	82.0	108.1	128.0	125.5	107.3
2001 年 3 季度	3rd. Quarter of 2001	87.7	95.5	116.0	92.2	81.8
2001 年 4 季度	4th. Quarter of 2001	93.7	108.0	124.0	158.9	122.7
2002 年 1 季度	1st. Quarter of 2002	90.1	114.2	101.7	72.4	67.1
2002 年 2 季度	2nd. Quarter of 2002	101.0	109.7	103.5	121.5	91.2
2002 年 3 季度	3rd. Quarter of 2002	105.8	115.9	116.9	120.5	92.9
2002 年 4 季度	4th. Quarter of 2002	107.8	127.4	96.2	106.3	127.7
2003 年 1 季度	1st. Quarter of 2003	113.0	116.8	125.5	96.4	80.7
2003 年 2 季度	2nd. Quarter of 2003	96.2	125.6	51.7	132.9	11.6
2003 年 3 季度	3rd. Quarter of 2003	104.6	141.6	109.3	123.4	128.4
2003 年 4 季度	4th. Quarter of 2003	108.3	148.1	100.9	139.1	134.8
2004 年 1 季度	1st. Quarter of 2004	108.5	139.1	98.9	118.0	97.3
2004 年 2 季度	2nd. Quarter of 2004	111.7	138.6	116.1	102.8	118.8
2004 年 3 季度	3rd. Quarter of 2004	102.6	125.2	96.7	122.2	71.7
2004 年 4 季度	4th. Quarter of 2004	108.5	122.6	112.6	115.9	121.8
2005 年 1 季度	1st. Quarter of 2005	114.0	118.8	83.8	95.2	96.3
2005 年 2 季度	2nd. Quarter of 2005	99.4	103.0	91.3	101.8	108.8
2005 年 3 季度	3rd. Quarter of 2005	113.5	99.6	97.2	111.1	85.6
2005 年 4 季度	4th. Quarter of 2005	120.3	110.7	95.8	136.8	151.7
2006 年 1 季度	1st. Quarter of 2006	109.2	103.4	85.7	93.8	81.9
2006 年 2 季度	2nd. Quarter of 2006	128.9	108.9	103.6	110.9	112.1
2006 年 3 季度	3rd. Quarter of 2006	114.8	112.6	112.7	116.9	58.7
2006 年 4 季度	4th. Quarter of 2006	121.1	123.7	106.8	137.5	136.3
2007 年 1 季度	1st. Quarter of 2007	115.6	111.6	113.2	93.0	108.4
2007 年 2 季度	2nd. Quarter of 2007	107.5	134.4	117.5	93.4	83.7
2007 年 3 季度	3rd. Quarter of 2007	110.4	142.5	123.8	101.9	67.5
2007 年 4 季度	4th. Quarter of 2007	114.9	137.4	107.1	115.6	104.2
2008 年 1 季度	1st. Quarter of 2008	111.1	102.9	84.7	106.8	74.8
2008 年 2 季度	2nd. Quarter of 2008	114.3	103.6	78.7	118.6	63.5
2008 年 3 季度	3rd. Quarter of 2008	102.8	83.8	101.8	96.9	49.5
2008 年 4 季度	4th. Quarter of 2008	87.4	69.5	54.7	138.7	83.5
2009 年 1 季度	1st. Quarter of 2009	100.2	79.7	77.7	87.2	95.8
2009 年 2 季度	2nd. Quarter of 2009	102.7	120.1	91.6	106.2	109.8
2009 年 3 季度	3rd. Quarter of 2009	122.8	111.5	114.3	112.8	101.7
2009 年 4 季度	4th. Quarter of 2009	132.4	115.1	105.3	128.0	111.8
2010 年 1 季度	1st. Quarter of 2010	128.0	120.4	103.9	122.7	118.8
2010 年 2 季度	2nd. Quarter of 2010	124.9	95.7	107.2	115.6	105.7
2010 年 3 季度	3rd. Quarter of 2010	124.3	120.7	128.8	140.6	77.0
2010 年 4 季度	4th. Quarter of 2010	132.9	119.3	119.6	151.3	136.5
2011 年 1 季度	1st. Quarter of 2011	118.9	104.3	93.6	110.6	84.8
2011 年 2 季度	2nd. Quarter of 2011	125.8	98.2	122.7	139.4	123.9
2011 年 3 季度	3rd. Quarter of 2011	105.4	77.2	121.1	142.1	93.4
2011 年 4 季度	4th. Quarter of 2011	108.9	65.1	99.7	142.8	147.5

5-10 流动资金景气指数 (2001-2011 年)
Circulating Funds Survey Index (2001-2011)

季 度	Quarter	总体 Comprehensive Index	工业 Industry	建筑业 Construction	交通运输、仓储及邮电通信业 Transportation, Storage, Post and Telecommunication
2001 年 1 季度	1st. Quarter of 2001	**58.3**	54.0	57.0	49.8
2001 年 2 季度	2nd. Quarter of 2001	**60.3**	58.7	38.2	49.9
2001 年 3 季度	3rd. Quarter of 2001	**57.1**	53.6	39.1	46.3
2001 年 4 季度	4th. Quarter of 2001	**59.9**	58.1	37.6	54.1
2002 年 1 季度	1st. Quarter of 2002	**68.7**	61.5	56.4	61.3
2002 年 2 季度	2nd. Quarter of 2002	**68.7**	66.3	50.8	65.2
2002 年 3 季度	3rd. Quarter of 2002	**70.6**	66.7	50.1	71.7
2002 年 4 季度	4th. Quarter of 2002	**69.0**	63.4	56.9	68.2
2003 年 1 季度	1st. Quarter of 2003	**75.0**	72.2	56.9	64.9
2003 年 2 季度	2nd. Quarter of 2003	**73.1**	73.7	62.3	50.8
2003 年 3 季度	3rd. Quarter of 2003	**75.6**	74.0	59.7	56.5
2003 年 4 季度	4th. Quarter of 2003	**80.1**	82.1	59.6	53.1
2004 年 1 季度	1st. Quarter of 2004	**81.2**	80.0	64.0	56.7
2004 年 2 季度	2nd. Quarter of 2004	**80.6**	80.3	63.1	65.0
2004 年 3 季度	3rd. Quarter of 2004	**73.8**	69.6	63.4	61.6
2004 年 4 季度	4th. Quarter of 2004	**72.4**	68.3	52.9	61.1
2005 年 1 季度	1st. Quarter of 2005	**74.8**	72.1	65.6	49.9
2005 年 2 季度	2nd. Quarter of 2005	**70.2**	68.7	58.4	50.3
2005 年 3 季度	3rd. Quarter of 2005	**73.5**	74.6	56.6	52.9
2005 年 4 季度	4th. Quarter of 2005	**76.4**	79.8	57.0	50.9
2006 年 1 季度	1st. Quarter of 2006	**81.6**	87.1	59.0	63.9
2006 年 2 季度	2nd. Quarter of 2006	**82.6**	86.7	62.6	62.5
2006 年 3 季度	3rd. Quarter of 2006	**78.7**	79.9	62.2	64.6
2006 年 4 季度	4th. Quarter of 2006	**81.8**	84.9	50.0	57.9
2007 年 1 季度	1st. Quarter of 2007	**86.6**	89.9	66.9	58.8
2007 年 2 季度	2nd. Quarter of 2007	**86.8**	86.5	66.6	67.9
2007 年 3 季度	3rd. Quarter of 2007	**89.4**	91.6	61.8	70.7
2007 年 4 季度	4th. Quarter of 2007	**87.6**	89.2	62.5	70.9
2008 年 1 季度	1st. Quarter of 2008	**83.1**	83.4	65.9	67.3
2008 年 2 季度	2nd. Quarter of 2008	**83.7**	86.7	60.4	74.9
2008 年 3 季度	3rd. Quarter of 2008	**77.4**	78.9	57.1	62.9
2008 年 4 季度	4th. Quarter of 2008	**73.0**	75.7	51.7	62.6
2009 年 1 季度	1st. Quarter of 2009	**80.7**	82.7	61.2	71.3
2009 年 2 季度	2nd. Quarter of 2009	**85.1**	85.9	72.4	71.8
2009 年 3 季度	3rd. Quarter of 2009	**93.8**	95.2	84.8	70.6
2009 年 4 季度	4th. Quarter of 2009	**93.2**	95.0	83.3	74.6
2010 年 1 季度	1st. Quarter of 2010	**98.5**	95.7	90.9	102.6
2010 年 2 季度	2nd. Quarter of 2010	**97.5**	96.2	93.8	78.7
2010 年 3 季度	3rd. Quarter of 2010	**99.9**	98.7	90.3	91.2
2010 年 4 季度	4th. Quarter of 2010	**99.4**	96.4	87.9	90.3
2011 年 1 季度	1st. Quarter of 2011	**99.6**	98.5	84.3	97.6
2011 年 2 季度	2nd. Quarter of 2011	**98.0**	97.7	73.9	103.1
2011 年 3 季度	3rd. Quarter of 2011	**92.6**	94.5	68.5	94.1
2011 年 4 季度	4th. Quarter of 2011	**92.0**	92.2	71.9	95.8

5-10 流动资金景气指数 (2001-2011 年)
Circulating Funds Survey Index (2001-2011)

续表 continued

季 度	Quarter	批发和零售业 Wholesale and Retail Trade	房地产业 Real Estate	社会服务业 Social Service	信息传输、计算机服务和软件 Data Transmission, Computer Service and Software	住宿和餐饮业 Hotels and Catering Service
2001 年 1 季度	1st. Quarter of 2001	59.2	82.0	84.0	25.5	84.1
2001 年 2 季度	2nd. Quarter of 2001	58.8	78.4	76.2	100.0	88.2
2001 年 3 季度	3rd. Quarter of 2001	48.6	87.4	84.1	100.0	80.7
2001 年 4 季度	4th. Quarter of 2001	49.9	77.5	84.0	100.0	91.3
2002 年 1 季度	1st. Quarter of 2002	67.2	91.8	106.9	114.3	82.3
2002 年 2 季度	2nd. Quarter of 2002	62.4	87.1	87.9	118.5	81.8
2002 年 3 季度	3rd. Quarter of 2002	71.7	98.6	89.8	107.3	78.6
2002 年 4 季度	4th. Quarter of 2002	63.6	99.4	90.0	107.3	85.3
2003 年 1 季度	1st. Quarter of 2003	70.0	104.6	101.5	108.9	88.1
2003 年 2 季度	2nd. Quarter of 2003	72.1	109.6	86.9	109.5	44.6
2003 年 3 季度	3rd. Quarter of 2003	74.4	106.7	91.1	98.6	97.4
2003 年 4 季度	4th. Quarter of 2003	78.7	121.2	82.9	95.7	101.6
2004 年 1 季度	1st. Quarter of 2004	87.7	117.6	89.8	100.4	94.0
2004 年 2 季度	2nd. Quarter of 2004	80.8	110.0	83.9	100.4	100.8
2004 年 3 季度	3rd. Quarter of 2004	75.7	107.3	83.1	89.3	96.4
2004 年 4 季度	4th. Quarter of 2004	71.6	101.8	95.1	98.4	102.0
2005 年 1 季度	1st. Quarter of 2005	79.4	107.7	86.5	78.4	98.5
2005 年 2 季度	2nd. Quarter of 2005	73.7	81.5	78.4	80.2	108.1
2005 年 3 季度	3rd. Quarter of 2005	81.2	81.0	80.4	83.8	96.3
2005 年 4 季度	4th. Quarter of 2005	76.0	87.4	87.8	74.7	110.4
2006 年 1 季度	1st. Quarter of 2006	91.8	103.8	82.6	61.7	78.7
2006 年 2 季度	2nd. Quarter of 2006	90.6	108.0	80.6	66.2	92.4
2006 年 3 季度	3rd. Quarter of 2006	76.0	101.0	85.7	90.2	94.0
2006 年 4 季度	4th. Quarter of 2006	81.3	102.5	90.0	103.7	122.0
2007 年 1 季度	1st. Quarter of 2007	86.3	112.6	95.9	104.8	103.7
2007 年 2 季度	2nd. Quarter of 2007	89.7	118.3	83.7	116.6	111.3
2007 年 3 季度	3rd. Quarter of 2007	93.7	116.7	86.8	118.0	103.7
2007 年 4 季度	4th. Quarter of 2007	89.0	116.1	88.9	105.5	114.4
2008 年 1 季度	1st. Quarter of 2008	84.3	99.5	95.5	102.5	106.1
2008 年 2 季度	2nd. Quarter of 2008	86.2	91.4	77.9	108.7	96.6
2008 年 3 季度	3rd. Quarter of 2008	89.2	77.3	85.7	88.3	94.4
2008 年 4 季度	4th. Quarter of 2008	70.1	75.5	70.1	123.9	82.4
2009 年 1 季度	1st. Quarter of 2009	97.9	73.8	73.2	76.8	99.8
2009 年 2 季度	2nd. Quarter of 2009	100.1	75.5	94.3	83.9	106.3
2009 年 3 季度	3rd. Quarter of 2009	102.5	96.9	103.3	101.7	106.2
2009 年 4 季度	4th. Quarter of 2009	100.7	93.6	91.0	95.4	119.4
2010 年 1 季度	1st. Quarter of 2010	105.3	108.1	105.6	110.2	115.1
2010 年 2 季度	2nd. Quarter of 2010	111.5	96.8	108.6	103.1	118.0
2010 年 3 季度	3rd. Quarter of 2010	111.7	102.3	110.5	97.7	125.7
2010 年 4 季度	4th. Quarter of 2010	123.8	96.0	103.4	110.2	129.7
2011 年 1 季度	1st. Quarter of 2011	115.5	85.4	106.8	110.6	128.5
2011 年 2 季度	2nd. Quarter of 2011	111.9	85.8	108.7	108.8	126.0
2011 年 3 季度	3rd. Quarter of 2011	99.3	67.5	101.5	107.4	131.4
2011 年 4 季度	4th. Quarter of 2011	98.8	75.1	91.7	129.0	121.6

5-11 货款拖欠景气指数 (2001-2011 年)
Payment Delinquent Survey Index (2001-2011)

季 度	Quarter	总体 Comprehensive Index	工业 Industry	建筑业 Construction	交通运输、仓储及邮电通信业 Transportation, Storage, Post and Telecommunication
2001 年 1 季度	1st. Quarter of 2001	**99.5**	100.8	80.3	86.0
2001 年 2 季度	2nd. Quarter of 2001	**98.9**	101.6	61.4	95.4
2001 年 3 季度	3rd. Quarter of 2001	**98.3**	104.6	64.6	92.9
2001 年 4 季度	4th. Quarter of 2001	**104.9**	106.5	82.9	105.0
2002 年 1 季度	1st. Quarter of 2002	**98.2**	94.2	80.7	92.4
2002 年 2 季度	2nd. Quarter of 2002	**92.9**	91.7	62.6	83.5
2002 年 3 季度	3rd. Quarter of 2002	**92.8**	93.1	63.6	92.6
2002 年 4 季度	4th. Quarter of 2002	**99.2**	105.8	65.8	90.1
2003 年 1 季度	1st. Quarter of 2003	**104.2**	103.3	83.9	103.0
2003 年 2 季度	2nd. Quarter of 2003	**97.1**	95.6	80.5	100.7
2003 年 3 季度	3rd. Quarter of 2003	**97.7**	100.1	73.8	105.9
2003 年 4 季度	4th. Quarter of 2003	**105.3**	112.8	71.8	98.7
2004 年 1 季度	1st. Quarter of 2004	**102.5**	104.0	84.5	100.4
2004 年 2 季度	2nd. Quarter of 2004	**102.4**	103.0	92.8	99.2
2004 年 3 季度	3rd. Quarter of 2004	**101.8**	98.9	91.9	99.2
2004 年 4 季度	4th. Quarter of 2004	**108.0**	111.4	87.6	104.7
2005 年 1 季度	1st. Quarter of 2005	**103.0**	103.7	93.2	95.3
2005 年 2 季度	2nd. Quarter of 2005	**97.7**	96.5	82.1	98.3
2005 年 3 季度	3rd. Quarter of 2005	**98.9**	99.0	80.0	87.9
2005 年 4 季度	4th. Quarter of 2005	**103.8**	106.2	91.9	92.4
2006 年 1 季度	1st. Quarter of 2006	**104.8**	103.3	104.3	84.0
2006 年 2 季度	2nd. Quarter of 2006	**102.0**	108.0	74.5	79.4
2006 年 3 季度	3rd. Quarter of 2006	**105.2**	109.5	88.8	88.2
2006 年 4 季度	4th. Quarter of 2006	**108.0**	108.7	86.2	105.0
2007 年 1 季度	1st. Quarter of 2007	**101.9**	101.9	97.9	84.3
2007 年 2 季度	2nd. Quarter of 2007	**102.9**	106.5	83.6	81.2
2007 年 3 季度	3rd. Quarter of 2007	**98.8**	97.9	84.4	81.5
2007 年 4 季度	4th. Quarter of 2007	**104.0**	109.6	68.4	90.7
2008 年 1 季度	1st. Quarter of 2008	**98.2**	89.1	101.8	94.8
2008 年 2 季度	2nd. Quarter of 2008	**98.4**	96.2	89.3	95.8
2008 年 3 季度	3rd. Quarter of 2008	**99.5**	98.0	82.5	89.2
2008 年 4 季度	4th. Quarter of 2008	**100.3**	98.9	79.4	100.4
2009 年 1 季度	1st. Quarter of 2009	**94.6**	89.9	91.9	97.8
2009 年 2 季度	2nd. Quarter of 2009	**92.3**	90.0	81.5	91.5
2009 年 3 季度	3rd. Quarter of 2009	**91.3**	92.0	79.4	73.5
2009 年 4 季度	4th. Quarter of 2009	**101.5**	101.9	89.9	85.3
2010 年 1 季度	1st. Quarter of 2010	**102.1**	98.5	106.6	106.1
2010 年 2 季度	2nd. Quarter of 2010	**99.6**	97.1	92.1	106.9
2010 年 3 季度	3rd. Quarter of 2010	**98.5**	96.3	87.5	99.6
2010 年 4 季度	4th. Quarter of 2010	**102.1**	100.0	86.5	102.0
2011 年 1 季度	1st. Quarter of 2011	**98.8**	95.7	102.8	109.9
2011 年 2 季度	2nd. Quarter of 2011	**89.1**	86.2	75.8	107.1
2011 年 3 季度	3rd. Quarter of 2011	**92.9**	91.6	82.7	96.7
2011 年 4 季度	4th. Quarter of 2011	**100.2**	101.7	73.2	99.4

5-11 货款拖欠景气指数 (2001-2011 年)
Payment Delinquent Survey Index (2001-2011)

续表 continued

季度	Quarter	批发和零售业 Wholesale and Retail Trade	房地产业 Real Estate	社会服务业 Social Service	信息传输、计算机服务和软件 Data Transmission, Computer Service and Software	住宿和餐饮业 Hotel and Catering Service
2001 年 1 季度	1st. Quarter of 2001	113.0	121.6	90.5	100.0	112.8
2001 年 2 季度	2nd. Quarter of 2001	106.5	114.8	113.8	100.0	119.1
2001 年 3 季度	3rd. Quarter of 2001	111.9	122.3	77.4	100.0	96.1
2001 年 4 季度	4th. Quarter of 2001	111.6	106.5	126.3	100.0	100.0
2002 年 1 季度	1st. Quarter of 2002	107.4	118.0	104.6	129.4	121.2
2002 年 2 季度	2nd. Quarter of 2002	111.0	123.9	97.0	103.0	111.2
2002 年 3 季度	3rd. Quarter of 2002	112.0	126.6	103.6	52.9	100.6
2002 年 4 季度	4th. Quarter of 2002	106.3	124.3	116.7	64.2	91.6
2003 年 1 季度	1st. Quarter of 2003	119.5	124.1	108.8	96.8	111.2
2003 年 2 季度	2nd. Quarter of 2003	105.7	134.0	101.6	83.8	94.0
2003 年 3 季度	3rd. Quarter of 2003	102.5	132.6	88.3	94.3	90.0
2003 年 4 季度	4th. Quarter of 2003	110.1	134.8	106.8	83.4	99.3
2004 年 1 季度	1st. Quarter of 2004	107.8	129.0	91.8	111.1	105.2
2004 年 2 季度	2nd. Quarter of 2004	104.8	133.4	95.1	105.6	94.4
2004 年 3 季度	3rd. Quarter of 2004	115.3	130.0	100.0	99.2	103.4
2004 年 4 季度	4th. Quarter of 2004	113.5	131.6	112.6	83.3	111.8
2005 年 1 季度	1st. Quarter of 2005	98.8	124.5	112.6	91.6	118.4
2005 年 2 季度	2nd. Quarter of 2005	110.1	117.5	102.0	79.5	114.1
2005 年 3 季度	3rd. Quarter of 2005	109.3	128.0	102.0	105.7	99.9
2005 年 4 季度	4th. Quarter of 2005	112.6	128.9	104.1	89.0	91.0
2006 年 1 季度	1st. Quarter of 2006	106.7	134.3	106.4	102.8	108.8
2006 年 2 季度	2nd. Quarter of 2006	99.7	135.7	102.7	98.8	114.1
2006 年 3 季度	3rd. Quarter of 2006	99.9	132.7	95.2	108.1	114.7
2006 年 4 季度	4th. Quarter of 2006	111.5	133.6	110.1	108.4	130.7
2007 年 1 季度	1st. Quarter of 2007	101.7	128.8	109.1	95.9	111.7
2007 年 2 季度	2nd. Quarter of 2007	103.5	142.4	93.7	99.8	119.7
2007 年 3 季度	3rd. Quarter of 2007	106.2	154.7	94.2	78.4	103.0
2007 年 4 季度	4th. Quarter of 2007	109.8	138.1	98.7	86.5	120.4
2008 年 1 季度	1st. Quarter of 2008	112.1	131.8	107.0	92.0	111.5
2008 年 2 季度	2nd. Quarter of 2008	102.9	123.6	105.0	82.8	112.7
2008 年 3 季度	3rd. Quarter of 2008	109.7	126.5	97.6	106.0	112.8
2008 年 4 季度	4th. Quarter of 2008	102.7	132.6	103.9	101.3	111.6
2009 年 1 季度	1st. Quarter of 2009	105.3	101.8	86.9	99.1	121.4
2009 年 2 季度	2nd. Quarter of 2009	95.0	112.6	96.3	87.2	119.8
2009 年 3 季度	3rd. Quarter of 2009	96.4	113.6	102.7	73.9	109.8
2009 年 4 季度	4th. Quarter of 2009	109.8	125.2	102.7	86.8	113.2
2010 年 1 季度	1st. Quarter of 2010	105.9	132.1	107.6	87.5	100.6
2010 年 2 季度	2nd. Quarter of 2010	110.0	126.1	93.0	84.5	110.1
2010 年 3 季度	3rd. Quarter of 2010	109.9	122.4	108.9	88.0	101.5
2010 年 4 季度	4th. Quarter of 2010	110.8	129.1	112.5	95.1	123.5
2011 年 1 季度	1st. Quarter of 2011	95.9	110.3	108.5	101.8	96.9
2011 年 2 季度	2nd. Quarter of 2011	95.3	102.7	100.8	85.9	99.1
2011 年 3 季度	3rd. Quarter of 2011	97.6	105.9	94.2	94.2	106.9
2011 年 4 季度	4th. Quarter of 2011	109.9	107.7	111.8	100.8	108.9

5-12 劳动力需求景气指数 (2001-2011 年)
Labor Demand Survey Index (2001-2011)

季 度	Quarter	总体 Comprehensive Index	工业 Industry	建筑业 Construction	交通运输、仓储及邮电通信业 Transportation, Storage, Post and Telecommunication
2001 年 1 季度	1st. Quarter of 2001	**80.2**	80.0	83.7	77.1
2001 年 2 季度	2nd. Quarter of 2001	**85.2**	81.6	97.7	69.9
2001 年 3 季度	3rd. Quarter of 2001	**85.8**	78.0	105.3	67.4
2001 年 4 季度	4th. Quarter of 2001	**91.7**	80.4	134.8	68.8
2002 年 1 季度	1st. Quarter of 2002	**89.8**	87.2	97.3	77.1
2002 年 2 季度	2nd. Quarter of 2002	**95.1**	92.9	116.0	83.5
2002 年 3 季度	3rd. Quarter of 2002	**98.2**	95.4	114.7	86.9
2002 年 4 季度	4th. Quarter of 2002	**98.5**	99.2	120.1	70.3
2003 年 1 季度	1st. Quarter of 2003	**95.2**	96.4	91.8	77.1
2003 年 2 季度	2nd. Quarter of 2003	**89.4**	96.3	104.9	68.3
2003 年 3 季度	3rd. Quarter of 2003	**106.9**	104.0	122.5	92.0
2003 年 4 季度	4th. Quarter of 2003	**106.2**	109.1	119.9	82.8
2004 年 1 季度	1st. Quarter of 2004	**100.5**	101.0	110.0	84.7
2004 年 2 季度	2nd. Quarter of 2004	**101.6**	98.2	124.3	96.3
2004 年 3 季度	3rd. Quarter of 2004	**103.6**	101.8	121.4	99.0
2004 年 4 季度	4th. Quarter of 2004	**102.3**	101.6	122.3	104.9
2005 年 1 季度	1st. Quarter of 2005	**100.6**	103.7	98.1	97.0
2005 年 2 季度	2nd. Quarter of 2005	**106.4**	104.4	127.5	102.7
2005 年 3 季度	3rd. Quarter of 2005	**103.8**	104.6	112.9	92.7
2005 年 4 季度	4th. Quarter of 2005	**108.4**	109.3	123.0	92.4
2006 年 1 季度	1st. Quarter of 2006	**99.4**	99.6	90.7	87.5
2006 年 2 季度	2nd. Quarter of 2006	**103.4**	96.2	131.2	91.3
2006 年 3 季度	3rd. Quarter of 2006	**103.8**	100.2	114.2	95.6
2006 年 4 季度	4th. Quarter of 2006	**103.7**	95.4	125.8	78.7
2007 年 1 季度	1st. Quarter of 2007	**107.3**	101.4	113.3	105.9
2007 年 2 季度	2nd. Quarter of 2007	**113.7**	111.4	140.9	109.1
2007 年 3 季度	3rd. Quarter of 2007	**110.7**	105.3	126.6	109.8
2007 年 4 季度	4th. Quarter of 2007	**112.1**	112.2	130.0	106.9
2008 年 1 季度	1st. Quarter of 2008	**105.8**	109.5	99.0	100.8
2008 年 2 季度	2nd. Quarter of 2008	**105.9**	108.6	122.6	101.3
2008 年 3 季度	3rd. Quarter of 2008	**99.2**	97.9	113.1	104.1
2008 年 4 季度	4th. Quarter of 2008	**76.3**	65.7	96.4	101.2
2009 年 1 季度	1st. Quarter of 2009	**87.3**	90.8	79.1	87.3
2009 年 2 季度	2nd. Quarter of 2009	**102.0**	101.0	118.1	104.7
2009 年 3 季度	3rd. Quarter of 2009	**112.2**	114.9	129.7	102.6
2009 年 4 季度	4th. Quarter of 2009	**115.6**	116.9	133.0	110.0
2010 年 1 季度	1st. Quarter of 2010	**123.7**	128.7	107.1	121.7
2010 年 2 季度	2nd. Quarter of 2010	**118.5**	120.3	135.0	112.3
2010 年 3 季度	3rd. Quarter of 2010	**118.8**	118.5	146.0	116.2
2010 年 4 季度	4th. Quarter of 2010	**125.3**	126.6	148.4	127.4
2011 年 1 季度	1st. Quarter of 2011	**121.3**	123.8	111.4	135.2
2011 年 2 季度	2nd. Quarter of 2011	**117.6**	117.5	131.8	123.5
2011 年 3 季度	3rd. Quarter of 2011	**113.1**	110.4	117.8	121.8
2011 年 4 季度	4th. Quarter of 2011	**113.0**	113.3	118.6	114.3

5-12 劳动力需求景气指数 (2001-2011 年)
Labor Demand Survey Index (2001-2011)

续表 continued

季 度	Quarter	批发和零售业 Wholesale and Retail Trade	房地产业 Real Estate	社会服务业 Social Service	信息传输、计算机服务和软件 Data Transmission, Computer Service and Software	住宿和餐饮业 Hotel and Catering Service
2001 年 1 季度	1st. Quarter of 2001	65.8	114.7	92.0	58.9	79.1
2001 年 2 季度	2nd. Quarter of 2001	75.7	123.0	100.2	84.4	80.2
2001 年 3 季度	3rd. Quarter of 2001	74.9	111.3	112.1	100.0	102.5
2001 年 4 季度	4th. Quarter of 2001	79.1	100.9	104.0	141.1	105.6
2002 年 1 季度	1st. Quarter of 2002	72.2	116.6	106.9	123.1	81.9
2002 年 2 季度	2nd. Quarter of 2002	80.2	102.2	103.5	87.9	102.7
2002 年 3 季度	3rd. Quarter of 2002	80.4	110.3	101.8	117.3	113.4
2002 年 4 季度	4th. Quarter of 2002	83.2	110.0	96.6	100.0	103.7
2003 年 1 季度	1st. Quarter of 2003	84.1	114.4	108.2	108.6	100.2
2003 年 2 季度	2nd. Quarter of 2003	74.8	112.2	66.5	102.7	35.6
2003 年 3 季度	3rd. Quarter of 2003	95.5	113.6	107.3	122.9	128.1
2003 年 4 季度	4th. Quarter of 2003	84.4	122.4	94.2	125.7	115.3
2004 年 1 季度	1st. Quarter of 2004	84.0	120.8	95.6	119.4	97.1
2004 年 2 季度	2nd. Quarter of 2004	77.7	114.0	104.8	111.1	110.5
2004 年 3 季度	3rd. Quarter of 2004	87.2	115.3	98.9	115.9	99.2
2004 年 4 季度	4th. Quarter of 2004	82.9	101.6	89.7	100.0	119.2
2005 年 1 季度	1st. Quarter of 2005	90.9	113.1	88.5	100.4	99.0
2005 年 2 季度	2nd. Quarter of 2005	88.2	104.3	100.0	120.1	109.3
2005 年 3 季度	3rd. Quarter of 2005	96.2	103.2	109.8	108.2	91.4
2005 年 4 季度	4th. Quarter of 2005	94.7	102.3	100.0	117.1	117.6
2006 年 1 季度	1st. Quarter of 2006	101.6	123.8	97.8	103.5	103.3
2006 年 2 季度	2nd. Quarter of 2006	97.7	112.8	88.9	118.5	116.6
2006 年 3 季度	3rd. Quarter of 2006	97.3	104.9	114.3	114.3	113.9
2006 年 4 季度	4th. Quarter of 2006	117.3	104.4	82.7	126.2	131.3
2007 年 1 季度	1st. Quarter of 2007	115.3	117.4	113.2	96.6	130.6
2007 年 2 季度	2nd. Quarter of 2007	103.8	102.8	120.0	124.9	107.8
2007 年 3 季度	3rd. Quarter of 2007	114.6	105.6	111.9	131.4	104.8
2007 年 4 季度	4th. Quarter of 2007	107.3	108.4	80.5	132.8	115.4
2008 年 1 季度	1st. Quarter of 2008	103.5	97.1	86.0	120.9	126.1
2008 年 2 季度	2nd. Quarter of 2008	103.9	89.3	72.5	113.8	103.7
2008 年 3 季度	3rd. Quarter of 2008	99.3	88.4	83.6	101.8	98.8
2008 年 4 季度	4th. Quarter of 2008	83.9	50.5	55.3	107.1	106.3
2009 年 1 季度	1st. Quarter of 2009	90.4	62.8	75.7	92.8	103.4
2009 年 2 季度	2nd. Quarter of 2009	99.3	87.7	93.8	110.1	96.1
2009 年 3 季度	3rd. Quarter of 2009	99.1	84.6	118.6	123.3	122.9
2009 年 4 季度	4th. Quarter of 2009	106.4	100.1	110.1	109.5	133.3
2010 年 1 季度	1st. Quarter of 2010	113.9	112.9	125.9	121.4	138.6
2010 年 2 季度	2nd. Quarter of 2010	105.0	87.7	121.1	125.5	119.8
2010 年 3 季度	3rd. Quarter of 2010	102.9	100.9	119.6	122.7	110.7
2010 年 4 季度	4th. Quarter of 2010	104.7	117.7	103.6	118.3	132.6
2011 年 1 季度	1st. Quarter of 2011	112.5	105.8	115.3	127.9	131.2
2011 年 2 季度	2nd. Quarter of 2011	113.3	94.0	121.8	109.1	108.8
2011 年 3 季度	3rd. Quarter of 2011	116.7	89.4	130.1	120.9	124.6
2011 年 4 季度	4th. Quarter of 2011	113.7	79.5	101.5	121.6	141.1

5-13 固定资产投资景气指数 (2001-2011 年)
Survey Index of Investment in Fixed Assets (2001-2011)

季 度	Quarter	总体 Comprehensive Index	工业 Industry	建筑业 Construction	交通运输、仓储及邮电通信业 Transportation, Storage, Post and Telecommunication
2001 年 1 季度	1st. Quarter of 2001	**102.8**	101.3	73.8	87.0
2001 年 2 季度	2nd. Quarter of 2001	**108.4**	110.6	79.2	112.2
2001 年 3 季度	3rd. Quarter of 2001	**103.7**	104.5	92.6	95.1
2001 年 4 季度	4th. Quarter of 2001	**113.8**	114.3	108.9	108.9
2002 年 1 季度	1st. Quarter of 2002	**98.5**	99.8	92.4	97.2
2002 年 2 季度	2nd. Quarter of 2002	**114.0**	118.2	102.7	113.1
2002 年 3 季度	3rd. Quarter of 2002	**116.9**	118.9	109.1	117.8
2002 年 4 季度	4th. Quarter of 2002	**114.3**	121.0	105.9	110.3
2003 年 1 季度	1st. Quarter of 2003	**107.0**	115.6	90.6	86.4
2003 年 2 季度	2nd. Quarter of 2003	**110.4**	116.5	104.7	112.1
2003 年 3 季度	3rd. Quarter of 2003	**116.8**	128.4	101.2	105.9
2003 年 4 季度	4th. Quarter of 2003	**117.9**	126.3	103.1	106.8
2004 年 1 季度	1st. Quarter of 2004	**108.3**	114.4	93.8	91.0
2004 年 2 季度	2nd. Quarter of 2004	**117.2**	127.1	101.1	125.8
2004 年 3 季度	3rd. Quarter of 2004	**115.5**	123.3	99.3	120.5
2004 年 4 季度	4th. Quarter of 2004	**117.0**	125.3	111.9	134.2
2005 年 1 季度	1st. Quarter of 2005	**99.5**	102.9	91.5	90.7
2005 年 2 季度	2nd. Quarter of 2005	**115.0**	120.1	108.7	103.8
2005 年 3 季度	3rd. Quarter of 2005	**115.9**	126.1	101.9	103.7
2005 年 4 季度	4th. Quarter of 2005	**113.2**	121.2	101.8	112.8
2006 年 1 季度	1st. Quarter of 2006	**98.6**	96.2	94.0	91.8
2006 年 2 季度	2nd. Quarter of 2006	**113.0**	118.4	109.0	104.0
2006 年 3 季度	3rd. Quarter of 2006	**106.8**	108.9	99.8	101.5
2006 年 4 季度	4th. Quarter of 2006	**115.4**	123.6	91.4	112.3
2007 年 1 季度	1st. Quarter of 2007	**98.2**	95.8	100.2	102.1
2007 年 2 季度	2nd. Quarter of 2007	**116.5**	119.5	127.4	118.7
2007 年 3 季度	3rd. Quarter of 2007	**120.8**	128.7	113.5	114.9
2007 年 4 季度	4th. Quarter of 2007	**122.1**	131.9	118.0	114.6
2008 年 1 季度	1st. Quarter of 2008	**106.5**	108.3	91.3	125.9
2008 年 2 季度	2nd. Quarter of 2008	**116.2**	130.8	104.9	114.6
2008 年 3 季度	3rd. Quarter of 2008	**110.9**	114.2	109.0	112.1
2008 年 4 季度	4th. Quarter of 2008	**99.3**	103.6	89.7	103.3
2009 年 1 季度	1st. Quarter of 2009	**95.8**	94.5	96.1	105.2
2009 年 2 季度	2nd. Quarter of 2009	**110.9**	117.4	105.0	115.2
2009 年 3 季度	3rd. Quarter of 2009	**112.1**	116.1	111.1	118.5
2009 年 4 季度	4th. Quarter of 2009	**115.9**	118.3	115.0	117.7
2010 年 1 季度	1st. Quarter of 2010	**105.0**	103.0	108.0	116.8
2010 年 2 季度	2nd. Quarter of 2010	**118.6**	122.4	110.9	124.2
2010 年 3 季度	3rd. Quarter of 2010	**113.5**	113.0	111.3	124.3
2010 年 4 季度	4th. Quarter of 2010	**119.7**	120.0	119.9	141.6
2011 年 1 季度	1st. Quarter of 2011	**108.6**	106.7	98.7	122.3
2011 年 2 季度	2nd. Quarter of 2011	**113.9**	115.2	118.7	118.3
2011 年 3 季度	3rd. Quarter of 2011	**110.6**	111.0	107.4	128.2
2011 年 4 季度	4th. Quarter of 2011	**109.1**	109.3	104.7	129.0

5-13 固定资产投资景气指数 (2001-2011 年)
Survey Index of Investment in Fixed Assets (2001-2011)

续表 continued

季 度	Quarter	批发和零售业 Wholesale and Retail Trade	房地产业 Real Estate	社会服务业 Social Service	信息传输、计算机服务和软件 Data Transmission, Computer Service and Software	住宿和餐饮业 Hotels and Catering Service
2001 年 1 季度	1st. Quarter of 2001	94.6	114.2	126.2	200.0	126.5
2001 年 2 季度	2nd. Quarter of 2001	92.7	126.6	104.4	200.0	114.6
2001 年 3 季度	3rd. Quarter of 2001	93.6	116.1	112.5	141.1	111.4
2001 年 4 季度	4th. Quarter of 2001	96.4	102.2	120.6	166.7	138.6
2002 年 1 季度	1st. Quarter of 2002	91.2	114.2	98.1	84.2	118.4
2002 年 2 季度	2nd. Quarter of 2002	98.6	118.4	109.1	144.6	120.9
2002 年 3 季度	3rd. Quarter of 2002	108.5	117.8	110.5	151.9	118.4
2002 年 4 季度	4th. Quarter of 2002	108.2	112.4	105.4	84.9	125.7
2003 年 1 季度	1st. Quarter of 2003	99.3	102.5	113.9	104.6	111.7
2003 年 2 季度	2nd. Quarter of 2003	104.1	122.6	86.9	101.9	99.9
2003 年 3 季度	3rd. Quarter of 2003	99.7	128.9	102.4	102.0	115.4
2003 年 4 季度	4th. Quarter of 2003	102.9	144.3	110.8	107.2	114.4
2004 年 1 季度	1st. Quarter of 2004	98.6	125.6	112.9	104.2	111.5
2004 年 2 季度	2nd. Quarter of 2004	90.4	138.6	98.4	109.8	121.6
2004 年 3 季度	3rd. Quarter of 2004	102.9	125.6	103.8	116.3	106.6
2004 年 4 季度	4th. Quarter of 2004	101.5	108.3	93.4	107.8	107.1
2005 年 1 季度	1st. Quarter of 2005	101.8	111.0	98.1	79.9	99.7
2005 年 2 季度	2nd. Quarter of 2005	111.7	128.7	105.9	91.8	115.4
2005 年 3 季度	3rd. Quarter of 2005	107.7	109.7	109.8	102.0	111.5
2005 年 4 季度	4th. Quarter of 2005	103.4	106.7	100.0	106.7	112.9
2006 年 1 季度	1st. Quarter of 2006	105.3	113.8	100.0	100.9	111.0
2006 年 2 季度	2nd. Quarter of 2006	105.3	122.2	97.3	86.1	125.8
2006 年 3 季度	3rd. Quarter of 2006	99.4	112.5	107.1	110.7	117.3
2006 年 4 季度	4th. Quarter of 2006	105.5	134.3	96.2	108.7	127.7
2007 年 1 季度	1st. Quarter of 2007	90.8	109.2	97.4	97.6	122.8
2007 年 2 季度	2nd. Quarter of 2007	93.1	124.4	107.5	117.4	116.8
2007 年 3 季度	3rd. Quarter of 2007	107.9	125.0	110.6	110.2	119.2
2007 年 4 季度	4th. Quarter of 2007	99.5	124.9	96.2	124.4	137.1
2008 年 1 季度	1st. Quarter of 2008	96.3	103.2	107.3	107.9	110.4
2008 年 2 季度	2nd. Quarter of 2008	90.6	103.0	87.9	102.8	121.5
2008 年 3 季度	3rd. Quarter of 2008	112.5	99.7	93.3	111.8	105.1
2008 年 4 季度	4th. Quarter of 2008	90.2	95.9	73.4	107.9	122.9
2009 年 1 季度	1st. Quarter of 2009	95.5	83.2	90.3	118.2	99.4
2009 年 2 季度	2nd. Quarter of 2009	98.6	93.5	105.8	100.0	111.8
2009 年 3 季度	3rd. Quarter of 2009	104.2	99.4	122.9	83.3	107.5
2009 年 4 季度	4th. Quarter of 2009	117.0	101.5	121.9	94.7	115.7
2010 年 1 季度	1st. Quarter of 2010	102.3	110.4	107.4	109.2	99.5
2010 年 2 季度	2nd. Quarter of 2010	115.0	102.7	101.9	117.9	114.1
2010 年 3 季度	3rd. Quarter of 2010	104.8	113.0	114.3	125.0	125.0
2010 年 4 季度	4th. Quarter of 2010	114.2	105.5	112.5	121.4	108.1
2011 年 1 季度	1st. Quarter of 2011	109.5	109.9	113.2	132.2	117.4
2011 年 2 季度	2nd. Quarter of 2011	103.7	90.7	108.2	139.0	116.0
2011 年 3 季度	3rd. Quarter of 2011	103.4	99.4	104.9	127.0	105.0
2011 年 4 季度	4th. Quarter of 2011	99.2	87.7	107.5	122.7	131.1

5-14 产品订货景气指数 (2001-2011 年)
Production Order Survey Index (2001-2011)

季 度	Quarter	总体 **Comprehensive Index**	工业 Industry	建筑业 Construction	交通运输、仓储及邮电通信业 Transportation, Storage, Post and Telecommunication
2001 年 1 季度	1st. Quarter of 2001				
2001 年 2 季度	2nd. Quarter of 2001				
2001 年 3 季度	3rd. Quarter of 2001				
2001 年 4 季度	4th. Quarter of 2001				
2002 年 1 季度	1st. Quarter of 2002				
2002 年 2 季度	2nd. Quarter of 2002				
2002 年 3 季度	3rd. Quarter of 2002				
2002 年 4 季度	4th. Quarter of 2002				
2003 年 1 季度	1st. Quarter of 2003				
2003 年 2 季度	2nd. Quarter of 2003				
2003 年 3 季度	3rd. Quarter of 2003				
2003 年 4 季度	4th. Quarter of 2003				
2004 年 1 季度	1st. Quarter of 2004	**114.5**	124.6	106.7	114.2
2004 年 2 季度	2nd. Quarter of 2004	**112.8**	117.9	124.1	103.5
2004 年 3 季度	3rd. Quarter of 2004	**110.0**	112.0	118.2	123.8
2004 年 4 季度	4th. Quarter of 2004	**110.5**	118.0	115.1	94.1
2005 年 1 季度	1st. Quarter of 2005	**108.3**	115.0	101.7	123.1
2005 年 2 季度	2nd. Quarter of 2005	**106.1**	108.3	118.9	95.0
2005 年 3 季度	3rd. Quarter of 2005	**105.7**	109.4	106.4	105.4
2005 年 4 季度	4th. Quarter of 2005	**113.1**	113.7	116.6	99.5
2006 年 1 季度	1st. Quarter of 2006	**104.0**	113.2	80.4	100.0
2006 年 2 季度	2nd. Quarter of 2006	**114.7**	115.1	126.2	90.2
2006 年 3 季度	3rd. Quarter of 2006	**112.2**	120.0	108.0	91.6
2006 年 4 季度	4th. Quarter of 2006	**121.9**	125.6	123.5	79.3
2007 年 1 季度	1st. Quarter of 2007	**116.4**	127.8	103.3	108.2
2007 年 2 季度	2nd. Quarter of 2007	**121.4**	126.2	134.2	115.7
2007 年 3 季度	3rd. Quarter of 2007	**121.9**	125.8	128.9	117.3
2007 年 4 季度	4th. Quarter of 2007	**127.2**	134.1	132.8	134.8
2008 年 1 季度	1st. Quarter of 2008	**109.4**	115.3	104.6	104.0
2008 年 2 季度	2nd. Quarter of 2008	**112.1**	123.9	127.3	87.7
2008 年 3 季度	3rd. Quarter of 2008	**102.5**	106.8	113.4	110.2
2008 年 4 季度	4th. Quarter of 2008	**77.2**	67.2	97.0	84.3
2009 年 1 季度	1st. Quarter of 2009	**88.9**	91.2	90.0	83.6
2009 年 2 季度	2nd. Quarter of 2009	**102.2**	99.8	118.2	97.6
2009 年 3 季度	3rd. Quarter of 2009	**113.1**	112.5	128.0	118.4
2009 年 4 季度	4th. Quarter of 2009	**117.7**	116.8	125.9	130.3
2010 年 1 季度	1st. Quarter of 2010	**118.1**	118.8	115.9	120.5
2010 年 2 季度	2nd. Quarter of 2010	**121.8**	126.2	118.1	123.4
2010 年 3 季度	3rd. Quarter of 2010	**117.0**	113.0	131.3	132.2
2010 年 4 季度	4th. Quarter of 2010	**132.6**	135.4	139.6	128.3
2011 年 1 季度	1st. Quarter of 2011	**112.6**	112.8	94.3	140.4
2011 年 2 季度	2nd. Quarter of 2011	**117.7**	118.0	124.8	126.2
2011 年 3 季度	3rd. Quarter of 2011	**109.5**	109.5	112.3	129.0
2011 年 4 季度	4th. Quarter of 2011	**112.6**	114.0	111.9	113.7

5-14 产品订货景气指数 (2001-2011 年)
Production Order Survey Index (2001-2011)

续表 continued

季 度	Quarter	批发和零售业 Wholesale and Retail Trade	房地产业 Real Estate	社会服务业 Social Service	信息传输、计算机服务和软件 Data Transmission, Computer Service and Software	住宿和餐饮业 Hotels and Catering Service
2001 年 1 季度	1st. Quarter of 2001					
2001 年 2 季度	2nd. Quarter of 2001					
2001 年 3 季度	3rd. Quarter of 2001					
2001 年 4 季度	4th. Quarter of 2001					
2002 年 1 季度	1st. Quarter of 2002					
2002 年 2 季度	2nd. Quarter of 2002					
2002 年 3 季度	3rd. Quarter of 2002					
2002 年 4 季度	4th. Quarter of 2002					
2003 年 1 季度	1st. Quarter of 2003					
2003 年 2 季度	2nd. Quarter of 2003					
2003 年 3 季度	3rd. Quarter of 2003					
2003 年 4 季度	4th. Quarter of 2003					
2004 年 1 季度	1st. Quarter of 2004	91.1	119.4	101.6	113.2	99.9
2004 年 2 季度	2nd. Quarter of 2004	79.0	119.7	116.1	110.3	111.8
2004 年 3 季度	3rd. Quarter of 2004	90.1	101.2	107.0	118.7	98.9
2004 年 4 季度	4th. Quarter of 2004	86.9	99.7	96.2	115.9	130.0
2005 年 1 季度	1st. Quarter of 2005	97.3	108.9	104.9	80.8	89.3
2005 年 2 季度	2nd. Quarter of 2005	87.7	102.5	111.8	92.9	113.0
2005 年 3 季度	3rd. Quarter of 2005	91.3	106.1	112.9	102.2	91.8
2005 年 4 季度	4th. Quarter of 2005	99.1	116.5	107.0	120.1	142.8
2006 年 1 季度	1st. Quarter of 2006	101.4	99.2	106.5	89.2	101.3
2006 年 2 季度	2nd. Quarter of 2006	103.8	120.4	113.4	121.7	116.8
2006 年 3 季度	3rd. Quarter of 2006	100.5	118.4	119.9	100.2	81.6
2006 年 4 季度	4th. Quarter of 2006	117.4	138.6	98.3	121.8	144.3
2007 年 1 季度	1st. Quarter of 2007	104.9	95.5	129.0	84.7	129.6
2007 年 2 季度	2nd. Quarter of 2007	102.0	115.9	133.9	109.7	108.3
2007 年 3 季度	3rd. Quarter of 2007	110.5	125.6	122.7	114.9	99.5
2007 年 4 季度	4th. Quarter of 2007	122.0	102.4	91.4	120.2	119.0
2008 年 1 季度	1st. Quarter of 2008	116.6	77.8	94.5	108.0	113.5
2008 年 2 季度	2nd. Quarter of 2008	99.9	98.5	89.4	119.4	57.0
2008 年 3 季度	3rd. Quarter of 2008	91.3	86.6	101.8	98.7	54.2
2008 年 4 季度	4th. Quarter of 2008	79.2	74.9	59.9	124.1	105.7
2009 年 1 季度	1st. Quarter of 2009	93.2	94.5	64.9	69.6	81.8
2009 年 2 季度	2nd. Quarter of 2009	111.3	102.8	92.2	91.1	88.6
2009 年 3 季度	3rd. Quarter of 2009	101.4	108.9	117.6	118.4	99.8
2009 年 4 季度	4th. Quarter of 2009	113.1	98.5	109.5	125.3	127.3
2010 年 1 季度	1st. Quarter of 2010	118.6	102.1	122.2	127.6	111.4
2010 年 2 季度	2nd. Quarter of 2010	113.1	77.7	138.8	127.6	108.3
2010 年 3 季度	3rd. Quarter of 2010	121.9	103.8	121.6	131.2	90.7
2010 年 4 季度	4th. Quarter of 2010	119.8	109.2	121.6	134.7	157.9
2011 年 1 季度	1st. Quarter of 2011	127.4	96.8	102.2	98.2	105.7
2011 年 2 季度	2nd. Quarter of 2011	115.4	79.0	128.5	121.9	119.8
2011 年 3 季度	3rd. Quarter of 2011	107.0	70.9	122.3	111.0	106.1
2011 年 4 季度	4th. Quarter of 2011	113.3	66.3	99.8	130.3	157.5

5-15 企业融资景气指数 (2001-2011 年)
Fundraising Survey Index (2001-2011)

季 度	Quarter	总体 Comprehensive Index	工业 Industry	建筑业 Construction	交通运输、仓储及邮电通信业 Transportation, Storage, Post and Telecommunication
2001 年 1 季度	1st. Quarter of 2001				
2001 年 2 季度	2nd. Quarter of 2001				
2001 年 3 季度	3rd. Quarter of 2001				
2001 年 4 季度	4th. Quarter of 2001				
2002 年 1 季度	1st. Quarter of 2002				
2002 年 2 季度	2nd. Quarter of 2002				
2002 年 3 季度	3rd. Quarter of 2002				
2002 年 4 季度	4th. Quarter of 2002				
2003 年 1 季度	1st. Quarter of 2003				
2003 年 2 季度	2nd. Quarter of 2003				
2003 年 3 季度	3rd. Quarter of 2003				
2003 年 4 季度	4th. Quarter of 2003				
2004 年 1 季度	1st. Quarter of 2004	80.1	86.1	54.9	68.8
2004 年 2 季度	2nd. Quarter of 2004	72.2	76.5	53.5	63.4
2004 年 3 季度	3rd. Quarter of 2004	72.0	75.5	50.7	66.6
2004 年 4 季度	4th. Quarter of 2004	73.5	80.0	50.0	62.6
2005 年 1 季度	1st. Quarter of 2005	72.6	76.7	53.8	63.9
2005 年 2 季度	2nd. Quarter of 2005	69.9	71.8	54.3	54.3
2005 年 3 季度	3rd. Quarter of 2005	71.5	74.8	55.7	61.3
2005 年 4 季度	4th. Quarter of 2005	69.3	76.5	47.3	50.7
2006 年 1 季度	1st. Quarter of 2006	76.8	86.6	47.6	49.4
2006 年 2 季度	2nd. Quarter of 2006	79.5	85.8	60.1	57.1
2006 年 3 季度	3rd. Quarter of 2006	75.6	81.2	61.5	50.4
2006 年 4 季度	4th. Quarter of 2006	81.7	92.8	56.7	41.6
2007 年 1 季度	1st. Quarter of 2007	79.9	85.5	58.8	53.5
2007 年 2 季度	2nd. Quarter of 2007	83.1	89.9	59.4	60.7
2007 年 3 季度	3rd. Quarter of 2007	81.0	88.0	54.8	59.1
2007 年 4 季度	4th. Quarter of 2007	77.3	83.0	49.6	59.4
2008 年 1 季度	1st. Quarter of 2008	75.9	79.3	53.1	72.7
2008 年 2 季度	2nd. Quarter of 2008	76.8	80.1	54.3	79.7
2008 年 3 季度	3rd. Quarter of 2008	75.9	79.8	49.6	69.0
2008 年 4 季度	4th. Quarter of 2008	71.8	76.9	52.5	60.5
2009 年 1 季度	1st. Quarter of 2009	75.4	79.3	50.4	66.6
2009 年 2 季度	2nd. Quarter of 2009	79.6	83.1	62.8	66.9
2009 年 3 季度	3rd. Quarter of 2009	83.6	87.8	67.7	73.7
2009 年 4 季度	4th. Quarter of 2009	87.0	90.6	72.5	81.4
2010 年 1 季度	1st. Quarter of 2010	90.2	91.4	78.2	91.0
2010 年 2 季度	2nd. Quarter of 2010	90.1	92.9	71.0	83.3
2010 年 3 季度	3rd. Quarter of 2010	92.7	95.0	80.3	85.7
2010 年 4 季度	4th. Quarter of 2010	95.0	99.3	77.8	91.9
2011 年 1 季度	1st. Quarter of 2011	91.0	93.6	67.0	99.9
2011 年 2 季度	2nd. Quarter of 2011	85.5	90.6	58.0	91.2
2011 年 3 季度	3rd. Quarter of 2011	82.4	87.1	55.3	84.1
2011 年 4 季度	4th. Quarter of 2011	83.8	89.8	55.8	81.2

5-15 企业融资景气指数 (2001-2011 年)
Fundraising Survey Index (2001-2011)

续表 continued

季 度	Quarter	批发和零售业 Wholesale and Retail Trade	房地产业 Real Estate	社会服务业 Social Service	信息传输、计算机服务和软件 Data Transmission, Computer Service and Software	住宿和餐饮业 Hotels and Catering Service
2001 年 1 季度	1st. Quarter of 2001					
2001 年 2 季度	2nd. Quarter of 2001					
2001 年 3 季度	3rd. Quarter of 2001					
2001 年 4 季度	4th. Quarter of 2001					
2002 年 1 季度	1st. Quarter of 2002					
2002 年 2 季度	2nd. Quarter of 2002					
2002 年 3 季度	3rd. Quarter of 2002					
2002 年 4 季度	4th. Quarter of 2002					
2003 年 1 季度	1st. Quarter of 2003					
2003 年 2 季度	2nd. Quarter of 2003					
2003 年 3 季度	3rd. Quarter of 2003					
2003 年 4 季度	4th. Quarter of 2003					
2004 年 1 季度	1st. Quarter of 2004	77.7	88.8	83.6	96.4	81.1
2004 年 2 季度	2nd. Quarter of 2004	64.5	88.6	77.8	79.4	79.8
2004 年 3 季度	3rd. Quarter of 2004	65.3	91.8	81.1	66.7	90.7
2004 年 4 季度	4th. Quarter of 2004	67.1	87.2	73.0	69.7	94.1
2005 年 1 季度	1st. Quarter of 2005	74.9	85.9	72.5	52.0	94.6
2005 年 2 季度	2nd. Quarter of 2005	70.3	80.0	71.4	71.2	101.0
2005 年 3 季度	3rd. Quarter of 2005	77.0	77.1	66.1	72.2	82.1
2005 年 4 季度	4th. Quarter of 2005	76.7	77.2	65.3	53.8	74.9
2006 年 1 季度	1st. Quarter of 2006	82.0	95.4	56.4	69.4	84.3
2006 年 2 季度	2nd. Quarter of 2006	86.1	91.7	68.2	75.9	82.9
2006 年 3 季度	3rd. Quarter of 2006	76.3	83.7	64.5	77.9	85.9
2006 年 4 季度	4th. Quarter of 2006	78.9	89.1	70.3	90.6	83.8
2007 年 1 季度	1st. Quarter of 2007	84.2	100.0	77.2	86.4	89.8
2007 年 2 季度	2nd. Quarter of 2007	83.6	104.1	69.9	96.4	92.7
2007 年 3 季度	3rd. Quarter of 2007	78.8	101.5	79.1	91.5	92.0
2007 年 4 季度	4th. Quarter of 2007	78.5	94.8	69.6	96.1	91.8
2008 年 1 季度	1st. Quarter of 2008	78.4	76.0	73.2	87.3	90.4
2008 年 2 季度	2nd. Quarter of 2008	87.9	71.4	62.2	82.2	73.9
2008 年 3 季度	3rd. Quarter of 2008	84.6	82.2	61.0	91.5	82.2
2008 年 4 季度	4th. Quarter of 2008	76.5	73.0	52.6	96.3	69.3
2009 年 1 季度	1st. Quarter of 2009	97.8	54.3	75.6	61.6	91.6
2009 年 2 季度	2nd. Quarter of 2009	92.5	74.8	77.1	64.1	93.9
2009 年 3 季度	3rd. Quarter of 2009	96.9	71.8	75.6	73.9	90.0
2009 年 4 季度	4th. Quarter of 2009	97.6	74.3	71.8	80.6	102.4
2010 年 1 季度	1st. Quarter of 2010	99.2	84.1	76.9	84.7	110.1
2010 年 2 季度	2nd. Quarter of 2010	97.6	85.1	77.2	99.5	108.3
2010 年 3 季度	3rd. Quarter of 2010	106.2	87.1	75.0	78.1	107.2
2010 年 4 季度	4th. Quarter of 2010	107.6	82.6	73.2	74.5	101.1
2011 年 1 季度	1st. Quarter of 2011	102.9	73.5	90.4	91.7	92.4
2011 年 2 季度	2nd. Quarter of 2011	91.4	63.7	83.2	78.0	95.4
2011 年 3 季度	3rd. Quarter of 2011	84.7	57.4	76.5	101.2	105.3
2011 年 4 季度	4th. Quarter of 2011	92.2	59.1	68.0	82.4	103.2

5-16 工业企业不同观察指标综合经营景气指数（2001-2011 年）
Business Survey Index of Industry Enterprises (2001-2011)

季 度	Quarter	企业家信心指数 **Entrepreneur Expectation Index**	企业景气指数 **Business Survey Index**	生产成本 Production Cost	生产总量 Total Production Quantity	产品订货 Production Order	其中:国外订货 From Overseas
2001 年 1 季度	1st. Quarter of 2001	108.4	106.7	98.0	88.8	94.4	74.5
2001 年 2 季度	2nd. Quarter of 2001	103.2	108.5	106.0	129.4	93.6	70.9
2001 年 3 季度	3rd. Quarter of 2001	104.0	103.0	102.4	102.7	92.0	70.2
2001 年 4 季度	4th. Quarter of 2001	103.7	107.7	106.8	108.5	90.1	59.9
2002 年 1 季度	1st. Quarter of 2002	111.1	104.1	102.0	99.8	90.4	74.5
2002 年 2 季度	2nd. Quarter of 2002	107.0	108.9	104.0	126.8	95.2	86.0
2002 年 3 季度	3rd. Quarter of 2002	115.5	118.1	101.9	118.1	97.3	82.7
2002 年 4 季度	4th. Quarter of 2002	117.0	127.2	90.0	132.7	104.0	88.1
2003 年 1 季度	1st. Quarter of 2003	127.7	119.4	84.1	106.3	118.6	88.1
2003 年 2 季度	2nd. Quarter of 2003	119.1	118.5	87.7	115.4	106.2	84.4
2003 年 3 季度	3rd. Quarter of 2003	121.8	126.7	89.0	123.2	116.7	88.7
2003 年 4 季度	4th. Quarter of 2003	134.6	132.6	67.9	139.9	129.5	95.4
2004 年 1 季度	1st. Quarter of 2004	128.3	118.2	53.9	113.3	124.6	86.1
2004 年 2 季度	2nd. Quarter of 2004	118.0	119.8	64.7	121.6	117.9	87.6
2004 年 3 季度	3rd. Quarter of 2004	123.7	122.0	59.3	112.4	112.0	91.4
2004 年 4 季度	4th. Quarter of 2004	123.2	129.3	62.3	131.0	118.0	87.7
2005 年 1 季度	1st. Quarter of 2005	120.7	121.0	53.1	90.8	115.0	93.9
2005 年 2 季度	2nd. Quarter of 2005	115.8	118.0	66.8	124.9	108.3	90.8
2005 年 3 季度	3rd. Quarter of 2005	116.4	114.4	70.2	118.5	109.4	99.6
2005 年 4 季度	4th. Quarter of 2005	121.1	128.5	81.0	132.4	113.7	98.8
2006 年 1 季度	1st. Quarter of 2006	128.2	119.1	77.4	103.5	113.2	100.5
2006 年 2 季度	2nd. Quarter of 2006	125.5	131.5	79.5	127.3	115.1	107.3
2006 年 3 季度	3rd. Quarter of 2006	126.2	121.0	68.0	105.7	120.0	103.9
2006 年 4 季度	4th. Quarter of 2006	134.8	145.7	98.8	132.2	125.6	97.6
2007 年 1 季度	1st. Quarter of 2007	136.4	129.2	75.8	101.7	127.8	98.5
2007 年 2 季度	2nd. Quarter of 2007	140.2	135.3	76.6	134.7	126.2	104.1
2007 年 3 季度	3rd. Quarter of 2007	137.8	137.4	68.6	133.3	125.8	102.7
2007 年 4 季度	4th. Quarter of 2007	137.9	142.0	61.9	132.6	134.1	103.0
2008 年 1 季度	1st. Quarter of 2008	135.4	126.4	41.5	99.2	115.3	96.4
2008 年 2 季度	2nd. Quarter of 2008	133.7	134.6	51.7	130.5	123.9	97.4
2008 年 3 季度	3rd. Quarter of 2008	120.5	121.0	57.6	106.6	106.8	96.1
2008 年 4 季度	4th. Quarter of 2008	90.6	95.4	103.3	65.4	67.2	70.4
2009 年 1 季度	1st. Quarter of 2009	103.7	105.4	106.9	91.4	91.2	68.6
2009 年 2 季度	2nd. Quarter of 2009	114.3	116.6	88.1	126.4	99.8	70.1
2009 年 3 季度	3rd. Quarter of 2009	125.0	124.7	86.4	123.0	112.5	81.5
2009 年 4 季度	4th. Quarter of 2009	132.9	130.1	72.6	128.3	116.8	83.0
2010 年 1 季度	1st. Quarter of 2010	136.2	130.7	71.1	110.0	118.8	115.2
2010 年 2 季度	2nd. Quarter of 2010	132.4	127.2	60.7	131.6	126.2	121.1
2010 年 3 季度	3rd. Quarter of 2010	128.9	123.0	70.9	112.7	113.0	119.5
2010 年 4 季度	4th. Quarter of 2010	135.8	137.7	49.7	143.8	135.4	123.1
2011 年 1 季度	1st. Quarter of 2011	137.7	127.4	59.7	101.4	112.8	103.1
2011 年 2 季度	2nd. Quarter of 2011	128.0	125.2	58.9	128.9	118.0	121.6
2011 年 3 季度	3rd. Quarter of 2011	126.9	122.8	61.2	114.0	109.5	115.4
2011 年 4 季度	4th. Quarter of 2011	121.6	124.2	68.0	128.2	114.0	101.4

5-16 工业企业不同观察指标综合经营景气指数（2001-2011 年）

Business Survey Index of Industry Enterprises (2001-2011)

续表 1 continued

季 度	Quarter	产品销售 Sales of Products	产品销售价格 Selling Price of Products	产成品库存 Inventory of Products	盈利(亏损)变化 Changes in Profits(Losses)	流动资金 Circulating Funds	企业融资 Fundraising
2001 年 1 季度	1st. Quarter of 2001	88.1	75.1	111.9	86.5	54.0	
2001 年 2 季度	2nd. Quarter of 2001	129.3	70.4	115.8	112.7	58.7	
2001 年 3 季度	3rd. Quarter of 2001	97.2	65.8	105.9	94.0	53.6	
2001 年 4 季度	4th. Quarter of 2001	110.8	74.2	106.1	105.0	58.1	
2002 年 1 季度	1st. Quarter of 2002	93.1	70.1	106.6	84.4	61.5	
2002 年 2 季度	2nd. Quarter of 2002	123.7	76.2	107.1	109.1	66.3	
2002 年 3 季度	3rd. Quarter of 2002	118.9	74.4	104.0	117.6	66.7	
2002 年 4 季度	4th. Quarter of 2002	133.6	91.4	100.6	129.1	63.4	
2003 年 1 季度	1st. Quarter of 2003	110.1	81.5	116.3	107.2	72.2	
2003 年 2 季度	2nd. Quarter of 2003	110.6	82.2	105.4	118.6	73.7	
2003 年 3 季度	3rd. Quarter of 2003	126.3	79.0	114.7	127.0	74.0	
2003 年 4 季度	4th. Quarter of 2003	138.9	99.3	119.6	137.0	82.1	
2004 年 1 季度	1st. Quarter of 2004	116.3	108.1	112.8	112.9	80.0	86.1
2004 年 2 季度	2nd. Quarter of 2004	126.2	94.1	101.8	119.3	80.3	76.5
2004 年 3 季度	3rd. Quarter of 2004	118.0	100.2	105.9	118.3	69.6	75.5
2004 年 4 季度	4th. Quarter of 2004	133.9	103.5	113.8	122.0	68.3	80.0
2005 年 1 季度	1st. Quarter of 2005	92.4	101.7	113.8	89.4	72.1	76.7
2005 年 2 季度	2nd. Quarter of 2005	124.9	93.6	106.4	108.3	68.7	71.8
2005 年 3 季度	3rd. Quarter of 2005	116.4	83.6	107.8	106.7	74.6	74.8
2005 年 4 季度	4th. Quarter of 2005	133.8	89.6	110.2	120.9	79.8	76.5
2006 年 1 季度	1st. Quarter of 2006	101.4	97.9	109.1	109.2	87.1	86.6
2006 年 2 季度	2nd. Quarter of 2006	135.7	110.3	116.6	132.8	86.7	85.8
2006 年 3 季度	3rd. Quarter of 2006	113.9	98.1	111.7	115.4	79.9	81.2
2006 年 4 季度	4th. Quarter of 2006	138.7	114.4	116.4	134.2	84.9	92.8
2007 年 1 季度	1st. Quarter of 2007	106.6	99.2	120.9	111.8	89.9	85.5
2007 年 2 季度	2nd. Quarter of 2007	136.4	101.5	127.7	131.1	86.5	89.9
2007 年 3 季度	3rd. Quarter of 2007	131.2	101.7	122.2	126.5	91.6	88.0
2007 年 4 季度	4th. Quarter of 2007	132.2	120.2	127.4	134.6	89.2	83.0
2008 年 1 季度	1st. Quarter of 2008	103.3	116.1	115.8	103.7	83.4	79.3
2008 年 2 季度	2nd. Quarter of 2008	130.9	119.4	124.2	125.4	86.7	80.1
2008 年 3 季度	3rd. Quarter of 2008	110.0	111.3	112.0	107.5	78.9	79.8
2008 年 4 季度	4th. Quarter of 2008	69.0	74.0	104.2	73.9	75.7	76.9
2009 年 1 季度	1st. Quarter of 2009	88.8	77.4	109.4	94.3	82.7	79.3
2009 年 2 季度	2nd. Quarter of 2009	125.8	92.8	113.6	124.6	85.9	83.1
2009 年 3 季度	3rd. Quarter of 2009	125.8	95.5	118.3	122.8	95.2	87.8
2009 年 4 季度	4th. Quarter of 2009	131.4	108.7	117.1	128.8	95.0	90.6
2010 年 1 季度	1st. Quarter of 2010	105.8	103.6	127.5	115.2	95.7	91.4
2010 年 2 季度	2nd. Quarter of 2010	134.8	103.5	120.6	125.0	96.2	92.9
2010 年 3 季度	3rd. Quarter of 2010	120.2	101.9	118.5	114.1	98.7	95.0
2010 年 4 季度	4th. Quarter of 2010	141.7	120.4	127.4	134.9	96.4	99.3
2011 年 1 季度	1st. Quarter of 2011	99.7	113.2	123.4	99.8	98.5	93.6
2011 年 2 季度	2nd. Quarter of 2011	129.3	112.9	118.3	122.5	97.7	90.6
2011 年 3 季度	3rd. Quarter of 2011	113.8	110.5	110.8	116.6	94.5	87.1
2011 年 4 季度	4th. Quarter of 2011	126.6	95.4	119.3	118.8	92.2	89.8

5-16 工业企业不同观察指标综合经营景气指数 (2001-2011 年)
Business Survey Index of Industry Enterprises (2001-2011)

续表 2 continued

季 度	Quarter	货款拖欠 Payment Delinquent	劳动力需求 Labor Demand	固定资产投资 Investment in Fixed Assets	科技创新 Scientific and Technical Innovation	主要原材料及能源购进价格 Bid of Main Raw Materials and Energy	主要原材料及能源供应 Supply of Main Raw Materials and Energy
2001 年 1 季度	1st. Quarter of 2001	100.8	80.0	101.3	116.4	91.7	131.4
2001 年 2 季度	2nd. Quarter of 2001	101.6	81.6	110.6	127.1	86.7	134.0
2001 年 3 季度	3rd. Quarter of 2001	104.6	78.0	104.5	121.1	96.1	135.7
2001 年 4 季度	4th. Quarter of 2001	106.5	80.4	114.3	124.2	92.4	128.0
2002 年 1 季度	1st. Quarter of 2002	94.2	87.2	99.8	116.7	83.5	117.4
2002 年 2 季度	2nd. Quarter of 2002	91.7	92.9	118.2	128.1	70.3	124.3
2002 年 3 季度	3rd. Quarter of 2002	93.1	95.4	118.9	126.8	76.6	123.8
2002 年 4 季度	4th. Quarter of 2002	105.8	99.2	121.0	128.3	67.9	112.2
2003 年 1 季度	1st. Quarter of 2003	103.3	96.4	115.6	111.2	57.1	106.1
2003 年 2 季度	2nd. Quarter of 2003	95.6	96.3	116.5	118.0	71.4	112.9
2003 年 3 季度	3rd. Quarter of 2003	100.1	104.0	128.4	125.2	77.6	115.4
2003 年 4 季度	4th. Quarter of 2003	112.8	109.1	126.3	128.1	47.7	106.8
2004 年 1 季度	1st. Quarter of 2004	104.0	101.0	114.4	119.7	27.6	90.0
2004 年 2 季度	2nd. Quarter of 2004	103.0	98.2	127.1	121.9	56.3	93.7
2004 年 3 季度	3rd. Quarter of 2004	98.9	101.8	123.3	122.4	38.1	87.7
2004 年 4 季度	4th. Quarter of 2004	111.4	101.6	125.3	122.8	45.2	84.3
2005 年 1 季度	1st. Quarter of 2005	103.7	103.7	102.9	110.5	33.4	83.7
2005 年 2 季度	2nd. Quarter of 2005	96.5	104.4	120.1	127.7	56.3	101.8
2005 年 3 季度	3rd. Quarter of 2005	99.0	104.6	126.1	122.5	66.9	101.7
2005 年 4 季度	4th. Quarter of 2005	106.2	109.3	121.2	124.3	85.0	106.4
2006 年 1 季度	1st. Quarter of 2006	103.3	99.6	96.2	116.5	59.5	106.7
2006 年 2 季度	2nd. Quarter of 2006	108.0	96.2	118.4	126.3	46.7	116.3
2006 年 3 季度	3rd. Quarter of 2006	109.5	100.2	108.9	123.1	50.8	95.0
2006 年 4 季度	4th. Quarter of 2006	108.7	95.4	123.6	140.8	52.9	117.0
2007 年 1 季度	1st. Quarter of 2007	101.9	101.4	95.8	102.9	63.1	110.5
2007 年 2 季度	2nd. Quarter of 2007	106.5	111.4	119.5	124.7	47.0	109.5
2007 年 3 季度	3rd. Quarter of 2007	97.9	105.3	128.7	125.7	45.9	120.4
2007 年 4 季度	4th. Quarter of 2007	109.6	112.2	131.9	128.6	35.8	104.3
2008 年 1 季度	1st. Quarter of 2008	89.1	109.5	108.3	113.5	24.0	81.0
2008 年 2 季度	2nd. Quarter of 2008	96.2	108.6	130.8	124.7	29.2	91.7
2008 年 3 季度	3rd. Quarter of 2008	98.0	97.9	114.2	118.2	49.6	100.6
2008 年 4 季度	4th. Quarter of 2008	98.9	65.7	103.6	105.5	126.3	125.7
2009 年 1 季度	1st. Quarter of 2009	89.9	90.8	94.5	108.2	109.8	119.4
2009 年 2 季度	2nd. Quarter of 2009	90.0	101.0	117.4	119.1	84.1	127.0
2009 年 3 季度	3rd. Quarter of 2009	92.0	114.9	116.1	113.8	72.6	124.6
2009 年 4 季度	4th. Quarter of 2009	101.9	116.9	118.3	116.3	56.0	110.8
2010 年 1 季度	1st. Quarter of 2010	98.5	128.7	103.0	114.1	60.5	115.4
2010 年 2 季度	2nd. Quarter of 2010	97.1	120.3	122.4	119.0	51.6	115.4
2010 年 3 季度	3rd. Quarter of 2010	96.3	118.5	113.0	116.2	59.2	124.0
2010 年 4 季度	4th. Quarter of 2010	100.0	126.6	120.0	117.7	38.3	100.3
2011 年 1 季度	1st. Quarter of 2011	95.7	123.8	106.7	110.8	39.6	104.9
2011 年 2 季度	2nd. Quarter of 2011	86.2	117.5	115.2	118.4	49.5	89.3
2011 年 3 季度	3rd. Quarter of 2011	91.6	110.4	111.0	116.1	57.6	104.4
2011 年 4 季度	4th. Quarter of 2011	101.7	113.3	109.3	113.7	78.0	113.5

5-17 建筑业企业不同观察指标综合经营景气指数 (2001-2011 年)
Business Survey Index of Construction Enterprises (2001-2011)

季 度	Quarter	企业家信心指数 Entrepreneur Expectation Index	企业景气指数 Business Survey Index	工程合同 Assignment of Project Contracts	国(境)外工程合同 Foreign Contracts	建筑工程量 Volume of Projects	新开工工程量 Volume of New Projects
2001 年 1 季度	1st. Quarter of 2001	**103.3**	**88.1**	87.9	62.8	94.7	100.0
2001 年 2 季度	2nd. Quarter of 2001	**88.0**	**89.6**	92.3	60.1	115.4	100.0
2001 年 3 季度	3rd. Quarter of 2001	**98.1**	**95.4**	100.8	55.8	122.7	100.0
2001 年 4 季度	4th. Quarter of 2001	**105.1**	**104.4**	123.5	90.6	142.4	100.0
2002 年 1 季度	1st. Quarter of 2002	**110.8**	**94.7**	95.9	112.3	95.8	105.8
2002 年 2 季度	2nd. Quarter of 2002	**108.1**	**104.5**	107.9	102.0	133.2	107.0
2002 年 3 季度	3rd. Quarter of 2002	**108.4**	**106.9**	114.5	101.3	127.5	106.5
2002 年 4 季度	4th. Quarter of 2002	**112.8**	**114.3**	107.8	86.4	129.8	100.9
2003 年 1 季度	1st. Quarter of 2003	**128.0**	**108.1**	98.4	85.7	98.2	98.7
2003 年 2 季度	2nd. Quarter of 2003	**124.2**	**107.0**	112.5	100.0	127.9	103.0
2003 年 3 季度	3rd. Quarter of 2003	**123.0**	**113.8**	115.4	96.0	134.5	118.7
2003 年 4 季度	4th. Quarter of 2003	**126.0**	**123.8**	117.0	112.1	134.1	112.2
2004 年 1 季度	1st. Quarter of 2004	**131.7**	**110.2**	106.7	88.1	102.4	101.8
2004 年 2 季度	2nd. Quarter of 2004	**131.0**	**121.7**	124.1	118.0	140.9	115.4
2004 年 3 季度	3rd. Quarter of 2004	**125.5**	**126.9**	118.2	124.3	127.5	117.0
2004 年 4 季度	4th. Quarter of 2004	**133.9**	**131.0**	115.1	80.4	136.3	120.9
2005 年 1 季度	1st. Quarter of 2005	**133.0**	**121.3**	101.7	94.3	102.3	102.0
2005 年 2 季度	2nd. Quarter of 2005	**135.7**	**126.5**	118.9	100.1	134.4	129.7
2005 年 3 季度	3rd. Quarter of 2005	**136.5**	**124.9**	106.4	88.1	120.2	109.6
2005 年 4 季度	4th. Quarter of 2005	**127.5**	**125.4**	116.6	99.5	125.5	96.0
2006 年 1 季度	1st. Quarter of 2006	**137.5**	**118.7**	80.4	75.3	85.3	95.4
2006 年 2 季度	2nd. Quarter of 2006	**132.2**	**127.7**	126.2	81.0	141.9	123.2
2006 年 3 季度	3rd. Quarter of 2006	**129.8**	**125.3**	108.0	117.3	127.0	115.0
2006 年 4 季度	4th. Quarter of 2006	**133.0**	**128.9**	123.5	78.0	158.6	134.9
2007 年 1 季度	1st. Quarter of 2007	**139.9**	**128.5**	103.3	86.0	111.5	111.6
2007 年 2 季度	2nd. Quarter of 2007	**148.3**	**134.6**	134.2	96.2	148.2	134.7
2007 年 3 季度	3rd. Quarter of 2007	**139.5**	**135.8**	128.9	93.0	151.0	140.6
2007 年 4 季度	4th. Quarter of 2007	**136.9**	**151.7**	132.8	114.8	149.8	128.9
2008 年 1 季度	1st. Quarter of 2008	**139.9**	**125.7**	104.6	98.6	90.2	94.6
2008 年 2 季度	2nd. Quarter of 2008	**125.9**	**122.8**	127.3	106.4	138.1	121.9
2008 年 3 季度	3rd. Quarter of 2008	**121.5**	**124.6**	113.4	109.0	128.2	111.8
2008 年 4 季度	4th. Quarter of 2008	**98.0**	**116.6**	97.0	81.2	125.8	96.1
2009 年 1 季度	1st. Quarter of 2009	**113.7**	**113.2**	90.0	78.6	75.0	71.9
2009 年 2 季度	2nd. Quarter of 2009	**124.0**	**125.1**	118.2	104.5	128.4	105.6
2009 年 3 季度	3rd. Quarter of 2009	**130.7**	**133.7**	128.0	63.8	138.6	124.0
2009 年 4 季度	4th. Quarter of 2009	**136.1**	**149.5**	125.9	87.6	139.1	118.8
2010 年 1 季度	1st. Quarter of 2010	**159.2**	**140.3**	115.9	100.0	115.4	106.8
2010 年 2 季度	2nd. Quarter of 2010	**143.5**	**146.1**	118.1	100.0	141.4	127.4
2010 年 3 季度	3rd. Quarter of 2010	**150.0**	**142.7**	131.3	100.0	146.1	115.1
2010 年 4 季度	4th. Quarter of 2010	**157.9**	**155.1**	139.6	100.0	144.3	125.7
2011 年 1 季度	1st. Quarter of 2011	**152.8**	**141.5**	94.3	100.0	99.8	95.3
2011 年 2 季度	2nd. Quarter of 2011	**131.8**	**134.3**	124.8	100.0	147.0	109.6
2011 年 3 季度	3rd. Quarter of 2011	**138.0**	**135.1**	112.3	100.0	129.3	101.4
2011 年 4 季度	4th. Quarter of 2011	**121.7**	**135.8**	111.9	100.0	128.9	106.9

5-17 建筑业企业不同观察指标综合经营景气指数 (2001-2011 年)
Business Survey Index of Construction Enterprises (2001-2011)

续表 1 continued

季 度	Quarter	技术设备能力 Capacity of Technique and Facilities	工程进度 Progress of Projects	工程结算收入 Income from Project Settlement	建筑材料购进价格 Bid of Construction Materials	工程结算成本 Cost of Project Settlement	盈利(亏损)变化 Changes in Profits(Losses)
2001 年 1 季度	1st. Quarter of 2001			84.4	92.9	89.2	84.5
2001 年 2 季度	2nd. Quarter of 2001			133.1	94.0	57.9	97.0
2001 年 3 季度	3rd. Quarter of 2001			137.0	90.2	80.5	87.2
2001 年 4 季度	4th. Quarter of 2001			159.1	97.3	78.7	127.0
2002 年 1 季度	1st. Quarter of 2002			85.6	90.5	100.5	97.3
2002 年 2 季度	2nd. Quarter of 2002			108.1	95.2	89.4	114.6
2002 年 3 季度	3rd. Quarter of 2002			111.8	85.1	88.6	101.8
2002 年 4 季度	4th. Quarter of 2002			127.9	58.6	75.3	114.4
2003 年 1 季度	1st. Quarter of 2003			84.7	65.2	88.2	99.9
2003 年 2 季度	2nd. Quarter of 2003			120.5	59.1	68.3	105.2
2003 年 3 季度	3rd. Quarter of 2003			120.4	70.5	79.5	109.7
2003 年 4 季度	4th. Quarter of 2003			148.5	23.9	42.5	116.9
2004 年 1 季度	1st. Quarter of 2004	134.6	138.6	91.9	15.3	56.3	82.0
2004 年 2 季度	2nd. Quarter of 2004	144.5	144.4	118.7	92.4	89.6	121.5
2004 年 3 季度	3rd. Quarter of 2004	132.3	144.2	124.3	55.8	65.2	117.1
2004 年 4 季度	4th. Quarter of 2004	140.5	155.3	140.8	62.0	67.9	137.9
2005 年 1 季度	1st. Quarter of 2005	146.3	122.1	85.2	48.2	79.4	108.9
2005 年 2 季度	2nd. Quarter of 2005	155.6	143.4	108.1	85.1	86.1	124.4
2005 年 3 季度	3rd. Quarter of 2005	149.9	131.8	104.0	97.0	93.7	111.0
2005 年 4 季度	4th. Quarter of 2005	142.8	145.8	128.2	89.1	84.2	120.9
2006 年 1 季度	1st. Quarter of 2006	145.8	123.8	78.1	90.1	104.9	106.1
2006 年 2 季度	2nd. Quarter of 2006	155.0	141.6	137.1	52.4	59.7	129.0
2006 年 3 季度	3rd. Quarter of 2006	145.1	131.3	114.3	77.5	83.2	118.5
2006 年 4 季度	4th. Quarter of 2006	147.6	152.4	135.4	74.4	83.0	125.4
2007 年 1 季度	1st. Quarter of 2007	143.4	117.7	104.8	65.6	83.2	108.3
2007 年 2 季度	2nd. Quarter of 2007	150.1	150.4	133.9	36.2	61.3	128.7
2007 年 3 季度	3rd. Quarter of 2007	145.6	153.6	133.0	29.1	45.4	117.0
2007 年 4 季度	4th. Quarter of 2007	146.3	163.7	151.2	16.3	39.8	116.7
2008 年 1 季度	1st. Quarter of 2008	144.2	111.2	94.0	19.6	53.0	92.5
2008 年 2 季度	2nd. Quarter of 2008	150.8	140.1	119.1	28.7	47.0	97.9
2008 年 3 季度	3rd. Quarter of 2008	143.9	131.6	111.8	87.3	70.7	89.7
2008 年 4 季度	4th. Quarter of 2008	155.2	137.2	127.1	154.7	95.4	106.1
2009 年 1 季度	1st. Quarter of 2009	151.9	105.4	81.7	102.3	98.7	112.5
2009 年 2 季度	2nd. Quarter of 2009	148.5	124.9	115.1	99.0	98.5	112.8
2009 年 3 季度	3rd. Quarter of 2009	147.8	138.1	132.5	75.5	73.0	123.2
2009 年 4 季度	4th. Quarter of 2009	144.1	151.1	143.8	68.1	66.4	139.8
2010 年 1 季度	1st. Quarter of 2010	143.8	108.6	105.6	71.4	73.6	121.8
2010 年 2 季度	2nd. Quarter of 2010	139.4	142.5	131.5	69.3	69.2	132.6
2010 年 3 季度	3rd. Quarter of 2010	143.6	141.1	139.3	63.3	61.9	137.9
2010 年 4 季度	4th. Quarter of 2010	145.1	147.7	147.4	39.3	50.7	130.0
2011 年 1 季度	1st. Quarter of 2011	146.2	124.2	96.7	40.2	62.2	95.0
2011 年 2 季度	2nd. Quarter of 2011	150.6	154.0	127.8	26.7	49.6	110.4
2011 年 3 季度	3rd. Quarter of 2011	144.4	134.3	112.2	48.6	53.0	97.0
2011 年 4 季度	4th. Quarter of 2011	149.4	132.0	130.6	66.7	57.6	119.1

5-17 建筑业企业不同观察指标综合经营景气指数 (2001-2011 年)
Business Survey Index of Construction Enterprises (2001-2011)

续表 2 continued

季 度	Quarter	流动资金 Circulating Funds	企业融资 Fundraising	工程款拖欠 Payment Delinquent	劳动力需求 Labor Demand	固定资产投资 Investment in Fixed Assets
2001 年 1 季度	1st. Quarter of 2001	57.0		80.3	83.7	73.8
2001 年 2 季度	2nd. Quarter of 2001	38.2		61.4	97.7	79.2
2001 年 3 季度	3rd. Quarter of 2001	39.1		64.6	105.3	92.6
2001 年 4 季度	4th. Quarter of 2001	37.6		82.9	134.8	108.9
2002 年 1 季度	1st. Quarter of 2002	56.4		80.7	97.3	92.4
2002 年 2 季度	2nd. Quarter of 2002	50.8		62.6	116.0	102.7
2002 年 3 季度	3rd. Quarter of 2002	50.1		63.6	114.7	109.1
2002 年 4 季度	4th. Quarter of 2002	56.9		65.8	120.1	105.9
2003 年 1 季度	1st. Quarter of 2003	56.9		83.9	91.8	90.6
2003 年 2 季度	2nd. Quarter of 2003	62.3		80.5	104.9	104.7
2003 年 3 季度	3rd. Quarter of 2003	59.7		73.8	122.5	101.2
2003 年 4 季度	4th. Quarter of 2003	59.6		71.8	119.9	103.1
2004 年 1 季度	1st. Quarter of 2004	64.0	54.9	84.5	110.0	93.8
2004 年 2 季度	2nd. Quarter of 2004	63.1	53.5	92.8	124.3	101.1
2004 年 3 季度	3rd. Quarter of 2004	63.4	50.7	91.9	121.4	99.3
2004 年 4 季度	4th. Quarter of 2004	52.9	50.0	87.6	122.3	111.9
2005 年 1 季度	1st. Quarter of 2005	65.6	53.8	93.2	98.1	91.5
2005 年 2 季度	2nd. Quarter of 2005	58.4	54.3	82.1	127.5	108.7
2005 年 3 季度	3rd. Quarter of 2005	56.6	55.7	80.0	112.9	101.9
2005 年 4 季度	4th. Quarter of 2005	57.0	47.3	91.9	123.0	101.8
2006 年 1 季度	1st. Quarter of 2006	59.0	47.6	104.3	90.7	94.0
2006 年 2 季度	2nd. Quarter of 2006	62.6	60.1	74.5	131.2	109.0
2006 年 3 季度	3rd. Quarter of 2006	62.2	61.5	88.8	114.2	99.8
2006 年 4 季度	4th. Quarter of 2006	50.0	56.7	86.2	125.8	91.4
2007 年 1 季度	1st. Quarter of 2007	66.9	58.8	97.9	113.3	100.2
2007 年 2 季度	2nd. Quarter of 2007	66.6	59.4	83.6	140.9	127.4
2007 年 3 季度	3rd. Quarter of 2007	61.8	54.8	84.4	126.6	113.5
2007 年 4 季度	4th. Quarter of 2007	62.5	49.6	68.4	130.0	118.0
2008 年 1 季度	1st. Quarter of 2008	65.9	53.1	101.8	99.0	91.3
2008 年 2 季度	2nd. Quarter of 2008	60.4	54.3	89.3	122.6	104.9
2008 年 3 季度	3rd. Quarter of 2008	57.1	49.6	82.5	113.1	109.0
2008 年 4 季度	4th. Quarter of 2008	51.7	52.5	79.4	96.4	89.7
2009 年 1 季度	1st. Quarter of 2009	61.2	50.4	91.9	79.1	96.1
2009 年 2 季度	2nd. Quarter of 2009	72.4	62.8	81.5	118.1	105.0
2009 年 3 季度	3rd. Quarter of 2009	84.8	67.7	79.4	129.7	111.1
2009 年 4 季度	4th. Quarter of 2009	83.3	72.5	89.9	133.0	115.0
2010 年 1 季度	1st. Quarter of 2010	90.9	78.2	106.6	107.1	108.0
2010 年 2 季度	2nd. Quarter of 2010	93.8	71.0	92.1	135.0	110.9
2010 年 3 季度	3rd. Quarter of 2010	90.3	80.3	87.5	146.0	111.3
2010 年 4 季度	4th. Quarter of 2010	87.9	77.8	86.5	148.4	119.9
2011 年 1 季度	1st. Quarter of 2011	84.3	67.0	102.8	111.4	98.7
2011 年 2 季度	2nd. Quarter of 2011	73.9	58.0	75.8	131.8	118.7
2011 年 3 季度	3rd. Quarter of 2011	68.5	55.3	82.7	117.8	107.4
2011 年 4 季度	4th. Quarter of 2011	71.9	55.8	73.2	118.6	104.7

5-18 交通运输、仓储和邮电通信企业不同观察指标综合经营景气指数（2001-2011 年）
Business Survey Index of Transportation, Storage, Post and Telecommunication Enterprises (2001-2011)

季 度	Quarter	企业家信心指数 Entrepreneur Expectation Index	企业景气指数 Business Survey Index	业务预订 Ordered Business	业务量 Business Volume	业务收费价格 Business Charges	业务成本 Business Cost
2001 年 1 季度	1st. Quarter of 2001	**100.8**	**118.4**			115.7	
2001 年 2 季度	2nd. Quarter of 2001	**77.3**	**96.5**			90.0	
2001 年 3 季度	3rd. Quarter of 2001	**67.1**	**78.6**			87.6	
2001 年 4 季度	4th. Quarter of 2001	**78.1**	**89.6**			88.5	
2002 年 1 季度	1st. Quarter of 2002	**79.8**	**79.1**			88.4	
2002 年 2 季度	2nd. Quarter of 2002	**85.2**	**86.0**			91.6	
2002 年 3 季度	3rd. Quarter of 2002	**88.6**	**88.7**			102.6	
2002 年 4 季度	4th. Quarter of 2002	**88.0**	**81.9**			94.9	
2003 年 1 季度	1st. Quarter of 2003	**87.5**	**92.1**			113.1	
2003 年 2 季度	2nd. Quarter of 2003	**52.6**	**52.5**			72.3	
2003 年 3 季度	3rd. Quarter of 2003	**70.0**	**97.7**			95.2	
2003 年 4 季度	4th. Quarter of 2003	**88.3**	**89.0**			101.9	
2004 年 1 季度	1st. Quarter of 2004	**98.7**	**93.8**	114.2	122.7	119.6	83.0
2004 年 2 季度	2nd. Quarter of 2004	**93.9**	**96.0**	103.5	100.2	95.2	37.7
2004 年 3 季度	3rd. Quarter of 2004	**93.7**	**94.1**	123.8	132.8	102.4	53.7
2004 年 4 季度	4th. Quarter of 2004	**98.8**	**102.1**	94.1	93.7	91.5	58.3
2005 年 1 季度	1st. Quarter of 2005	**103.5**	**108.7**	123.1	138.5	119.7	75.8
2005 年 2 季度	2nd. Quarter of 2005	**96.2**	**104.0**	95.0	103.4	90.4	64.0
2005 年 3 季度	3rd. Quarter of 2005	**98.5**	**101.7**	105.4	111.2	92.0	58.7
2005 年 4 季度	4th. Quarter of 2005	**95.6**	**105.8**	99.5	102.7	87.0	68.9
2006 年 1 季度	1st. Quarter of 2006	**108.8**	**97.2**	100.0	110.1	104.0	47.4
2006 年 2 季度	2nd. Quarter of 2006	**105.0**	**83.4**	90.2	100.3	93.7	38.7
2006 年 3 季度	3rd. Quarter of 2006	**97.4**	**95.2**	91.6	81.2	95.4	51.9
2006 年 4 季度	4th. Quarter of 2006	**97.4**	**90.3**	79.3	94.8	91.1	59.0
2007 年 1 季度	1st. Quarter of 2007	**118.5**	**116.9**	108.2	115.5	99.7	46.9
2007 年 2 季度	2nd. Quarter of 2007	**131.3**	**119.3**	115.7	118.7	87.9	54.9
2007 年 3 季度	3rd. Quarter of 2007	**125.8**	**116.9**	117.3	112.4	87.4	40.5
2007 年 4 季度	4th. Quarter of 2007	**124.3**	**116.3**	134.8	130.9	89.5	36.4
2008 年 1 季度	1st. Quarter of 2008	**134.5**	**119.2**	104.0	109.5	99.1	58.4
2008 年 2 季度	2nd. Quarter of 2008	**134.4**	**113.7**	87.7	94.7	85.9	50.8
2008 年 3 季度	3rd. Quarter of 2008	**118.2**	**112.3**	110.2	109.7	99.3	40.4
2008 年 4 季度	4th. Quarter of 2008	**76.2**	**80.3**	84.3	90.7	83.4	72.2
2009 年 1 季度	1st. Quarter of 2009	**86.2**	**82.5**	83.6	80.1	97.8	64.8
2009 年 2 季度	2nd. Quarter of 2009	**98.6**	**100.9**	97.6	93.5	94.8	65.4
2009 年 3 季度	3rd. Quarter of 2009	**110.3**	**104.1**	118.4	112.4	96.6	43.8
2009 年 4 季度	4th. Quarter of 2009	**115.2**	**117.2**	130.3	113.3	99.6	45.8
2010 年 1 季度	1st. Quarter of 2010	**142.2**	**137.0**	120.5	118.5	113.5	58.9
2010 年 2 季度	2nd. Quarter of 2010	**124.4**	**128.6**	123.4	113.0	95.1	57.5
2010 年 3 季度	3rd. Quarter of 2010	**129.1**	**136.3**	132.2	142.7	105.0	45.1
2010 年 4 季度	4th. Quarter of 2010	**132.6**	**135.6**	128.3	121.9	100.1	54.4
2011 年 1 季度	1st. Quarter of 2011	**156.8**	**141.8**	140.4	137.7	107.2	52.9
2011 年 2 季度	2nd. Quarter of 2011	**134.8**	**128.3**	126.2	115.8	110.5	51.9
2011 年 3 季度	3rd. Quarter of 2011	**132.7**	**125.0**	129.0	129.5	113.0	41.6
2011 年 4 季度	4th. Quarter of 2011	**131.3**	**126.5**	113.7	114.1	96.2	67.9

5-18 交通运输、仓储和邮电通信企业不同观察指标综合经营景气指数 (2001-2011 年)

Business Survey Index of Transportation, Storage, Post and Telecommunication Enterprises (2001-2011)

续表 continued

季 度	Quarter	盈利(亏损)变化 Changes in Profits (losses)	流动资金 Circulating Fund	企业融资 Fundraising	货款拖欠 Payment Delinquent	劳动力需求 Labor Demand	固定资产投资 Investment in Fixed Asset
2001 年 1 季度	1st. Quarter of 2001	134.3	49.8		86.0	77.1	87.0
2001 年 2 季度	2nd. Quarter of 2001	77.8	49.9		95.4	69.9	112.2
2001 年 3 季度	3rd. Quarter of 2001	96.7	46.3		92.9	67.4	95.1
2001 年 4 季度	4th. Quarter of 2001	126.8	54.1		105.0	68.8	108.9
2002 年 1 季度	1st. Quarter of 2002	101.5	61.3		92.4	77.1	97.2
2002 年 2 季度	2nd. Quarter of 2002	95.6	65.2		83.5	83.5	113.1
2002 年 3 季度	3rd. Quarter of 2002	80.8	71.7		92.6	86.9	117.8
2002 年 4 季度	4th. Quarter of 2002	108.3	68.2		90.1	70.3	110.3
2003 年 1 季度	1st. Quarter of 2003	98.2	64.9		103.0	77.1	86.4
2003 年 2 季度	2nd. Quarter of 2003	47.0	50.8		100.7	68.3	112.1
2003 年 3 季度	3rd. Quarter of 2003	100.3	56.5		105.9	92.0	105.9
2003 年 4 季度	4th. Quarter of 2003	106.0	53.1		98.7	82.8	106.8
2004 年 1 季度	1st. Quarter of 2004	113.4	56.7	68.8	100.4	84.7	91.0
2004 年 2 季度	2nd. Quarter of 2004	92.9	65.0	63.4	99.2	96.3	125.8
2004 年 3 季度	3rd. Quarter of 2004	100.5	61.6	66.6	99.2	99.0	120.5
2004 年 4 季度	4th. Quarter of 2004	107.6	61.1	62.6	104.7	104.9	134.2
2005 年 1 季度	1st. Quarter of 2005	119.1	49.9	63.9	95.3	97.0	90.7
2005 年 2 季度	2nd. Quarter of 2005	91.5	50.3	54.3	98.3	102.7	103.8
2005 年 3 季度	3rd. Quarter of 2005	104.3	52.9	61.3	87.9	92.7	103.7
2005 年 4 季度	4th. Quarter of 2005	92.7	50.9	50.7	92.4	92.4	112.8
2006 年 1 季度	1st. Quarter of 2006	79.5	63.9	49.4	84.0	87.5	91.8
2006 年 2 季度	2nd. Quarter of 2006	70.0	62.5	57.1	79.4	91.3	104.0
2006 年 3 季度	3rd. Quarter of 2006	72.2	64.6	50.4	88.2	95.6	101.5
2006 年 4 季度	4th. Quarter of 2006	62.2	57.9	41.6	105.0	78.7	112.3
2007 年 1 季度	1st. Quarter of 2007	92.5	58.8	53.5	84.3	105.9	102.1
2007 年 2 季度	2nd. Quarter of 2007	98.5	67.9	60.7	81.2	109.1	118.7
2007 年 3 季度	3rd. Quarter of 2007	84.7	70.7	59.1	81.5	109.8	114.9
2007 年 4 季度	4th. Quarter of 2007	90.0	70.9	59.4	90.7	106.9	114.6
2008 年 1 季度	1st. Quarter of 2008	88.0	67.3	72.7	94.8	100.8	125.9
2008 年 2 季度	2nd. Quarter of 2008	76.8	74.9	79.7	95.8	101.3	114.6
2008 年 3 季度	3rd. Quarter of 2008	96.4	62.9	69.0	89.2	104.1	112.1
2008 年 4 季度	4th. Quarter of 2008	65.4	62.6	60.5	100.4	101.2	103.3
2009 年 1 季度	1st. Quarter of 2009	62.1	71.3	66.6	97.8	87.3	105.2
2009 年 2 季度	2nd. Quarter of 2009	81.2	71.8	66.9	91.5	104.7	115.2
2009 年 3 季度	3rd. Quarter of 2009	107.5	70.6	73.7	73.5	102.6	118.5
2009 年 4 季度	4th. Quarter of 2009	102.1	74.6	81.4	85.3	110.0	117.7
2010 年 1 季度	1st. Quarter of 2010	114.2	102.6	106.1	91.0	121.7	116.8
2010 年 2 季度	2nd. Quarter of 2010	121.0	78.7	106.9	83.3	112.3	124.2
2010 年 3 季度	3rd. Quarter of 2010	122.4	91.2	99.6	85.7	116.2	124.3
2010 年 4 季度	4th. Quarter of 2010	111.2	90.3	102.0	91.9	127.4	141.6
2011 年 1 季度	1st. Quarter of 2011	113.2	97.6	99.9	109.9	135.2	122.3
2011 年 2 季度	2nd. Quarter of 2011	101.8	103.1	91.2	107.1	123.5	118.3
2011 年 3 季度	3rd. Quarter of 2011	110.9	94.1	84.1	96.7	121.8	128.2
2011 年 4 季度	4th. Quarter of 2011	96.1	95.8	81.2	99.4	114.3	129.0

5-19 批发和零售业企业不同观察指标综合经营景气指数 (2001-2011 年)
Business Survey Index of Wholesale and Retail Enterprises (2001-2011)

季 度	Quarter	企业家信心指数 Entrepreneur Expectation Index	企业景气指数 Business Survey Index	购货合同 Purchasing Contracts	商品购进价格 Bid of Commodities	商品销售 Sales of Commodities	其中:出口 Export
2001 年 1 季度	1st. Quarter of 2001	**82.5**	**86.6**		100.5	91.2	105.0
2001 年 2 季度	2nd. Quarter of 2001	**79.6**	**89.8**		100.7	83.9	93.4
2001 年 3 季度	3rd. Quarter of 2001	**76.3**	**81.3**		100.7	93.3	101.0
2001 年 4 季度	4th. Quarter of 2001	**66.5**	**86.4**		105.1	93.4	100.7
2002 年 1 季度	1st. Quarter of 2002	**86.9**	**90.0**		103.7	94.3	86.1
2002 年 2 季度	2nd. Quarter of 2002	**81.2**	**84.7**		91.0	95.2	108.6
2002 年 3 季度	3rd. Quarter of 2002	**89.9**	**87.1**		112.6	96.0	98.8
2002 年 4 季度	4th. Quarter of 2002	**85.5**	**93.9**		91.9	105.3	101.3
2003 年 1 季度	1st. Quarter of 2003	**94.8**	**105.8**		85.6	104.1	106.8
2003 年 2 季度	2nd. Quarter of 2003	**78.1**	**89.9**		100.9	91.3	121.4
2003 年 3 季度	3rd. Quarter of 2003	**89.4**	**95.1**		95.0	109.8	100.0
2003 年 4 季度	4th. Quarter of 2003	**96.0**	**100.9**		80.3	116.1	109.5
2004 年 1 季度	1st. Quarter of 2004	**95.4**	**107.7**	91.1	75.9	114.5	79.6
2004 年 2 季度	2nd. Quarter of 2004	**96.9**	**108.8**	79.0	94.7	96.8	119.8
2004 年 3 季度	3rd. Quarter of 2004	**93.1**	**106.1**	90.1	88.6	102.6	131.5
2004 年 4 季度	4th. Quarter of 2004	**91.9**	**109.0**	86.9	86.7	110.7	104.5
2005 年 1 季度	1st. Quarter of 2005	**110.3**	**121.6**	97.3	83.9	108.7	96.6
2005 年 2 季度	2nd. Quarter of 2005	**104.3**	**114.0**	87.7	96.2	109.3	114.1
2005 年 3 季度	3rd. Quarter of 2005	**111.1**	**113.5**	91.3	90.6	89.7	106.3
2005 年 4 季度	4th. Quarter of 2005	**108.3**	**114.7**	99.1	96.9	134.6	120.7
2006 年 1 季度	1st. Quarter of 2006	**110.5**	**127.1**	101.4	83.5	108.7	86.0
2006 年 2 季度	2nd. Quarter of 2006	**108.3**	**130.0**	103.8	82.5	100.3	115.5
2006 年 3 季度	3rd. Quarter of 2006	**105.7**	**123.8**	100.5	77.2	111.0	119.0
2006 年 4 季度	4th. Quarter of 2006	**111.8**	**139.8**	117.4	71.6	128.1	108.0
2007 年 1 季度	1st. Quarter of 2007	**125.0**	**135.0**	104.9	79.6	127.2	95.8
2007 年 2 季度	2nd. Quarter of 2007	**121.3**	**134.7**	102.0	71.8	128.9	113.2
2007 年 3 季度	3rd. Quarter of 2007	**121.7**	**133.1**	110.5	61.3	132.8	105.5
2007 年 4 季度	4th. Quarter of 2007	**124.0**	**138.1**	122.0	50.5	130.5	112.2
2008 年 1 季度	1st. Quarter of 2008	**122.7**	**133.5**	116.6	42.6	120.3	89.1
2008 年 2 季度	2nd. Quarter of 2008	**127.0**	**133.6**	99.9	57.7	106.1	98.3
2008 年 3 季度	3rd. Quarter of 2008	**111.1**	**121.9**	91.3	67.9	97.3	95.9
2008 年 4 季度	4th. Quarter of 2008	**95.7**	**110.3**	79.2	114.7	81.3	80.4
2009 年 1 季度	1st. Quarter of 2009	**94.6**	**119.8**	93.2	101.9	91.3	75.5
2009 年 2 季度	2nd. Quarter of 2009	**106.3**	**125.6**	111.3	84.4	118.2	87.0
2009 年 3 季度	3rd. Quarter of 2009	**115.9**	**140.8**	101.4	87.4	119.5	88.4
2009 年 4 季度	4th. Quarter of 2009	**118.3**	**143.0**	113.1	66.4	136.5	95.6
2010 年 1 季度	1st. Quarter of 2010	**136.8**	**149.0**	118.6	74.0	139.6	98.0
2010 年 2 季度	2nd. Quarter of 2010	**126.5**	**138.9**	113.1	87.2	108.4	96.2
2010 年 3 季度	3rd. Quarter of 2010	**135.4**	**142.6**	121.9	80.6	105.6	67.9
2010 年 4 季度	4th. Quarter of 2010	**139.8**	**148.4**	119.8	50.1	134.3	89.7
2011 年 1 季度	1st. Quarter of 2011	**136.9**	**144.7**	127.4	42.4	122.4	89.8
2011 年 2 季度	2nd. Quarter of 2011	**125.4**	**148.0**	115.4	63.3	109.8	89.7
2011 年 3 季度	3rd. Quarter of 2011	**118.7**	**140.7**	107.0	65.3	93.2	77.3
2011 年 4 季度	4th. Quarter of 2011	**119.2**	**142.6**	113.3	72.9	93.9	47.3

5-19 批发和零售业企业不同观察指标综合经营景气指数 (2001-2011 年)
Business Survey Index of Wholesale and Retail Enterprises (2001-2011)

续表 1 continued

季度	Quarter	商品销售价格 Selling Price of Commodities	商品库存 Inventory of Commodities	经营费用 Business Cost	竞争能力 Competition Abilities	盈利(亏损)变化 Changes in Profits (losses)
2001 年 1 季度	1st. Quarter of 2001	78.0	121.5	85.7		86.4
2001 年 2 季度	2nd. Quarter of 2001	77.0	117.8	94.4		82.0
2001 年 3 季度	3rd. Quarter of 2001	76.9	129.0	94.5		87.7
2001 年 4 季度	4th. Quarter of 2001	72.4	124.5	89.5		93.7
2002 年 1 季度	1st. Quarter of 2002	76.0	123.9	100.2		90.1
2002 年 2 季度	2nd. Quarter of 2002	75.7	125.0	99.6		101.0
2002 年 3 季度	3rd. Quarter of 2002	76.6	111.5	93.7		105.8
2002 年 4 季度	4th. Quarter of 2002	83.8	106.9	80.2		107.8
2003 年 1 季度	1st. Quarter of 2003	98.4	116.5	95.6		113.0
2003 年 2 季度	2nd. Quarter of 2003	72.5	113.8	93.1		96.2
2003 年 3 季度	3rd. Quarter of 2003	92.1	111.0	84.5		104.6
2003 年 4 季度	4th. Quarter of 2003	109.5	110.1	72.2		108.3
2004 年 1 季度	1st. Quarter of 2004	100.5	110.9	95.2	111.0	108.5
2004 年 2 季度	2nd. Quarter of 2004	84.9	100.1	91.0	109.0	111.7
2004 年 3 季度	3rd. Quarter of 2004	98.1	96.2	82.4	106.6	102.6
2004 年 4 季度	4th. Quarter of 2004	89.5	101.8	73.0	106.6	108.5
2005 年 1 季度	1st. Quarter of 2005	90.0	102.3	88.3	114.2	114.0
2005 年 2 季度	2nd. Quarter of 2005	73.0	102.0	89.2	107.1	99.4
2005 年 3 季度	3rd. Quarter of 2005	85.3	96.8	87.2	115.9	113.5
2005 年 4 季度	4th. Quarter of 2005	87.1	110.7	68.9	117.2	120.3
2006 年 1 季度	1st. Quarter of 2006	90.8	110.6	89.6	120.6	109.2
2006 年 2 季度	2nd. Quarter of 2006	93.6	114.9	72.0	123.4	128.9
2006 年 3 季度	3rd. Quarter of 2006	103.3	110.5	65.1	121.9	114.8
2006 年 4 季度	4th. Quarter of 2006	104.5	114.0	63.5	144.0	121.1
2007 年 1 季度	1st. Quarter of 2007	104.7	115.4	72.1	131.3	115.6
2007 年 2 季度	2nd. Quarter of 2007	110.2	113.7	84.2	136.4	107.5
2007 年 3 季度	3rd. Quarter of 2007	113.6	120.3	86.1	132.9	110.4
2007 年 4 季度	4th. Quarter of 2007	131.5	115.7	58.8	133.9	114.9
2008 年 1 季度	1st. Quarter of 2008	138.1	114.4	68.5	131.9	111.1
2008 年 2 季度	2nd. Quarter of 2008	118.6	108.2	67.5	126.3	114.3
2008 年 3 季度	3rd. Quarter of 2008	109.7	113.4	57.5	120.9	102.8
2008 年 4 季度	4th. Quarter of 2008	72.1	95.6	80.0	111.5	87.4
2009 年 1 季度	1st. Quarter of 2009	69.7	116.8	103.6	124.0	100.2
2009 年 2 季度	2nd. Quarter of 2009	88.5	111.2	97.4	121.0	102.7
2009 年 3 季度	3rd. Quarter of 2009	98.1	119.3	76.7	131.4	122.8
2009 年 4 季度	4th. Quarter of 2009	115.5	121.5	66.3	136.9	132.4
2010 年 1 季度	1st. Quarter of 2010	122.0	128.9	83.6	135.2	128.0
2010 年 2 季度	2nd. Quarter of 2010	100.8	127.5	89.5	135.0	124.9
2010 年 3 季度	3rd. Quarter of 2010	112.5	131.2	67.2	135.1	124.3
2010 年 4 季度	4th. Quarter of 2010	134.4	134.2	64.2	142.8	132.9
2011 年 1 季度	1st. Quarter of 2011	143.3	131.9	72.1	137.4	118.9
2011 年 2 季度	2nd. Quarter of 2011	110.3	131.7	75.5	139.5	125.8
2011 年 3 季度	3rd. Quarter of 2011	111.3	133.5	75.0	134.2	105.4
2011 年 4 季度	4th. Quarter of 2011	107.9	128.4	65.7	138.6	108.9

5-19 批发和零售业企业不同观察指标综合经营景气指数 (2001-2011 年)
Business Survey Index of Wholesale and Retail Enterprises (2001-2011)

续表 2 continued

季 度	Quarter	流动资金 Circulating Funds	企业融资 Fundraising	货款拖欠 Payment Delinquent	劳动力需求 Labor Demand	固定资产投资 Investment in Fixed Assets
2001 年 1 季度	1st. Quarter of 2001	59.2		113.0	65.8	94.6
2001 年 2 季度	2nd. Quarter of 2001	58.8		106.5	75.7	92.7
2001 年 3 季度	3rd. Quarter of 2001	48.6		111.9	74.9	93.6
2001 年 4 季度	4th. Quarter of 2001	49.9		111.6	79.1	96.4
2002 年 1 季度	1st. Quarter of 2002	67.2		107.4	72.2	91.2
2002 年 2 季度	2nd. Quarter of 2002	62.4		111.0	80.2	98.6
2002 年 3 季度	3rd. Quarter of 2002	71.7		112.0	80.4	108.5
2002 年 4 季度	4th. Quarter of 2002	63.6		106.3	83.2	108.2
2003 年 1 季度	1st. Quarter of 2003	70.0		119.5	84.1	99.3
2003 年 2 季度	2nd. Quarter of 2003	72.1		105.7	74.8	104.1
2003 年 3 季度	3rd. Quarter of 2003	74.4		102.5	95.5	99.7
2003 年 4 季度	4th. Quarter of 2003	78.7		110.1	84.4	102.9
2004 年 1 季度	1st. Quarter of 2004	87.7	77.7	107.8	84.0	98.6
2004 年 2 季度	2nd. Quarter of 2004	80.8	64.5	104.8	77.7	90.4
2004 年 3 季度	3rd. Quarter of 2004	75.7	65.3	115.3	87.2	102.9
2004 年 4 季度	4th. Quarter of 2004	71.6	67.1	113.5	82.9	101.5
2005 年 1 季度	1st. Quarter of 2005	79.4	74.9	98.8	90.9	101.8
2005 年 2 季度	2nd. Quarter of 2005	73.7	70.3	110.1	88.2	111.7
2005 年 3 季度	3rd. Quarter of 2005	81.2	77.0	109.3	96.2	107.7
2005 年 4 季度	4th. Quarter of 2005	76.0	76.7	112.6	94.7	103.4
2006 年 1 季度	1st. Quarter of 2006	91.8	82.0	106.7	101.6	105.3
2006 年 2 季度	2nd. Quarter of 2006	90.6	86.1	99.7	97.7	105.3
2006 年 3 季度	3rd. Quarter of 2006	76.0	76.3	99.9	97.3	99.4
2006 年 4 季度	4th. Quarter of 2006	81.3	78.9	111.5	117.3	105.5
2007 年 1 季度	1st. Quarter of 2007	86.3	84.2	101.7	115.3	90.8
2007 年 2 季度	2nd. Quarter of 2007	89.7	83.6	103.5	103.8	93.1
2007 年 3 季度	3rd. Quarter of 2007	93.7	78.8	106.2	114.6	107.9
2007 年 4 季度	4th. Quarter of 2007	89.0	78.5	109.8	107.3	99.5
2008 年 1 季度	1st. Quarter of 2008	84.3	78.4	112.1	103.5	96.3
2008 年 2 季度	2nd. Quarter of 2008	86.2	87.9	102.9	103.9	90.6
2008 年 3 季度	3rd. Quarter of 2008	89.2	84.6	109.7	99.3	112.5
2008 年 4 季度	4th. Quarter of 2008	70.1	76.5	102.7	83.9	90.2
2009 年 1 季度	1st. Quarter of 2009	97.9	97.8	105.3	90.4	95.5
2009 年 2 季度	2nd. Quarter of 2009	100.1	92.5	95.0	99.3	98.6
2009 年 3 季度	3rd. Quarter of 2009	102.5	96.9	96.4	99.1	104.2
2009 年 4 季度	4th. Quarter of 2009	100.7	97.6	109.8	106.4	117.0
2010 年 1 季度	1st. Quarter of 2010	105.3	105.9	99.2	113.9	102.3
2010 年 2 季度	2nd. Quarter of 2010	111.5	110.0	97.6	105.0	115.0
2010 年 3 季度	3rd. Quarter of 2010	111.7	109.9	106.2	102.9	104.8
2010 年 4 季度	4th. Quarter of 2010	123.8	110.8	107.6	104.7	114.2
2011 年 1 季度	1st. Quarter of 2011	115.5	102.9	95.9	112.5	109.5
2011 年 2 季度	2nd. Quarter of 2011	111.9	91.4	95.3	113.3	103.7
2011 年 3 季度	3rd. Quarter of 2011	99.3	84.7	97.6	116.7	103.4
2011 年 4 季度	4th. Quarter of 2011	98.8	92.2	109.9	113.7	99.2

5-20 房地产业企业不同观察指标综合经营景气指数 (2001-2011 年)
Business Survey Index of Real Estate Enterprises (2001-2011)

季 度	Quarter	企业家信心指数 **Entrepreneur Expectation Index**	企业景气指数 **Business Survey Index**	土地开发 Floor Space of Land Development	完成投资 Completed Investment	新开工情况 Floor Space of New Buildings
2001 年 1 季度	1st. Quarter of 2001	**138.2**	**124.4**	108.3	120.5	100.0
2001 年 2 季度	2nd. Quarter of 2001	**137.3**	**124.7**	111.3	142.4	100.0
2001 年 3 季度	3rd. Quarter of 2001	**140.0**	**129.2**	105.2	126.0	100.0
2001 年 4 季度	4th. Quarter of 2001	**130.8**	**134.4**	109.2	138.7	100.0
2002 年 1 季度	1st. Quarter of 2002	**134.7**	**132.1**	114.7	120.0	107.2
2002 年 2 季度	2nd. Quarter of 2002	**137.9**	**136.8**	113.3	127.0	111.0
2002 年 3 季度	3rd. Quarter of 2002	**142.5**	**136.0**	112.4	127.5	122.5
2002 年 4 季度	4th. Quarter of 2002	**149.5**	**139.9**	108.1	134.0	111.8
2003 年 1 季度	1st. Quarter of 2003	**158.1**	**140.8**	109.3	123.5	110.6
2003 年 2 季度	2nd. Quarter of 2003	**157.7**	**142.1**	101.3	126.8	110.9
2003 年 3 季度	3rd. Quarter of 2003	**152.6**	**150.0**	104.1	129.7	105.9
2003 年 4 季度	4th. Quarter of 2003	**169.1**	**162.6**	123.2	147.7	123.3
2004 年 1 季度	1st. Quarter of 2004	**177.9**	**156.8**	106.7	133.2	105.0
2004 年 2 季度	2nd. Quarter of 2004	**162.2**	**149.2**	106.0	149.0	95.3
2004 年 3 季度	3rd. Quarter of 2004	**149.6**	**152.5**	101.8	133.6	110.0
2004 年 4 季度	4th. Quarter of 2004	**156.2**	**134.8**	104.6	127.5	106.7
2005 年 1 季度	1st. Quarter of 2005	**158.7**	**147.3**	110.1	126.0	126.1
2005 年 2 季度	2nd. Quarter of 2005	**133.0**	**143.1**	104.7	131.8	112.7
2005 年 3 季度	3rd. Quarter of 2005	**145.0**	**140.5**	101.6	119.6	97.8
2005 年 4 季度	4th. Quarter of 2005	**139.8**	**135.5**	102.5	126.0	104.0
2006 年 1 季度	1st. Quarter of 2006	**159.5**	**154.8**	106.7	119.0	121.0
2006 年 2 季度	2nd. Quarter of 2006	**145.2**	**152.8**	108.3	144.8	109.5
2006 年 3 季度	3rd. Quarter of 2006	**155.2**	**137.1**	108.2	124.2	103.2
2006 年 4 季度	4th. Quarter of 2006	**153.6**	**154.8**	113.5	138.0	116.0
2007 年 1 季度	1st. Quarter of 2007	**150.9**	**144.8**	91.6	108.0	111.4
2007 年 2 季度	2nd. Quarter of 2007	**157.2**	**146.5**	116.5	132.9	111.7
2007 年 3 季度	3rd. Quarter of 2007	**167.7**	**161.2**	107.6	123.7	109.7
2007 年 4 季度	4th. Quarter of 2007	**156.3**	**154.2**	114.8	130.2	107.2
2008 年 1 季度	1st. Quarter of 2008	**132.7**	**144.2**	114.2	116.8	106.6
2008 年 2 季度	2nd. Quarter of 2008	**133.7**	**126.8**	112.9	126.0	109.3
2008 年 3 季度	3rd. Quarter of 2008	**100.5**	**125.0**	85.6	119.5	103.9
2008 年 4 季度	4th. Quarter of 2008	**77.7**	**94.3**	79.2	99.9	77.5
2009 年 1 季度	1st. Quarter of 2009	**92.3**	**100.4**	81.9	89.1	77.2
2009 年 2 季度	2nd. Quarter of 2009	**123.9**	**118.5**	108.8	113.3	104.4
2009 年 3 季度	3rd. Quarter of 2009	**139.4**	**120.8**	104.8	109.0	107.8
2009 年 4 季度	4th. Quarter of 2009	**150.0**	**131.5**	103.3	108.6	100.9
2010 年 1 季度	1st. Quarter of 2010	**148.7**	**139.3**	108.1	116.4	102.3
2010 年 2 季度	2nd. Quarter of 2010	**121.2**	**132.9**	115.8	117.0	93.0
2010 年 3 季度	3rd. Quarter of 2010	**133.9**	**139.7**	109.5	117.4	96.0
2010 年 4 季度	4th. Quarter of 2010	**138.9**	**138.7**	113.5	124.4	100.2
2011 年 1 季度	1st. Quarter of 2011	**112.2**	**118.7**	94.1	94.7	92.3
2011 年 2 季度	2nd. Quarter of 2011	**97.4**	**115.8**	88.9	98.8	87.0
2011 年 3 季度	3rd. Quarter of 2011	**94.3**	**102.4**	83.7	98.2	77.7
2011 年 4 季度	4th. Quarter of 2011	**85.0**	**102.7**	75.4	100.0	80.6

5-20 房地产业企业不同观察指标综合经营景气指数 (2001-2011 年)
Business Survey Index of Real Estate Enterprises (2001-2011)

续表 1 continued

季 度	Quarter	房屋竣工 Floor Space of Completed Buildings	商品房预售 Floor Space of Presold Commercial Buildings	商品房销售 Floor Space of Sold Commercial Buildings	商品房销售价格 Selling Price of Commercial Buildings	空置商品房 Vacant Space of Commodity Buildings
2001 年 1 季度	1st. Quarter of 2001	114.1	95.8	110.0	106.3	148.5
2001 年 2 季度	2nd. Quarter of 2001	119.6	124.7	125.3	109.4	151.5
2001 年 3 季度	3rd. Quarter of 2001	99.1	99.8	112.8	101.2	152.6
2001 年 4 季度	4th. Quarter of 2001	103.2	122.9	118.6	104.4	166.0
2002 年 1 季度	1st. Quarter of 2002	104.3	117.2	103.1	103.6	149.6
2002 年 2 季度	2nd. Quarter of 2002	96.6	113.9	109.3	97.8	157.8
2002 年 3 季度	3rd. Quarter of 2002	112.7	123.8	120.5	114.3	150.2
2002 年 4 季度	4th. Quarter of 2002	116.1	108.6	119.3	126.4	153.0
2003 年 1 季度	1st. Quarter of 2003	84.5	109.4	110.4	117.9	163.3
2003 年 2 季度	2nd. Quarter of 2003	114.9	123.5	129.0	122.2	167.5
2003 年 3 季度	3rd. Quarter of 2003	98.6	136.2	129.8	130.9	161.3
2003 年 4 季度	4th. Quarter of 2003	125.3	140.1	120.0	145.6	157.1
2004 年 1 季度	1st. Quarter of 2004	103.5	119.4	117.3	160.5	163.4
2004 年 2 季度	2nd. Quarter of 2004	110.6	119.7	110.1	147.7	164.8
2004 年 3 季度	3rd. Quarter of 2004	112.9	101.2	86.3	125.5	161.0
2004 年 4 季度	4th. Quarter of 2004	109.6	99.7	104.2	122.3	153.6
2005 年 1 季度	1st. Quarter of 2005	110.3	108.9	117.2	124.2	151.5
2005 年 2 季度	2nd. Quarter of 2005	113.7	102.5	103.9	90.4	149.2
2005 年 3 季度	3rd. Quarter of 2005	121.5	106.1	101.7	98.9	137.8
2005 年 4 季度	4th. Quarter of 2005	110.2	116.5	113.2	110.2	145.4
2006 年 1 季度	1st. Quarter of 2006	96.4	99.2	94.0	109.6	151.7
2006 年 2 季度	2nd. Quarter of 2006	118.6	120.4	113.4	113.3	145.2
2006 年 3 季度	3rd. Quarter of 2006	111.4	118.4	110.6	111.4	148.1
2006 年 4 季度	4th. Quarter of 2006	136.6	138.6	119.1	115.1	152.5
2007 年 1 季度	1st. Quarter of 2007	105.6	95.5	84.8	109.7	148.0
2007 年 2 季度	2nd. Quarter of 2007	116.3	115.9	121.0	126.8	146.4
2007 年 3 季度	3rd. Quarter of 2007	117.8	125.6	139.0	150.6	156.4
2007 年 4 季度	4th. Quarter of 2007	110.3	102.4	114.0	150.2	155.8
2008 年 1 季度	1st. Quarter of 2008	85.7	77.8	88.4	99.8	125.8
2008 年 2 季度	2nd. Quarter of 2008	113.5	98.5	98.8	92.9	135.1
2008 年 3 季度	3rd. Quarter of 2008	107.5	86.6	98.3	94.3	138.9
2008 年 4 季度	4th. Quarter of 2008	113.6	74.9	64.5	77.2	107.5
2009 年 1 季度	1st. Quarter of 2009	88.2	94.5	94.6	84.9	115.7
2009 年 2 季度	2nd. Quarter of 2009	98.5	102.8	110.4	108.0	123.6
2009 年 3 季度	3rd. Quarter of 2009	105.5	108.9	101.1	126.1	144.6
2009 年 4 季度	4th. Quarter of 2009	111.1	98.5	104.1	132.3	148.1
2010 年 1 季度	1st. Quarter of 2010	100.9	102.1	99.2	118.9	142.9
2010 年 2 季度	2nd. Quarter of 2010	110.0	77.7	67.5	106.5	129.2
2010 年 3 季度	3rd. Quarter of 2010	95.5	103.8	108.9	124.3	152.4
2010 年 4 季度	4th. Quarter of 2010	109.1	109.2	103.9	134.3	145.0
2011 年 1 季度	1st. Quarter of 2011	96.4	96.8	90.8	112.2	127.6
2011 年 2 季度	2nd. Quarter of 2011	90.9	79.0	70.9	96.7	124.9
2011 年 3 季度	3rd. Quarter of 2011	89.8	70.9	68.9	76.4	115.3
2011 年 4 季度	4th. Quarter of 2011	95.2	66.3	73.1	71.2	106.6

5-20 房地产业企业不同观察指标综合经营景气指数 (2001-2011 年)
Business Survey Index of Real Estate Enterprises (2001-2011)

续表 2 continued

季 度	Quarter	盈利(亏损)变化 Changes in Profits (losses)	流动资金 Circulating Funds	企业融资 Fundraising	货款拖欠 Payment Delinquent	劳动力需求 Labor Demand	固定资产投资 Investment in Fixed Assets
2001 年 1 季度	1st. Quarter of 2001	104.1	82.0		121.6	114.7	114.2
2001 年 2 季度	2nd. Quarter of 2001	108.1	78.4		114.8	123.0	126.6
2001 年 3 季度	3rd. Quarter of 2001	95.5	87.4		122.3	111.3	116.1
2001 年 4 季度	4th. Quarter of 2001	108.0	77.5		106.5	100.9	102.2
2002 年 1 季度	1st. Quarter of 2002	114.2	91.8		118.0	116.6	114.2
2002 年 2 季度	2nd. Quarter of 2002	109.7	87.1		123.9	102.2	118.4
2002 年 3 季度	3rd. Quarter of 2002	115.9	98.6		126.6	110.3	117.8
2002 年 4 季度	4th. Quarter of 2002	127.4	99.4		124.3	110.0	112.4
2003 年 1 季度	1st. Quarter of 2003	116.8	104.6		124.1	114.4	102.5
2003 年 2 季度	2nd. Quarter of 2003	125.6	109.6		134.0	112.2	122.6
2003 年 3 季度	3rd. Quarter of 2003	141.6	106.7		132.6	113.6	128.9
2003 年 4 季度	4th. Quarter of 2003	148.1	121.2		134.8	122.4	144.3
2004 年 1 季度	1st. Quarter of 2004	139.1	117.6	88.8	129.0	120.8	125.6
2004 年 2 季度	2nd. Quarter of 2004	138.6	110.0	88.6	133.4	114.0	138.6
2004 年 3 季度	3rd. Quarter of 2004	125.2	107.3	91.8	130.0	115.3	125.6
2004 年 4 季度	4th. Quarter of 2004	122.6	101.8	87.2	131.6	101.6	108.3
2005 年 1 季度	1st. Quarter of 2005	118.8	107.7	85.9	124.5	113.1	111.0
2005 年 2 季度	2nd. Quarter of 2005	103.0	81.5	80.0	117.5	104.3	128.7
2005 年 3 季度	3rd. Quarter of 2005	99.6	81.0	77.1	128.0	103.2	109.7
2005 年 4 季度	4th. Quarter of 2005	110.7	87.4	77.2	128.9	102.3	106.7
2006 年 1 季度	1st. Quarter of 2006	103.4	103.8	95.4	134.3	123.8	113.8
2006 年 2 季度	2nd. Quarter of 2006	108.9	108.0	91.7	135.7	112.8	122.2
2006 年 3 季度	3rd. Quarter of 2006	112.6	101.0	83.7	132.7	104.9	112.5
2006 年 4 季度	4th. Quarter of 2006	123.7	102.5	89.1	133.6	104.4	134.3
2007 年 1 季度	1st. Quarter of 2007	111.6	112.6	100.0	128.8	117.4	109.2
2007 年 2 季度	2nd. Quarter of 2007	134.4	118.3	104.1	142.4	102.8	124.4
2007 年 3 季度	3rd. Quarter of 2007	142.5	116.7	101.5	154.7	105.6	125.0
2007 年 4 季度	4th. Quarter of 2007	137.4	116.1	94.8	138.1	108.4	124.9
2008 年 1 季度	1st. Quarter of 2008	102.9	99.5	76.0	131.8	97.1	103.2
2008 年 2 季度	2nd. Quarter of 2008	103.6	91.4	71.4	123.6	89.3	103.0
2008 年 3 季度	3rd. Quarter of 2008	83.8	77.3	82.2	126.5	88.4	99.7
2008 年 4 季度	4th. Quarter of 2008	69.5	75.5	73.0	132.6	50.5	95.9
2009 年 1 季度	1st. Quarter of 2009	79.7	73.8	54.3	101.8	62.8	83.2
2009 年 2 季度	2nd. Quarter of 2009	120.1	75.5	74.8	112.6	87.7	93.5
2009 年 3 季度	3rd. Quarter of 2009	111.5	96.9	71.8	113.6	84.6	99.4
2009 年 4 季度	4th. Quarter of 2009	115.1	93.6	74.3	125.2	100.1	101.5
2010 年 1 季度	1st. Quarter of 2010	120.4	108.1	84.1	132.1	112.9	110.4
2010 年 2 季度	2nd. Quarter of 2010	95.7	96.8	85.1	126.1	87.7	102.7
2010 年 3 季度	3rd. Quarter of 2010	120.7	102.3	87.1	122.4	100.9	113.0
2010 年 4 季度	4th. Quarter of 2010	119.3	96.0	82.6	129.1	117.7	105.5
2011 年 1 季度	1st. Quarter of 2011	104.3	85.4	73.5	110.3	105.8	109.9
2011 年 2 季度	2nd. Quarter of 2011	98.2	85.8	63.7	102.7	94.0	90.7
2011 年 3 季度	3rd. Quarter of 2011	77.2	67.5	57.4	105.9	89.4	99.4
2011 年 4 季度	4th. Quarter of 2011	65.1	75.1	59.1	107.7	79.5	87.7

5-21 社会服务业企业不同观察指标综合经营景气指数 (2001-2011 年)
Business Survey Index of Social Services Enterprises (2001-2011)

季 度	Quarter	企业家信心指数 Entrepreneur Expectation Index	企业景气指数 Business Survey Index	服务预订 Service Order	竞争能力 Competition Abilities	旅游客源 Tourists (tourism)	收费(服务)价格 Business (services) Charges
2001 年 1 季度	1st. Quarter of 2001	**123.9**	**108.1**			70.0	87.5
2001 年 2 季度	2nd. Quarter of 2001	**136.1**	**124.1**			181.6	111.9
2001 年 3 季度	3rd. Quarter of 2001	**135.9**	**112.1**			150.0	111.9
2001 年 4 季度	4th. Quarter of 2001	**127.9**	**124.1**			100.0	75.8
2002 年 1 季度	1st. Quarter of 2002	**126.1**	**124.5**			124.9	89.5
2002 年 2 季度	2nd. Quarter of 2002	**117.4**	**112.3**			163.6	89.5
2002 年 3 季度	3rd. Quarter of 2002	**127.5**	**124.3**			168.2	81.0
2002 年 4 季度	4th. Quarter of 2002	**122.6**	**108.8**			100.0	85.9
2003 年 1 季度	1st. Quarter of 2003	**132.0**	**118.8**		138.5	109.1	86.3
2003 年 2 季度	2nd. Quarter of 2003	**95.1**	**69.6**		118.0	20.0	61.4
2003 年 3 季度	3rd. Quarter of 2003	**112.2**	**114.8**		127.0	172.0	91.8
2003 年 4 季度	4th. Quarter of 2003	**121.2**	**120.4**		130.4	60.6	88.5
2004 年 1 季度	1st. Quarter of 2004	**114.5**	**117.7**	101.6	129.5	94.4	82.0
2004 年 2 季度	2nd. Quarter of 2004	**122.1**	**123.7**	116.1	135.5	155.0	86.4
2004 年 3 季度	3rd. Quarter of 2004	**109.8**	**103.3**	107.0	127.8	130.4	96.5
2004 年 4 季度	4th. Quarter of 2004	**112.0**	**102.1**	96.2	123.3	60.0	81.4
2005 年 1 季度	1st. Quarter of 2005	**122.0**	**102.8**	104.9	134.2	136.8	87.4
2005 年 2 季度	2nd. Quarter of 2005	**118.5**	**107.0**	111.8	132.0	113.6	88.9
2005 年 3 季度	3rd. Quarter of 2005	**114.6**	**109.8**	112.9	128.3	133.3	84.5
2005 年 4 季度	4th. Quarter of 2005	**124.5**	**120.4**	107.0	139.7	93.8	91.7
2006 年 1 季度	1st. Quarter of 2006	**128.0**	**117.3**	106.5	134.8	120.8	85.4
2006 年 2 季度	2nd. Quarter of 2006	**129.4**	**119.3**	113.4	130.6	133.3	96.6
2006 年 3 季度	3rd. Quarter of 2006	**130.1**	**135.7**	119.9	145.5	141.2	104.9
2006 年 4 季度	4th. Quarter of 2006	**139.1**	**138.7**	98.3	141.2	89.2	95.6
2007 年 1 季度	1st. Quarter of 2007	**138.1**	**134.2**	129.0	135.4	107.1	119.9
2007 年 2 季度	2nd. Quarter of 2007	**133.7**	**133.7**	133.9	145.0	157.1	102.5
2007 年 3 季度	3rd. Quarter of 2007	**142.9**	**127.3**	122.7	142.9	144.4	106.4
2007 年 4 季度	4th. Quarter of 2007	**132.8**	**115.8**	91.4	142.6	66.7	81.6
2008 年 1 季度	1st. Quarter of 2008	**131.7**	**114.4**	94.5	148.2	100.0	99.7
2008 年 2 季度	2nd. Quarter of 2008	**109.7**	**97.2**	89.4	137.2	35.7	94.9
2008 年 3 季度	3rd. Quarter of 2008	**114.4**	**114.4**	101.8	138.7	128.6	117.1
2008 年 4 季度	4th. Quarter of 2008	**83.2**	**96.4**	59.9	136.5	27.3	74.1
2009 年 1 季度	1st. Quarter of 2009	**102.5**	**99.1**	64.9	135.2	100.0	82.1
2009 年 2 季度	2nd. Quarter of 2009	**119.9**	**113.6**	92.2	140.1	115.4	97.4
2009 年 3 季度	3rd. Quarter of 2009	**132.5**	**137.3**	117.6	147.9	166.7	100.0
2009 年 4 季度	4th. Quarter of 2009	**132.5**	**143.1**	109.5	137.3	108.3	93.6
2010 年 1 季度	1st. Quarter of 2010	**142.6**	**148.2**	122.2	146.3	113.3	103.7
2010 年 2 季度	2nd. Quarter of 2010	**138.6**	**138.6**	138.8	143.9	192.9	115.8
2010 年 3 季度	3rd. Quarter of 2010	**132.1**	**139.3**	121.6	139.3	181.3	109.1
2010 年 4 季度	4th. Quarter of 2010	**142.9**	**137.5**	121.6	141.1	100.0	94.6
2011 年 1 季度	1st. Quarter of 2011	**147.6**	**140.8**	102.2	153.2	106.9	102.2
2011 年 2 季度	2nd. Quarter of 2011	**147.3**	**140.5**	128.5	147.3	182.4	107.2
2011 年 3 季度	3rd. Quarter of 2011	**137.0**	**139.0**	122.3	146.4	186.7	108.2
2011 年 4 季度	4th. Quarter of 2011	**142.2**	**125.5**	99.8	141.4	93.3	86.7

5-21 社会服务业企业不同观察指标综合经营景气指数 (2001-2011 年)

Business Survey Index of Social Services Enterprises (2001-2011)

续表 continued

季 度	Quarter	业务量 Business Volume	营业成本 Business Cost	盈利(亏损)变化 Changes in Profits (losses)	流动资金 Circulating Funds	企业融资 Fundraising	货款拖欠 Payment Delinquent	劳动力需求 Labor Demand	固定资产投资 Investment in Fixed Assets
2001 年 1 季度	1st. Quarter of 2001		99.9	87.9	84.0		90.5	92.0	126.2
2001 年 2 季度	2nd. Quarter of 2001		68.0	128.0	76.2		113.8	100.2	104.4
2001 年 3 季度	3rd. Quarter of 2001		72.0	116.0	84.1		77.4	112.1	112.5
2001 年 4 季度	4th. Quarter of 2001		55.8	124.0	84.0		126.3	104.0	120.6
2002 年 1 季度	1st. Quarter of 2002		77.7	101.7	106.9		104.6	106.9	98.1
2002 年 2 季度	2nd. Quarter of 2002		80.7	103.5	87.9		97.0	103.5	109.1
2002 年 3 季度	3rd. Quarter of 2002		73.1	116.9	89.8		103.6	101.8	110.5
2002 年 4 季度	4th. Quarter of 2002		79.8	96.2	90.0		116.7	96.6	105.4
2003 年 1 季度	1st. Quarter of 2003		86.7	125.5	101.5		108.8	108.2	113.9
2003 年 2 季度	2nd. Quarter of 2003		92.9	51.7	86.9		101.6	66.5	86.9
2003 年 3 季度	3rd. Quarter of 2003		76.2	109.3	91.1		88.3	107.3	102.4
2003 年 4 季度	4th. Quarter of 2003		88.5	100.9	82.9		106.8	94.2	110.8
2004 年 1 季度	1st. Quarter of 2004	92.4	77.1	98.9	89.8	83.6	91.8	95.6	112.9
2004 年 2 季度	2nd. Quarter of 2004	121.3	78.2	116.1	83.9	77.8	95.1	104.8	98.4
2004 年 3 季度	3rd. Quarter of 2004	111.2	72.2	96.7	83.1	81.1	100.0	98.9	103.8
2004 年 4 季度	4th. Quarter of 2004	105.6	90.7	112.6	95.1	73.0	112.6	89.7	93.4
2005 年 1 季度	1st. Quarter of 2005	99.2	81.9	83.8	86.5	72.5	112.6	88.5	98.1
2005 年 2 季度	2nd. Quarter of 2005	114.8	85.2	91.3	78.4	71.4	102.0	100.0	105.9
2005 年 3 季度	3rd. Quarter of 2005	118.8	72.6	97.2	80.4	66.1	102.0	109.8	109.8
2005 年 4 季度	4th. Quarter of 2005	116.7	82.8	95.8	87.8	65.3	104.1	100.0	100.0
2006 年 1 季度	1st. Quarter of 2006	113.5	90.3	85.7	82.6	56.4	106.4	97.8	100.0
2006 年 2 季度	2nd. Quarter of 2006	114.3	86.8	103.6	80.6	68.2	102.7	88.9	97.3
2006 年 3 季度	3rd. Quarter of 2006	124.6	85.7	112.7	85.7	64.5	95.2	114.3	107.1
2006 年 4 季度	4th. Quarter of 2006	109.2	89.3	106.8	90.0	70.3	110.1	82.7	96.2
2007 年 1 季度	1st. Quarter of 2007	129.0	57.9	113.2	95.9	77.2	109.1	113.2	97.4
2007 年 2 季度	2nd. Quarter of 2007	130.0	70.0	117.5	83.7	69.9	93.7	120.0	107.5
2007 年 3 季度	3rd. Quarter of 2007	121.4	73.8	123.8	86.8	79.1	94.2	111.9	110.6
2007 年 4 季度	4th. Quarter of 2007	85.2	75.6	107.1	88.9	69.6	98.7	80.5	96.2
2008 年 1 季度	1st. Quarter of 2008	87.2	65.6	84.7	95.5	73.2	107.0	86.0	107.3
2008 年 2 季度	2nd. Quarter of 2008	99.4	61.9	78.7	77.9	62.2	105.0	72.5	87.9
2008 年 3 季度	3rd. Quarter of 2008	111.6	65.9	101.8	85.7	61.0	97.6	83.6	93.3
2008 年 4 季度	4th. Quarter of 2008	88.9	84.2	54.7	70.1	52.6	103.9	55.3	73.4
2009 年 1 季度	1st. Quarter of 2009	87.4	87.9	77.7	73.2	75.6	86.9	75.7	90.3
2009 年 2 季度	2nd. Quarter of 2009	107.8	86.0	91.6	94.3	77.1	96.3	93.8	105.8
2009 年 3 季度	3rd. Quarter of 2009	125.0	81.4	114.3	103.3	75.6	102.7	118.6	122.9
2009 年 4 季度	4th. Quarter of 2009	120.2	70.8	105.3	91.0	71.8	102.7	110.1	121.9
2010 年 1 季度	1st. Quarter of 2010	111.1	66.7	103.9	105.6	76.9	107.6	125.9	107.4
2010 年 2 季度	2nd. Quarter of 2010	137.0	54.6	107.2	108.6	77.2	93.0	121.1	101.9
2010 年 3 季度	3rd. Quarter of 2010	141.3	64.3	128.8	110.5	75.0	108.9	119.6	114.3
2010 年 4 季度	4th. Quarter of 2010	123.4	69.6	119.6	103.4	73.2	112.5	103.6	112.5
2011 年 1 季度	1st. Quarter of 2011	112.2	83.5	93.6	106.8	90.4	108.5	115.3	113.2
2011 年 2 季度	2nd. Quarter of 2011	146.4	69.2	122.7	108.7	83.2	100.8	121.8	108.2
2011 年 3 季度	3rd. Quarter of 2011	129.0	56.5	121.1	101.5	76.5	94.2	130.1	104.9
2011 年 4 季度	4th. Quarter of 2011	109.8	63.2	99.7	91.7	68.0	111.8	101.5	107.5

5-22 信息传输、计算机服务和软件业企业不同观察指标综合经营景气指数（2001-2011 年）

Business Survey Index of Data Transmission, Computer Service and Software Enterprises (2001-2011)

季 度	Quarter	企业家信心指数 Entrepreneur Expectation Index	企业景气指数 Business Survey Index	产品销售（提供服务） Sales of Products (Service)	产品订货 Order of Products	竞争能力 Competition Abilities	销售(收费)价格 Business Charges	营业收入 Business Revenue
2001 年 1 季度	1st. Quarter of 2001	**125.5**	**125.5**	133.3	100.0	100.0	58.9	133.3
2001 年 2 季度	2nd. Quarter of 2001	**125.5**	**125.5**	133.3	100.0	100.0	58.9	84.4
2001 年 3 季度	3rd. Quarter of 2001	**125.5**	**125.5**	133.3	100.0	100.0	66.7	84.4
2001 年 4 季度	4th. Quarter of 2001	**125.5**	**125.5**	166.7	100.0	100.0	100.0	158.9
2002 年 1 季度	1st. Quarter of 2002	**124.6**	**108.0**	171.4	100.0	100.0	85.7	113.5
2002 年 2 季度	2nd. Quarter of 2002	**130.8**	**107.3**	159.4	100.0	100.0	100.0	127.8
2002 年 3 季度	3rd. Quarter of 2002	**130.8**	**116.5**	104.5	100.0	100.0	100.0	106.3
2002 年 4 季度	4th. Quarter of 2002	**145.1**	**157.1**	145.1	100.0	100.0	100.0	127.8
2003 年 1 季度	1st. Quarter of 2003	**131.6**	**125.6**	109.9	94.3	154.1	87.8	109.1
2003 年 2 季度	2nd. Quarter of 2003	**130.3**	**118.1**	117.5	98.6	129.1	87.8	131.0
2003 年 3 季度	3rd. Quarter of 2003	**130.5**	**129.1**	138.0	116.5	141.9	75.7	141.4
2003 年 4 季度	4th. Quarter of 2003	**136.2**	**146.3**	127.7	116.3	141.9	84.9	144.8
2004 年 1 季度	1st. Quarter of 2004	**142.4**	**145.2**	136.1	113.2	161.9	100.0	136.1
2004 年 2 季度	2nd. Quarter of 2004	**142.4**	**130.7**	129.0	110.3	144.9	81.3	140.1
2004 年 3 季度	3rd. Quarter of 2004	**134.1**	**130.0**	147.4	118.7	153.2	86.1	139.0
2004 年 4 季度	4th. Quarter of 2004	**135.1**	**135.5**	127.9	115.9	142.9	75.8	138.3
2005 年 1 季度	1st. Quarter of 2005	**144.0**	**118.8**	91.5	80.8	139.4	84.5	95.5
2005 年 2 季度	2nd. Quarter of 2005	**142.2**	**123.5**	128.4	92.9	145.4	75.5	131.6
2005 年 3 季度	3rd. Quarter of 2005	**147.0**	**132.3**	115.8	102.2	148.1	83.3	113.3
2005 年 4 季度	4th. Quarter of 2005	**145.3**	**135.3**	127.0	120.1	152.2	92.4	145.1
2006 年 1 季度	1st. Quarter of 2006	**134.1**	**121.2**	109.5	89.2	139.7	86.2	96.0
2006 年 2 季度	2nd. Quarter of 2006	**125.5**	**122.3**	128.9	121.7	146.2	81.5	123.1
2006 年 3 季度	3rd. Quarter of 2006	**125.9**	**129.5**	112.6	100.2	150.8	96.4	109.7
2006 年 4 季度	4th. Quarter of 2006	**145.7**	**134.3**	137.2	121.8	127.7	62.8	123.6
2007 年 1 季度	1st. Quarter of 2007	**130.7**	**126.4**	80.7	84.7	136.3	74.3	89.1
2007 年 2 季度	2nd. Quarter of 2007	**141.4**	**141.4**	117.7	109.7	143.2	79.3	121.6
2007 年 3 季度	3rd. Quarter of 2007	**144.4**	**140.4**	101.9	114.9	146.4	95.2	101.8
2007 年 4 季度	4th. Quarter of 2007	**151.0**	**151.0**	120.2	120.2	153.4	67.7	133.7
2008 年 1 季度	1st. Quarter of 2008	**138.1**	**138.1**	115.3	108.0	156.3	80.3	106.8
2008 年 2 季度	2nd. Quarter of 2008	**140.9**	**141.0**	129.8	119.4	140.9	87.9	129.8
2008 年 3 季度	3rd. Quarter of 2008	**139.8**	**135.2**	98.7	98.7	121.4	79.3	108.3
2008 年 4 季度	4th. Quarter of 2008	**143.9**	**149.2**	135.5	124.1	139.6	87.7	140.7
2009 年 1 季度	1st. Quarter of 2009	**147.6**	**108.6**	93.5	69.6	125.3	79.5	88.7
2009 年 2 季度	2nd. Quarter of 2009	**133.3**	**103.9**	112.5	91.1	134.8	74.7	117.3
2009 年 3 季度	3rd. Quarter of 2009	**155.6**	**143.4**	120.2	118.4	155.6	76.1	137.9
2009 年 4 季度	4th. Quarter of 2009	**131.6**	**136.8**	129.6	125.3	142.1	82.6	131.6
2010 年 1 季度	1st. Quarter of 2010	**155.3**	**160.7**	133.4	127.6	150.0	92.1	128.1
2010 年 2 季度	2nd. Quarter of 2010	**150.0**	**138.8**	131.6	127.6	144.6	87.5	138.8
2010 年 3 季度	3rd. Quarter of 2010	**153.6**	**149.5**	150.0	131.2	164.3	103.4	146.0
2010 年 4 季度	4th. Quarter of 2010	**164.3**	**160.2**	150.0	134.7	150.0	98.2	163.8
2011 年 1 季度	1st. Quarter of 2011	**156.0**	**131.2**	118.6	98.2	143.9	89.8	108.2
2011 年 2 季度	2nd. Quarter of 2011	**160.9**	**160.3**	149.9	121.9	154.6	102.0	161.9
2011 年 3 季度	3rd. Quarter of 2011	**145.3**	**138.4**	133.6	111.0	148.4	119.4	141.5
2011 年 4 季度	4th. Quarter of 2011	**149.1**	**138.4**	168.8	130.3	149.1	112.1	152.5

5-22 信息传输、计算机服务和软件业企业不同观察指标综合经营景气指数（2001-2011 年）

Business Survey Index of Data Transmission, Computer Service and Software Enterprises (2001-2011)

续表 continued

季度	Quarter	营业成本 Business Cost	盈利(亏损)变化 Changes in Profits (losses)	流动资金 Circulating Funds	企业融资 Fundraising	货款拖欠 Payment Delinquent	劳动力需求 Labor Demand	固定资产投资 Investment in Fixed Assets
2001 年 1 季度	1st. Quarter of 2001	74.5	200.0	25.5		100.0	58.9	200.0
2001 年 2 季度	2nd. Quarter of 2001	0.0	125.5	100.0		100.0	84.4	200.0
2001 年 3 季度	3rd. Quarter of 2001	0.0	92.2	100.0		100.0	100.0	141.1
2001 年 4 季度	4th. Quarter of 2001	33.3	158.9	100.0		100.0	141.1	166.7
2002 年 1 季度	1st. Quarter of 2002	56.2	72.4	114.3		129.4	123.1	84.2
2002 年 2 季度	2nd. Quarter of 2002	68.4	121.5	118.5		103.0	87.9	144.6
2002 年 3 季度	3rd. Quarter of 2002	45.1	120.5	107.3		52.9	117.3	151.9
2002 年 4 季度	4th. Quarter of 2002	23.6	106.3	107.3		64.2	100.0	84.9
2003 年 1 季度	1st. Quarter of 2003	109.5	96.4	108.9		96.8	108.6	104.6
2003 年 2 季度	2nd. Quarter of 2003	101.4	132.9	109.5		83.8	102.7	101.9
2003 年 3 季度	3rd. Quarter of 2003	76.3	123.4	98.6		94.3	122.9	102.0
2003 年 4 季度	4th. Quarter of 2003	82.0	139.1	95.7		83.4	125.7	107.2
2004 年 1 季度	1st. Quarter of 2004	71.5	118.0	100.4	96.4	111.1	119.4	104.2
2004 年 2 季度	2nd. Quarter of 2004	66.5	102.8	100.4	79.4	105.6	111.1	109.8
2004 年 3 季度	3rd. Quarter of 2004	64.5	122.2	89.3	66.7	99.2	115.9	116.3
2004 年 4 季度	4th. Quarter of 2004	56.2	115.9	98.4	69.7	83.3	100.0	107.8
2005 年 1 季度	1st. Quarter of 2005	83.8	95.2	78.4	52.0	91.6	100.4	79.9
2005 年 2 季度	2nd. Quarter of 2005	73.4	101.8	80.2	71.2	79.5	120.1	91.8
2005 年 3 季度	3rd. Quarter of 2005	61.6	111.1	83.8	72.2	105.7	108.2	102.0
2005 年 4 季度	4th. Quarter of 2005	71.2	136.8	74.7	53.8	89.0	117.1	106.7
2006 年 1 季度	1st. Quarter of 2006	80.7	93.8	61.7	69.4	102.8	103.5	100.9
2006 年 2 季度	2nd. Quarter of 2006	70.4	110.9	66.2	75.9	98.8	118.5	86.1
2006 年 3 季度	3rd. Quarter of 2006	98.1	116.9	90.2	77.9	108.1	114.3	110.7
2006 年 4 季度	4th. Quarter of 2006	74.6	137.5	103.7	90.6	108.4	126.2	108.7
2007 年 1 季度	1st. Quarter of 2007	74.3	93.0	104.8	86.4	95.9	96.6	97.6
2007 年 2 季度	2nd. Quarter of 2007	71.6	93.4	116.6	96.4	99.8	124.9	117.4
2007 年 3 季度	3rd. Quarter of 2007	82.2	101.9	118.0	91.5	78.4	131.4	110.2
2007 年 4 季度	4th. Quarter of 2007	54.0	115.6	105.5	96.1	86.5	132.8	124.4
2008 年 1 季度	1st. Quarter of 2008	66.5	106.8	102.5	87.3	92.0	120.9	107.9
2008 年 2 季度	2nd. Quarter of 2008	61.3	118.6	108.7	82.2	82.8	113.8	102.8
2008 年 3 季度	3rd. Quarter of 2008	74.6	96.9	88.3	91.5	106.0	101.8	111.8
2008 年 4 季度	4th. Quarter of 2008	71.1	138.7	123.9	96.3	101.3	107.1	107.9
2009 年 1 季度	1st. Quarter of 2009	100.9	87.2	76.8	61.6	99.1	92.8	118.2
2009 年 2 季度	2nd. Quarter of 2009	86.6	106.2	83.9	64.1	87.2	110.1	100.0
2009 年 3 季度	3rd. Quarter of 2009	76.1	112.8	101.7	73.9	73.9	123.3	83.3
2009 年 4 季度	4th. Quarter of 2009	74.7	128.0	95.4	80.6	86.8	109.5	94.7
2010 年 1 季度	1st. Quarter of 2010	69.3	122.7	110.2	84.7	87.5	121.4	109.2
2010 年 2 季度	2nd. Quarter of 2010	68.8	115.6	103.1	99.5	84.5	125.5	117.9
2010 年 3 季度	3rd. Quarter of 2010	54.5	140.6	97.7	78.1	88.0	122.7	125.0
2010 年 4 季度	4th. Quarter of 2010	58.1	151.3	110.2	74.5	95.1	118.3	121.4
2011 年 1 季度	1st. Quarter of 2011	64.1	110.6	110.6	91.7	101.8	127.9	132.2
2011 年 2 季度	2nd. Quarter of 2011	56.3	139.4	108.8	78.0	85.9	109.1	139.0
2011 年 3 季度	3rd. Quarter of 2011	57.0	142.1	107.4	101.2	94.2	120.9	127.0
2011 年 4 季度	4th. Quarter of 2011	76.8	142.8	129.0	82.4	100.8	121.6	122.7

5-23 住宿和餐饮业企业不同观察指标综合经营景气指数 (2001-2011 年)
Business Survey Index of Hotels and Catering Enterprises (2001-2011)

季度	Quarter	企业家信心指数 Entrepreneur Expectation Index	企业景气指数 Business Survey Index	业务预订 Business Order	业务量 Business Volume	竞争能力 Competition Abilities
2001 年 1 季度	1st. Quarter of 2001	**106.3**	**113.9**			100.0
2001 年 2 季度	2nd. Quarter of 2001	**97.5**	**105.4**			100.0
2001 年 3 季度	3rd. Quarter of 2001	**90.7**	**105.4**			100.0
2001 年 4 季度	4th. Quarter of 2001	**107.6**	**115.8**			100.0
2002 年 1 季度	1st. Quarter of 2002	**113.1**	**96.1**			100.0
2002 年 2 季度	2nd. Quarter of 2002	**106.8**	**113.1**			100.0
2002 年 3 季度	3rd. Quarter of 2002	**134.8**	**115.3**			100.0
2002 年 4 季度	4th. Quarter of 2002	**117.3**	**108.4**			100.0
2003 年 1 季度	1st. Quarter of 2003	**115.4**	**119.3**			125.6
2003 年 2 季度	2nd. Quarter of 2003	**58.3**	**39.8**			109.5
2003 年 3 季度	3rd. Quarter of 2003	**128.8**	**128.8**			133.3
2003 年 4 季度	4th. Quarter of 2003	**140.0**	**130.3**			135.0
2004 年 1 季度	1st. Quarter of 2004	**120.6**	**118.7**	99.9	92.1	127.6
2004 年 2 季度	2nd. Quarter of 2004	**123.8**	**114.6**	111.8	120.1	114.6
2004 年 3 季度	3rd. Quarter of 2004	**120.7**	**102.2**	98.9	87.7	125.3
2004 年 4 季度	4th. Quarter of 2004	**125.2**	**128.7**	130.0	128.0	128.3
2005 年 1 季度	1st. Quarter of 2005	**121.7**	**120.4**	89.3	77.0	120.4
2005 年 2 季度	2nd. Quarter of 2005	**140.9**	**117.2**	113.0	99.7	123.6
2005 年 3 季度	3rd. Quarter of 2005	**122.3**	**115.5**	91.8	79.3	116.5
2005 年 4 季度	4th. Quarter of 2005	**132.7**	**145.2**	142.8	154.4	131.4
2006 年 1 季度	1st. Quarter of 2006	**129.7**	**109.3**	101.3	86.4	125.1
2006 年 2 季度	2nd. Quarter of 2006	**143.2**	**125.4**	116.8	98.6	130.4
2006 年 3 季度	3rd. Quarter of 2006	**120.9**	**104.7**	81.6	76.3	116.2
2006 年 4 季度	4th. Quarter of 2006	**140.3**	**127.0**	144.3	140.6	135.5
2007 年 1 季度	1st. Quarter of 2007	**147.1**	**137.3**	129.6	122.0	129.5
2007 年 2 季度	2nd. Quarter of 2007	**152.5**	**148.3**	108.3	100.6	136.9
2007 年 3 季度	3rd. Quarter of 2007	**141.6**	**134.9**	99.5	100.3	131.0
2007 年 4 季度	4th. Quarter of 2007	**140.5**	**146.8**	119.0	121.1	129.4
2008 年 1 季度	1st. Quarter of 2008	**134.8**	**112.5**	113.5	111.5	130.1
2008 年 2 季度	2nd. Quarter of 2008	**109.6**	**115.9**	57.0	51.3	128.6
2008 年 3 季度	3rd. Quarter of 2008	**109.6**	**99.8**	54.2	63.4	122.6
2008 年 4 季度	4th. Quarter of 2008	**105.8**	**108.0**	105.7	99.6	118.6
2009 年 1 季度	1st. Quarter of 2009	**111.8**	**116.0**	81.8	73.8	114.0
2009 年 2 季度	2nd. Quarter of 2009	**123.5**	**121.6**	88.6	96.7	129.4
2009 年 3 季度	3rd. Quarter of 2009	**128.9**	**124.8**	99.8	105.6	125.0
2009 年 4 季度	4th. Quarter of 2009	**121.6**	**127.5**	127.3	131.9	123.5
2010 年 1 季度	1st. Quarter of 2010	**133.3**	**137.0**	111.4	105.3	127.8
2010 年 2 季度	2nd. Quarter of 2010	**137.7**	**130.2**	108.3	100.0	134.0
2010 年 3 季度	3rd. Quarter of 2010	**143.1**	**135.3**	90.7	90.7	127.5
2010 年 4 季度	4th. Quarter of 2010	**147.1**	**152.9**	157.9	159.9	131.4
2011 年 1 季度	1st. Quarter of 2011	**141.4**	**137.7**	105.7	92.1	137.7
2011 年 2 季度	2nd. Quarter of 2011	**145.7**	**134.6**	119.8	132.7	142.0
2011 年 3 季度	3rd. Quarter of 2011	**150.5**	**152.4**	106.1	109.4	140.6
2011 年 4 季度	4th. Quarter of 2011	**157.5**	**159.5**	157.5	151.5	143.5

5-23 住宿和餐饮业企业不同观察指标综合经营景气指数 (2001-2011 年)
Business Survey Index of Hotels and Catering Enterprises (2001-2011)

续表 1 continued

季 度	Quarter	客房出租 Rent of Guest Rooms (Hotels)	收费(服务)价格 Business Charge	营业收入 Business Revenue	营业成本 Business Cost	盈利(亏损)变化 Changes in Profits (losses)
2001 年 1 季度	1st. Quarter of 2001	76.9	80.8	82.9	107.3	81.7
2001 年 2 季度	2nd. Quarter of 2001	66.7	71.1	102.5	56.2	107.3
2001 年 3 季度	3rd. Quarter of 2001	83.3	75.4	92.5	98.7	81.8
2001 年 4 季度	4th. Quarter of 2001	54.6	84.4	126.0	91.2	122.7
2002 年 1 季度	1st. Quarter of 2002	64.2	70.0	65.6	94.1	67.1
2002 年 2 季度	2nd. Quarter of 2002	87.5	86.6	102.3	87.6	91.2
2002 年 3 季度	3rd. Quarter of 2002	87.5	79.1	110.0	95.0	92.9
2002 年 4 季度	4th. Quarter of 2002	89.9	79.3	120.8	96.0	127.7
2003 年 1 季度	1st. Quarter of 2003	90.0	74.2	72.7	93.1	80.7
2003 年 2 季度	2nd. Quarter of 2003	21.0	50.4	9.0	125.6	11.6
2003 年 3 季度	3rd. Quarter of 2003	94.1	97.9	155.3	64.5	128.4
2003 年 4 季度	4th. Quarter of 2003	105.9	92.8	146.1	72.5	134.8
2004 年 1 季度	1st. Quarter of 2004	85.7	96.8	93.8	76.6	97.3
2004 年 2 季度	2nd. Quarter of 2004	96.4	90.6	107.6	65.3	118.8
2004 年 3 季度	3rd. Quarter of 2004	88.4	85.1	87.7	76.7	71.7
2004 年 4 季度	4th. Quarter of 2004	98.1	99.3	128.8	83.6	121.8
2005 年 1 季度	1st. Quarter of 2005	93.9	104.5	91.1	100.1	96.3
2005 年 2 季度	2nd. Quarter of 2005	99.9	101.5	106.8	92.3	108.8
2005 年 3 季度	3rd. Quarter of 2005	94.6	92.7	81.1	92.1	85.6
2005 年 4 季度	4th. Quarter of 2005	120.8	119.3	149.6	75.6	151.7
2006 年 1 季度	1st. Quarter of 2006	100.8	86.6	73.0	96.6	81.9
2006 年 2 季度	2nd. Quarter of 2006	110.5	98.4	121.2	86.0	112.1
2006 年 3 季度	3rd. Quarter of 2006	89.5	100.0	68.0	79.5	58.7
2006 年 4 季度	4th. Quarter of 2006	116.4	102.5	144.0	68.0	136.3
2007 年 1 季度	1st. Quarter of 2007	93.5	95.8	118.1	80.2	108.4
2007 年 2 季度	2nd. Quarter of 2007	102.5	98.5	106.4	75.8	83.7
2007 年 3 季度	3rd. Quarter of 2007	97.5	98.5	92.5	64.8	67.5
2007 年 4 季度	4th. Quarter of 2007	103.9	104.4	131.5	53.6	104.2
2008 年 1 季度	1st. Quarter of 2008	78.4	114.7	96.6	62.3	74.8
2008 年 2 季度	2nd. Quarter of 2008	76.5	99.5	51.3	85.8	63.5
2008 年 3 季度	3rd. Quarter of 2008	72.4	83.4	62.9	101.1	49.5
2008 年 4 季度	4th. Quarter of 2008	84.1	96.9	108.4	84.4	83.5
2009 年 1 季度	1st. Quarter of 2009	79.5	86.0	85.8	90.0	95.8
2009 年 2 季度	2nd. Quarter of 2009	97.5	100.6	100.2	101.8	109.8
2009 年 3 季度	3rd. Quarter of 2009	90.2	90.2	103.7	80.4	101.7
2009 年 4 季度	4th. Quarter of 2009	97.5	98.0	127.5	70.8	111.8
2010 年 1 季度	1st. Quarter of 2010	87.8	96.3	122.0	74.3	118.8
2010 年 2 季度	2nd. Quarter of 2010	97.5	98.1	108.9	91.1	105.7
2010 年 3 季度	3rd. Quarter of 2010	82.5	92.2	91.9	88.8	77.0
2010 年 4 季度	4th. Quarter of 2010	107.5	115.7	160.5	47.3	136.5
2011 年 1 季度	1st. Quarter of 2011	85.0	108.0	103.3	67.3	84.8
2011 年 2 季度	2nd. Quarter of 2011	100.0	113.0	127.2	82.5	123.9
2011 年 3 季度	3rd. Quarter of 2011	97.4	118.8	115.9	69.4	93.4
2011 年 4 季度	4th. Quarter of 2011	110.3	118.0	155.5	62.9	147.5

5-23 住宿和餐饮业企业不同观察指标综合经营景气指数 (2001-2011 年)
Business Survey Index of Hotels and Catering Enterprises (2001-2011)

续表 2 continued

季 度	Quarter	流动资金 Circulating Funds	企业融资 Fundraising	货款拖欠 Payment Delinquent	劳动力需求 Labor Demand	固定资产投资 Investment in Fixed Assets
2001 年 1 季度	1st. Quarter of 2001	84.1		112.8	79.1	126.5
2001 年 2 季度	2nd. Quarter of 2001	88.2		119.1	80.2	114.6
2001 年 3 季度	3rd. Quarter of 2001	80.7		96.1	102.5	111.4
2001 年 4 季度	4th. Quarter of 2001	91.3		100.0	105.6	138.6
2002 年 1 季度	1st. Quarter of 2002	82.3		121.2	81.9	118.4
2002 年 2 季度	2nd. Quarter of 2002	81.8		111.2	102.7	120.9
2002 年 3 季度	3rd. Quarter of 2002	78.6		100.6	113.4	118.4
2002 年 4 季度	4th. Quarter of 2002	85.3		91.6	103.7	125.7
2003 年 1 季度	1st. Quarter of 2003	88.1		111.2	100.2	111.7
2003 年 2 季度	2nd. Quarter of 2003	44.6		94.0	35.6	99.9
2003 年 3 季度	3rd. Quarter of 2003	97.4		90.0	128.1	115.4
2003 年 4 季度	4th. Quarter of 2003	101.6		99.3	115.3	114.4
2004 年 1 季度	1st. Quarter of 2004	94.0	81.1	105.2	97.1	111.5
2004 年 2 季度	2nd. Quarter of 2004	100.8	79.8	94.4	110.5	121.6
2004 年 3 季度	3rd. Quarter of 2004	96.4	90.7	103.4	99.2	106.6
2004 年 4 季度	4th. Quarter of 2004	102.0	94.1	111.8	119.2	107.1
2005 年 1 季度	1st. Quarter of 2005	98.5	94.6	118.4	99.0	99.7
2005 年 2 季度	2nd. Quarter of 2005	108.1	101.0	114.1	109.3	115.4
2005 年 3 季度	3rd. Quarter of 2005	96.3	82.1	99.9	91.4	111.5
2005 年 4 季度	4th. Quarter of 2005	110.4	74.9	91.0	117.6	112.9
2006 年 1 季度	1st. Quarter of 2006	78.7	84.3	108.8	103.3	111.0
2006 年 2 季度	2nd. Quarter of 2006	92.4	82.9	114.1	116.6	125.8
2006 年 3 季度	3rd. Quarter of 2006	94.0	85.9	114.7	113.9	117.3
2006 年 4 季度	4th. Quarter of 2006	122.0	83.8	130.7	131.3	127.7
2007 年 1 季度	1st. Quarter of 2007	103.7	89.8	111.7	130.6	122.8
2007 年 2 季度	2nd. Quarter of 2007	111.3	92.7	119.7	107.8	116.8
2007 年 3 季度	3rd. Quarter of 2007	103.7	92.0	103.0	104.8	119.2
2007 年 4 季度	4th. Quarter of 2007	114.4	91.8	120.4	115.4	137.1
2008 年 1 季度	1st. Quarter of 2008	106.1	90.4	111.5	126.1	110.4
2008 年 2 季度	2nd. Quarter of 2008	96.6	73.9	112.7	103.7	121.5
2008 年 3 季度	3rd. Quarter of 2008	94.4	82.2	112.8	98.8	105.1
2008 年 4 季度	4th. Quarter of 2008	82.4	69.3	111.6	106.3	122.9
2009 年 1 季度	1st. Quarter of 2009	99.8	91.6	121.4	103.4	99.4
2009 年 2 季度	2nd. Quarter of 2009	106.3	93.9	119.8	96.1	111.8
2009 年 3 季度	3rd. Quarter of 2009	106.2	90.0	109.8	122.9	107.5
2009 年 4 季度	4th. Quarter of 2009	119.4	102.4	113.2	133.3	115.7
2010 年 1 季度	1st. Quarter of 2010	115.1	110.1	100.6	138.6	99.5
2010 年 2 季度	2nd. Quarter of 2010	118.0	108.3	110.1	119.8	114.1
2010 年 3 季度	3rd. Quarter of 2010	125.7	107.2	101.5	110.7	125.0
2010 年 4 季度	4th. Quarter of 2010	129.7	101.1	123.5	132.6	108.1
2011 年 1 季度	1st. Quarter of 2011	128.5	92.4	96.9	131.2	117.4
2011 年 2 季度	2nd. Quarter of 2011	126.0	95.4	99.1	108.8	116.0
2011 年 3 季度	3rd. Quarter of 2011	131.4	105.3	106.9	124.6	105.0
2011 年 4 季度	4th. Quarter of 2011	121.6	103.2	108.9	141.1	131.1

5-24 全国各地区企业家信心指数（2010-2011 年）
Entrepreneur Expectation Index by Region of the Nation (2010-2011)

地 区	Region	2010 年				2011 年			
		1 季度 1st. Quarter	2 季度 2nd. Quarter	3 季度 3rd. Quarter	4 季度 4th. Quarter	1 季度 1st. Quarter	2 季度 2nd. Quarter	3 季度 3rd. Quarter	4 季度 4th. Quarter
全 国	**National Total**								
东部地区	**Eastern Region**								
北 京	Beijing	131.5	130.1	136.7	143.8	134.4	137.8	132.7	123.0
天 津	Tianjin	127.6	125.5	127.7	131.8	129.6	129.4	122.2	121.7
河 北	Hebei	125.4	125.6	127.2	125.1	129.6	125.7	121.9	119.8
辽 宁	Liaoning	127.9	130.8	129.9	132.2	129.7	130.3	132.7	120.4
上 海	Shanghai	134.5	130.7	128.8	135.7	131.3	127.8	121.2	115.4
江 苏	Jiangsu	131.9	130.7	132.7	141.8	132.4	128.7	119.9	111.4
浙 江	Zhejiang	138.3	133.4	134.2	142.1	134.5	127.8	123.7	113.0
福 建	Fujian	132.9	132.1	134.9	140.6	136.7	133.9	130.6	122.7
山 东	Shandong	137.5	135.4	139.6	140.5	140.7	137.9	132.9	125.4
广 东	Guangdong	135.2	133.6	137.7	142.8	135.3	130.2	127.0	121.5
海 南	Hainan	137.8	129.8	130.9	127.9	133.5	137.7	130.1	133.4
中部地区	**Central Region**								
山 西	Shanxi	126.9	126.7	124.1	126.8	129.0	127.0	125.0	117.7
吉 林	Jilin	138.5	138.2	138.9	136.0	144.8	136.7	141.8	137.8
黑龙江	Heilongjiang	133.8	131.9	135.5	134.0	135.0	135.3	132.1	129.9
安 徽	Anhui	144.0	143.6	146.0	147.3	147.5	140.1	136.8	129.6
江 西	Jiangxi	136.9	130.7	135.1	138.9	139.6	135.0	133.5	130.7
河 南	Henan	131.0	128.7	132.1	130.2	130.6	127.0	123.9	117.5
湖 北	Hubei	138.8	130.4	132.2	138.6	139.5	127.4	128.5	125.1
湖 南	Hunan	137.8	132.0	133.3	132.2	140.4	130.2	133.7	126.7
西部地区	**Western Region**								
重 庆	Chongqing	140.3	132.8	133.2	141.5	140.4	129.3	127.6	122.9
四 川	Sichuan	133.4	125.9	129.4	130.9	132.4	127.5	125.1	118.5
贵 州	Guizhou	125.0	125.9	123.7	125.0	126.1	131.8	129.0	127.2
云 南	Yunnan	130.5	125.6	129.8	128.7	135.2	130.6	126.3	123.7
西 藏	Tibet								
陕 西	Shaanxi	137.7	135.5	138.6	138.7	136.4	132.6	128.0	123.0
甘 肃	Gansu	128.3	125.4	135.2	126.0	129.9	130.0	122.9	111.4
青 海	Qinghai	137.1	138.9	127.7	119.6	137.3	136.3	137.3	129.1
宁 夏	Ningxia	132.9	132.1	131.6	131.3	133.6	138.5	137.3	115.9
新 疆	Xinjiang	129.9	132.8	133.4	135.6	143.1	135.9	136.8	129.1
内蒙古	Inner Mongolia	146.6	147.5	149.4	144.6	149.5	149.0	151.4	144.0
广 西	Guangxi	135.2	127.9	131.3	125.1	133.3	129.9	125.1	123.3

5-25 全国各地区工业企业家信心指数（2010-2011 年）
Entrepreneur Expectation Index of Industry by Region of the Nation (2010-2011)

地区	Region	2010 年				2011 年			
		1 季度 1st. Quarter	2 季度 2nd. Quarter	3 季度 3rd. Quarter	4 季度 4th. Quarter	1 季度 1st. Quarter	2 季度 2nd. Quarter	3 季度 3rd. Quarter	4 季度 4th. Quarter
全 国	**National Total**								
东部地区	**Eastern Region**								
北 京	Beijing	131.5	136.5	135.9	139.6	135.3	133.7	125.0	119.6
天 津	Tianjin	124.7	121.2	124.7	127.3	124.9	125.7	119.8	119.3
河 北	Hebei	124.9	123.6	125.0	123.7	130.1	127.0	121.2	120.6
辽 宁	Liaoning	126.9	129.8	128.9	134.3	131.6	128.6	132.0	118.4
上 海	Shanghai	134.1	133.9	130.2	135.2	132.8	126.5	117.1	113.0
江 苏	Jiangsu	131.4	132.0	131.8	142.5	133.3	127.5	115.2	104.8
浙 江	Zhejiang	137.3	136.0	133.8	141.1	140.4	131.4	126.3	116.3
福 建	Fujian	130.8	135.5	135.6	138.5	135.2	133.7	126.9	120.6
山 东	Shandong	136.2	134.7	137.7	141.8	140.6	134.8	129.4	121.4
广 东	Guangdong	136.1	135.8	137.6	141.9	133.2	127.2	125.4	121.0
海 南	Hainan	130.3	138.2	138.7	140.5	135.3	140.6	133.1	128.0
中部地区	**Central Region**								
山 西	Shanxi	126.2	124.3	119.1	124.7	127.3	124.8	123.4	112.8
吉 林	Jilin	141.4	138.7	139.7	141.4	149.3	137.9	142.5	139.0
黑龙江	Heilongjiang	132.1	126.2	130.6	131.5	130.6	129.2	124.7	123.6
安 徽	Anhui	144.7	147.4	146.0	146.6	149.4	138.4	136.1	128.3
江 西	Jiangxi	136.7	131.8	135.3	141.2	138.8	134.7	132.8	128.5
河 南	Henan	131.4	128.9	133.2	132.1	130.4	125.2	122.6	115.3
湖 北	Hubei	137.5	128.8	129.2	139.4	138.1	119.4	121.2	119.1
湖 南	Hunan	137.2	129.1	130.8	130.1	140.2	127.2	129.5	123.1
西部地区	**Western Region**								
重 庆	Chongqing	136.2	132.4	128.9	137.7	137.7	128.0	126.9	121.6
四 川	Sichuan	133.6	127.4	130.3	130.5	131.3	128.2	124.3	117.2
贵 州	Guizhou	119.9	116.7	120.2	122.9	120.4	127.4	121.0	115.8
云 南	Yunnan	127.8	124.7	127.1	126.2	135.6	130.1	123.9	118.2
西 藏	Tibet								
陕 西	Shaanxi	129.2	132.2	156.6	135.3	129.2	123.6	119.6	117.7
甘 肃	Gansu	126.7	124.0	129.5	131.0	129.2	127.1	121.7	102.6
青 海	Qinghai	128.0	128.2	126.2	124.0	137.0	138.1	142.3	121.1
宁 夏	Ningxia	133.0	125.3	126.2	122.9	132.4	134.2	137.1	116.5
新 疆	Xinjiang	126.8	133.4	128.4	135.2	142.9	139.2	135.3	130.1
内蒙古	Inner Mongolia	145.5	145.6	149.4	142.8	147.7	147.2	149.9	139.4
广 西	Guangxi	134.7	128.4	133.4	124.3	135.7	128.3	122.6	121.0

5-26 全国各地区建筑业企业家信心指数（2010-2011 年）
Entrepreneur Expectation Index of Construction by Region of the Nation (2010-2011)

地 区	Region	2010 年				2011 年			
		1 季度 1st. Quarter	2 季度 2nd. Quarter	3 季度 3rd. Quarter	4 季度 4th. Quarter	1 季度 1st. Quarter	2 季度 2nd. Quarter	3 季度 3rd. Quarter	4 季度 4th. Quarter
全 国	**National Total**								
东部地区	**Eastern Region**								
北 京	Beijing	127.6	131.7	132.7	153.0	136.1	138.7	123.0	126.5
天 津	Tianjin	135.7	130.4	138.9	139.7	141.5	121.9	85.8	97.1
河 北	Hebei	128.3	142.5	141.8	142.1	131.7	134.2	135.2	128.5
辽 宁	Liaoning	112.4	127.3	115.9	138.2	124.9	128.8	126.1	119.7
上 海	Shanghai	127.6	124.8	124.6	129.4	122.9	119.2	123.5	116.5
江 苏	Jiangsu	146.6	137.9	141.5	152.3	150.0	145.4	147.4	138.1
浙 江	Zhejiang	150.1	143.7	145.3	149.0	149.3	139.3	130.4	125.6
福 建	Fujian	125.0	126.2	127.9	136.0	142.2	137.2	135.7	129.1
山 东	Shandong	144.0	146.9	147.2	142.7	148.9	149.2	140.3	135.9
广 东	Guangdong	133.8	132.9	134.1	142.1	138.6	133.7	131.2	117.6
海 南	Hainan	170.6	159.7	144.2	134.7	159.8	162.0	145.5	151.6
中部地区	**Central Region**								
山 西	Shanxi	137.3	146.6	139.7	146.4	132.1	127.6	110.7	110.4
吉 林	Jilin	126.7	126.8	131.9	120.5	132.7	126.6	126.6	123.9
黑龙江	Heilongjiang	125.3	125.7	135.5	125.1	132.0	135.6	132.5	125.7
安 徽	Anhui	143.0	143.7	145.6	147.6	148.7	140.9	130.4	136.1
江 西	Jiangxi	139.4	126.7	131.3	139.1	134.4	132.6	122.8	119.6
河 南	Henan	141.3	144.5	140.0	133.7	146.4	138.6	125.3	122.3
湖 北	Hubei	147.8	143.5	145.5	151.3	155.1	154.7	150.3	144.6
湖 南	Hunan	138.1	138.6	140.7	140.0	146.8	133.7	143.0	137.1
西部地区	**Western Region**								
重 庆	Chongqing	159.2	143.5	150.0	155.1	152.8	131.8	138.0	121.7
四 川	Sichuan	134.2	120.7	128.9	136.7	130.4	121.2	117.4	109.5
贵 州	Guizhou	139.7	140.7	145.3	158.9	148.2	148.5	87.3	89.7
云 南	Yunnan	138.4	123.0	139.7	131.3	138.8	125.6	125.6	129.4
西 藏	Tibet								
陕 西	Shaanxi	141.3	143.2	154.8	148.7	148.1	146.6	142.7	133.1
甘 肃	Gansu	144.4	147.9	153.8	138.6	143.5	146.5	132.1	129.6
青 海	Qinghai	115.4	120.2	143.1	120.2	111.1	125.4	115.9	89.5
宁 夏	Ningxia	132.1	146.4	120.2	128.6	127.1	135.6	128.4	95.9
新 疆	Xinjiang	133.8	132.3	132.1	135.2	145.3	124.0	135.7	124.3
内蒙古	Inner Mongolia	136.6	152.4	151.9	161.2	150.3	165.6	162.1	157.5
广 西	Guangxi	138.4	136.4	135.6	131.2	142.6	139.3	135.7	133.5

5-27 全国各地区交通运输、仓储和邮电通信业企业家信心指数（2010-2011 年）
Entrepreneur Expectation Index of Transportation, Storage, Posts and Telecommunications by Region of the Nation (2010-2011)

地区	Region	2010 年				2011 年			
		1 季度 1st. Quarter	2 季度 2nd. Quarter	3 季度 3rd. Quarter	4 季度 4th. Quarter	1 季度 1st. Quarter	2 季度 2nd. Quarter	3 季度 3rd. Quarter	4 季度 4th. Quarter
全　国	**National Total**								
东部地区	**Eastern Region**								
北 京	Beijing	108.1	109.5	143.5	124.1	128.5	122.9	129.8	109.2
天 津	Tianjin	130.5	138.1	132.0	163.9	136.3	136.5	125.5	123.1
河 北	Hebei	116.7	126.1	123.0	113.9	124.5	116.9	112.0	115.1
辽 宁	Liaoning	122.7	127.6	125.6	127.8	124.4	121.5	120.9	114.4
上 海	Shanghai	110.7	120.9	123.7	124.8	110.1	116.6	111.5	91.5
江 苏	Jiangsu	104.7	117.6	116.4	118.6	114.9	119.9	114.3	105.1
浙 江	Zhejiang	105.7	118.0	112.3	126.3	102.4	115.2	107.5	93.6
福 建	Fujian	109.3	112.9	118.3	118.7	123.4	112.0	114.3	104.9
山 东	Shandong	126.2	125.6	138.5	124.8	129.3	139.8	137.0	133.4
广 东	Guangdong	129.4	128.7	133.3	123.7	132.6	125.7	124.4	114.8
海 南	Hainan	145.3	134.9	134.9	113.8	128.8	142.5	136.3	128.2
中部地区	**Central Region**								
山 西	Shanxi	108.8	110.0	117.3	120.0	123.9	114.2	114.6	120.8
吉 林	Jilin	141.0	151.3	135.9	134.2	146.3	139.0	141.5	136.6
黑龙江	Heilongjiang	116.0	113.7	126.2	110.2	120.6	133.0	122.7	133.1
安 徽	Anhui	141.4	137.6	139.2	120.2	128.4	135.3	132.8	129.0
江 西	Jiangxi	134.2	134.2	136.5	127.4	149.6	138.1	144.6	146.8
河 南	Henan	115.4	103.7	108.6	104.1	114.2	121.3	106.2	105.7
湖 北	Hubei	134.4	120.6	118.5	120.9	126.3	124.6	122.8	123.2
湖 南	Hunan	124.0	125.2	123.9	128.5	121.3	125.7	128.6	115.0
西部地区	**Western Region**								
重 庆	Chongqing	142.2	124.4	129.1	135.6	156.8	134.8	132.7	131.3
四 川	Sichuan	127.0	119.5	119.6	118.2	128.8	120.9	126.9	123.9
贵 州	Guizhou	120.0	106.7	133.3	120.0	133.3	133.3	126.7	140.0
云 南	Yunnan	141.9	131.2	129.1	121.5	142.4	139.2	137.1	136.9
西 藏	Tibet								
陕 西	Shaanxi	151.9	151.9	142.9	149.8	160.8	158.6	150.6	144.6
甘 肃	Gansu	134.2	129.3	145.8	114.5	120.0	132.5	132.5	120.0
青 海	Qinghai	147.1	147.1	127.0	141.2	135.3	129.4	123.5	129.4
宁 夏	Ningxia	160.0	160.0	135.3	153.3	173.3	180.0	173.3	173.3
新 疆	Xinjiang	124.5	124.7	160.0	129.3	131.3	130.1	140.0	135.8
内蒙古	Inner Mongolia	144.0	152.0	144.0	154.7	148.0	145.8	150.0	150.0
广 西	Guangxi	133.3	125.4	129.5	118.9	129.5	128.0	120.0	120.9

5-28 全国各地区批发和零售业企业家信心指数（2010-2011 年）
Entrepreneur Expectation Index of Wholesale and Retail Trade by Region of the Nation (2010-2011)

地区	Region	2010 年				2011 年			
		1 季度 1st. Quarter	2 季度 2nd. Quarter	3 季度 3rd. Quarter	4 季度 4th. Quarter	1 季度 1st. Quarter	2 季度 2nd. Quarter	3 季度 3rd. Quarter	4 季度 4th. Quarter
全 国	**National Total**								
东部地区	**Eastern Region**								
北 京	Beijing	139.9	133.8	149.1	148.6	146.6	144.8	148.5	118.0
天 津	Tianjin	139.0	135.8	138.2	139.7	144.6	144.9	143.1	145.0
河 北	Hebei	124.6	120.2	130.0	127.5	132.7	124.2	127.8	120.8
辽 宁	Liaoning	142.1	141.4	142.5	137.9	139.9	145.6	147.2	140.5
上 海	Shanghai	139.4	135.9	123.4	142.4	135.8	130.9	128.3	126.7
江 苏	Jiangsu	134.2	129.3	138.5	143.4	137.9	135.8	133.7	133.0
浙 江	Zhejiang	138.4	126.6	138.0	143.6	125.6	119.8	124.8	106.1
福 建	Fujian	146.1	133.4	139.4	162.9	149.4	145.1	156.6	140.7
山 东	Shandong	140.3	139.3	139.9	141.7	140.6	138.8	137.4	136.9
广 东	Guangdong	136.6	135.1	146.3	152.2	146.9	143.5	133.3	128.4
海 南	Hainan	132.4	136.4	130.8	138.9	140.3	143.4	143.0	144.5
中部地区	**Central Region**								
山 西	Shanxi	139.5	141.0	144.3	135.5	142.8	145.9	143.4	144.3
吉 林	Jilin	134.5	136.6	139.6	135.0	146.8	135.8	147.4	146.9
黑龙江	Heilongjiang	131.3	144.6	145.1	147.3	146.7	148.4	151.4	150.0
安 徽	Anhui	152.8	142.4	153.9	159.7	151.4	152.2	153.0	144.6
江 西	Jiangxi	142.7	145.5	147.8	151.2	150.6	145.5	151.7	154.0
河 南	Henan	133.7	136.6	139.9	139.1	139.4	139.0	143.1	143.8
湖 北	Hubei	142.6	143.3	145.7	151.9	155.3	145.6	144.3	140.5
湖 南	Hunan	136.8	134.3	134.3	140.0	140.9	143.5	135.8	137.3
西部地区	**Western Region**								
重 庆	Chongqing	136.8	126.5	135.4	148.4	136.9	125.4	118.7	119.2
四 川	Sichuan	135.0	129.0	128.3	136.8	137.7	133.2	136.0	133.9
贵 州	Guizhou	127.6	131.0	131.0	134.5	127.1	134.5	128.9	120.7
云 南	Yunnan	129.3	133.6	134.3	139.2	138.6	141.3	135.3	136.0
西 藏	Tibet								
陕 西	Shaanxi	138.4	136.1	146.0	142.8	145.2	136.3	129.0	129.0
甘 肃	Gansu	131.6	126.9	136.1	131.6	134.3	132.2	122.3	130.1
青 海	Qinghai	124.5	135.8	132.5	124.1	125.0	118.6	117.6	116.6
宁 夏	Ningxia	112.8	116.1	143.2	151.0	136.6	147.8	140.0	130.8
新 疆	Xinjiang	140.0	132.6	116.1	144.8	150.1	133.3	140.6	132.2
内蒙古	Inner Mongolia	163.2	175.0	163.5	172.2	169.4	157.1	164.5	166.7
广 西	Guangxi	136.8	128.2	127.0	124.5	139.1	137.4	131.9	130.0

5-29 全国各地区房地产业企业家信心指数（2010-2011年）
Entrepreneur Expectation Index of Real Estate by Region of the Nation (2010-2011)

地区	Region	2010年				2011年			
		1季度 1st. Quarter	2季度 2nd. Quarter	3季度 3rd. Quarter	4季度 4th. Quarter	1季度 1st. Quarter	2季度 2nd. Quarter	3季度 3rd. Quarter	4季度 4th. Quarter
全　国	**National Total**								
东部地区	**Eastern Region**								
北 京	Beijing	121.5	102.8	109.2	129.6	96.5	96.7	90.8	72.4
天 津	Tianjin	132.9	119.2	119.3	113.7	112.9	113.4	109.7	102.1
河 北	Hebei	134.8	120.0	119.3	133.0	116.4	104.6	96.7	85.8
辽 宁	Liaoning	128.1	114.4	126.3	133.0	110.2	120.5	119.0	90.1
上 海	Shanghai	138.1	104.1	127.4	136.7	102.8	104.8	95.5	70.9
江 苏	Jiangsu	127.5	100.2	109.4	128.9	95.1	96.4	86.1	73.9
浙 江	Zhejiang	139.3	98.4	115.9	134.1	103.1	91.0	79.2	66.4
福 建	Fujian	137.3	113.8	127.2	133.5	115.7	116.0	108.9	89.6
山 东	Shandong	138.2	114.6	133.9	132.2	122.6	123.7	110.5	81.0
广 东	Guangdong	127.8	106.0	117.1	146.6	117.9	107.2	92.7	80.2
海 南	Hainan	129.4	88.2	117.7	87.5	82.4	94.1	76.5	82.4
中部地区	**Central Region**								
山 西	Shanxi	121.7	100.0	102.9	107.4	108.8	116.1	105.8	86.5
吉 林	Jilin	138.1	122.6	137.2	134.3	127.5	124.2	117.2	115.3
黑龙江	Heilongjiang	124.7	121.3	124.1	120.6	123.6	122.7	115.9	107.0
安 徽	Anhui	144.8	118.2	136.1	141.8	128.4	117.7	106.2	80.1
江 西	Jiangxi	130.9	103.6	124.4	131.5	117.1	110.6	110.2	92.2
河 南	Henan	125.2	103.9	112.5	115.6	104.1	110.9	107.9	81.5
湖 北	Hubei	135.0	112.2	125.4	127.2	122.2	117.2	121.4	98.2
湖 南	Hunan	144.4	123.5	129.8	122.8	135.7	107.2	128.6	91.1
西部地区	**Western Region**								
重 庆	Chongqing	148.7	121.2	133.9	138.7	112.2	97.4	94.3	85.0
四 川	Sichuan	128.1	98.6	117.9	123.8	115.0	97.4	96.9	73.7
贵 州	Guizhou	106.3	100.0	106.3	118.8	118.8	100.0	87.5	81.3
云 南	Yunnan	136.3	114.0	118.9	124.6	107.9	103.7	103.8	100.2
西 藏	Tibet								
陕 西	Shaanxi	140.0	120.0	42.9	155.0	121.1	115.0	110.0	83.9
甘 肃	Gansu	128.1	118.8	140.0	100.0	136.4	127.3	115.2	90.9
青 海	Qinghai	157.1	153.9	134.4	115.4	142.9	146.2	123.1	107.7
宁 夏	Ningxia	128.6	121.4	138.5	157.1	114.3	121.4	85.7	71.4
新 疆	Xinjiang	145.0	129.0	142.9	133.1	132.8	114.6	112.7	84.0
内蒙古	Inner Mongolia	141.7	137.5	150.0	133.3	125.0	116.7	116.7	100.0
广 西	Guangxi	141.1	107.6	116.3	121.2	101.9	113.6	103.0	92.2

5-30 全国各地区社会服务业企业家信心指数（2010-2011 年）

Entrepreneur Expectation Index of Social Services by Region of the Nation (2010-2011)

地 区	Region	2010 年				2011 年			
		1 季度 1st. Quarter	2 季度 2nd. Quarter	3 季度 3rd. Quarter	4 季度 4th. Quarter	1 季度 1st. Quarter	2 季度 2nd. Quarter	3 季度 3rd. Quarter	4 季度 4th. Quarter
全　国	**National Total**								
东部地区	**Eastern Region**								
北 京	Beijing	136.2	142.1	141.9	147.2	146.1	144.6	132.4	134.2
天 津	Tianjin	123.1	130.8	126.9	134.9	130.5	137.0	137.9	123.1
河 北	Hebei	125.6	123.7	136.8	129.0	138.0	134.0	144.9	128.6
辽 宁	Liaoning	124.0	132.0	139.1	87.0	112.0	129.2	133.3	125.0
上 海	Shanghai	125.1	121.4	118.8	130.2	153.9	147.8	148.9	148.1
江 苏	Jiangsu	138.3	145.1	149.1	148.5	134.4	141.5	138.2	129.3
浙 江	Zhejiang	142.6	147.0	144.1	151.6	132.7	146.7	147.0	135.1
福 建	Fujian	146.0	142.4	148.4	146.4	135.0	136.7	141.0	136.1
山 东	Shandong	149.5	149.6	158.4	144.6	155.2	161.6	159.7	145.6
广 东	Guangdong	136.5	136.2	144.1	141.9	135.2	137.5	142.5	134.6
海 南	Hainan	150.0	140.0	133.3	130.0	159.1	147.6	140.9	154.6
中部地区	**Central Region**								
山 西	Shanxi	126.7	138.1	133.3	129.8	133.7	136.1	141.0	131.3
吉 林	Jilin	125.7	134.3	122.9	100.0	120.0	128.6	141.2	129.4
黑龙江	Heilongjiang	120.0	128.6	123.5	126.5	117.1	114.3	122.9	120.0
安 徽	Anhui	136.5	139.1	147.6	160.8	150.3	153.8	149.4	138.7
江 西	Jiangxi	124.0	120.0	128.0	108.0	135.7	139.3	128.6	139.3
河 南	Henan	124.5	126.0	135.4	130.2	130.9	135.4	142.6	129.8
湖 北	Hubei	136.4	145.5	151.5	130.3	129.4	126.5	139.4	144.1
湖 南	Hunan	144.0	142.7	142.7	133.3	145.6	137.5	146.6	139.4
西部地区	**Western Region**								
重 庆	Chongqing	142.6	138.6	132.1	137.5	147.6	147.3	137.0	142.2
四 川	Sichuan	123.8	131.8	136.4	131.4	132.6	133.1	131.4	129.7
贵 州	Guizhou	128.0	136.0	120.0	120.0	125.9	133.3	155.6	151.9
云 南	Yunnan	111.1	104.2	115.3	116.9	122.9	124.7	124.7	119.5
西 藏	Tibet								
陕 西	Shaanxi	118.2	136.4	150.0	118.2	161.0	161.0	156.4	138.2
甘 肃	Gansu	107.7	96.2	154.6	88.5	100.0	115.4	92.3	100.0
青 海	Qinghai	142.9	142.9	100.0	100.0	135.7	128.6	142.9	150.0
宁 夏	Ningxia	123.1	161.5	128.6	123.1	120.0	138.5	153.9	130.8
新 疆	Xinjiang	112.8	128.2	153.9	128.2	131.4	159.1	148.8	133.4
内蒙古	Inner Mongolia	163.2	168.4	152.6	147.4	142.1	157.9	168.4	138.9
广 西	Guangxi	140.0	141.1	134.0	129.8	129.9	134.8	139.9	133.7

5-31 全国各地区信息传输、计算机服务和软件业企业家信心指数（2010-2011 年）
Entrepreneur Expectation Index of Data Transmission, Computer Service and Software by Region of the Nation (2010-2011)

地 区	Region	2010 年				2011 年			
		1 季度 1st. Quarter	2 季度 2nd. Quarter	3 季度 3rd. Quarter	4 季度 4th. Quarter	1 季度 1st. Quarter	2 季度 2nd. Quarter	3 季度 3rd. Quarter	4 季度 4th. Quarter
全　国	**National Total**								
东部地区	**Eastern Region**								
北 京	Beijing	132.7	128.5	133.4	163.6	131.6	164.5	158.6	165.3
天 津	Tianjin	140.9	138.7	131.3	131.3	154.9	156.9	142.6	145.8
河 北	Hebei	167.5	166.0	163.5	152.2	146.5	146.5	145.0	147.8
辽 宁	Liaoning	164.4	153.9	146.2	137.5	145.6	137.9	151.5	143.6
上 海	Shanghai	155.9	154.7	150.2	143.3	157.5	160.8	149.0	145.9
江 苏	Jiangsu	147.8	149.9	156.5	158.1	156.4	145.4	139.3	139.8
浙 江	Zhejiang	169.1	168.4	161.7	171.2	154.9	152.4	162.8	151.6
福 建	Fujian	179.0	163.4	163.8	179.7	177.4	173.7	166.3	165.2
山 东	Shandong	170.2	163.8	162.0	164.5	172.5	167.8	166.6	166.9
广 东	Guangdong	148.1	158.3	155.8	161.5	165.2	168.0	167.6	167.1
海 南	Hainan	125.0	122.2	133.3	122.2	133.3	133.3	122.2	122.2
中部地区	**Central Region**								
山 西	Shanxi	149.9	145.7	152.8	141.4	157.2	151.9	164.9	159.8
吉 林	Jilin	174.2	175.9	175.9	170.9	172.7	171.6	170.4	170.4
黑龙江	Heilongjiang	186.4	174.7	179.9	181.0	194.0	193.1	177.3	169.9
安 徽	Anhui	173.0	176.3	173.3	167.6	180.5	179.3	183.0	173.3
江 西	Jiangxi	172.6	152.0	165.0	160.9	183.1	166.4	177.5	184.0
河 南	Henan	144.7	151.2	148.9	142.7	151.5	148.2	144.6	148.6
湖 北	Hubei	139.3	115.3	124.5	128.8	142.6	146.6	142.8	138.3
湖 南	Hunan	159.1	161.7	155.9	152.1	161.1	168.0	153.0	159.7
西部地区	**Western Region**								
重 庆	Chongqing	155.3	150.0	153.6	160.2	156.0	160.9	145.3	149.1
四 川	Sichuan	155.3	146.3	151.4	151.5	159.0	144.2	150.2	143.4
贵 州	Guizhou	142.7	142.7	142.7	160.0	123.2	143.2	123.2	143.2
云 南	Yunnan	167.0	162.0	161.7	157.7	162.0	162.2	162.9	162.2
西 藏	Tibet								
陕 西	Shaanxi	151.1	151.1	165.7	148.5	150.0	150.0	140.9	140.9
甘 肃	Gansu	119.2	125.6	151.1	129.2	133.1	123.4	120.2	117.5
青 海	Qinghai	167.8	167.8	125.6	147.8	168.6	168.6	168.6	168.6
宁 夏	Ningxia	136.4	131.8	129.8	145.8	144.2	162.8	149.8	140.7
新 疆	Xinjiang	165.2	163.6	136.1	156.1	170.6	169.8	160.6	159.9
内蒙古	Inner Mongolia	185.3	154.6	149.0	149.0	172.7	172.9	149.8	158.9
广 西	Guangxi	148.7	142.1	150.0	145.5	140.4	151.2	148.9	162.2

5-32 全国各地区住宿和餐饮业企业家信心指数（2010-2011 年）
Entrepreneur Expectation Index of Hotels and Catering by Region of the Nation (2010-2011)

地 区	Region	2010 年				2011 年			
		1 季度 1st. Quarter	2 季度 2nd. Quarter	3 季度 3rd. Quarter	4 季度 4th. Quarter	1 季度 1st. Quarter	2 季度 2nd. Quarter	3 季度 3rd. Quarter	4 季度 4th. Quarter
全　国	**National Total**								
东部地区	**Eastern Region**								
北 京	Beijing	142.4	145.0	152.1	120.5	147.7	154.6	154.9	149.8
天 津	Tianjin	105.4	116.7	117.7	106.0	114.3	119.7	122.4	114.3
河 北	Hebei	122.4	129.8	131.6	117.5	124.2	129.2	125.0	128.1
辽 宁	Liaoning	114.9	128.9	123.7	123.9	121.7	139.2	144.8	124.0
上 海	Shanghai	135.5	159.3	159.8	121.9	110.2	126.5	119.6	125.3
江 苏	Jiangsu	126.7	131.4	128.5	128.1	127.0	132.0	129.9	123.2
浙 江	Zhejiang	133.6	126.7	128.3	136.6	135.4	127.8	129.0	139.1
福 建	Fujian	133.7	133.3	143.9	137.4	149.2	147.9	139.0	150.9
山 东	Shandong	133.0	133.6	140.3	130.9	140.8	146.5	146.1	144.4
广 东	Guangdong	123.1	124.9	129.7	123.7	131.7	128.8	128.2	135.9
海 南	Hainan	146.5	127.9	118.6	144.9	150.0	153.9	147.5	170.0
中部地区	**Central Region**								
山 西	Shanxi	117.3	126.4	129.2	115.3	117.8	131.9	140.0	126.8
吉 林	Jilin	114.6	129.2	135.4	112.8	110.4	133.3	151.1	128.3
黑龙江	Heilongjiang	137.2	135.7	131.0	107.1	119.1	131.0	142.9	131.7
安 徽	Anhui	139.0	136.8	135.5	140.9	136.8	136.6	144.4	143.3
江 西	Jiangxi	115.0	116.7	108.5	114.0	130.0	120.7	121.1	126.3
河 南	Henan	127.9	134.0	128.6	123.2	129.8	125.2	132.2	135.7
湖 北	Hubei	144.5	136.4	131.8	131.3	139.7	141.9	141.1	137.3
湖 南	Hunan	126.8	116.0	124.2	113.7	135.0	128.8	134.3	136.0
西部地区	**Western Region**								
重 庆	Chongqing	133.3	137.7	143.1	152.9	141.4	145.7	150.5	157.5
四 川	Sichuan	136.8	136.7	127.2	124.7	135.8	138.1	127.8	135.9
贵 州	Guizhou	138.5	123.1	158.3	125.0	130.8	138.5	138.5	123.1
云 南	Yunnan	114.3	114.3	125.6	120.0	125.8	121.7	119.0	128.1
西 藏	Tibet								
陕 西	Shaanxi	131.7	136.3	150.0	122.6	122.7	159.1	163.6	130.5
甘 肃	Gansu	121.3	117.4	122.6	115.2	121.3	123.4	127.7	121.7
青 海	Qinghai	114.3	115.4	132.6	84.6	142.9	135.7	161.3	150.0
宁 夏	Ningxia	110.0	120.0	130.8	120.0	125.0	140.0	150.0	130.0
新 疆	Xinjiang	112.7	118.2	150.0	120.0	136.4	132.7	156.4	134.6
内蒙古	Inner Mongolia	140.0	145.0	149.9	125.2	140.0	140.0	135.0	140.0
广 西	Guangxi	103.7	110.4	112.7	115.0	119.4	121.6	131.3	132.3

5-33 全国各地区企业景气指数（2010-2011 年）
Business Survey Index by Region of the Nation (2010-2011)

地区	Region	2010 年				2011 年			
		1 季度 1st. Quarter	2 季度 2nd. Quarter	3 季度 3rd. Quarter	4 季度 4th. Quarter	1 季度 1st. Quarter	2 季度 2nd. Quarter	3 季度 3rd. Quarter	4 季度 4th. Quarter
全　国	**National Total**								
东部地区	**Eastern Region**								
北 京	Beijing	133.2	138.1	141.5	141.1	131.6	140.0	139.4	138.8
天 津	Tianjin	132.9	132.9	133.3	131.2	126.6	128.7	121.6	123.3
河 北	Hebei	121.7	129.2	129.9	126.7	123.1	128.3	127.2	122.9
辽 宁	Liaoning	124.7	133.1	133.5	131.7	129.7	135.7	136.6	127.3
上 海	Shanghai	136.2	136.7	137.3	132.8	133.5	133.1	128.9	125.6
江 苏	Jiangsu	136.8	139.8	136.1	138.0	136.1	135.2	129.8	120.5
浙 江	Zhejiang	134.6	138.6	139.8	138.2	134.1	135.6	133.0	126.0
福 建	Fujian	130.4	135.9	138.8	137.8	131.7	137.8	132.3	129.3
山 东	Shandong	135.7	138.2	138.9	139.1	139.3	139.6	136.2	130.2
广 东	Guangdong	137.6	139.4	142.6	137.7	136.8	136.8	135.2	133.0
海 南	Hainan	129.2	128.0	131.6	137.3	126.6	122.9	125.7	136.1
中部地区	**Central Region**								
山 西	Shanxi	121.3	122.6	124.5	130.2	126.9	128.1	125.8	123.9
吉 林	Jilin	130.1	136.3	139.2	137.8	135.9	140.9	139.9	135.6
黑龙江	Heilongjiang	128.8	131.4	132.7	133.5	132.4	134.8	131.5	128.9
安 徽	Anhui	144.3	145.4	146.9	148.1	145.5	142.2	141.0	137.8
江 西	Jiangxi	130.0	130.8	130.9	138.9	133.1	133.7	133.6	130.6
河 南	Henan	127.6	130.4	130.7	132.6	129.0	126.2	126.8	117.2
湖 北	Hubei	131.3	133.2	130.9	139.2	136.1	131.9	128.9	130.2
湖 南	Hunan	127.8	128.9	128.8	136.2	131.7	136.8	126.8	125.9
西部地区	**Western Region**								
重 庆	Chongqing	136.1	131.6	130.4	139.8	132.2	130.1	127.0	127.9
四 川	Sichuan	127.5	126.4	128.1	132.1	128.1	128.9	125.2	120.6
贵 州	Guizhou	117.2	117.1	123.3	125.9	113.2	128.0	124.8	126.3
云 南	Yunnan	122.5	120.0	126.5	131.7	126.1	123.2	123.3	120.4
西 藏	Tibet								
陕 西	Shaanxi	134.4	136.8	134.6	136.8	131.6	135.8	127.0	124.6
甘 肃	Gansu	119.1	127.1	125.6	125.4	120.4	132.9	130.2	115.9
青 海	Qinghai	118.7	127.4	132.1	135.1	123.5	131.1	146.2	123.5
宁 夏	Ningxia	125.0	131.5	132.8	136.3	119.9	132.3	134.2	114.4
新 疆	Xinjiang	125.1	132.1	138.8	135.9	131.4	139.9	139.3	130.4
内蒙古	Inner Mongolia	143.2	148.0	150.9	145.3	146.2	148.3	151.0	144.7
广 西	Guangxi	124.6	123.0	123.8	133.0	121.8	127.7	120.1	121.4

5-34 全国各地区工业企业景气指数（2010-2011 年）
Business Survey Index of Industrial Enterprises by Region of the Nation (2010-2011)

地 区	Region	2010 年				2011 年			
		1 季度 1st. Quarter	2 季度 2nd. Quarter	3 季度 3rd. Quarter	4 季度 4th. Quarter	1 季度 1st. Quarter	2 季度 2nd. Quarter	3 季度 3rd. Quarter	4 季度 4th. Quarter
全 国	**National Total**								
东部地区	**Eastern Region**								
北 京	Beijing	132.1	139.8	135.6	139.7	129.2	133.1	126.6	133.3
天 津	Tianjin	130.2	130.3	129.7	127.4	119.5	127.1	120.0	120.8
河 北	Hebei	120.2	127.6	128.8	124.6	123.0	130.0	126.4	122.3
辽 宁	Liaoning	122.9	131.5	132.7	132.7	130.2	134.8	134.1	124.2
上 海	Shanghai	134.0	137.1	137.3	132.2	130.7	131.0	124.8	122.6
江 苏	Jiangsu	135.6	139.3	133.8	139.0	133.5	133.1	124.9	113.6
浙 江	Zhejiang	134.1	139.0	140.1	138.3	133.3	135.1	131.1	124.7
福 建	Fujian	123.0	137.3	135.3	138.4	126.9	134.7	128.2	125.2
山 东	Shandong	136.2	139.2	138.6	138.4	139.0	138.8	133.3	128.2
广 东	Guangdong	136.2	138.8	140.9	137.4	130.9	134.1	132.1	130.6
海 南	Hainan	124.9	134.7	139.8	137.0	121.3	125.5	127.2	132.8
中部地区	**Central Region**								
山 西	Shanxi	120.4	121.7	121.8	130.9	127.2	127.1	123.8	120.9
吉 林	Jilin	132.7	135.7	142.0	140.0	142.0	146.0	143.2	137.9
黑龙江	Heilongjiang	123.9	129.9	128.3	130.0	128.9	130.2	127.4	127.1
安 徽	Anhui	140.1	148.7	146.9	148.7	143.4	141.8	139.9	138.8
江 西	Jiangxi	128.3	132.0	131.8	140.4	130.6	133.5	132.1	128.9
河 南	Henan	128.1	133.4	132.8	133.2	130.2	125.5	128.0	115.2
湖 北	Hubei	127.6	135.1	129.3	139.4	132.2	127.9	124.0	125.4
湖 南	Hunan	124.6	126.5	124.1	136.7	125.6	134.1	119.1	120.0
西部地区	**Western Region**								
重 庆	Chongqing	130.7	127.2	123.0	135.8	127.4	125.2	122.8	124.2
四 川	Sichuan	123.8	126.4	126.4	132.8	124.6	128.7	122.7	118.1
贵 州	Guizhou	111.1	107.5	115.0	123.1	105.9	122.5	110.4	114.6
云 南	Yunnan	115.3	115.3	120.0	130.3	120.5	117.8	117.7	110.1
西 藏	Tibet								
陕 西	Shaanxi	121.9	133.1	127.5	134.9	122.6	128.8	115.0	115.5
甘 肃	Gansu	117.9	128.1	122.9	126.6	120.1	133.0	131.8	109.8
青 海	Qinghai	117.9	128.7	124.4	140.6	122.2	136.5	130.9	119.8
宁 夏	Ningxia	121.9	121.9	125.8	134.9	126.3	128.7	132.5	113.9
新 疆	Xinjiang	125.8	132.3	137.8	134.2	133.5	138.7	136.5	126.9
内蒙古	Inner Mongolia	144.8	147.8	153.5	141.0	148.7	149.4	151.1	143.1
广 西	Guangxi	121.6	124.7	123.0	135.1	121.9	128.5	115.0	119.5

5-35 全国各地区建筑业企业景气指数（2010-2011 年）
Business Survey Index of Construction Enterprises by Region of the Nation (2010-2011)

地 区	Region	2010 年				2011 年			
		1 季度 1st. Quarter	2 季度 2nd. Quarter	3 季度 3rd. Quarter	4 季度 4th. Quarter	1 季度 1st. Quarter	2 季度 2nd. Quarter	3 季度 3rd. Quarter	4 季度 4th. Quarter
全　国	**National Total**								
东部地区	**Eastern Region**								
北 京	Beijing	117.0	139.5	147.0	137.3	126.9	145.5	144.5	141.4
天 津	Tianjin	134.7	145.4	137.6	136.7	115.6	145.7	112.5	126.0
河 北	Hebei	125.6	152.4	150.1	139.9	121.6	130.8	140.3	129.3
辽 宁	Liaoning	114.1	131.6	131.9	130.1	118.5	131.8	139.8	137.0
上 海	Shanghai	135.1	129.5	126.6	127.9	139.8	134.8	126.9	138.2
江 苏	Jiangsu	143.0	149.5	149.6	147.1	147.8	157.6	154.2	150.3
浙 江	Zhejiang	146.1	144.8	139.7	151.7	134.3	147.5	133.4	142.4
福 建	Fujian	123.8	126.5	134.0	128.0	125.6	138.0	129.1	136.4
山 东	Shandong	133.9	140.8	142.0	143.1	137.7	141.5	139.1	132.4
广 东	Guangdong	137.6	139.2	144.2	139.9	136.0	136.6	129.7	127.3
海 南	Hainan	154.9	133.4	159.7	169.2	152.5	138.2	131.2	140.8
中部地区	**Central Region**								
山 西	Shanxi	120.3	133.7	144.7	137.6	129.5	132.6	125.1	121.1
吉 林	Jilin	123.8	129.3	130.1	128.3	105.9	129.4	129.4	128.2
黑龙江	Heilongjiang	116.3	127.2	134.8	135.8	119.9	135.4	132.2	122.7
安 徽	Anhui	135.7	139.0	144.4	150.6	139.4	142.4	148.8	142.7
江 西	Jiangxi	126.3	134.9	128.2	137.6	126.6	128.9	123.4	125.2
河 南	Henan	127.0	127.2	136.3	144.5	128.6	131.9	120.9	119.5
湖 北	Hubei	136.6	140.2	143.3	149.7	141.1	145.0	144.8	147.0
湖 南	Hunan	127.8	135.4	142.0	137.4	139.1	136.6	136.4	140.1
西部地区	**Western Region**								
重 庆	Chongqing	140.3	146.1	142.7	157.9	141.5	134.3	135.1	135.8
四 川	Sichuan	126.9	123.0	132.9	136.7	124.1	123.7	116.6	114.4
贵 州	Guizhou	138.2	145.3	151.5	154.4	141.5	153.2	116.2	116.8
云 南	Yunnan	131.8	126.0	133.1	138.6	128.4	123.5	123.5	130.0
西 藏	Tibet								
陕 西	Shaanxi	142.1	139.5	148.5	148.5	154.5	138.0	133.4	133.9
甘 肃	Gansu	134.7	146.8	155.4	140.5	123.9	145.3	150.7	136.8
青 海	Qinghai	100.0	124.9	129.7	115.4	85.7	120.6	139.7	92.7
宁 夏	Ningxia	96.4	139.3	135.7	132.1	90.7	130.2	124.9	99.9
新 疆	Xinjiang	103.7	128.8	143.8	141.3	115.4	134.1	141.0	127.1
内蒙古	Inner Mongolia	121.3	141.7	148.6	157.7	104.0	157.3	156.2	148.0
广 西	Guangxi	125.7	122.7	126.3	135.8	123.4	127.7	127.5	131.7

5-36 全国各地区交通运输、仓储和邮电通信企业景气指数（2010-2011 年）
Business Survey Index of Transportation, Storage, Post and Telecommunication Enterprises by Region of the Nation (2010-2011)

地 区	Region	2010 年				2011 年			
		1 季度 1st. Quarter	2 季度 2nd. Quarter	3 季度 3rd. Quarter	4 季度 4th. Quarter	1 季度 1st. Quarter	2 季度 2nd. Quarter	3 季度 3rd. Quarter	4 季度 4th. Quarter
全　国	**National Total**								
东部地区	**Eastern Region**								
北 京	Beijing	126.9	139.1	138.1	136.5	121.1	128.1	131.4	128.3
天 津	Tianjin	146.2	158.4	160.4	146.6	159.0	109.5	124.7	127.4
河 北	Hebei	116.7	124.5	121.6	125.1	117.2	120.9	123.7	123.1
辽 宁	Liaoning	121.8	128.2	126.2	125.7	118.7	120.6	126.7	114.4
上 海	Shanghai	114.4	123.8	135.3	141.0	113.8	117.2	115.8	85.4
江 苏	Jiangsu	117.2	123.9	126.7	118.1	117.6	115.3	114.7	110.6
浙 江	Zhejiang	106.2	127.7	114.4	123.1	112.3	124.4	126.0	107.5
福 建	Fujian	120.8	113.4	114.3	113.6	121.4	122.4	119.2	110.2
山 东	Shandong	118.9	124.1	130.8	132.0	130.1	133.2	138.0	130.8
广 东	Guangdong	135.1	137.2	140.5	130.4	136.7	129.3	135.8	117.9
海 南	Hainan	113.8	134.2	140.1	129.0	123.9	113.9	129.0	116.6
中部地区	**Central Region**								
山 西	Shanxi	112.7	112.8	112.1	114.2	114.7	114.7	117.1	124.9
吉 林	Jilin	130.8	138.5	143.6	142.1	136.6	134.2	139.0	124.4
黑龙江	Heilongjiang	111.9	107.8	118.4	116.0	112.6	116.8	120.8	120.9
安 徽	Anhui	130.4	117.3	121.5	127.5	130.2	119.0	118.8	115.1
江 西	Jiangxi	134.5	111.5	120.6	141.0	140.6	137.9	137.9	133.5
河 南	Henan	110.4	107.5	103.1	113.7	109.2	102.1	104.6	105.8
湖 北	Hubei	132.9	108.1	120.0	123.4	134.6	124.1	118.3	122.0
湖 南	Hunan	128.5	116.8	129.8	125.0	125.1	129.3	124.0	117.2
西部地区	**Western Region**								
重 庆	Chongqing	137.0	128.6	136.3	132.6	141.8	128.3	125.0	126.5
四 川	Sichuan	129.8	117.2	121.5	121.1	130.8	118.0	129.7	113.5
贵 州	Guizhou	100.0	86.7	120.0	113.3	113.3	120.0	126.7	133.3
云 南	Yunnan	132.1	124.7	133.1	126.8	137.3	132.0	138.9	138.1
西 藏	Tibet								
陕 西	Shaanxi	145.6	141.8	145.8	135.7	158.6	154.6	158.6	144.6
甘 肃	Gansu	129.1	116.9	114.5	124.6	112.5	124.9	124.9	112.4
青 海	Qinghai	129.4	141.2	141.2	135.3	135.3	123.5	123.5	111.8
宁 夏	Ningxia	153.3	160.0	140.0	153.3	133.3	153.3	166.7	146.7
新 疆	Xinjiang	124.3	129.6	128.1	120.8	121.1	139.8	140.5	130.5
内蒙古	Inner Mongolia	140.0	154.7	154.7	150.7	148.0	141.7	141.7	141.7
广 西	Guangxi	126.7	111.5	117.3	133.5	122.0	125.5	122.6	112.3

5-37 全国各地区批发和零售业企业景气指数（2010-2011 年）
Business Survey Index of Wholesale and Retail Enterprises by Region of the Nation (2010-2011)

地 区	Region	2010 年				2011 年			
		1 季度 1st. Quarter	2 季度 2nd. Quarter	3 季度 3rd. Quarter	4 季度 4th. Quarter	1 季度 1st. Quarter	2 季度 2nd. Quarter	3 季度 3rd. Quarter	4 季度 4th. Quarter
全 国	**National Total**								
东部地区	**Eastern Region**								
北 京	Beijing	147.9	143.7	158.2	146.1	142.6	139.3	144.0	134.4
天 津	Tianjin	152.5	143.2	147.0	145.7	151.6	141.9	132.4	137.3
河 北	Hebei	131.1	128.2	128.4	128.0	131.7	130.5	128.1	128.9
辽 宁	Liaoning	141.0	142.9	138.8	142.8	146.8	148.8	145.8	145.3
上 海	Shanghai	140.4	142.8	139.0	137.5	145.7	135.9	139.0	134.4
江 苏	Jiangsu	146.2	142.9	141.7	138.7	149.0	145.9	142.5	142.6
浙 江	Zhejiang	140.3	135.2	145.9	138.2	143.7	139.5	145.7	135.9
福 建	Fujian	155.3	146.3	159.6	154.8	155.6	161.8	156.9	152.1
山 东	Shandong	142.9	140.2	139.2	142.2	145.4	138.9	143.0	141.1
广 东	Guangdong	137.9	144.6	149.1	141.4	150.9	146.3	138.6	144.7
海 南	Hainan	129.2	142.1	137.1	145.2	130.9	134.4	143.3	147.1
中部地区	**Central Region**								
山 西	Shanxi	139.9	131.9	138.1	141.6	141.3	142.8	140.5	143.2
吉 林	Jilin	133.2	141.9	138.3	134.9	147.2	143.7	143.2	145.8
黑龙江	Heilongjiang	135.4	137.3	143.9	145.8	143.7	149.5	144.5	148.0
安 徽	Anhui	161.4	155.4	159.1	160.4	164.5	160.6	162.2	159.6
江 西	Jiangxi	145.6	150.4	146.3	147.5	155.8	149.2	151.6	154.1
河 南	Henan	142.4	125.7	140.2	135.0	137.4	145.6	145.9	143.2
湖 北	Hubei	144.0	137.7	142.9	148.5	155.9	153.3	142.7	149.4
湖 南	Hunan	139.1	139.4	137.5	137.0	144.3	146.3	137.0	143.2
西部地区	**Western Region**								
重 庆	Chongqing	149.0	138.9	142.6	139.8	144.7	148.0	140.7	142.6
四 川	Sichuan	138.3	132.3	136.7	131.1	142.5	135.8	137.4	137.4
贵 州	Guizhou	127.6	131.0	124.1	124.1	131.0	127.6	131.8	134.5
云 南	Yunnan	133.0	135.0	140.9	133.0	143.1	141.4	142.4	138.3
西 藏	Tibet								
陕 西	Shaanxi	143.9	143.5	149.8	135.2	140.1	145.5	148.7	143.2
甘 肃	Gansu	129.9	125.5	131.4	126.0	143.4	137.8	127.3	136.7
青 海	Qinghai	125.8	116.7	123.4	131.5	139.0	113.9	127.8	124.3
宁 夏	Ningxia	134.3	136.3	126.3	144.3	136.9	144.4	144.4	144.4
新 疆	Xinjiang	140.9	132.5	138.7	146.7	144.2	153.8	142.5	156.9
内蒙古	Inner Mongolia	151.3	167.5	167.5	172.5	178.1	165.9	168.5	167.5
广 西	Guangxi	132.5	124.6	124.0	130.5	131.0	128.9	130.9	126.7

5-38 全国各地区房地产业企业景气指数（2010-2011 年）
Business Survey Index of Real Estate Enterprises by Region of the Nation (2010-2011)

地 区	Region	2010 年				2011 年			
		1 季度 1st. Quarter	2 季度 2nd. Quarter	3 季度 3rd. Quarter	4 季度 4th. Quarter	1 季度 1st. Quarter	2 季度 2nd. Quarter	3 季度 3rd. Quarter	4 季度 4th. Quarter
全 国	**National Total**								
东部地区	**Eastern Region**								
北 京	Beijing	124.1	114.4	121.0	105.8	125.4	121.9	120.6	114.5
天 津	Tianjin	129.8	110.4	111.8	120.6	111.6	113.5	106.5	103.8
河 北	Hebei	123.9	125.7	129.9	127.3	123.0	109.9	109.8	103.9
辽 宁	Liaoning	121.9	120.6	134.0	124.9	122.2	128.5	128.1	108.2
上 海	Shanghai	153.9	140.7	140.8	121.4	125.8	130.0	121.0	110.6
江 苏	Jiangsu	136.4	129.3	132.2	115.2	123.3	111.4	114.0	86.0
浙 江	Zhejiang	130.7	117.3	122.6	125.6	127.1	115.9	112.7	90.7
福 建	Fujian	137.8	128.9	140.9	122.8	133.8	127.8	125.9	110.3
山 东	Shandong	132.0	124.2	132.2	130.9	133.8	133.6	125.4	102.2
广 东	Guangdong	145.8	133.7	140.9	120.7	139.5	139.6	130.8	122.3
海 南	Hainan	111.8	100.0	100.0	100.0	94.1	82.4	82.4	111.8
中部地区	**Central Region**								
山 西	Shanxi	111.6	94.1	100.0	110.3	105.6	104.8	104.8	101.2
吉 林	Jilin	129.8	125.2	130.8	135.5	111.7	119.8	111.6	111.4
黑龙江	Heilongjiang	123.5	117.9	119.5	121.8	115.8	116.0	106.9	103.5
安 徽	Anhui	149.9	130.6	144.0	135.5	136.3	122.9	113.4	93.0
江 西	Jiangxi	120.8	109.9	129.9	124.1	128.5	118.4	124.9	104.4
河 南	Henan	124.3	121.7	116.0	117.7	118.4	116.4	113.6	95.8
湖 北	Hubei	132.0	121.6	116.3	128.7	131.1	120.6	117.3	102.6
湖 南	Hunan	120.0	109.6	110.5	134.2	133.0	139.6	124.1	105.4
西部地区	**Western Region**								
重 庆	Chongqing	139.3	132.9	139.7	138.9	118.7	115.8	102.4	102.7
四 川	Sichuan	125.8	113.2	119.9	123.3	116.6	112.5	105.7	93.0
贵 州	Guizhou	112.5	112.5	118.8	112.5	118.8	118.8	106.3	100.0
云 南	Yunnan	133.8	115.6	123.0	122.3	121.6	115.2	111.6	113.3
西 藏	Tibet								
陕 西	Shaanxi	150.0	155.0	150.0	145.0	113.9	136.1	121.1	101.1
甘 肃	Gansu	103.1	109.4	106.3	134.4	109.1	124.2	106.1	84.9
青 海	Qinghai	128.6	115.4	123.1	146.2	121.4	123.1	130.8	115.4
宁 夏	Ningxia	164.3	164.3	164.3	128.6	150.0	150.0	142.9	128.6
新 疆	Xinjiang	132.1	131.0	138.5	133.1	133.5	140.7	135.3	108.4
内蒙古	Inner Mongolia	150.0	150.0	137.5	137.5	120.8	112.5	129.2	100.0
广 西	Guangxi	129.8	121.4	123.9	113.2	108.1	116.0	105.7	103.7

5-39 全国各地区社会服务业企业景气指数（2010-2011 年）
Business Survey Index of Social Service Enterprises by Region of the Nation (2010-2011)

地区	Region	2010 年				2011 年			
		1 季度 1st. Quarter	2 季度 2nd. Quarter	3 季度 3rd. Quarter	4 季度 4th. Quarter	1 季度 1st. Quarter	2 季度 2nd. Quarter	3 季度 3rd. Quarter	4 季度 4th. Quarter
全　国	**National Total**								
东部地区	**Eastern Region**								
北　京	Beijing	139.9	141.8	148.1	139.0	142.7	138.3	147.9	146.4
天　津	Tianjin	123.1	119.2	123.1	119.5	122.2	140.7	137.9	130.5
河　北	Hebei	123.1	123.7	131.6	126.3	126.0	138.0	136.7	122.5
辽　宁	Liaoning	116.0	136.0	134.8	108.7	120.0	137.5	141.7	129.2
上　海	Shanghai	124.6	129.3	135.3	123.6	143.3	148.4	151.1	154.4
江　苏	Jiangsu	132.5	151.4	142.6	149.1	136.9	144.4	148.0	139.1
浙　江	Zhejiang	124.6	151.3	156.8	131.8	140.9	145.2	149.9	149.9
福　建	Fujian	142.4	150.4	162.0	148.4	135.6	140.6	136.3	139.5
山　东	Shandong	138.8	143.5	151.5	150.5	148.0	155.9	154.7	139.5
广　东	Guangdong	139.4	138.6	143.7	145.4	144.5	135.3	147.3	139.0
海　南	Hainan	135.0	120.0	119.1	135.0	150.0	119.1	118.2	140.9
中部地区	**Central Region**								
山　西	Shanxi	117.4	128.6	133.3	123.8	120.5	131.3	130.1	125.3
吉　林	Jilin	91.4	128.6	114.3	117.7	105.7	111.4	111.8	111.8
黑龙江	Heilongjiang	122.9	125.7	117.7	108.8	128.6	122.9	122.9	108.6
安　徽	Anhui	153.6	156.2	157.2	148.1	170.8	151.8	146.7	139.5
江　西	Jiangxi	116.0	112.0	104.0	120.0	121.4	125.0	132.1	114.3
河　南	Henan	130.9	138.5	131.3	137.5	128.9	135.4	128.7	122.3
湖　北	Hubei	127.3	139.4	148.5	148.5	129.4	129.4	139.4	138.2
湖　南	Hunan	125.3	136.0	134.7	141.3	135.3	135.3	142.4	129.3
西部地区	**Western Region**								
重　庆	Chongqing	148.2	138.6	139.3	142.9	140.8	140.5	139.0	125.5
四　川	Sichuan	127.2	132.1	127.0	129.2	131.8	133.7	133.3	123.9
贵　州	Guizhou	120.0	124.0	124.0	124.0	114.8	133.3	148.2	140.7
云　南	Yunnan	113.9	106.9	123.6	121.1	115.1	114.3	111.7	118.2
西　藏	Tibet								
陕　西	Shaanxi	122.7	122.7	127.3	136.4	133.7	129.1	131.0	129.1
甘　肃	Gansu	92.3	115.4	111.5	88.5	76.9	111.5	96.2	96.2
青　海	Qinghai	107.1	121.4	121.4	128.6	114.3	128.6	135.7	100.0
宁　夏	Ningxia	138.5	130.8	146.2	130.8	150.0	138.5	153.9	123.1
新　疆	Xinjiang	100.0	120.5	148.7	141.0	125.6	135.9	148.2	125.2
内蒙古	Inner Mongolia	136.8	142.1	147.4	147.4	142.1	147.4	152.6	144.4
广　西	Guangxi	131.6	121.1	127.7	137.2	118.1	129.4	127.9	123.9

5-40 全国各地区信息传输、计算机服务和软件业企业景气指数（2010-2011 年）
Business Survey Index of Data Transmission, Computer Service and Software Enterprises by Region of the Nation (2010-2011)

地区	Region	2010 年				2011 年			
		1 季度 1st. Quarter	2 季度 2nd. Quarter	3 季度 3rd. Quarter	4 季度 4th. Quarter	1 季度 1st. Quarter	2 季度 2nd. Quarter	3 季度 3rd. Quarter	4 季度 4th. Quarter
全　国	**National Total**								
东部地区	**Eastern Region**								
北　京	Beijing	127.8	139.2	138.7	169.1	121.9	172.9	163.9	172.0
天　津	Tianjin	122.9	112.6	120.0	138.7	133.4	137.0	126.3	138.4
河　北	Hebei	156.7	167.2	156.7	166.0	137.6	132.1	138.6	138.6
辽　宁	Liaoning	156.5	157.3	157.3	146.2	150.8	160.4	161.9	156.0
上　海	Shanghai	148.0	125.3	133.3	156.0	134.0	154.1	134.5	143.7
江　苏	Jiangsu	152.6	153.4	152.9	152.1	157.6	153.1	148.9	149.5
浙　江	Zhejiang	150.5	172.6	165.7	165.7	164.3	159.8	167.7	160.4
福　建	Fujian	171.5	168.4	168.1	176.9	178.5	177.2	173.5	178.4
山　东	Shandong	169.0	171.1	165.3	164.7	170.4	169.1	171.8	167.4
广　东	Guangdong	151.5	155.5	161.7	161.9	162.0	160.9	166.7	166.6
海　南	Hainan	137.5	133.3	155.6	133.3	122.2	144.4	133.3	133.3
中部地区	**Central Region**								
山　西	Shanxi	139.5	135.5	143.4	150.3	147.6	148.2	155.8	155.3
吉　林	Jilin	168.6	164.0	163.3	177.2	163.3	164.5	165.6	165.6
黑龙江	Heilongjiang	187.2	174.7	179.0	191.0	184.1	187.0	169.5	169.5
安　徽	Anhui	168.7	165.4	170.9	166.0	172.6	172.6	170.0	175.2
江　西	Jiangxi	176.1	152.0	162.1	160.9	169.2	169.2	180.3	178.4
河　南	Henan	136.8	142.6	147.4	145.9	152.2	138.6	143.6	136.3
湖　北	Hubei	142.7	142.5	130.7	122.4	152.9	141.4	146.7	154.0
湖　南	Hunan	160.9	166.2	158.8	149.8	164.3	160.9	158.1	160.2
西部地区	**Western Region**								
重　庆	Chongqing	160.7	138.8	149.5	164.3	131.2	160.3	138.4	138.4
四　川	Sichuan	156.3	149.7	148.7	147.1	156.9	147.7	156.9	153.7
贵　州	Guizhou	142.7	126.4	162.7	180.0	103.2	143.2	103.2	163.2
云　南	Yunnan	155.1	152.2	157.6	166.4	157.6	157.8	157.8	160.8
西　藏	Tibet								
陕　西	Shaanxi	126.2	156.9	156.9	142.0	163.6	172.7	163.6	155.3
甘　肃	Gansu	93.3	132.9	121.8	119.8	129.5	139.2	119.8	127.1
青　海	Qinghai	147.8	147.8	147.8	167.8	148.6	188.6	188.6	188.6
宁　夏	Ningxia	127.3	145.8	168.5	136.1	135.8	146.0	140.7	136.4
新　疆	Xinjiang	159.1	163.6	163.6	159.1	165.2	154.2	165.5	170.5
内蒙古	Inner Mongolia	163.6	149.0	158.1	167.2	162.9	139.1	134.9	153.1
广　西	Guangxi	139.1	139.1	141.2	147.7	137.1	145.8	149.9	158.7

5-41 全国各地区住宿和餐饮业企业景气指数（2010-2011 年）
Business Survey Index of Hotel and Catering Service Enterprises by Region of the Nation (2010-2011)

地 区	Region	2010 年				2011 年			
		1 季度 1st. Quarter	2 季度 2nd. Quarter	3 季度 3rd. Quarter	4 季度 4th. Quarter	1 季度 1st. Quarter	2 季度 2nd. Quarter	3 季度 3rd. Quarter	4 季度 4th. Quarter
全 国	**National Total**								
东部地区	**Eastern Region**								
北 京	Beijing	129.6	146.7	143.6	148.8	134.1	147.5	159.2	143.3
天 津	Tianjin	89.2	102.8	111.8	108.9	98.1	117.0	111.6	95.4
河 北	Hebei	105.2	115.8	122.8	112.3	110.6	121.5	132.8	118.8
辽 宁	Liaoning	117.6	134.7	123.9	118.1	116.0	133.8	153.5	124.3
上 海	Shanghai	126.1	156.0	148.7	122.4	122.2	110.6	122.1	120.0
江 苏	Jiangsu	131.6	127.8	122.9	140.1	132.1	131.7	127.7	128.3
浙 江	Zhejiang	139.3	141.5	136.7	132.6	135.4	135.3	133.6	134.1
福 建	Fujian	140.4	122.8	135.1	142.1	142.4	137.3	147.5	145.8
山 东	Shandong	125.4	133.0	135.9	137.6	126.1	141.8	135.6	133.9
广 东	Guangdong	123.2	128.4	126.4	131.1	132.3	125.6	128.7	132.8
海 南	Hainan	141.8	100.0	109.3	152.3	134.1	118.0	120.0	145.0
中部地区	**Central Region**								
山 西	Shanxi	112.0	122.2	120.8	119.4	112.3	131.9	140.0	123.9
吉 林	Jilin	108.3	137.5	133.3	123.4	104.2	122.9	142.6	128.3
黑龙江	Heilongjiang	109.3	107.1	131.0	119.1	111.9	119.1	133.3	119.5
安 徽	Anhui	134.7	129.5	131.2	153.8	133.7	132.3	132.2	135.6
江 西	Jiangxi	116.7	113.3	110.2	114.0	120.0	106.9	121.1	135.1
河 南	Henan	118.4	127.7	115.1	128.0	121.1	125.2	117.0	130.4
湖 北	Hubei	129.0	129.3	116.5	138.2	132.7	128.0	134.0	133.3
湖 南	Hunan	115.0	108.0	114.6	120.1	131.8	125.6	129.2	130.0
西部地区	**Western Region**								
重 庆	Chongqing	137.0	130.2	135.3	147.1	137.7	134.6	152.4	159.5
四 川	Sichuan	137.2	133.4	130.6	135.0	134.1	135.2	131.1	138.9
贵 州	Guizhou	115.4	123.1	150.0	133.3	92.3	115.4	130.8	92.3
云 南	Yunnan	115.4	104.4	123.3	122.2	117.5	116.5	117.9	131.3
西 藏	Tibet								
陕 西	Shaanxi	122.6	140.9	122.6	127.3	103.2	144.1	139.5	136.4
甘 肃	Gansu	123.4	115.2	139.1	113.0	119.2	119.2	129.8	119.6
青 海	Qinghai	92.9	123.1	146.2	115.4	121.4	114.3	192.9	135.7
宁 夏	Ningxia	120.0	90.0	130.0	120.0	137.5	150.0	140.0	90.0
新 疆	Xinjiang	107.3	114.6	138.2	140.0	112.7	132.7	149.1	120.0
内蒙古	Inner Mongolia	129.9	134.9	135.0	160.0	115.0	115.0	135.0	140.0
广 西	Guangxi	101.5	106.7	117.2	117.3	106.0	123.1	133.6	126.3

主要指标解释

国有控股企业 是指在企业的全部实收资本中,国有经济成分的出资人拥有的实收资本(股本)所占企业全部实收资本(股本)的比例大于50%的国有绝对控股。

在企业的全部实收资本中,国有经济成分的出资人拥有的实收资本(股本)所占比例虽未大于50%,但相对大于其他任何一方经济成分的出资人所占比例的国有相对控股;或者虽不大于其他经济成分,但根据协议规定拥有企业实际控制权的国有协议控股。

实收资本 指企业投资者实际投入的资本(或股本),包括货币、实物、无形资产等各种形式的投入。实收资本按投资主体可分为国家资本、集体资本、法人资本、个人资本、港澳台资本和外商资本。根据会计"资产负债表"中"实收资本"项的期末数填列。

资产总计 指企业拥有或控制的能以货币计量的经济资源,包括各种财产、债权和其他权利。资产按其流动性(即资产的变现能力和支付能力)划分为:流动资产、长期投资、固定资产、无形资产、递延资产和其他资产。根据会计"资产负债表"中"资产总计"项的期末数填列。

(1)流动资产:指企业可以在一年内或者超过一年的一个生产周期内变现或者耗用的资产,包括现金及各种存款、短期投资,应收及预付款项、存货等。根据会计"资产负债表"中"流动资产合计"项的期末数填列。

(2)固定资产:指企业使用期限超过一年的房屋、建筑物、机器、机械、运输工具以及其他与生产、经营有关的设备、器具、工具等。不属于生产经营主要设备的物品,单位价值在2000元以上,并且使用年限超过2年的,也应当作为固定资产。"固定资产合计"根据会计"资产负债表"中"固定资产合计"项的期末数填列。

负债合计 指企业所承担的能以货币计量,将以资产或劳务偿付的债务,偿还形式包括货币、资产或提供劳务。

负债一般按偿还期长短分为流动负债和长期负债。根据会计"资产负债表"中"负债合计"的期末数填列。

(1)流动负债:指企业在一年内或超过一年的一个营业周期内需要偿还的债务,包括短期借款、应付票据、应付账款、预收账款、应付工资、应交税金、应付利润、预提费用等。根据企业会计"资产负债表"中"流动负债合计"的期末数填报。

(2)长期负债:指企业偿还期在一年以上或者超过一年的一个营业周期以上的债务,包括长期借款、长期应付款、应付债券等。根据会计"资产负债表"中的"长期负债合计"的期末数填报。

所有者权益 指企业投资人对企业净资产的所有权。企业净资产为企业全部资产与企业全部负债的差额,包括实收资本、资本公积、盈余公积、未分配利润等。根据会计"资产负债表"中"所有者权益"项的期末数填列。

固定资产原价 指企业在建造、购置、安装、改建、扩建、技术改造某项固定资产时所支出的全部货币总额。它一般包括买价、包装费、运杂费和安装费等。

固定资产净值 指固定资产原价减去历年已提折旧额后的净额。

主营业务收入 根据会计"利润表"中对应指标的本年累计数填列。若执行2006年《企业会计制度》的企业,用"营业收入"的本期累计数代替。

主营业务成本 根据会计"利润表"中对应指标的本年累计数填列。若执行2006年《企业会计制度》的企业,用"营业成本"的本期累计数代替。

主营业务税金及附加 根据会计"利润表"中对应指标的本年累计数填列。若执行2006年《企业会计制度》的企业,用"营业税金及附加"的本期累计数代替。

主营业务利润 指企业销售产品和提供劳务等主要经营业务收入扣除其成本、费用、税金后的利润。

利润总额 指企业在一定时期的最终经营成果，是企业的收入减去相关的成本与费用后的差额，收入大于相关的成本费用，企业就盈利，反之则亏损。

应交增值税 指企业按税法规定，从事货物销售或提供加工、修理修配劳务等增加货物价值的活动本期应交纳的税金。指企业在报告期应交增值税额。计算公式为：

本年应交增值税=销项税额-(进项税额-进项税额转出)

-出口抵减内销产品应纳税额-减免税款+出口退税

利税总额 指企业利润总额、产品销售税金及附加、应交增值税之和。

工业经济效益综合指数 是综合衡量地区工业经济效益总体水平的一种特殊相对数，是反映一定时期工业经济运行质量的主要指标。工业经济效益综合指数由总资产贡献率、资本保值增值率、资产负债率、流动资产周转率、成本费用利润率、全员劳动生产率和产品销售率的实际数值分别除以该项指标的全国标准值，并乘以各自的权数，加总后除以总权数求得。该指标可从静态水平和动态趋势上较为全面地反映各地区工业经济效益的变化情况，并可在一定程度上消除地区对比的不可比因素。

工业增加值率 指在一定时期内工业增加值占同期工业总产值的比重，反映降低中间消耗的经济效益。计算公式为：

工业增加值率(%)=工业增加值(现价)/工业总产值(现价)×100%

总资产贡献率 反映企业全部资产的获利能力，是企业经营业绩和管理水平的集中体现，是评价和考核企业盈利能力的核心指标。计算公式为：

总资产贡献率(%)=(利润总额+税金总额+利息支出)/平均资产总额×100%

资产负债率 该指标既反映企业经营风险的大小，也反映企业利用债权人提供的资金从事经营活动的能力。计算公式为：资产负债率(%)=负债总额/资产总额×100%

流动资产周转次数 指在一定时期内流动资产完成的周转次数，反映流动资产的周转速度。计算公式为：

流动资产周转次数=产品销售收入/全部流动资产平均余额

工业成本费用利润率 指在一定时期内实现的利润与成本费用之比，是反映工业生产成本及费用投入的经济效益指标，同时也是反映降低成本的经济效益的指标。计算公式为：

工业成本费用利润率(%)=利润总额/成本费用总额×100%

全员劳动生产率 指根据产品的价值量指标计算的平均每一就业人员在单位时间内的产品生产量。是考核企业经济活动的重要指标，是企业生产技术水平、经营管理水平、职工技术熟练程度和劳动积极性的综合表现。目前，我国的全员劳动生产率是将工业企业的增加值除以同一时期全部就业人员的平均人数来计算的。计算公式为：

全员劳动生产率=工业增加值/全部从业人员平均人数

产品销售率 指工业销售产值与同期全部工业总产值之比，反映工业产品已实现销售的程度，分析工业产销衔接情况，研究工业产品满足社会需求程度的指标。计算公式为：

产品销售率(%)=现价工业销售产值/报告期现价工业总产值×100%

销售利润率 指企业利润与销售收入的比率。计算公式为：

销售利润率(%)=利润/销售收入×100%

资本积累率 指企业所有者权益增长额与年初所有者权益的比率。计算公式为：

资本积累率(%)=所有者权益增长额/年初所有者权益×100%

流动比率 指流动资产与流动负债的比率,它表明每一元流动负债有多少流动资产作为偿还的保证,反映企业用可在短期内转变为现金的流动资产偿还到期流动负债的能力。计算公式为:

流动比率=流动资产/流动负债

速动比率 指企业速动资产与流动负债的比率。计算公式为:速动比率=速动资产/流动负债

产权比率 指企业负债总额与所有者权益的比率,是企业财务结构稳健与否的重要标志,也称资本负债率。计算公式为:产权比率=负债总额/所有者权益

企业景气指数 也称"企业综合生产经营景气指数",是根据企业家对本企业综合生产经营情况的判断与预期(通常为对"好"、"一般"、"不佳"的选择)而编制的指数,用以综合反映企业的生产经营状况。为便于直观地反映企业景气指数的涵义,日常生活中,常常表述为"反映企业综合生产经营状况的企业景气指数"。

企业家信心指数 也称"宏观经济景气指数"是根据企业家对企业外部市场经济环境与宏观政策的认识、看法、判断与预期(通常为对"乐观"、"一般"、"不乐观"的选择)而编制的指数,用以综合反映企业家对宏观经济环境的感受与信心。日常生活中,为便于反映企业家信心指数的涵义,常表述为"反映企业家对宏观经济环境的信心与预期的企业家信心指数"。

Explanatory Notes on Main Statistical Indicators

State-holding Enterprise refers to the investor of state-owned economic elements invest more than 50% in all the capital obtained by the enterprise and the state has the absolute controlling-stake.
If the state owned less than 50% of the capital obtained by the enterprise, but more than any other owners, the state has the relative controlling-stake; or if not exceed other owners, but in accordance with the contract the state has the agreement controlling-stake.

Capital Obtained refers to different forms of capital such as currency, physical capital and intangible assets actually received by the enterprise from investors. It can be further classified by investor as state capital, collective capital, legal person´s capital, personal capital, and capital from Hong Kong, Macao and Taiwan and foreign capital. Data on this indicator can be obtained by the year-end figures of capital obtained in the balance sheets of the enterprise.

Total Assets refer to all economic resources, in monetary form, these are owned or controlled by enterprises, including prosperities, creditor´s equity and other economic rights of all forms. Classified by the degree of liquidity, total assets include working capitals, long-term investment, fixed assets, intangible assets, deferred assets and other assets. Data on this indicator can be obtained by the year-end figures of total assets in the balance sheet of accounting records of enterprise.

Ⅰ) Circulating assets (working capital) refer to assets that an enterprise can cash or use during one year or one production cycle that may exceed one year, including cash and saving deposits of various forms, short-term investment, receivable and prepaid money, inventories, etc. Data on this indicator can be obtained by the year-end figures of circulating assets in the balance sheet of accounting records of enterprise.

Ⅱ) Fixed assets refer to the house, building, machine, machinery, transport equipment and other production and business-related equipment, apparatus, tools whose operating life last more than one year. Some item which not belong to the production and operation of major equipment, but the value of which is more than 2,000 yuan, and the operating life is more than two years, should also be treated as fixed assets. Data on this indicator can be obtained by the year-end figures of total fixed assets in the balance sheet of accounting records of enterprise.

Total Liability refers to payable liabilities of enterprises that have to be repaid in terms of money, assets or labour services.

In terms of payment, it can be divided into liquid liabilities and long-term liabilities. Data in this item is obtained from the year-end figures on total liabilities from the balance sheet of the enterprise.

Ⅰ)Liquid liabilities refer to the total debt that should be paid by the enterprise within one year or an operating cycle that may exceed one year,including short term loans, payable and advance payments, wages payable, taxes payable and profit payable, etc. Data on this indicator can be obtained by the year–end figures of liquid liabilities in the balance sheet of accounting records of enterprise.

Ⅱ) Long–term liabilities refer to total debt payable over one year or over an operating cycle that may exceed one year, including long–term loans, payable liabilities, long–term payables, bonds payable, etc. Data in this item is obtained from the year–end figures on long–term liabilities from the balance sheet of the enterprise.

Creditors´ Equity refers to investors´ ownership of net assets of the enterprise. It is equal to the total assets of the enterprise minus its total liabilities, including the primary input from investors, capital accumulation fund, surplus accumulation fund and undistributed profit. Creditor´s equity corresponds to the summation item of creditors´ equity is shown in the balance sheets of the enterprises.

Original Value of Fixed Assets refers to the original value of all fixed assets owned by industrial enterprises, calculated at the cost paid at the time of construction, purchase, installation, reconstruction, expansion, and technical innovation and transformation of the said assets, which includes expenses on purchase, package, transportation, and installation, etc.

Net Value of Fixed Assets is obtained by deducting depreciation over years from the original value of fixed assets.

Revenue from Principal Business refers to the annual accumulation of the corresponding item in the " profit table" of the accountant. For enterprises that follow the 2006 Enterprise Accounting Standards, the year–end accumulation of Operating income is used as a substitute.

Cost of Principal Business refers to the annual accumulation of the corresponding item in the "profit table" of the accountant. For enterprises that follow the 2006 Enterprise Accounting Standards, the year–end accumulation of Operating costs is used as a substitute.

Tax and Extra Charges from Principal Business refers to the annual accumulation of the corresponding item in the "profit table" of the accountant. For enterprises that follow the 2006 Enterprise Accounting Standards, the year–end accumulation of tax and extra charges from the sales of products is used as a substitute.

Major Business Profit refers to the profit gained by the enterprises by deducting cost, charges and taxes from the business income of the enterprises obtained in selling products and providing industrial services.

Total Profits refer to the final results gained by the enterprises. It is got as using the total revenue taking off related costs and fees. Only if the revenue is more than the costs, the enterprises gain the profits.

Value Added Tax Payable refers to the amount of the value–added tax, which should be paid by the enterprises in the reporting period. According to the tax laws, increasing the activities of the current value of the goods, such as the sale of goods or the provision of processing, repair workshop and other services should pay taxes. It is calculated as follows:

Value Added Tax Payable = tax on sales – (tax on purchases–transferred tax on purchases) – tax credits–tax cut +export rebate

Total Value of Profit and Tax (Pre–tax Profits) refers to the sum of the total profits, products sales tax and surcharges and the value added tax payable of industrial enterprises. It is also called pre–tax profits.

Industrial Comprehensive Index of Economic Efficiency is a special kind of relative figure to comprehensively measure overall economic efficiency of regional industry, showing the quality of industrial economic efficiency of the reference period. Industrial comprehensive index of economic efficiency is calculated with 7 items of ratio of total assets to industrial output value, ratio of creditors′ equity of current year to that of previous year, ratio of liabilities to assets, turnover ratio of output value, circulating funds, ratio of profits to cost, overall labor productivity, ratio of sales to products. The actual figure of every indicator above is divided by responding national standard numerical value, and the results multiply correlative weight coefficients, then the total number is divided by general weight coefficient. The index comprehensively reflects the changes of regional industrial economic efficiency in static and dynamic status, eliminating the incomparable factors at a certain extent.

Value Added Rate of Industry refers to the ratio of value added of industry in a given period to the gross output value in the same period, which reflects the economic efficiency of cutting down the intermediate input and is calculated as follows:

Value Added Rate of Industry (%) = Value Added of Industry (at Current Prices)/Gross Output Value (at Current Prices) ×100%

Ratio of Total Assets to Industrial Output Value reflects the profit–making capability of all assets of the enterprise and is a key indicator manifesting the performance and management and evaluating the profit–making potential of the enterprise. It is calculated as follows:

Ratio of Total Assets to Industrial Output (%) = [(total profits + total taxes + interest payment) / average assets] × 100%

Ratio of Liabilities to Assets reflect both the operation risk and the capability of the enterprise in making use of the capital from the creditors. It is calculated as follows:

Ratio of Liabilities to Assets (%) = total liabilities/total assets × 100%

Turnover of Circulating Funds refers to times of turnover of circulating funds in a given period of time, which reflects the speed of the turnover of working capital and is calculated as follows:

Turnover of Circulating Funds (%) = sales revenue of products/average balance of total circulating funds × 100%

Ratio of Profits to Costs refers to the ratio of profits realized in a given period to the total costs in the same period, which reflects the economic efficiency of input cost and is calculated as follows:

Ratio of Profits to Cost (%) = total profits/total costs × 100%

Overall Labor Productivity refers to the average output per employed person in industrial enterprises in value terms. At present, the value added and the average number of staff and workers of an industrial enterprises in a given period are used to calculate the overall labor productivity. The formula used is:

Overall Labor Productivity = (Value Added of Industry) / (Average Number of Staff and Workers)

Sales Ratio of Products refers to the ratio of total sales in a given period to the gross output value in the same period, analyzing the production–selling and supply–demand relations. It is calculated as:

Ratio of Sales to Products (%) =Total Sales (at Current Prices) / Gross Output Value (at Current Prices) × 100%

Ratio of Profits to Sales refers to the ratio of total profits to the sales revenue in a given period and is calculated as follows: Ratio of Profits to Sales (%) =Total Profits /Sales Revenue×100%

Ratio of Accumulated Capital to Original Capital efers to the ratio of the increased volume of creditors´ equity to the creditors´ equity at the year´s beginning. The formula used is:

Ratio of Accumulated Capital to Original Capital (%) = Increased Volume of Creditors´ Equity / Creditors´ Equity at Year´s Beginning×100%

Circulating Rate refers to the rate of the circulating funds to the circulating liabilities. It shows the enterprise´s guaranteed solvency that the cash changed from circulating funds in a short time to pay for circulating liabilities. The formula is: Circulating Rate = Circulating Funds / Circulating Liabilities

Speed Rate refers to the rate of the speed funds to the circulating liabilities. The formula is:

Speed Rate = Speed Funds / Circulating Liabilities

Ratio of Equity to Production refers to the ratio of total liabilities to creditors´ equity. It is the sign of financial stability of the enterprises, and also called ratio of total liabilities to total capital. The formula is:

Ratio of Equity to Production = Total Liabilities / Creditors´ Equity

Business Survey Indices also called as comprehensive production and management index of enterprises, is compiled basing on entrepreneurs´ judgment on production situation of their own enterprises and their expectation for the performance (as choices of "Good", "Ordinary" and "Bad").

Enterpreneur Expectation Index also called as macro–economic climate index is compiled basing on entrepreneurs judgment on development situation if the sector and their expectation for the performance (as choices of "Optimistic", "Ordinary" and "Unoptimistic").

（六）规下工业

Industrial Enterprises delow Designated

6-1 规模以下工业主要统计指标（1998-2011 年）
Main Indicators of Industrial Enterprises below Designated Size (1998-2011)

年份 Year	调查单位数（个）Number of Enterprises Surveyed (unit)	年末全部从业人员(人) Number of Employed Persons at Year-end (person)	工业总产值 Industrial Gross Output Value		工业增加值 Value-added of Industry	
			数量(万元) Value(10 000yuan)	指数(上年=100) Index (preceding Year=100)	数量(万元) Value(10 000yuan)	指数(上年=100) Index (preceding Year=100)
1998	93322	1020723	3193723			
1999	79760	1036569	3740350	117.1		
2000	76406	1083894	4431557	118.5		
2001	93847	1097705	5086780	114.8		
2002	104366	1196461	5827373	114.6		
2003	109318	1111697	6700000	115.0		
2004	106667	1004140	7235161	108.0	2295716	104.1
2005	107709	978342	8097972	111.7	3061400	109.7
2006	87253	951360	9232549	114.3	3059200	111.9
2007	93488	980967	10208150	119.4	3381960	115.1
2008	87366	903200	9836641	124.3	3258879	113.2
2009	101262	868190	11638868	109.6	3856876	112.3
2010	106112	882216	12444614	117.2	4123274	112.5
2011	97592	1031747	18833847	122.7	6239653	115.5

注:工业总产值指数按现价计算,工业增加值指数按可比价计算。
Note: Gross output value index of industry is calculated at current price, whereas value-added of industry index is calculated at constant price.

6-2 规模以下工业产值构成（1998-2011 年）
Gross Output Value's Composition of Industrial Enterprises below Designated Size (1998-2011)

年份 Year	工业总产值（万元）Gross Output Value of Industry (10 000yuan)	工业企业 Industrial Enterprises		个体工业 Individually-owned Enterprises	
		产值(万元) Output Value (10 000yuan)	比重(%) Proportion(%)	产值(万元) Output Value (10 000yuan)	比重(%) Proportion(%)
1998	3193723	1795121	56.2	1398602	43.8
1999	3740350	1941459	51.9	1798891	48.1
2000	4431557	1975110	44.6	2456447	55.4
2001	5086780	2177829	42.8	2908951	57.2
2002	5827373	2390392	41.0	3436981	59.0
2003	6700000	3000000	44.8	3700000	55.2
2004	7235161	3416227	47.2	3818934	52.8
2005	8097972	4212443	52.0	3885529	48.0
2006	9232549	5805565	62.9	3426984	37.1
2007	10208150	6512135	63.8	3696015	36.2
2008	9836641	6401874	65.1	3434767	34.9
2009	11638868	8403722	72.2	3235146	27.8
2010	12444614	8559626	68.8	3884988	31.2
2011	18833847	14487787	76.9	4346060	23.1

注：个体工业产值用营业收入代替.
Note: Industrial output values of individually-owned Enterprises are replaced with business revenues.

6-3 规模以下工业企业主要统计指标（1998-2011年）
Main Indicators of Industrial Enterprises below Designated Size (1998-2011)

年份 Year	调查单位数 （个） Number of Enterprises Surveyed (unit)	年末全部从业人员 （人） Number of Employed Persons at Year-end (person)	工业总产值 （万元） Industrial Gross Output Value (10 000yuan)	产品销售收入 （万元） Product Sales Revenue (10 000yuan)
1998	17718	629753	1795121	1674177
1999	17023	595196	1941459	1801190
2000	14064	462381	1975110	1925917
2001	14159	505092	2177829	2053561
2002	14116	479715	2390392	2200729
2003	16838	506457	3000000	2860000
2004	16714	485834	3416227	3316829
2005	18324	519559	4212443	3989797
2006	17532	601729	5805565	5634957
2007	17899	580818	6512135	6244825
2008	16834	508909	6401874	–
2009	21372	482544	8403722	8247589
2010	22491	421242	8559626	8400115
2011	32680	732960	14487787	14268846

注：1、本表中工资总额1998—2006年的统计口径为货币工资和收入、实物收入以及由企业为劳动者个人支付的社会保险费；2007年的统计口径为货币工资和收入、实物收入，不包括企业为劳动者支付的社会保险；2011年工资总额指的是应付职工薪酬(贷方累计发生额)。

2、2008以经普数据代替年报，经普数据还没出，因此无部分数据。

Note: 1.Total Wages in the table contains monetary wages and income, natural income, and social insurance premium paid by the company during 1998-2006, while after 2007 it contains monetary wages and income, natural income without social insurance premium paid by the company;in 2011 it is employee compensation payable (credit cumulative amount).

2.Data in the year of 2008 is refer to economic census data, part of table is blank because data of Economic Census (2008) haven't been published.

6-3 规模以下工业企业主要统计指标（1998-2011 年）

Main Indicators of Industrial Enterprises below Designated Size (1998-2011)

续表 continued

年份 Year	税金总额 (万元) Total Tax (10 000yuan)	# 所得税 (万元) Income Tax (10 000yuan)	营业利润 (万元) Business Profits (10 000yuan)	工资总额 (万元) Total Wages (10 000yuan)	折 旧 (万元) Depreciation (10 000yuan)
1998	110571	53586	11872	128381	85369
1999	89110	8713	24741	228712	76666
2000	105899	15769	-3371	301599	111428
2001	145905	22162	-2294	356405	143344
2002	153293	8669	46345	331481	86714
2003	107000	117700	66200	308000	76600
2004	285606	10321	111371	432442	92129
2005	301188	17718	168400	483975	140848
2006	288510	40094	408206	674731	204503
2007	352932	46888	461819	773570	244678
2008	-	-	-	-	-
2009	205400	19808	374943	1131059	267935
2010	292218	46381	905838	743884	207213
2011	990435	358530	1760803	1615186	558486

注：1、本表中工资总额 1998—2006 年的统计口径为货币工资和收入、实物收入以及由企业为劳动者个人支付的社会保险费；2007 年的统计口径为货币工资和收入、实物收入，不包括企业为劳动者支付的社会保险；2011 年工资总额指的是应付职工薪酬(贷方累计发生额)。

2、2008 以经普数据代替年报，经普数据还没出，因此无部分数据。

Note: 1.Total Wages in the table contains monetary wages and income, natural income, and social insurance premium paid by the company during 1998-2006, while after 2007 it contains monetary wages and income, natural income without social insurance premium paid by the company;in 2011 it is employee compensation payable (credit cumulative amount).

2.Data in the year of 2008 is refer to economic census data, part of table is blank because data of Economic Census (2008) haven't been published.

6-4 个体经营工业主要统计指标（1998-2011 年）
Main Indicators of Individually-owned Industrial Enterprises (1998-2011)

年份 Year	单位数(个) Number of Enterprises (unit)	年末全部从业人员(人) Number of Employed Persons at Year-end(person)	营业收入(万元) Business Revenue(10 000yuan)
1998	75604	390970	1398602
1999	62737	441373	1798891
2000	62342	621513	2456447
2001	79688	592613	2908951
2002	90250	716746	3436981
2003	92480	605240	3700000
2004	89953	518305	3818934
2005	89385	458783	3885529
2006	69721	348641	3426984
2007	75589	400149	3696015
2008	70532	394300	3434767
2009	79890	385646	3244853
2010	83621	460974	3884988
2011	64912	298787	4346060

6-5 各区县规模以下工业增加值（2011 年）
Value-added of Industrial Enterprises below Designated Size by Region of Chongqing (2011)

地区	Region	工业增加值(亿元) Total Value-added of Industry (100 million yuan)	企业不变价速度(%) Index of Constant Price (preceding year=100)
重庆市	**Chongqing**	**623.97**	**18.6%**
主城 9 区	**The Nine Districts in Chongqing**		
渝中区	Yuzhong District	2.08	5.5%
大渡口区	Dadukou District	7.96	15.5%
江北区	Jiangbei District	5.32	12.3%
沙坪坝区	Shapingba District	39.45	18.3%
九龙坡区	Jiulongpo District	43.28	18.4%
南岸区	Nan´an District	18.20	18.4%
北碚区	Beibei District	14.51	18.4%
渝北区	Yubei District	17.31	8.6%
巴南区	Ba´nan District	30.27	18.5%
其他 10 区	**The Other Ten Districts in Chongqing**		
万州区	Wanzhou District	30.82	20.8%
涪陵区	Fuling District	30.31	20.7%
万盛区	Wansheng District	1.85	9.6%
双桥区	Shuangqiao District	1.53	13.0%
黔江区	Qianjiang District	9.12	20.1%
长寿区	Changshou District	17.28	16.8%
江津区	Jiangjin District	33.62	20.3%
合川区	Hechuan District	27.58	13.1%
永川区	Yongchuan District	24.11	19.5%
南川区	Nanchuan District	9.72	19.5%
渝西 8 县	**The West Eight Counties in Chongqing**		
綦江县	Qijiang County	13.71	17.2%
潼南县	Tongnan County	13.27	13.4%
铜梁县	Tongliang County	29.32	20.4%
大足县	Dazu County	20.17	18.3%
荣昌县	Rongchang County	17.47	19.4%
璧山县	Bishan County	25.26	20.5%
梁平县	Liangping County	12.14	18.2%
垫江县	Dianjiang County	26.36	19.8%
库区 13 县	**The reservoir area of the Thirteen Counties in Chongqing**		
城口县	Chengkou County	2.79	14.8%
丰都县	Fengdu County	7.72	20.3%
武隆县	Wulong County	4.73	13.7%
忠县	Zhongxian County	15.64	23.1%
开县	Kaixian County	15.82	18.3%
云阳县	Yunyang County	12.83	18.3%
奉节县	Fengjie County	9.17	23.1%
巫山县	Wushan County	2.81	18.9%
巫溪县	Wuxi County	2.24	18.6%
石柱县	Shizhu County	5.95	20.4%
秀山县	Xiushan County	5.66	17.5%
酉阳县	Youyang County	9.28	17.6%
彭水县	Pengshui County	4.61	17.5%

主要指标解释

工业 指从事自然资源的开采,对采掘品和农产品进行加工和再加工的物质生产部门。具体包括:(1)对自然资源的开采,如采矿、晒盐、森林采伐等(不包括禽兽捕猎和水产捕捞);(2)对农副产品的加工、再加工,如粮油加工、食品加工、轧花、缫丝、纺织、制革等;(3)对采掘品的加工、再加工,如炼铁、炼钢、化工生产、石油加工、机器制造、木材加工等,以及电力、自来水、煤气的生产和供应等;(4)对工业品的修理、翻新,如机器设备的修理、交通运输工具(包括小卧车)的修理等。

工业企业 必须同时具备下列条件:有固定或相对固定的生产组织、场所、设备和从事工业生产的人员;常年从事工业生产活动,或全年开工三个月以上的季节性工业生产活动;能够同农业及其他生产行业分开核算(会计上独立核算);向当地工商行政管理部门领取了营业执照。

个体工业单位 生产资料归劳动者个人所有,以个体劳动为基础,从事工业生产活动,劳动成果归劳动者个人占有和支配的一种经营单位。包括:(1)按照《民法通则》和《城乡个体工商户管理暂行条例》规定经各级工商行政管理机关登记注册、领取《营业执照》的个体工业户。具体是指公民在法律允许范围内,依法经核准登记,从事工业活动的个体劳动者。(2)没有领取《营业执照》但实际从事工业生产活动的城镇、农村个体经营单位。但不包括农民家庭以辅助劳力或利用农闲时间进行的一些兼营性的工业、商业及其它活动。

工业总产值 以货币形式表现的,工业企业或个体经营单位在报告期内生产的工业最终产品或提供工业性服务的总价值量。工业总产值的内容包括三部分:生产的成品价值、对外加工费收入、自制半成品在制品期末期初差额价值。(1)成品价值:指企业或个体经营单位在本年内生产,并在本年内不再进行加工,经检验合格、包装入库的已经销售和准备销售的全部工业成品(包括半成品)价值合计。成品价值中包括企业生产的自制设备及提供给本企业在建工程、其他非工业部门和生活福利部门等单位使用的成品价值,但不包括用订货者来料加工的成品(半成品)价值。(2)对外加工费收入:指企业在本年内完成的对外承做的工业品加工(包括用订货者来料加工生产)的加工费收入和对外工业品修理作业所收取的加工费收入。对外加工费收入按不含应交增值税(销项税额)的价格计算,可根据会计"产品销售收入"科目的有关资料取得。对于以对外加工生产为主,对外加工费收入所占比重较大的企业,如果对外加工费收入出现跨年度支付的情况,为保证总产值生产口径计算的准确性,则应将对外加工费收入按实际情况调整,记录本年应实际收取的对外加工费收入。(3)自制半成品在制品期末期初差额价值。自制半成品在制品期末期初差额价值等于自制半成品在制品期末价值减去期初价值后的余额,如果期末价值小于期初价值,该指标为负值,企业在计算产值时,应按负值计算,不能作为零处理。

工业增加值 指工业企业在报告期内以货币形式表现的工业生产活动的最终成果,是企业全部生产活动的总成果扣除了在生产过程中消耗或转移的物质产品和劳务价值后的余额,是企业生产过程中新增加的价值。

主营业务收入 指企业确认的销售商品、提供劳务等主营业务的收入。根据会计"主营业务收入"科目的期末贷方余额填报。执行2006年《企业会计准则》的企业,如未设置该科目,以"营业收入"代替填报。

税金总额 指企业报告期内应交纳的各种税金总和,包括产品销售税金及附加(城市维护建设税、消费税、资源税、营业税和教育费附加)、增值税、所得税、以及房产税、印花税、车船使用税和土地使用税等。

所得税 指企业按税法规定,应从生产经营等活动的所得中缴纳的税金。根据会计"利润表"中"所得税"项目的本期金额数填报。

营业利润 指企业从事生产经营活动所取得的利润,即主营业务收入减主营业务成本和主营业务税金及附加,加其他业务利润，减去营业费用、管理费用、财务费用后的金额。本指标根据会计“利润表”中对应指标的:本年累计数:填列。

本年折旧 指企业在报告期内提取的固定资产折旧合计数。根据会计“财务状况变动表”中“固定资产折旧”项的数值填报。若企业执行2001年《企业会计制度》，根据会计核算中《资产减值准备、投资及固定资产情况表》内“当年计提的固定资产折旧总额”项本年增加数填报。

应付职工薪酬(贷方累计发生额) 指企业为获得职工提供的服务而给予各种形式的报酬以及其他相关支出。包括职工工资、奖金、津贴和补贴，职工福利费，医疗保险费、养老保险费、失业保险费、工伤保险费和生育保险费等社会保险费，住房公积金，工会经费和职工教育经费，非货币性福利，因解除与职工的劳动关系给予的补偿，其他与获得职工提供的服务相关的支出。执行2006年《企业会计准则》的企业，根据会计科目"应付职工薪酬"的本年贷方累计发生额填报；未执行2006年《企业会计准则》的企业，应将本年上述职工薪酬包含的科目归并填报。

从业人员期末人数 指在本单位工作，取得工资或其他形式劳动报酬的期末实有人员数，是在岗职工、劳务派遣人员及其他从业人员期末人数之和。不包括离开本单位仍保留劳动关系的职工。

Explanatory Notes on Main Statistical Indicators

Industry refers to the material production sector which is engaged in extraction of natural resources and processing and reprocessing of minerals and agricultural products, including 1) extraction of natural resources, such as mining, salt production, logging (but not including hunting and fishing); 2) processing and reprocessing of farm and sideline produces, such as rice husking, flour milling, wine making, oil pressing, cotton ginning, silk reeling, spinning and weaving, and leather making; 3) manufacture of industrial products, such as steel making, iron smelting, chemicals manufacturing, petroleum processing, machine building, timber processing; water and gas production and electricity generation and supply; 4) repairing of industrial products such as the repairing of machinery and means of transport (including cars).

Industrial Enterprises it must also meet the following conditions: a fixed or stationary relative to the production organization, premises, equipment and industrial workers; perennial engaged in industrial production activities, or annual start working for more than three months of the seasonal industry production activities; to agriculture and other industry production of separate accounting (Accounting and independent business accounting to); the local administrative departments for Industry and Commerce received a business license.

Individually-owned Industrial Enterprises means of production belong to the individual worker units, it is a foundation with individual work, engaged in industrial production activities, the fruits of labor to the laborer individual possession and control of a kind of management unit. Include: (1) in accordance with the" general principles of civil law" and" urban and rural individual industrial and commercial household management provisional regulations" provisions of the industrial and commercial administrative organs for registration, receive the" business license" individual industrial door. Specifically refers to the citizen to the extent permitted by law, shall be approved and registered in the industrial activities, individual workers. (2) did not receive the" business license" but actually engaged in industrial production activity in the town, the rural individual business units. But it does not include a farmer family to assist labor or the use of slack time for some run of industrial, commercial and other activities.

Gross Industrial Output Value refers to the total volume of final industrial products produced and industrial services provided in this year. Gross industrial output value consists of 3 components: value of the finished products during the reference period, income from processing for external parties, and value of change in semi-finished products between the end and the beginning of the reference period.

①Value of finished products during the reference period: refers to the value of all finished (semi-finished) industrial products that are produced during the reference period without the need for further processing, checked for acceptance, packed and put into the warehouse of the enterprise, including the value of own-produced equipment and the value of products provided to the projects under construction of the enterprise, and to other non–industrial or welfare units. Value of finished products does not include the value of finished products (semi–finished products) that are produced using the materials from the clients who place the orders.

② Income from external processing: refers to income from contracted external processing of industrial products (including processing of industrial products using materials from the clients), and the income from industrial repairing work provided to other parties. Income from external processing is calculated using information from the item "products sales income" in the enterprise accounting at the prices with value–added tax excluded.

If the income from external processing is paid beyond one year, Enterprises which the share of income from processing service is significant should adjust and record actual income from external processing this year.

③Value of change in semi–finished products between the end and the beginning of the reference period. Value of change in semi–finished products between the end and the beginning of the reference period: refers to the value of change in semi–finished products between the end and the beginning of the reference period. If the value of the end is less than the beginning, the index is negative and not dealt as zero.

Value Added of Industry refers to the final results of industrial trade in money terms during the reference period. The value added is the balance that the total results of industrial production deduct the used or transferred products and their value. It is the newly increased value.

The Main Business Income refers to the enterprise to confirm the sales of goods, provision of services such as the main business income. According to the accounting "the main business income" course at the end of a credit balance report. Implementation of the 2006" accounting standards for business enterprises" of the enterprise, if not set the subjects, in order to" revenue" instead of reporting.

Total Taxes refer to the enterprise reporting period should be paid by the sum of various taxes, including sales tax and surcharges (city maintenance and construction tax, consumption tax, resource tax, business tax and education surcharge), value–added tax, income tax, and property tax, stamp tax, vehicle and vessel usage tax and land use tax.

Income Tax refers to the enterprise according to the provisions of the tax law, from the production and operation activities such as income taxes. According to the accounting profit "table" in" income tax" project of this period amount to fill.

Profit from Business refers to the profits from operation activities, that is the main business income minus the cost of main business and main business tax and surcharges, add other business profits, minus operating expenses, management fees, finance charges. It is the annual accumulation of the corresponding item in the " profit table" of the accountant.

Depreciation of Fixed Assets refer to the enterprise extraction of depreciation of fixed assets total inside report period. According to the accounting " the statement of changes in financial position" in "fixed assets depreciation" numerical filling. If the enterprise implementation of the 2001" enterprise accounting system", according to the accounting for impairment of assets, investment and the" fixed assets" in table "in the provision of fixed assets depreciation" increase during the year to fill in.

Total Wages of Bill refers to total remuneration payment to staff and workers in various units during a certain period of time. The calculation of total wages is based on the total remuneration payment to the staff and workers. Therefore, all the wages and salaries and other payments to staff and workers are included in the total wage bill regardless of sources, reckoning the cost of production or not, category, listing as items of premium taxation or not, and forms, paying in cash or in kind.

Number of Employees refers to receiving wages or other forms of labor remuneration final real personnel, was laid–off workers, labor dispatch personnel and other employees in the final number and. Not leave the unit still retain labor relations workers.